智慧財產權法專論

——智財法發展新趨勢

勝珍｜著

這本論文專書出現了我少見的拖延，先感謝五南靜芬副總編的耐心，2014年，我的心境有了很多改變與省思，甚或，在教授休假或退休或辭職間，想為自己的人生做些改變與轉換。論文集出書的事就拖延了一會了……，幸而法律主編惠芝與責任編輯婉婷的協助，這本論文集出版的時機恰恰是我在嶺東科大任教滿25年的紀念。

從嶺東商專的講師到如今和各地學界交流的教授，我還是那個熱情洋溢、愛孩子、愛小狗的我。這是我第十六本書，內容無論是從電子商務到氣味商標，網際網路、電子商務、垃圾郵件、營業秘密、商標間接侵害、角色權、著作權集體管理、抄襲等等，都是我日日研究的印記，也是這幾年研究的歷程，而每篇合著，是我對指導的研究生嚴格的鞭策。

面對未來，希望研究熱情一直存在，對學生的愛永遠真誠。自己則能修身養性，學習更加謙虛有禮，祝福我的家人身心平安，孩子們都能遇到有緣的另外一半，我的愛犬們將陪伴我朝研究之路更加精進！

曾勝珍謹誌

2015年6月

目 錄

第一章　電子商務之法律分析

第一節　前言

網路使用效率與應用已形成全民運動，人們在食衣住行育樂各方面仰賴網路的程度[1]，與商業活動電子商務化的興盛相輔相成，電子商務乃藉由電腦科技和通訊網路技術，完成商品交易的一種商業模式[2]，無論網路拍賣[3]或購物乃至網路商場的崛起及商店街的形成，在說明目前「以網為生」的現象。

網際網路的便利性、實用性、快速性、資訊性正施展其無遠弗屆的影響力，且在經濟、政治、社會、文化諸領域，取得既虛擬又真

---

* 本文資料與法規彙整年份為2001～2012年間數據。

1 網路購物最早可追溯到上古時期，腓尼基人靠著在地中海航行來進行商業交易。從1960年代起，美國為了確保電腦傳輸的安全，在戰後全力改善網際網路；加上世界各國的響應，影響1991年Internet的誕生，而成就了現在e世代的環境。網路社會學通訊期刊，http://mail.nhu.edu.tw/~society/e-j/47/47-01.htm（最後瀏覽日：2009年7月6日）。

2 資策會調查截至2009年第一季我國行動上網用戶數達1,617萬戶，而2009年3月底止，我國有線寬頻網路用戶數達493萬，商用網際網路帳號數達2,175萬戶，經常上網人口為1,057萬人，網際網路連網應用普及率為46%。資策會，2009年3月底止台灣上網人口，http://www.find.org.tw/find/home.aspx?page=many&id=224（最後瀏覽日：2009年8月1日）。

3 台灣地區最早的拍賣平台是買賣王（ubid.com.tw），成立於1998年10月由力傳資訊所創立。該公司並於1999年1月成立另一個拍賣平台，名為拍賣王（bid.com.tw），前者屬於C2C網站，後者屬於B2C類型的網站。「酷必得」（coolbid.com.tw）是在拍賣王之前所成立的台灣第二個線上拍賣平台。此外，早期的線上拍賣平台還包括了當舖Downput（2004年5月改名為樂多市場）和夢想家Dreamer等，2001年2月Yahoo!宣布併購台灣本土所創立的入口網站（kimo.com.tw），名為Yahoo！奇摩，同年10月成立Yahoo！奇摩拍賣，當年蕃薯藤YAM與「拍賣王」結盟成立「賣蕃天拍賣王」聯名網站。2002年，線上拍賣始祖eBay併購了「買賣王」以及「拍賣王」，2004年4月Yahoo!拍賣比照日本收取物品刊登手續費，該平台仍維持市場第一之占有率。2006年8月，Yahoo!奇摩拍賣對於買家徵收交易手續費。同年6月，成立於2005年的PChome和eBay台灣宣布於同年9月合組一個全新的線上拍賣平台，露天拍賣。eBay算是全面退出台灣市場，新的平台全權交由PChome online管理。駱少康、劉宏川，台灣地區線上拍賣產品結構之探討，2007數位科技與創新管理研討會，670，1047。http://dtim.mis.hfu.edu.tw/2007/paper/paper_b/b670.pdf（最後瀏覽日：2009年7月7日）。

實的權力。美國法學家雷席格對此有段生動的描述：程式碼構成了「網路空間」，而空間則賦予個人與群體的權力。從網際網路當中各種新興法律議題，可以得知程式碼正在為人們形塑自己的形象，法律與自律成為國家管制網際網路必須思考的方向[4]。

本文以電子商務發生的法律案件為核心，從電子商務之介紹、電子商務進行模式及現況，說明近年來電子商務市場規模、國人常用的拍賣網站，再依據電子商務有關的法律案件，分析2007～2011年台灣上網人數，將電子商務案件依法規分類，進而探討數據與分類所代表的意義，最後以分析圖表及數據得到的結論，做出對我國電子商務活動的法律分析建議。

第二節　電子商務

網際網路和真實世界中的差距形成學術界與司法界理論上的不確定性，從一般紙本的契約到網路合約，從實體商店到網路商店，使網路世界、電子商務為商業操作或實體買賣增加更多的可能性，對網路世界的開啟，更是一個充滿期待與想像的空間，其他如網站的架設，文件檔交換系統功能，大大開拓使用者對網路的需求與依賴[5]。網際網路亦為一種自由言論媒介及研發靈感的來源，更是最後心血結晶呈現的舞台。

以創作者可以架設個人網站或透過即時通訊（MSN）或以電子郵件方式，結交各地同好，討論及修改個人作品，可以透過搜尋引

4 徐振雄，網際網路法，華立圖書，2005年，頁1，頁3。馬豔、楊小勇、龔曉櫻，知識經濟，揚智文化，2003年3月，頁33-34。

5 曾勝珍，論網路著作權之侵害，元照出版，初版，2008年，頁4。Steven A. Heath (2005), Contracts, Copyright, and Confusion Revisiting the Enforceability of “shrink wrap” licenses, 5 Chi.-Kent J. Int'l. Prop。

擎，文件檔交換的方式，取得所需資料，刺激靈感與創作來源。也可發表其最後定稿與成品於版面或網站，或有經銷公司透過廣告郵件、電子商務交易方式，宣傳促銷其作品或直接在網上進行交易，最後透過網友的評價及傳遞，更容易使創作者明瞭市場的接受度，並進而為作品做修改與更新，如此真正達成智慧財產權本質的意義，為人類文化或技術的更新，保障創作者的心血結晶，同時增進全人類共享藝術文化的成果[6]。

壹、電子商務之介紹[7]

電子商務可分為企業與企業間（Business-to-Business, B to B），B2B是指企業與企業間的商務活動透過電腦科技和網路，彼此配合，以進行整合的運作方式，改善相互間的經營效益。例如：電子訂單採購、投標下單、客戶服務、技術支援等形式的活動。例如：康柏電腦Compaq在台灣與供應商建構「e商網」，成立電子化供應鏈系統，透過此系統，所有下單、生產、配送、銷貨、收款等，皆可由網路完成，縮短了交易時間、降低管銷費用，以提升效率和開發新市場。

企業與個人（消費者）間（Business-to-Consumer, B to C），B2C是指企業透過網路，對消費者提供之服務或商業行為。即企業透過電腦與資訊網路使上網的消費者瞭解其產品資訊，進而願意與其締結契約，從事交易活動（例如買賣）的商務行為。例如：網路購物、證券公司網路下單作業等。例如：戴爾電腦、亞馬遜書店等。不同於B2B的是，B2C之銷售者與消費者間的關係是較為自發性，故在此類型交易下企業經營成功的關鍵因素是量身訂做與接單後生產的模式。

---

6 曾勝珍，同前註。

7 楊佩真，電子商務交易相關法律之研究，碩士論文，嶺東科技大學財務金融研究所，2007年，頁7-8。

個人（消費者）與企業間（Consumer-to- Business, C to B），消費者對消費者模式可視為點對點的交易模式，C2B是指將商品的主導權和先發權，由過去廠商的身上轉為消費者，消費者藉由網路聚集眾多的產品後，透過集體議價，即以大量進貨之方式向企業要求大幅度降價之電子商務交易模式，也就是所謂的逆向行銷。

個人（消費者）與個人（消費者）（Consumer -to- Consumer, C to C）C2C係指消費者對消費者間透過電腦和網際網路的自發性交易（買賣）行為，這些交易大部份都是由一家公司進行提供平台的工作，使買賣雙方消費者進入網站，進行溝通、交易及配送等工作，公司扮演一個公正的第三者角色，可能涉入也可能不涉入整個交易過程。目前C2C的主要型態為網路拍賣，例如一般個人式的拍賣網站或二手跳蚤市場等。例如：雅虎奇摩拍賣、ebay拍賣等。

電子商務就是把原本的傳統商業模式運用在網際網路上。企業獨立掌控社會及網際網路兩個營業窗口，不但可以收到廣告宣傳的效果，並且實收雙方面的利潤，減低成本提高公司曝光率並增加企業競爭力。

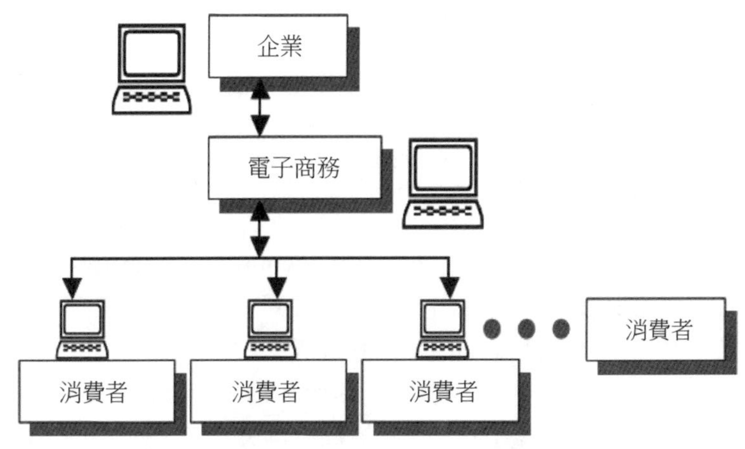

圖1-1　電子商務進行模式。

資料來源：洪基華，電子商務發展模式與經營績效關係之研究—以傳統產業為例，碩士論文，逢甲大學企業管理研究所，2001年，頁20。

貳、電子商務市場發展數據

探討過往歷史數據，以2009年為分界點，2007年台灣電子商務市場規模已達到2,200億元,2008年台灣電子商務市場規模約為2,430億元，比較2007年成長32.3%，其中網路購物（B2C）市場規模為1,360億元，網路拍賣（C2C）市場規模則為1,070億元。當時資策會預估，2009年台灣網路拍賣市場將達新臺幣1,468億，較2008年仍有31%的成長，預期2009年市場規模約有3,208億元，2008、2009年台灣電子商務市場規模，成長率分別為32.3%、31.6%。

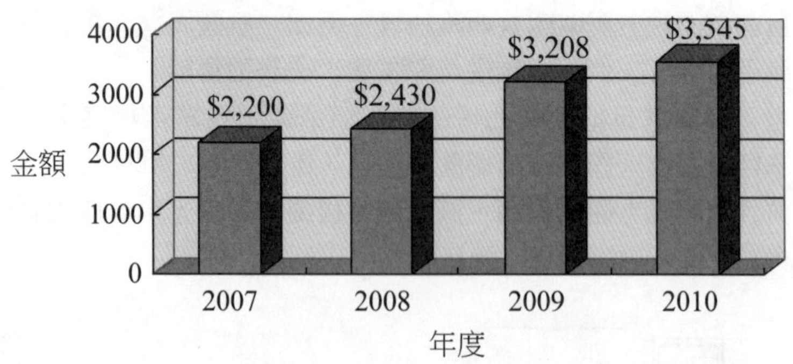

圖1-2　2007～2009年電子商務市場規模（單位：億元）。

資料來源：網路資訊雜誌-2008年台灣電子商務市場規模2,430億元，http://news.networkmagazine.com.tw/trends/2008/12/03/4971/（最後瀏覽日：2009年7月5日）。

2009年波仕特線上市調網（http://www.pollster.com.tw），針對網友進行網路民調。結果指出，「雅虎拍賣」以69.31%的壓倒性地位居第一位，第二名是13.07%的消費者「沒買過網拍」，其次為「露天拍賣」12.48%，第四名的「其他」佔了3.47%，接下來為「E-bay」的1.09%位居第五，「樂多拍賣」為第六名，佔了0.59%。

其中，不論女性或男性的比例上，「雅虎拍賣」都以60%以上之高比率，穩坐第一名，「露天拍賣」則都以約12%處於第二的狀態；男性「沒買過網拍」在網拍調查中有19.17%，比起女性「沒買過網拍」的9.29%，高出將近十個百分點，顯示在購物型態上，男性對傳統的購物方式的傾向，要比女性來的高；也表示女性對多元的購物管道接受度較廣。由年齡分析，所有年齡層第一名都是「雅虎拍賣」，除了45歲以上民眾是31.82%外，17～24歲的年輕族群有69.22%，25～34歲占72.80%，35～44歲占64.44%，三個階層都高達60%以上的高占有率。另外「沒買過網拍」在7～24歲的年輕族群有12.43%，25～34歲有11.47%，相較之下，35～44歲佔20.00%、45歲以上民眾是27.27%。

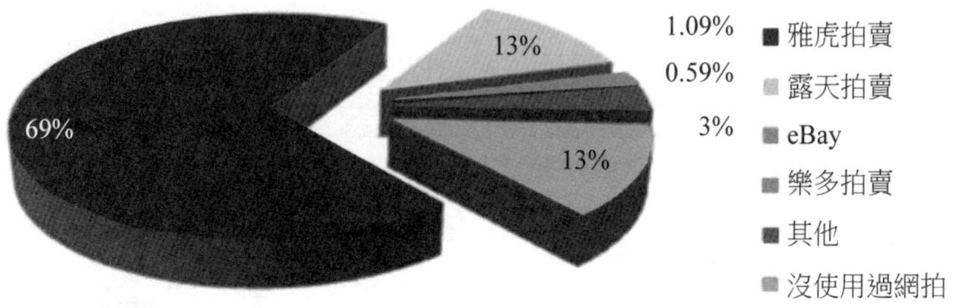

圖1-3　國人常用的拍賣網站。

資料來源：Pollster波仕特線上市調網：消費者使用偏好，雅虎拍賣穩坐第一。http://www.enews.com.tw/news_view.aspx?id=INF_INFORMATION000000122（最後瀏覽日：2012年2月9日）。

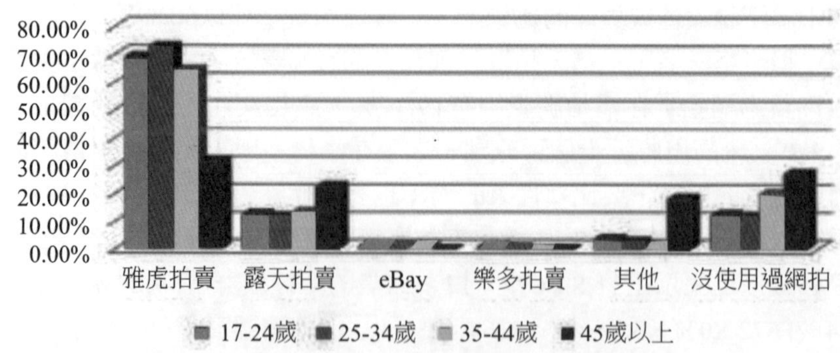

圖1-4　年齡與拍賣網站使用之交叉分析。

資料來源：Pollster波仕特線上市調網：消費者使用偏好，雅虎拍賣穩坐第一。http://www.enews.com.tw/news_view.aspx?id=INF_INFORMATION000000122（最後瀏覽日：2012年2月9日）。

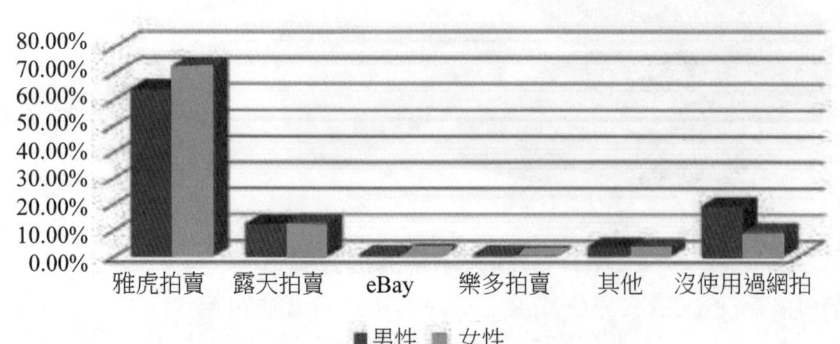

圖1-5　性別與拍賣網站使用之交叉分析。

資料來源：Pollster波仕特線上市調網：消費者使用偏好，雅虎拍賣穩坐第一。http://www.enews.com.tw/news_view.aspx?id=INF_INFORMATION000000122（最後瀏覽日：2012年2月9日）。

第三節　電子商務法律案件

台灣網路資訊中心公布2007、2008、2009、2010、2011年「台灣寬頻網路使用調查」報告，2011年台灣地區上網人口已突破1,695萬，共計有16,954,457人曾上網（整體人口0～100歲）；12歲以上之上網人口有15,389,527人，上網比例為75.69%，比2008年增加7.18%，其中寬頻網路使用人數約為14,350,588，寬頻使用普及率為70.58%，與2009年66.47%呈微幅上升狀態。2010年台灣地區上網人口已突破1,621萬，共計有16,217,009人曾上網（整體人口0～100歲）；12歲以上之上網人口有14,669,915人，上網比例為72.56%，比2008年增加4.05%，其中寬頻網路使用人數約為13,590,123，寬頻使用普及率為67.21%，與2009年66.47%呈持平狀態。2009年台灣地區上網人口已突破1,500萬，共計有15,818,907人曾上網（整體人口0～100歲）；12歲以上之上網人口有14,188,292人，上網比例為70.95%，比2008年增加2.44%，其中寬頻網路使用人數約為13,292,787，比例為66.47%，與2008年為63.37%呈上漲狀態。2008台灣地區上網人口約1,554萬人，12歲以上人口之上網比例為68.51%；其中，12歲以上寬頻網路使用人數約1,254萬人，約佔總人口數六成七（63.37%）。

2011年台灣地區上網人口約有1,695萬，較2010年之1,622萬人，增加約73萬人；12歲以上之曾經上網人口有1,539萬人，曾經上網比例為75.69%，較2010年增加了3.13個百分點，其中曾經使用寬頻網路人數為1,435萬人，寬頻使用普及率為70.58%，相較於2010年增加3.37個百分點。值得一提的是，曾經使用行動上網的人口已達382萬人，較去年增加2.61個百分點；此外，已有3%～9%的網友將行動上網當作固定的連網方式。

在台灣地區12歲以上1,049位受訪者中，有73.59%的受訪者最近半年曾使用網際網路；有26.41%的受訪者最近半年沒有使用網際網路。有77.55%的受訪者曾經使用網際網路；有22.45%的受訪者從來沒有使用網際網路。與TWNIC2011年01月台灣地區寬頻網路使用調查報告公佈的台灣地區民眾近半上網率（71.59%）與曾經上網率（75.69%）相比，此次調查的上網率分別增加2.00與1.86個百分點。

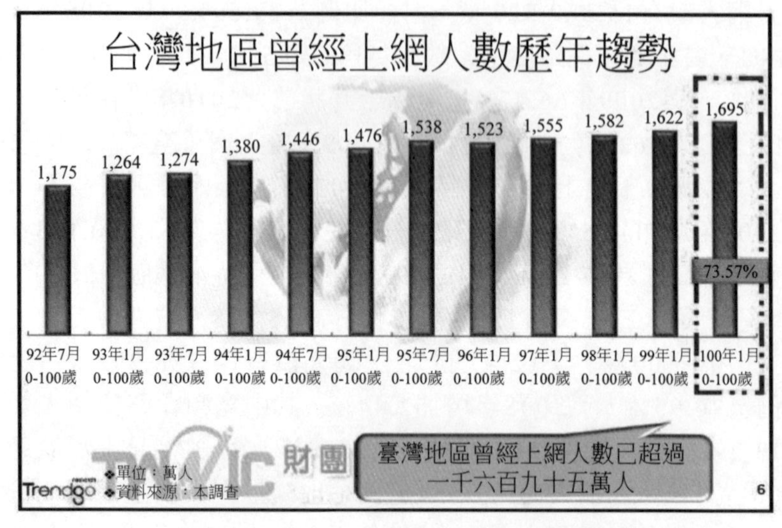

圖1-6　2003～2011年台灣上網人數

資料來源：財團法人台灣網路資訊中心（TWNIC）—2011年「台灣寬頻網路使用狀況調查」報告。[8]

[8] TWNIC 2011年1月「寬頻網路使用調查」報告。http://www.twnic.net.tw/download/200307/1101b.pdf，上網日期：2011/8/25（最後瀏覽日：2012年2月9日）。

壹、電子商店及侵權案件統計

資策會MIC調查台灣電子商店的經營模式發現，以單純經營電子商店的業者為最多數，佔整體比例為39.1%，其次是從實體店面跨入電子商店的業者，佔整體比例33.3%，實體與電子同時設立的比例也有20.5%，而從電子商店跨入實體的比例則只有7%。據資策會調查，2008年台灣電子商店業者計畫開拓海外市場的比例高達46%，其中有18.2%的業者已開始經營跨國電子商店，預定在2010年之前投入跨國經營的業者也有19.9%；海外市場以中國大陸為最優先地區，佔60.4%，其次為日本佔13.2%，美國11.9%與歐洲7.9%。資策會表示，有64%的業者在規劃電子商店跨國經營時，仍傾向以網站直營方式運作，但跨國經營的金流與物流整合則將成為業者拓展電子商務時極大挑戰[9]。

2007年至2009年查獲侵權案件犯罪類別，以夜市案件、店面案件、夾報案件、製造工廠、網路案件及其他做分類標準，網路案件2007年佔全部案件比率為78.55%，2008年為56.42%，至2009年為57.70%，雖然網路侵權案件不代表全部是電子商務案件，然而若比照前述2009年台灣地區上網人口共計有16,217,009人曾上網；12歲以上之上網人口上網比例為72.56%的數據，可以得出電子商務案件佔據重要比例的結論，以下為統計圖表。

[9] ZDNet Taiwan—新聞—Web應用—ZDNET新聞專區—研究：2009年實體業者將更積極參與網購市場。www.zdnet.com.tw/news/web/0,2000085679,20135733,00.htm（最後瀏覽日：2009年7月5日）。

表1-1 保二總隊保護智慧財產權警察大隊2009年至2011年查獲侵權案件犯罪類別統計表[10]

	夜市案件		店面案件		夾報案件		網路案件		製造工廠		其他案件	
	案件	人數	案件	人數	案件	人數	案件	人數	案件	人數	案件	人數
98年案件百分比	21.39%	8.17%	8.66%	12.11%	0.65%	1.14%	62.84%	70.46%	0.10%	0.10%	6.37%	8.02%
99年案件百分比	14.84%	7.98%	24.64%	31.02%	0.51%	0.59%	51.75%	50.59%	0.62%	0.82%	7.65%	8.99%
100年案件百分比	8.86%	4.04%	33.33%	37.87%	0.00%	0.00%	49.37%	48.53%	1.27%	1.47%	7.17%	8.09%

資料來源：本研究彙整。

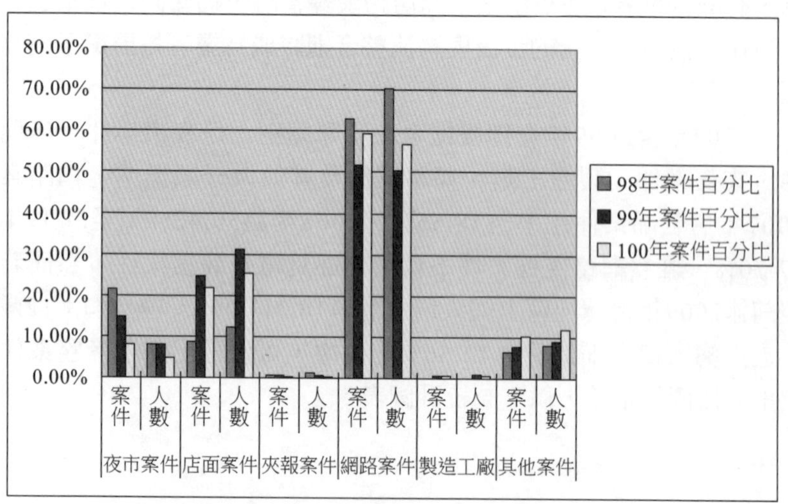

圖1-7 保二總隊保護智慧財產權警察大隊2009年至2011年（9月份止）查獲侵權案件犯罪類別統計比較圖

資料來源：本研究彙整。

---

[10] 保護智慧財產權—警察大隊／為民服務／業務統計，http://oldweb.tipo.gov.tw/iprp/service/report/report.asp（最後瀏覽日：2009年7月12日）。

貳、與智財法律相關案件數據分類

電子商務涉及眾多法規，其中尤以智慧財產權法關係密切，以下列舉與專利、商標、著作權、營業秘密等相關之案件作為說明。保護智慧財產權警察大隊2009年至2011年查獲網路販售盜仿物品或非法供人下載檔案案件統計中，皆與電子商務息息相關。

表1-2　保二總隊保護智慧財產權警察大隊98年至100年（9月份止）查獲網路販售盜仿物品或非法供人下載檔案案件統計表[11]

	影音下載		盜版品		仿冒品	
	件數	人數	件數	人數	件數	人數
98年	365	367	158	172	719	801
99年	229	238	153	176	607	673
100年	101	103	146	161	651	736

資料來源：本研究彙整。

[11] 保護智慧財產權—警察大隊／為民服務／業務統計，http://oldweb.tipo.gov.tw/iprp/service/report/report.asp（最後瀏覽日：2009年7月12日）。

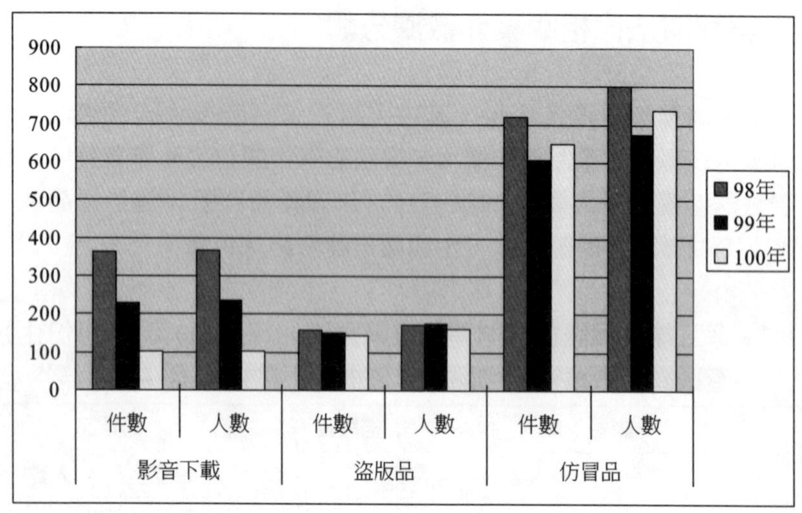

圖1-8　保二總隊保護智慧財產權警察大隊2009年至2011年（9月份止）查獲網路販售盜仿物品或非法供人下載檔案案件統計

資料來源：本研究彙整。

一、專利

透過電腦網路系統，自動進行資訊科技交易的商業方法稱為商業方法專利，「商業方法」是指一種處理或解決商業經濟活動或事務而藉由人類心智創造的方法或規則，這種創作的類型因為是屬於人類心智的創作方法。目前各國的專利申請案，早已充斥著利用網際網路進行模型化知識、技術及智慧之自動交易的專利，電子商務利用電腦程式與網路技術所結合成的某種特定商業方法（method of doing business），亦涉及電子商務的商業方法之可專利性問題[12]。

[12] 徐振雄，前揭註4，2005年，頁88-90。

1981年Diamond v. Diehr[13]案涉及一項由電腦程式反覆演算，由電腦發出指令在最佳成形時間將橡膠模具開啟的專利，最高法院最終肯定電腦程式可申請此一發明專利[14]。1996年2月美國專利商標局公布「電腦相關發明審查基準」（Examination Guidelines for Computer-Related Inventions），認為如果電腦程式表現出一種具有實際上執行或結果的程序，就可能具備專利性[15]。

電子商務的全球性，也往往使新穎性產生不確性或不穩定性，讓某些電子商務專利於事後異議時遭到撤銷，如果再加以審查機制輕率或保護過度，亦極可能因此造成對其他企業進入電子商務市場的阻礙，甚至因專利壁壘而形成不公平的競爭。對此，牽涉到專利權排他性以壟斷市場與知識共享、鼓勵科技創新的平衡取捨問題，值得省思[16]。

二、商標

電子商務時代的網際網路充滿無限商機，而代表各個不同網站之網域名稱更已成為吸引消費者購買讓網站商品、服務之重要工具。具備如同商標之識別、品質保證、廣告等多重功能；也具備所謂「準商標」地位之網域名稱亦因此成為企業之寶貴智慧財產權，而受到商標法的規範。為了保障自身的權益，藉以區分自身之商品以利消費者辨識，企業均應將代表自己商品或服務的特定網域名稱申請商標或服務標章[17]。

---

[13] 450 U.S. 175 (1981).

[14] 楊崇森，專利法理論與應用，三民書局，2007年，頁67。

[15] 徐振雄，前揭註13，頁88-90。陳起行，「資訊法律的整合研究—以美國法律界因應軟體專利及著作權問題為中心」，政大法學評論，56期，1996年，頁249。

[16] 徐振雄，同前註。

[17] 劉博文，智慧財產權之保護與管理，揚智文化，初版，2002年，頁121。

表1-3　保二總隊保護智慧財產權警察大隊2009年至2011年查緝侵害智慧財產權案件統計表[18]

年（月）別 Year（Month）	違反商標法 Against Trade Mark Laws		違反著作權法 Against Copyright Laws	
	件數 Cases	人數 Persons	件 數 Cases	人數 Persons
98年2009	2,619	2,918	2,923	3,196
99年2010	2,890	3,377	2,271	2,611
100年2011	733	858	473	548

資料來源：本研究彙整。

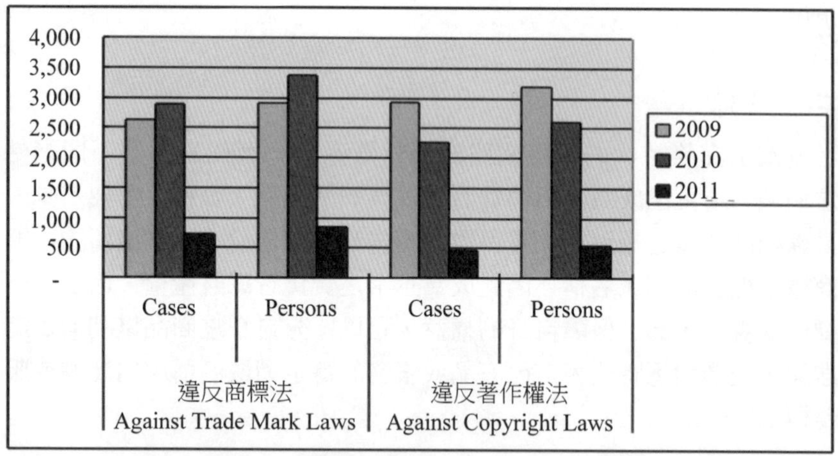

圖1-9　保二總隊保護智慧財產權警察大隊2007年至2009年查緝侵害智慧財產權案件統計比較圖

[18] 保護智慧財產權警察大隊。

國內網域名稱爭議的案件已累積達相當數量，確實值得透過類型化處理的方式，提供予專家小組在進行網域名稱爭議案件處理時，較明確的判斷標準，以避免被申訴人或註冊人認為流於恣意。網域名稱爭議處理機制的建立，其目的即在建立網域名稱註冊、使用的正當秩序，使網域名稱爭議能夠透過快速、專業的處理程序，達到消弭網域名稱爭議於無形的終極目標[19]。

表1-4　資策會科法中心自2001年至2008年止所受理之網域名稱爭議處理案件[20]

年度	爭議案件數	移轉或取消	申訴駁回	程序終止
2001	13	6	4	3
2002	11	10	0	1
2003	8	4	2	2
2004	6	2	3	1
2005	5	3	2	0
2006	22	20	1	1
2007	16	14	0	2
2008	13	7	4	2
2009	3	2	0	1
總計	97	68	26	13
移轉或取消與申訴駁回之比例		70.10%	16.49%	

註：自2010/1/1~2010/3/29止，爭議案件數為3件，3件移轉或取消。
資料來源：本研究彙整。

[19] 益思科技法律事務所/專業部落格 Blog/賴文智律師，網路暨智慧財產權/網域名稱爭議處理經驗談，http://www.is-law.com/blog/4/page/3（最後瀏覽日：2009年7月10日）。

[20] 經濟部資策會—科技法律中心/網域名稱爭議處理機構，http://stlc.iii.org.tw/twnic/bulletin.htm（最後瀏覽日：2009年7月12日）。圖表為本研究彙整。

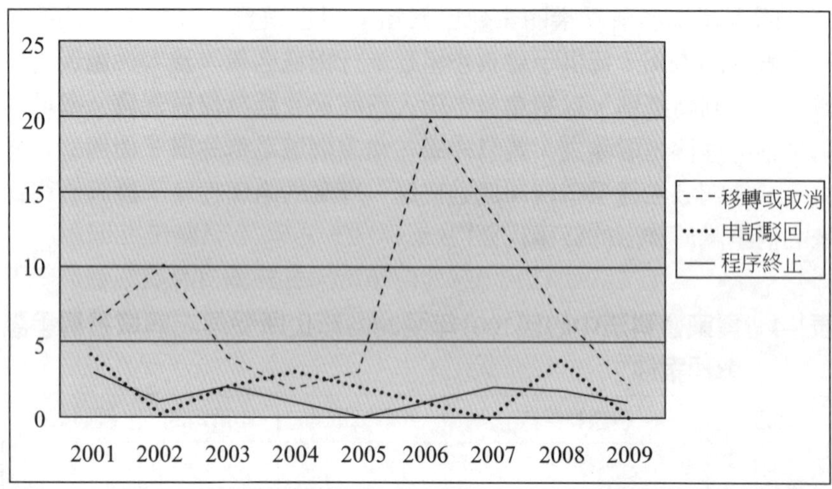

圖1-10 資策會科法中心自2001年至2009年止所受理之網域名稱爭議處理案

資料來源：本研究彙整。

移轉或取消（亦即申訴人申訴成功）與申訴駁回之比例，約為8:2。這樣的比例並不代表網域名稱爭議處理機制比較傾向於保護商標權人，因為網域名稱爭議申訴的提出，本即屬於網域名稱註冊的例外狀況，網域名稱申訴人雖然透過申訴制度取得或要求取消網域名稱的機會達80%，但綜觀全體網域名稱註冊之狀況，仍屬極少數之例外狀況。許多商標權人在諮詢是否可以透過網域名稱爭議處理機制取回網域名稱時，經常會誤以為其擁有商標權，即可擁有網域名稱。但實際上，商標權依法僅限於註冊所指定之商品或服務類別，以「Apple」這個商標為例，有製作電腦的Apple公司，有販售牛仔褲的Apple品牌，有美國加州賣蘋果的水果商，apple.com.tw或apple.tw不一定非歸屬於特定人不可。

至於2011年商標法全面修正時，新增第70條規定，若明知為他人著名之註冊商標（或註冊商標），或明知為他人著名之註冊商標，而以該著名商標中之文字作為自己公司、商號、團體、網域或其他表彰營業主體之名稱，有致相關消費者混淆誤認之虞或減損該商標之識別性或信譽之虞者，皆視為商標權的侵害。然而，這並不表示只要以他人註冊商標之文字註冊網域名稱，就必然構成商標權的侵害，仍然要視其實際個案狀況，是否有減損商標識別性或信譽，或造成混淆誤認的情形而定。由於網域名稱爭議處理專家小組並非法官，亦非從事商標侵害之判斷，故即令在具體個案構成商標侵害，亦未必符合網域名稱爭議處理辦法所規定的要件，而可申訴成功。

三、著作權法

數位內容在資訊時代之意義，數位內容之出現，使得許多資訊能夠更方便而廣泛地被接觸、有效利用並妥善保存，也使人類知識之累積與發展以數倍於以往之速度大幅躍升，而促成真正資訊時代之到來。其種類可分為：（一）從產業之角度分類：數位內容係指：將圖像、文字、影像、語音等資料，運用資訊科技加以數位化，並整合運用之產品或服務，共可分為八類—數位遊戲、電腦動畫、數位學習、數位影音應用、行動內容、網路服務、內容軟體、數位出版與典藏。（二）從內容創作性之角度分類：1.創作性之數位內容—新的遊戲、動畫、軟體等。2.衍生性之數位內容—利用既有著作之內容改作成為動畫或遊戲。3.單純數位化之數位內容—數位典藏、電子書、電子期刊等。[21]

四、營業秘密法

網際網路的發明使得資訊的流傳無遠弗屆，資訊化對營業秘密保障的影響，最重要的便是改變了資訊傳遞的內容（尤其數量）及速

[21] 謝銘洋，數位內容之著作權基本問題及侵權，經濟部智慧財產局，2008年，頁5-10。

度，大量的重要資訊（數據、報告或表格、程式、配方……），皆可在極短時間內喪失。因此，使受僱人能輕易連線或接觸到公司的核心資訊，當然對幫助業務的開展或新產品的產生或設計、發明等有極大優勢，然而考量與營業秘密喪失的損失比較，企業體必須衡量兩者之間的得失[22]。

近年來隨網際網資訊傳遞之迅速，包括電子郵件因有著快速方便的特性，卻更易造成公司營業秘密的外洩。不論發生的事件是否洩漏公司之營業秘密，目前學產業界普遍利用電子郵件傳遞資訊，乃不爭之事實，如何確保電子郵件的傳遞安全避免資料外洩，將是保障電子商務的重要工作。

第四節　電子商務相關法規

電子商務消費型態可發揮快速行銷、節省成本、形成新銷通路及突破傳統交易時間與空間上之限制等特性，惟目前並無「電子商務」專類的法律案件，依據案件性質如有關資訊自由、電腦及網路犯罪、電子商務、隱私權、智慧財產權、訴訟管轄、消費者保護、不公平競爭等，如憲法、刑法、民法、民事訴訟法、著作權法、商標法、營業秘密法、專利法、消費者保護法、公平交易法等既有法律予以統籌規範，其他因應網際網路使用而訂定者，如個人資料保護法、電子簽章法[23]。

[22] 曾勝珍，營業秘密法，台北：五南圖書出版股份有限公司，初版，2009年，頁95-97。

[23] 其他如民國90年06月14日公布「公正第三人認可及其公開拍賣程序辦法」。「拍賣交易法規」，http://law.moj.gov.tw/LawClass/LawAll.aspx?PCode=G0380099（最後瀏覽日：2011年8月27日）。民國98年03月12日公布「臺北市政府網路拍賣動產處理要點」。

惟個人資料保護法並非保護個人使用網際網路時人格權及財產法益受侵害時的救濟，電子簽章法第1條第1項更是開宗明義訂定「為推動電子交易之普及運用，確保電子交易之安全，促進電子化政府及電子商務之發展，特制定本法」，然而第2項亦有規定「本法未規定者，適用其他法律之規定」。對於此一不同於傳統類型之經營模式與法律關係，及其所發展之線上零售、電子行銷、電子銀行及其他需付費之電子商務等服務，皆可能涉及例如誹謗、詐欺、偽造文書等法律問題。

壹、民法

以損害賠償責任中構成精神損失及給付不能或不完全給付的情形說明民法規定。

一、損害賠償責任

法人對於其董事或其他有代表權之人因執行職務所加於他人之損害，與該行為人連帶負賠償之責任[24]，無法律上原因受利益，致他人受損害者，應返還其利益。雖有法律上之原因，而其後已不存在者，亦同[25]。因故意或過失，不法侵害他人之權利者，負損害賠償責任。故意以背於善良風俗之方法，加損害於他人者亦同，違反保護他人之法律，致生損害於他人者，負賠償責任。但能證明其行為無過失者，不在此限[26]。

---

[24] 民法第28條。

[25] 民法第179條。

[26] 民法第184條。民法第185條對數人共同不法侵害，第187條及第221條無行為能力人或限制行為能力人侵權行為，第188條受僱人的侵權責任均有規定，損害賠償之方法規定於第18條、第19條 及第213條至第215條。

二、精神損失

不法侵害他人之身體、健康、名譽、自由、信用、隱私、貞操，或不法侵害其他人格法益而情節重大者，被害人雖非財產上之損害，亦得請求賠償相當之金額。其名譽被侵害者，並得請求回復名譽之適當處分[27]。

三、給付不能或不完全給付

因不可歸責於債務人之事由，致給付不能者，債務人免給付義務。債務人因前項給付不能之事由，對第三人有損害賠償請求權者，債權人得向債務人請求讓與其損害賠償請求權，或交付其所受領之賠償物[28]。因可歸責於債務人之事由，致給付不能者，債權人得請求賠償損害。前項情形，給付一部不能者，若其他部分之履行，於債權人無利益時，債權人得拒絕該部之給付，請求全部不履行之損害賠償[29]。因可歸責於債務人之事由，致為不完全給付者，債權人得依關於給付遲延或給付不能之規定行使其權利。因不完全給付而生前項以外之損害者，債權人並得請求賠償[30]。

27 民法第195條。

28 民法第225條。

29 民法第226條。

30 民法第227條。其他尚有第220條、222條、224條就故意或過失之行為應負責任予與規定。

貳、刑法

一、網路犯罪行爲

在網路上如利用文字教唆[31]、幫助[32]、恐嚇[33]、煽惑[34]、公然猥褻[35]或散布、播送或販賣猥褻之文字、圖畫、聲音、影像或其他物品，或公然陳列，或以他法供人觀覽、聽聞者[36]，或其他從事業務競爭行為時一方意圖散布於眾，而指摘或傳述足以毀損他人名譽之事者[37]，散布流言或以詐術損害他人之信用者[38]，包括對於已死之人公然侮辱者侮辱誹謗死者罪[39]。

[31] 刑法第29條「教唆他人使之實行犯罪行為者，為教唆犯」（第1項）。「教唆犯之處罰，依其所教唆之罪處罰之」（第2項）。

[32] 刑法第30條「幫助他人實行犯罪行為者，為幫助犯。雖他人不知幫助之情者，亦同」（第1項）。「幫助犯之處罰，得按正犯之刑減輕之」（第2項）。

[33] 刑法第151條「以加害生命、身體、財產之事恐嚇公眾，致生危害於公安者，處二年以下有期徒刑」。

[34] 刑法第153條「以文字、圖畫、演說或他法，公然為左列行為之一者，處二年以下有期徒刑、拘役或一千元以下罰金：一、煽惑他人犯罪者。二、煽惑他人違背命令，或抗拒合法之命令者」。

[35] 刑法第234條「意圖供人觀覽，公然為猥褻之行為者，處一年以下有期徒刑、拘役或三千元以下罰金」（第1項）。「意圖營利犯前項之罪者，處二年以下有期徒刑、拘役或科或併科一萬元以下罰金」（第2項）。

[36] 刑法第235條第1項規定「散布、播送或販賣猥褻之文字、圖畫、聲音、影像或其他物品，或公然陳列，或以他法供人觀覽、聽聞者」處二年以下有期徒刑、拘役或科或併科三萬元以下罰金」。「意圖散布、播送、販賣而製造、持有前項文字、圖畫、聲音、影像及其附著物或其他物品者，亦同」（第2項）。「前二項之文字、圖畫、聲音或影像之附著物及物品，不問屬於犯人與否，沒收之」（第3項）。

[37] 刑法第310條為誹謗罪，處一年以下有期徒刑、拘役或五百元以下罰金或以散布文字、圖畫犯前項之罪者，處二年以下有期徒刑、拘役或一千元以下罰金。

[38] 刑法第313條妨害信用罪，處二年以下有期徒刑、拘役或科或併科一千元以下罰金。

[39] 刑法第312條對於已死之人公然侮辱者，處拘役或三百元以下罰金（第1項）。「對於已死之人犯誹謗罪者，處一年以下有期徒刑、拘役或一千元以下罰金」（第2項）。

意圖為自己或第三人不法之所有，以詐術使人將本人或第三人之物交付者[40]，意圖為自己或第三人不法之所有，以不正方法將虛偽資料或不正指令輸入電腦或其相關設備，製作財產權之得喪、變更紀錄，而取得他人財產者[41]，其他如背信罪為他人處理事務，意圖為自己或第三人不法之利益，或損害本人之利益，而為違背其任務之行為[42]。

二、妨害秘密

電子商務活動中為達商業促銷或營利行為時，若無故利用工具或設備窺視、竊聽他人非公開之活動、言論、談話或身體隱私部位者或無故以錄音、照相、錄影或電磁紀錄竊錄他人非公開之活動、言論、談話或身體隱私部位者[43]，又如醫師、藥師、藥商、助產士、心理師、宗教師、律師、辯護人、公證人、會計師或其業務上佐理人，或曾任此等職務之人，無故洩漏因業務知悉或持有之他人秘密者[44]。

洩漏業務上知悉之工商秘密[45]、職務上工商秘密[46]或無故洩漏因

---

[40] 刑法第339條「處五年以下有期徒刑、拘役或科或併科一千元以下罰金」（第1項）。「以前項方法得財產上不法之利益或使第三人得之者，亦同」（第2項）。「前二項之未遂犯罰之」（第3項）。（普通詐欺罪）

[41] 刑法第339之3條「處七年以下有期徒刑」（第1項）。「以前項方法得財產上不法之利益或使第三人得之者，亦同」（第2項）。

[42] 刑法第342條規定「致生損害於本人之財產或其他利益者，處五年以下有期徒刑、拘役或科或併科一千元以下罰金」（第1項）。「前項之未遂犯罰之」（第2項）。

[43] 刑法第315之1條規定處三年以下有期徒刑、拘役或三萬元以下罰金。

[44] 刑法第316條洩漏業務上知悉他人秘密罪，處一年以下有期徒刑、拘役或五萬元以下罰金。

[45] 刑法第317條依法令或契約有守因業務知悉或持有工商秘密之義務，而下無故洩漏之者，處一年以下有期徒刑、拘役或一千元以下罰金。

[46] 刑法第318條公務員或曾任公務員之人，無故洩漏因職務知悉或持有他人商之工商秘密者，處二年以下有期徒刑、拘役或二千元以下罰金。

利用電腦或其他相關設備知悉或持有他人之工商秘密者[47]，而利用電腦或其相關設備犯加重其刑[48]。無故開拆或隱匿他人之封緘信函、文書或圖畫者，為妨害書信秘密[49]。

三、與電子商務相關之刑責

以下為因應電腦之廣泛使用而相關之刑責規定，特別是2003年刑法新增第36章，增訂第358條至第363條，將線上虛擬物品定義為「電磁記錄」並非「動產」，將「偷竊虛擬物品」行為定義為「對電腦使用者的妨害」而非「竊盜」。以下列舉說明：

1. 刑法第358條「無故輸入他人帳號密碼、破解使用電腦之保護措施或利用電腦系統之漏洞，而入侵他人之電腦或其相關設備者，處三年以下有期徒刑、拘役或科或併科十萬元以下罰金」。（入侵電腦或其相關設備罪）
2. 刑法第359條「無故取得、刪除或變更他人電腦或其相關設備之電磁紀錄，致生損害於公眾或他人者，處五年以下有期徒刑、拘役或科或併科二十萬元以下罰金」。（破壞電磁紀錄罪）
3. 刑法第360條「無故以電腦程式或其他電磁方式干擾他人電腦或其相關設備，致生損害於公眾或他人者，處三年以下有期徒刑、拘役或科或併科十萬元以下罰金」。（干擾電腦或其相關設備罪）
4. 刑法第361條「對於公務機關之電腦或其相關設備犯前三條之罪者，加重其刑至二分之一」。（加重其刑）

---

[47] 刑法第318條之1洩密之處罰為處二年以下有期徒刑、拘役或五千元以下罰金。

[48] 刑法第318條之2有關第三百十六條至第三百十八條之罪者，加重其刑至二分之一。

[49] 刑法第315條處拘役或三千元以下罰金，無故以開拆以外之方法，窺視其內容者，亦同。

5. 刑法第362條「製作專供犯本章之罪之電腦程式，而供自己或他人犯本章之罪，致生損害於公眾或他人者，處五年以下有期徒刑、拘役或科或併科二十萬元以下罰金」。（製作犯罪電腦程式罪）

參、依訴訟種類區分之案件統計表

目前並無「電子商務」一類，作為檢索及查詢法律案件之基本條件，本研究先以民法大類為主，搜尋與電子商務有關之法律案件時，按民事訴訟種類區分觀察案件終結數目，嘗試在既有之民法規範中，將電子商務法律案件可能於實務訴訟上涉及之爭點，彙整司法院[50]統計資料數據圖表化說明如下。

一、民事訴訟第一審終結件數—按訴訟種類分

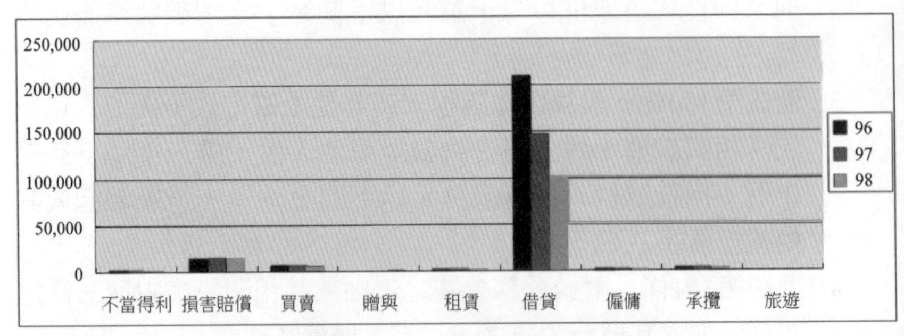

圖1-11　司法院統計資料

資料來源：本研究彙整。

[50] 司法院，http://www.judicial.gov.tw/juds/report/Sf-2.htm（最後瀏覽日：2011年8月27日）。

二、民事訴訟上訴第二審終結件數—按訴訟種類分

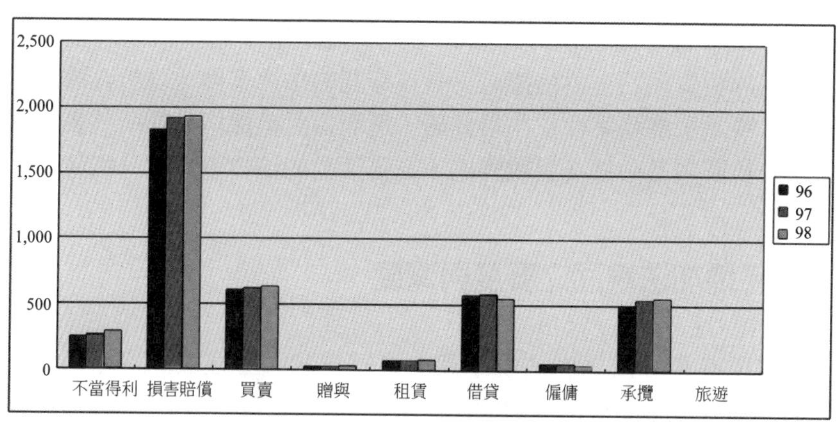

圖1-12　司法院統計資料

資料來源：本研究彙整。

三、民事訴訟上訴第三審終結件數—按訴訟種類分

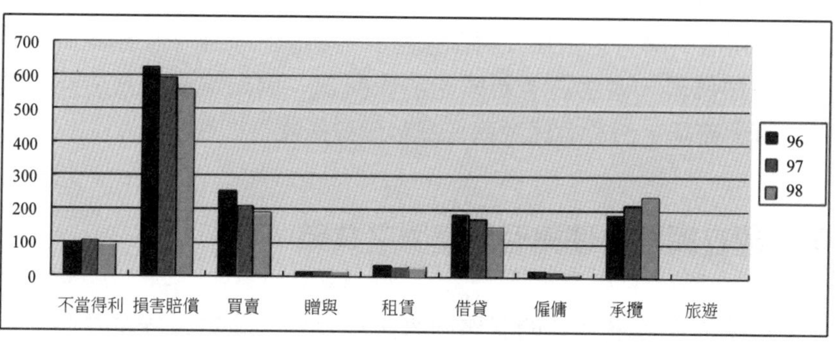

圖1-13　司法院統計資料

資料來源：本研究彙整。

第五節　結論暨建議

本文以電子商務模式及現況，說明近年電子商務市場規模、國人常用的拍賣網站，再依據電子商務有關的法律案件，分析台灣上網人數，將電子商務案件依法規分類，進而探討數據與分類所代表的意義，分析圖表及數據後對我國電子商務活動的法律做以下分析建議。

壹、應增加法規面之廣度與深度

電子商務涉及眾多法規，其中尤以智慧財產權法關係密切，惟目前並無「電子商務」專類的法律案件，隨著資訊時代，若沒有法律制裁將會使得創作量每年遞減、網域名稱會存在不公平競爭情況及個人隱私被揭發，諸如此類的傷害造成現今社會人人自危的後果，期望在網路時代之衝擊下，仍然可以保有對著作權、商標權及個人隱私權的控制及權利，若不能，應如何加以保護，採何種救濟方式方為適當，因此增加法規面之廣度與深度，甚至成立電子商務法以為因應與規範。阻礙電子商務推動的三大因素包括消費者對於安全機制的疑慮、使用者的購買習慣以及對個人隱私的顧慮。而電子商務本身之特性及快速發展，產生許多新興的法律問題，例如電子商務之契約問題、電子簽章、消費者保護或智慧財產權保護等問題。

貳、建立網路倫理與使用道德之共識

網路消費者最關切的議題向來是涉及個人資料及安全之隱私保護，企業經營者應遵守下列消費者隱私權保護原則，政府亦應有適當的管制措施或機制。企業經營者在蒐集消費者資料前，應明白告知其隱私權保護政策，包括資料蒐集之內容、使用目的及使用限制；資料之蒐集應經合法及公平之方法，並應取得消費者之同意，除消費者同意或法令另有規定外，使用上不得逾原先所告知消費者之使用目的。消費者得查詢及閱覽其個人資料，並得增刪及修正，且對消費者之資料應為妥當之保護，避免遺失或未經授權之使用、銷毀、修改、再處理或公開，若個人資料已無保存必要時，應確實銷毀。企業經營者如未能遵守上述原則或未能遵守在隱私權保護政策中所承諾之措施時，應自負其法令上之責任。

參、籌劃全民上網的交易世界與秩序

企業經營者建立免費的內部申訴處理機制，以處理與消費者間之糾紛問題。如消費爭議無法用此方式解決時，採用外部爭議處理機制，讓超然公正之第三人解決雙方爭端[51]。使消費者能採取公平、有效、及時、經濟且易於取得的機制，解決交易所產生的爭議[52]。政府、企業經營者、教育機構、消費者保護團體及消費者應共同致力於安全交易意識的提昇[53]，唯有交易安全意識之提昇才是降低風險之最主要因素，安全交易意識應包括如何減低自己在電子交易過程中之風險；消費者自身在電子交易中所具有的權利與義務；如何進行安全的電子交易，以及在發現企業經營者有不當或不法行為時，證據之蒐集與應採取的救濟等[54]。

---

[51] 陳櫻琴等編著，資訊法律，華立圖書，增修版，2004年，頁173。

[52] 尹章華、芳齡，電子商務與消費者權益，文笙書局，初版，2004年，頁21。

[53] 同前註。

[54] 前揭註53。

第二章　台灣商標法有關商標侵害之實務探討

曾勝珍、黃雪芬

第一節　前言

網際網路的及時性以及無遠弗屆的特性，可以使數位化的資訊與文化快速的傳遞至全世界，因而我們的生活與網際網路緊緊相連；人們可以不須出門即可藉由網路的購物網，買到需要的商品，因而帶動了網路電子商務之盛行；由於網路之發達，促使傳統的行銷與交易模式轉移到網路上進行，然而網際網路創造了商機但也帶來了危機。透過網際網路除了可以讓人們買到想要的商品亦可能買到一仿冒品；由於網際網路的便捷性，仿冒品可以經由網路上的拍賣市場快速的傳播，造成商標權人以及消費者的損害；或是於網際網路上使用他人的商標為關鍵字，用以搜索自己的商品造成消費者的混淆誤認，並侵害商標權人的商標權。

商標法第5條第2項規定中加入了利用網路為行銷之目的，使行為人透過網路銷售仿冒品時，將構成商標直接侵害。此法條係針對行為人即使用者透過網路銷售仿冒品時，將構成商標直接侵害；但此法條是否擴及網路服務的提供者（Internet Service Providers以下簡稱ISP業者）？

傳統智慧財產權侵害責任是否能擴展到網際網路上的商標侵害？ISP業者所提供之服務及商品對商標權人之商標造成侵害，或導致消費者對於商標權人的商品及服務之來源產生混淆誤認，此時商標權人得向ISP業者主張商標直接侵害責任；若無法對ISP業者成立商標直侵害責任；ISP業者是否可能成立美國法下之商標間接侵害責任（secondary Infringement or indirect infringement），而此爭議是否使ISP業者所經營電子商務網站面臨重大法律風險？其是否亦能夠主張無扮演監控的角色於其所提供之網路上，藉此規避風險並主張不構成商標侵害責任？本文將以探討台灣商標法有關商標侵害之實務為主，對日後可能產生相關的爭議及台灣目前尚無明文規範ISP業者須負擔間接侵害責任等相關問題，接著說明商標連帶侵權責任規範與成立，介紹台灣商標侵權實務見解，例如京華城案、大潤發案、格子趣販賣仿冒品案件出一張嘴案以及葉全真案，最終再做出結論。

第二節　商標權侵害之救濟

商標具有辨別、品質擔保以及廣告促銷等功能；商標可由文字、圖形、記號、聲音、顏色、立體形狀或其聯合式所組成，具有識別性使商標成為表彰商品或服務來源，並可藉此與他人之商品或服務相區別；或未符合前述規定，經申請人使用且在交易上已成為申請商品或服務之識別標識時，即成為第二意義而受商標法之保護。

商標權具有獨佔性以及排他性，故依法取得商標權者，即有法律加以保護，故商標權受侵害時，應予以救濟。各國立法，均給予受侵害之商標權人可請求民事救濟的權利，對於故意之侵害行為，另有刑法之規範[1]。本節就商標權受侵害時商標權人可為之民事救濟以及刑事救濟介紹之。

壹、商標權侵害之民事救濟

商標權人之商標受有損害，商標權人依下述可以向侵害商標權之人為民事之救濟。

[1] 黃倩怡，論美國法上商標權侵害之合理使用—以商業性言論為主，國立中正大學財經法律研究所碩士論文，2007年2月，頁139。

一、侵害除去請求權[2]

商標權人對於侵害其商標權者，得請求排除其侵害；侵害排除請求權，亦即侵害停止請求權。其侵害須已現實發生，且現仍存在。

二、侵害防止請求權[3]

商標權人對欲有侵害其商標權之虞者，得請求防止之，以預防侵害之發生，並加強商標之保護。同屬對商標侵害行為之禁止請求權。

三、損害賠償請求權

商標權人對於因故意或過失侵害其商標權者，得請求損害賠償[4]。

四、銷毀請求權

商標權人，得請求銷毀侵害商標權之物品及從事侵害行為之原料或器具[5]。

---

[2] 2011年商標法修正條文第69條第1項，明定商標之除去及防止請求權，不以行為人主觀上具故意或過失為要件，只需有侵害行為發生，商標專用權人即可行使其除去侵害或防止侵害請求權。

[3] 2011年商標法修正條文第69條第1項，明定商標之除去及防止請求權，不以行為人主觀上具故意或過失為要件，只需有侵害行為發生，商標專用權人即可行使其除去侵害或防止侵害請求權。

[4] 2011年商標法修正條文第69條第3項。

[5] 2011年商標法修正條文第69條第2項。其修正理由為，法院審酌侵害之程度及第三人利益後，得為其他必要之處置；此即在於預防侵害之擴大，使商標權的保護更為週全。

五、信譽回復請求權[6]

商標權人，得請求由侵害商標權者負擔費用，將有關侵害商標權勝訴之判決書內容全部或一部登載新聞紙公告之，以回覆商標權人之營業信譽並使敗訴之被告受輿論之制裁。

貳、刑事救濟

商標權屬無體財產權，其受到侵害時，自應以民事救濟為主軸，惟因智慧財產之抽象性與無體性容易受侵害難以察覺，且請求損害賠償時不易舉證。為加強商標權之保護，有以刑事救濟嚇阻侵害發生之必要。台灣商標法原無刑事處罰之規定，凡有違反商標法之案件，僅得依刑法妨害農工商罪科處刑罰。1972年商標法修正時，始增訂刑事救濟之規定。並於1983年大幅修正，以嚇阻仿冒商標、確保商標權人及消費者之利益，並提升台灣國際商業信譽[7]。以下就商標法以及其他法律中有關刑罰規定分述如下：

一、商標法中之罪刑規定

（一）使用仿冒註冊商標罪[8]

商標法第81條規定，未得商標權人或團體商標權人同意，為而於同一或類似商品或服務，使用相同或近似於他人註冊商標或團體商

---

[6] 2011年商標法修正時已將名譽回復請求權刪除，其修正理由為：「有關被侵害人聲請將判決書全部或一部登報一事，訴訟實務上，原告起訴時，即得依民法第一百九十五條第一項後段『其名譽被侵害者，並得請求回復名譽之適當處分』之規定，在訴之聲明中一併請求法院判決命行為人登報以為填補損害，本條應無重複規定之必要，爰予刪除，回歸適用民法相關規定。」

[7] 曾陳明汝，商標法原理，自版，2007年4月，頁130-132。

[8] 陳文吟，商標法論，三民出版，2006年5月，頁150-152。

標之商標，處三年以下有期徒刑、拘役或科或併科罰新台幣二十萬以下罰金。

(1)於同一商品或服務，使用相同之註冊商標或團體商標者。

其構成要件為A.行為人須為故意[9]；B.行為人的商標與其註冊商標相同；C.使用於同一商品或服務。

(2)於類似之商品或服務，使用相同之註冊商標或團體商標，有致相關消費者混淆誤認之虞者。

(3)於同一或類似之商品或服務，使用近似於其註冊商標或團體商標之商標，有致相關消費者混淆誤認之虞者。

第(2)、(3)款構成要件	說明
1. 行為人為故意	行為人為故意使用他人已註冊之商標。
2. 使用之商標須與他人註冊商標構成相同或近似	行為人使用商標之行為係未經他人允許而使用相同或近似之商標。
3. 使用方法	1. 將相同之商標使用於類似商品或服務； 2. 將近似之商標使用於同一商品或服務； 3. 將近似之商標使用於類似商品或服務； 4. 行為人使用商標之行為有致相關消費者混淆誤認之虞。

商標法刑事處罰之對象，並不包括單純購買之消費行為，故商標法於2011年修法時於本條序文[10]中增列「為行銷目的」等文字，用以限縮適用範圍。

[9] 基於罪刑法定主義，商標法第81條未明定過失之侵害行為，故應限於故意之行為。同前註，頁151。

[10] 新修正商標法第95條。

（二）販賣屬侵害商標之商品[11]

商標法第82條規定，明知為前條商品而販賣、意圖販賣而陳列、輸出或輸入者，處一年以下有期徒刑、拘役或科或併科新臺幣五萬元以下罰金。

其構成要件為1.行為人為故意；2.行為客體為前舉之仿冒商標商品；3.須有販賣行為或意圖販賣而持有、陳列、輸出或輸入之行為。「販賣」係指出售而言。「意圖販售而持有、陳列」則具有販賣之違法意思之主觀因素兼具客觀上有陳列、輸出或輸入之行為。

2011年商標法修正後條文為，明知為前二條規定的仿冒商標的商品而販賣、意圖販賣而持有[12]、陳列、輸出或輸入者，處一年以下有期徒刑、拘役或科或併科新台幣五萬元以下罰金；透過電子媒體或網路方式為之者，亦同。

目前商品之行銷或提供服務之型態日新月異，電子商務及網際網路發達之經濟發展情勢蓬勃，故將透過電子媒體或網路方式為本條規範行為者，列為處罰之對象，以遏止將侵權商品散布之情形[13]。

第83條規定，犯前二條之罪所製造、販賣、陳列、輸出或輸入之商品，或所提供於服務使用之物品或文書，不問屬於犯人與否，沒收之。2011年商標法修正後其條文為，侵害商標權、證明商標權或團體商標權之物品或文書，不問屬於犯人與否，沒收之。

[11] 前揭註9，頁152。

[12] 明知為侵害他人商標權之商品，如非以營利販賣意圖而販入（如原以自用目的而販入），或因其他原因而持有（如受贈等），嗣後起意營利販賣者，其行為無法為現行條文所列舉之販賣、意圖販賣而陳列、輸出或輸入之構成要件所涵括，然為避免侵害他人商標權商品於市面散布流通，而侵害商標權人之權益，該等行為亦有處罰之必要，爰增列意圖販賣而「持有」者為處罰之對象，以資明確。2011年商標法立法理由。

[13] 2011年商標法修正理由。

（三）使用仿冒註冊證明商標[14]

未得證明商標權人同意，為行銷目的而於同一或類似之商品或服務，使用相同或近似於註冊證明商標之商標，有致相關消費者誤認誤信之虞者，處三年以下有期徒刑、拘役或科或併科新臺幣二十萬元以下罰金。

明知有前項侵害證明商標權之虞，販賣或意圖販賣而製造、持有、陳列附有相同或近似於他人註冊證明商標標識之標籤、包裝容器或其他物品者，亦同。

現行條文有關商標侵權之刑罰規定，並未包括侵害證明商標之情形。而證明商標為證明商品或服務之特性、品質、精密度、產地等事項，本身具有公眾信賴之期待與消費者保護之功能，較一般商標具有更高之公益性質，侵害證明商標權對社會公眾造成之損害較一般商標權為重大，且一般商標侵害具有罰則之規定，故證明商標遭受侵害時，亦應加以規範。對於明知有前項侵害證明商標權之虞，仍販賣或意圖販賣而製造、持有、陳列附有相同或近似於他人註冊證明商標標識之標籤、包裝容器或其他物品者，其不僅侵害證明商標權，同時亦危及公益，自應加以規範禁止[15]。

二、刑法有關商標侵害之罪刑規定[16]

（一）偽造仿造商標權商號罪

刑法第253條規定：「意圖欺騙他人而偽造或仿造已登記之商標商號者，處二年以下有期徒刑，拘役或科或併科三千元以下罰金。」

行為人之行為符合下列要件，須負刑責：

---

[14] 2011年商標法修正新增訂之條文。

[15] 2011年商標法修正理由。

[16] 曾陳明汝，前揭註8，頁132-133。

(1)須意圖欺騙他人，指侵害人主觀上具有欺騙他人之意圖，始負本條規定之刑責，至他人是否受騙，則非所問。
(2)行為之客體須為已登記之商號，即已註冊之商標。換言之，在商標註冊前之偽造或仿造之行為，則無本條刑責可言。
(3)偽造、仿造之商標須使用於同一或近似之商品。

（二）販運偽造仿造商標商號之貨物罪

刑法第254條規定：「明知為偽造或仿造之商標商號之貨物而販賣或意圖販賣而陳列，或自外國輸入者，處二千元以下罰金。」

行為人之行為符合下列要件，須負刑責：

(1)須明知為偽造仿造之商標商號之貨物。亦即以處罰故意為要件，因過失而不知情者，則不構成本罪。
(2)客觀要件則須有販賣或意圖販賣而陳列或自外國輸入之行為。若僅是裝飾而陳列或輸入之行為則不構成本罪。

三、公平交易法中之罪刑規定

公平交易法之目的，在於維護交易秩序與消費者利益，確保公平競爭，並促進經濟之安定與繁榮。因此公平交易法中有關侵害商標或商標之規定，係在禁止妨礙公平競爭的行為，若是有侵害行為之存在，但未有發生不公平競爭之情形，則無公平交易法之適用。公平交易法中，對仿冒商標或商標具有妨礙公平競爭之行為，除對得請求民事救濟而外，亦有刑罰之規定[17]。

事業就其營業所提供之商品或服務，不得有下列行為[18]：

1. 以相關事業或消費者所普遍認知之他人姓名、商號或公司名稱、商標、商品容器、包裝、外觀或其他顯示他人商品之表

[17] 前揭註9，頁152。

[18] 公平交易法第20條第1項規定。

徵，為相同或類似之使用，致與他人商品混淆，或販賣、運送、輸出或輸入使用該項表徵之商品者。

2. 以相關事業或消費者所普遍認知之他人姓名、商號或公司名稱、商標或其他表示他人營業、服務之表徵，為相同或類似之使用，致與他人營業或服務之設施或活動混淆者。
3. 於同一商品或同類商品，使用相同或近似於未經註冊之外國著名商標，或販賣、運送、輸出或輸入使用該項商標之商品者。

依公平交易法第35條規定，如有違反上列行為之一者，經中央主管機關依公平交易法第41條規定限期命其停止、改正其行為或採取必要更正措施，而逾期未停止、改正其行為或未採取必要更正措施，或停止後再為相同或類似違反行為者，處行為人三年以下有期徒刑、拘役或科或併科新台幣一億元以下罰金。法人犯前揭之罪者，除處罰其行為人外，對該法人亦科以各該條之罰金[19]。對此等處罰，其他法律有較重之規定者，從其規定[20]。

但若為普通使用方法或善意為相同或類似使用之行為者，不在此限。事業因他事業之行為致其營業、商品、設施或活動有受損害或混淆之虞者，得請求他事業附加適當表徵[21]。

參、損害賠償額之計算[22]

關於商標權於侵害之損害賠償額之計算，除賠償實際損害之外，因商標權之無體性，往往無法正確評估實際所受之損害，因此多

[19] 公平交易法第38條規定。

[20] 公平交易法第39條規定。

[21] 公平交易法第20條第2項、第3項。

[22] 曾勝珍，商標間接侵害之探討（下），全國律師雜誌，2011年12月，頁32。

數國家之立法例，蓋有損害額推定、擬制、酌定甚或多倍賠償制等規定。我現行商標法對商標權人，請求損害賠償時，得選擇性地計算其損害賠償額[23]。

商標法明定可能估算標準（商標法第63條第1項）：

（一）具體損害計算說：依民法第216條規定，以被害人所受之損害與所失利益為計算基準，以填補權利人所遭受的全部損害。

（二）差額說——民法第216條，以填補債權人所受侵害及所失利益為限。但不能提供證據方法以證明其損害時，商標專用權人，得就其使用註冊商標通常所可獲得之利益，減除受侵害後使用同一商標所得之利益，以其差額為所受損害[24]。

（三）仿冒品販賣總額利益說——依侵害商標專用權者因侵害行為所得之利益。於侵害商標專用權者不能就其成本必要費用舉證時，以銷售該項商品全部收入為所得利益[25]。

1. 仿冒品總價額說——就查獲侵害商標專用權商品售價單價五百倍至一千五百倍之金額。但所查獲商品超過一千五百件時，以其總價定賠償金額[26]。

---

[23] 曾陳明汝，前揭註8，頁127。

[24] 此計算方式，仍非相當準確，尤其是其所減少之利益，是否與商標侵害行為有無因果關係，舉證上有其困難。又此說需要由原告證明其使用註冊商標及受侵害後使用同一商標所得之利益，難免需暴露自己的營業秘密。曾陳明汝，前揭註8，頁127。

[25] 採此說，商標權人只要證明被告因侵害行為而受有利益及可請求損害賠償。惟侵害人可以舉反證推翻。例如，證明其取得之利益與侵害行為並無因果關係存在；或舉證證明其所得利益少於所付出之成本，甚或證明被害人根本未有損害等。則原告亦難獲得賠償；此外被告反證時，亦同樣會暴露營業秘密。曾陳明汝，前揭註8，頁128。

[26] 2011年商標法修正為，就查獲侵害商標權商品之零售單價一千五百倍以下之金額。但所查獲商品超過一千五百件時，以其總價定賠償金額。商標法現行條文第63條第1項，規定之最低損害賠償即單價五百倍部分刪除，由法官依侵權行為事實之個案為裁量，以免實際侵權程度輕微，仍以零售單價五百倍之金額計算損害賠償額，而有失公平。2011年商標法修法理由。

2. 上述金額顯不相當者，法院得予酌減。
3. 倘商標權受侵害，以致商標權人之業務上的信譽受減損時，得另行請求相當金額的賠償[27]。

商標法於2011年修正時，於第71條第1項第4款增訂了得以「合理授權金額」作為損害賠償數額，相當於商標權人授權他人使用所得收取之權利金數額為其損害[28]。商標權人以外之人，如欲合法使用註冊商標，本可透過商標授權之方式，於經授權之範圍內，支付對價後方能使用。就此而言，未經商標授權之侵害使用行為，對於商標權人所造成之損害，就相當於侵害商標權人透過授權條件所可以取得之客觀財產價值，也等同於商標權人的所失利益，故以此做為損害賠償之基準也屬正當，利於商標權人有更多元的方式得以選擇適用，更避免商標權人因為舉證損害數額之困難，致使實施商標權排除侵害之效果大打折扣[29]。

以下為100年商標法修正草案侵權相關規定列表：[30]

1. 明確規範侵權行為之樣態	為期商標權排他之範圍明確，明定侵害商標權之行為。（修正條文第68條）
2. 釐清商標侵權責任之主觀要件	明定商標之除去及防止請求權，不以行為人主觀上具故意或過失為必要；至於損害賠償請求權，則以行為人主觀上具故意或過失為必要。（修正條文第69條）

[27] 2011年商標法修正時新法第71條直接刪除了現行條文第63條第3項因侵害而減損業務上信譽之規定，蓋因本法1993年12月22日修正時，已刪除商標應與其營業一併移轉之規定，商標已獨立於營業之外，為單純財產上之權利，適用第1項之損害賠償計算方式。2011年商標法修法理由。

[28] 關於侵害智慧財產權損害賠償事件損害額之認定，「辦理民事訴訟事件應行注意事項」第87點已規定，得參考智慧財產權人於實施授權時可得收取之合理權利金數額，核定損害賠償之數額，爰增訂該計算其損害賠償之方式，以供商標權人選擇適用。2011年商標法修正理由。

[29] 2011年商標法修正理由。

[30] 2011年商標法修正草案總說明。

3. 修正視為侵害商標權之規定	(1)視為侵害商標權者，僅需舉證證明有實際減損著名商標之識別性或信譽之虞者，以避免對著名商標保護不周。 (2)明知有侵害商標權之虞，卻仍予以製造、持有、陳列、販賣、輸出或輸入尚未與商品或服務結合之標籤、吊牌、包裝容器或與服務有關等物品之行為，視為侵害商標權之行為。（修正條文第70條）
4. 增訂侵害證明標章權之刑罰規定	鑒於證明標章較商標具有更高之公益性質，侵害證明標章權對社會公眾造成之損害可能較商標權為鉅，爰予增訂侵害證明標章權之刑罰規定。（修正條文第96條）
5. 增訂明知為侵權商品而透過電子媒體或網路方式販賣、意圖販賣之刑事處罰規定	因應電子商務及網路發達之經濟發展情勢，明定透過電子媒體或網路方式所為販賣、意圖販賣之行為，亦屬侵害商標權之行為。（修正條文第97條）

第三節　台灣商標實務之探討

台灣商標法未明定間接侵害責任，新修正之商標法，亦無規定間接侵害責任；因此當受害人於網路上中買到侵害商標的商品時，買家對於ISP業者可依據民法與消費者保護法主張其權益。惟提供網路拍賣服務的ISP業者往往拿出與使用者事先簽訂的使用者條款，藉以規避法律責任。網路拍賣服務提供者對於使用其服務的使用者販賣仿冒品，是否可以因此免負法律責任，本文以下將從實體之商場經營者是否應與承租攤販、承租人或供應商負商標連帶侵權責任之見解，進而分析ISP業者與直接侵害人之商標共同侵權行為是否連帶責任。

台灣商標法為防止他人使用註冊商標或減損、侵害商標商譽之行為，依商標法第29條第2項規定，為下列之行為時應得商標權人之同意，該行為內容包括：(1)於同一商品或服務，使用相同於其註冊商標之商標者；(2)於類似之商品或服務，使用相同於其註冊商標之商標，有致相關消費者混淆誤認之虞者；(3)於同一或類似之商品或服務，使用近似於其註冊商標之商標，有致相關消費者混淆誤認之虞者；因此未經商標權人之同意，而有上揭之行為，即為構成商標權之侵害。

現行商標法第6條對於商標使用之規定，指為行銷之目的，將商標用於商品、服務或其有關之物件，或利用平面圖像、數位影音、電子媒體或其他媒介物足以使相關消費者認識其為商標。

而依2011年5月31日商標法修正第5條規定商標之使用，指為行銷之目的，而有下列情形之一，並足以使相關消費者認識其為商標：

一、將商標用於商品或其包裝容器。

二、持有、陳列、販賣、輸出或輸入前款之商品。

三、將商標用於與提供服務有關之物品。

四、將商標用於與商品或服務有關之商業文書或廣告。

前項各款情形，以數位影音、電子媒體、網路或其他媒介物方式為之者，亦同[31]。

新修正第5條第2項規定中加入了利用網路為行銷之目的，使行為人透過網路銷售仿冒品時，將構成商標直接侵害。

壹、商標連帶侵權責任規範與成立

台灣商標法中並未規定ISP業者對於其網路服務使用者的責任，故台灣虛擬或電子購物平台如經查獲提供仿冒品銷售，該平台提供者是否負有民事侵權責任，在台灣則係依據「民法」第185條共同侵權

[31] 透過數位影音、電子媒體、網路或其他媒介物方式提供商品或服務以吸引消費者，已逐漸成為新興之交易型態，為因應此等交易型態，明定前項各款情形，若性質上得以數位影音、電子媒體、網路或其他媒介物方式為之者，亦屬商標使用之行為。2011年商標法修正理由。

行為責任規定予以判斷[32]。因此ISP業者是否對於受害者，成為共同侵權行為的主體，本節將依民法共同侵權行為之規定分析討論商標共同侵權行為[33]。

依民法第185條規定，數人共同不法侵害他人之權利者，連帶負損害賠償責任。不能知其中孰為加害人者，亦同。造意人及幫助人，視為共同行為人。共同侵權行為，數人共同成立侵權行為，因而應負連帶損害賠償責任。

共同侵權行為分述如下[34]：

一、共同加害行爲

數人共同不法侵害他人致生損害之情形，其成立要件：(1)須行為人為數人，但行為人不以親自加害為必要；(2)須多數人均具備侵權行為之要件；(3)多數人造成同一損害，即損害共同關聯性。而行為人間是否有意思聯絡與行為分擔，依台灣目前實務見解，共同行為人間不以意思聯絡為必要，數人因過失不法侵害他人之權利，苟各行為人之過失均為其所生損害之共同原因，即所謂行為關連共同，亦足成立共同侵權[35]。

網際網路的使用者發生侵權行為時，網路拍賣服務提供者若要負擔共同侵權行為，則須證明其有故意或過失且該行為與使用者之侵

---

32 詳見行政院經濟建設委員會網路資料，http://search.cepd.gov.tw/cgi-bin/search/query.cgi（最後瀏覽日：2011年10年27日）

33 陳人傑、陸義琳、戴豪君、郭佳玫、許華偉、周慧蓮、楊婉艷、黃菁甯、邱皇錡，網際網路服務提供者法律責任與相關法制之研究，行政院經濟建設委員會，2003年12月，頁106-107。

34 邱聰智，新訂民法債編通則（上），輔仁大學法學叢書，2003年1月，頁193-198。

35 最高法院66年例變字第1號，民事上之共同侵權行為，與刑事上之共同正犯，其構成要件並不完全相同，共同侵權行為間不以有意思聯絡為必要，數人因過失不法侵害他人之權利，苟各行為人之過失行為均為其所生損害之共同原因，即所謂行為關聯共同，亦足成立共同侵權行為。同前註，頁194。

權行為造成同一損害。拍賣網站服務提供者提供服務之行為，若依據刑法第14條規定，行為人雖非故意，但按情節應注意，並能注意，而不注意者，為過失。行為人對於構成犯罪之事實，雖預見其能發生而確信其不發生者，以過失論。故可能解釋成拍賣網站服務提供者對直接侵害商標權之行為應注意，能注意而不注意，認為其未積極預防直接侵權行為之發生有過失，因而成立共同侵權行為[36]。

二、共同危險行爲

參與侵害的人有數人，但致生損害結果的加害行為只有一人或一部分的人，亦即僅有一人或部分之人為加害行為，而不能知誰為加害人者，是為共同危險行為。於網路拍賣服務中，商標權人可以判斷使用者即為損害結果的加害人，因而此種共同侵權型態亦較難以成立。

三、造意人

造意，意義與刑法上之教唆相同，係指本無加害他人意思之人，勸誘加害行為，致使加害他人之行為。因其為加害行為之起因，對於加害行為之完成及損害的造成，於法律上認為亦有行為之參與，故法律明定造意人視為共同行為人。

四、幫助人

於他人為侵權行為之際，予以助力，使他人容易為侵權行為的人。民法第185條第2項規定之造意人或幫助人，因為網路服務提供者教唆使用者，使生為侵權行為決意之人，並予他人以助力，使他人易於為侵權行為者，將其視為共同行為人。因此給予他人精神上以及

---

[36] 蘇月星，網路拍賣服務提供者商標侵權責任之比較研究，東吳大學法律學系比較法律組碩士論文，2011年7月，67頁。

實質上的助力將構成共同侵權行為[37]。

貳、商標侵權責任實務見解

台灣實務見解目前亦僅論及網路服務使用者，例如使用關鍵字廣告行銷服務之廣告主是否成立商標侵權，尚無ISP業者是否應負商標侵權責任之實務見解。網路服務使用者於拍賣網站刊登販賣侵害商標權之仿冒品之廣告，網路平台服務提供者是否應盡相當之注意義務？又其若未對於侵權之內容為通知廣告主取下，其是否亦應負共同侵權連帶責任？因此，台灣商標法如何規範網路服務提供者商標侵權責任其成立要件為何？

本文所選之案例係從商場經營者是否應與承租攤販、承租人或供應商負商標連帶侵權責任之見解，進而分析網路服務提供者是否就商標直接侵權人之行為負商標共同侵權責任。

一、京華城案

本案原告為義大利商維卡里奧圖馬羅亞伯特（VICARIOTTO MAURO ALBERTO）（以下簡稱MV公司），被告為京華城股份有限公司（以下簡稱京華城）。本案爭點為購物商場承租專櫃之廠商販賣仿冒品之商標侵權行為，購物商場是否就其侵害商標權之行為負擔民法第185條第1項共同侵權責任[38]？

---

37 蔣克齊，網路服務提供者商標侵權責任研究，世新大學法學院智慧財產權研究所碩士論文，2011年7月，頁180-182。

38 被告於其經營京華城購物中心四樓L區提供場地予訴外人簡岑朵及盧啟志，設立專櫃，標示相同之MV商標圖樣，公然販售仿冒商品；原告主張被告雖非直接參與製造侵權商品，惟其出租場地給侵權行為人，以及在販售侵權商品過程中開具發票，按數抽成，至少應構成幫助人之行為，被告應視為共同侵權行為人，依法被告應與盧啟志及簡誠朵負1000萬之連帶責任，惟念及被告所為尚非直接侵權行為，爰依共同侵權行為之法律關係，請求被告賠償原告200萬元。97年度民訴字第3464號判決主文。

(一)第一審法院判決

第一審[39]時台北地方法院判斷被告之行為是否具有故意、過失不法侵害他人之商標權之情事?是否應負民法第185條共同侵權行為之責任?乃參照最高法院93年台上字第851號判決:「所謂過失,乃應注意能注意而不注意即欠缺注意義務之謂。構成侵權行為之過失,係指抽象輕過失,即欠缺善良管理人之注意義務而言。行為人已否盡善良管理人之注意義務,應依事件之特性,分別加以考量,因行為人之職業、危害之嚴重性、被害法益之輕重、防範避免危害之代價,而有所不同」據以判斷京華城購物中心應為之注意義務,以及其是否應為侵權人的行為負擔共同侵權行為責任。

本案被告京華城抗辯未曾受原告通知,不知道原告何時取得商標權,自無故意、過失可言。

(1)法院認為本案被告所經營之購物商場,甚或百貨業、網路經營者以及一般各式商店在招商之時,需要審慎的考量進駐廠商販售物品有無商標權,避免導致其商場專櫃販賣仿冒品之情事更為嚴重;若被告無法確切肯定,並取得廠商出具的合法授權文件,如事後造成消費者或商標權人損害,即應認為其違反注意義務,始符衡平。避免因未受通知,皆可販售可能無商標權的物品,事後再以廠商保證具有合法權利為由予以免責,使商標權人的權利保護不周。

(2)法院從風險理論分析,誰能控制風險,自應由該人來控制風險,如果他對於控制風險有過失,自應認為其違反注意義務有過失。拒絕無商標權之廠商進駐,本就是身為百貨業者得以控制之風險,其判斷國外商標有無注意能力亦較一般人為高,認定其應負善良管理人之注意義務。因此難認為「原告

[39] 97年度民訴字第3464號判決。

未通知被告，被告即得以出租給可能侵害商標權」之人為有理由。

因此本案於第一審時法院認為被告提供場地，並從商標侵權行為中獲取利益，應認為同為共同侵權行為人。

（二）智慧財產法院判決

被告提出上訴而智慧財產法院則認定[40]本案之爭點為：1.在於上訴人（京華城）是否明知系爭商標為被上訴人所有？2.訴外人搶註之系爭商標遭撤銷後，上訴人（京華城）是否明知而仍繼續同意訴外人為侵權行為？

(1)被告與晴健公司簽訂專櫃廠商租賃契約時，國內外並無系爭商標已註冊登記之事實，故認定晴健公司係搶註商標則有疑義；而且系爭商標經晴健公司申請註冊後，京華城所認知系爭商標之商標權人即為晴健公司所有；因此法院判斷商標權人與晴健公司間商標權歸屬之爭議，則認定京華城不具有侵害商標權人之商標之故意或過失。

被上訴人亦主張京華城於晴健公司承租專櫃前時，告知晴健公司應申請商標註冊，其目的是否為搶註商標因而認定京華城與晴健公司有侵害商標權之共同故意；法院則認為，是否與晴健公司構成共同侵權行為，不能端以被上訴人之授權人（藝騰公司）是否有申請商標註冊之意願為斷；即對於京華城而言，以藝騰公司嗣後是否申請註冊此種事後知情事演變結果作為判斷京華城是否有責任之依據，對京華城而言過於嚴苛，且不符常理。

(2)本案的商標侵害人，於被告京華城內設立專櫃，販售仿冒

[40] 智慧財產法院97年度民商上字第5號民事判決。張國仁，京華城專櫃侵權案智財法院平反，工商時報（2009/06/10）。

品，原告控告京華城出租場地於侵權行為人販售仿冒物品，應負民法第185條第1項之共同侵權責任。法院認為原告無法主張被告京華城就侵害系爭商標之行為具有故意過失，因此原告無法主張被告京華城與侵權人之商標侵權行為應負民法第185條第1項之共同侵權責任。

二、大潤發案[41]

本案被告為大潤發流通事業股份有限公司（以下簡稱大潤發），原告為皇冠金屬工業股份有限公司，為「膳魔師」商標權的商標權人。本案爭點為商場經營者是否應與供貨商負商標連帶侵權責任[42]？

（一）大潤發公司有無違反查核之注意義務？

上訴人（大潤發）抗辯：大潤發公司為流通業者，雖銷售系爭開飲機，惟其並無確認商標誰屬之權，故無侵害系爭商標權。其是否因為要求祥和協公司提供保證書而盡注意義務？

惟法院認為，被上訴人於92年間，已對亞太公司之負責人賈賀夫以本件相同事實，提出商標法之刑事告訴[43]。且原為大潤發公司派任於亞太公司之法人代表，擔任亞太公司負責人，故依一般經驗法則，應認大潤發公司於92年間之刑事偵查程序中，已經知悉其所銷售之系爭開飲機，有系爭商標權使用上之糾紛，當可確定。

且商標設有註冊及公告制度，大潤發可透過簡易方便之手續，查知目前「膳魔師」文字之商標權人為誰。因此就大潤發公司侵害系爭商標權等情觀之，大潤發公司自應注意能注意卻未為注意，仍繼續

41 台灣高等法院94年度智上字第48號民事判決。

42 台灣高等法院94年度智上字第48號民事判決。

43 台北地檢署92年度他字第6848號、92年度他字第5311號。嗣於93年7月22日經檢察官以罪嫌不足而處分不起訴，有不起訴處分書及被上訴人所提出台北地檢署93年2月2日開庭通知書在卷可稽。

銷售系爭開飲機，已違反查核之注意義務，亦不能因為要求祥和協公司提供保證書，即可免其注意義務。

（二）以提供保證書減輕或免除責任？

對於大潤發公司得否以祥和協公司提供保證書減輕或免除責任？法院認為供貨商之切結，僅屬供貨商與賣場內部之關係，並不能減免大潤發公司查證商品有無侵權之注意義務。大潤發公司既為專業之通路業者，如同查核商品之品質一般，自應配置查核商品所使用商標是否合法註冊之機制，且本件已有刑事告訴，竟仍怠於查證，即大潤發已違反查核之注意義務，自不因為業已要求祥和協公司提供保證書，而免其注意義務，因此法院認為大潤發公司有侵害系爭商標權之過失。

三、格子店販賣仿冒品案[44]

本案被告為經營格子店的業者，告訴人為錢豐珠寶有限公司其「羅亞戴蒙」（ROYALDAM ON及圖）[45]之商標向台灣經濟部智慧財產局申請註冊，於專用期間內，就指定之項鍊、戒指及耳環等商品，取得商標專用權。被告以仿冒「羅亞戴蒙ROYALDAM ON及圖」商標的商品照片，刊登於拍賣網站網頁上，供不特定人瀏覽購買，是否構成商標法第82條意圖販賣而陳列仿冒商標商品罪？

商標法第82條之構成要件，係以行為人「明知」為侵害他人商標專用權商品而仍販賣、意圖販賣而陳列或輸入。

[44] 鮮明，格子店賣仿品 出租業者吃官司，中國時報（2008/12/10）。

[45] 商標註冊第01129331號

行為人在客觀上：具有販賣、意圖販賣而陳列或輸入仿冒商標商品之行為以外，就其所販賣、意圖販賣而陳列或輸入者係屬仿冒商標商品之情節。

主觀上須「明知」（直接故意），否則不能成立本條犯罪；又所稱之「明知」（直接故意），乃指行為人對於構成犯罪之事實（在本案，即為販賣仿冒他人商標商品之事實），明知並有意使其發生者而言（刑法第13條第1項規定參照），設若行為人對構成犯罪之事實，在主觀之心態上，僅係有所預見，而消極的放任或容任犯罪事實之發生者（即間接故意，刑法第13條第2項規定參照）或僅有過失，則其仍非本罪所欲規範處罰之對象[46]。

本案爭點為租格子寄賣仿冒品，出租格子的店家是否可以以「我不知道那是仿冒品」不知情，而對商標權侵害為免責？

1. 本案被告抗辯：其只是出租格子之店舖，亦於簽約時明定不得販賣仿冒品，伊不知道承租人所販賣之上開墜子是仿冒品。
2. 法院認為被告以仿冒「羅亞戴蒙ROYALDAM ON及圖」商標之商品照片，刊登於拍賣網站網頁上，供不特定人瀏覽購買，而網路買賣為現今常見之交易方式，在網路上刊登仿冒商標商品照片，自與陳列仿冒商標商品之實品無異，因此構成商標法第82條意圖販賣而陳列仿冒商標商品罪[47]。依被告網頁上所載，其所販賣之仿冒品之價額（130元）遠低於真品之價額（3700元），「ROYALDAM ON及圖樣」於柯夢波丹、BEATY、薇薇等流行雜誌均有整頁之廣告，並有代言明星代言產品，以及告訴人之商品另於百貨公司設立有專櫃。而被告從事出租格子業務，對於商品有一定之接觸了解，有查證

[46] 最高法院91年度台上字第2680號、台灣高等法院96年度上易字第2279號判決。

[47] 台灣台中地方法院刑事簡易判決97年度中簡字第3887號。

商品來源是否為仿冒品之義務，其辯稱不知道格子店家販賣之商品係仿冒品，其抗辯理由不足採[48]。

3. 第一審法院疏未就格子店舖屬於寄賣商品性質，惟第二審法院認為縱販售所得並非格子店舖所有，其實際從事交貨與收取對價之銷售行係為被告本人，雖網頁不能證明係被告架設，但網頁所顯示銷售之地點係被告經營格子店舖之地點，聯絡電話為被告之電話，聯絡人亦載明為被告，自應認被告對該仿冒物品之陳列行為與許永強、王有犯意聯絡與行為分擔，而為共同正犯。

四、出一張嘴案[49]

台灣實務尚未出現ISP業者所提供之服務被控成立商標侵權之案例，本案係以搜尋引擎業者Google之提供之關鍵字廣告服務，即廣告主購買關鍵字之行為是否符合商標使用之規定？

被告以「出一張嘴」在Google網站刊登之關鍵字廣告，由於關鍵字廣告內容本身並未使用系爭商標圖樣[50]作為商品或服務之行銷使用，同時鍵入關鍵字之使用者並不會因此而認為或混淆廣告內容所推銷之商品或服務是屬於商標所有人即原告所提供，並非屬商標使用行為，從而並未構成系爭商標權之侵害。

本案之爭點為被告以「出一張嘴」在Google網站刊登之關鍵字廣告（屬付費排序廣告） 作為關鍵字以為索引是否侵害系爭商標權？

[48] 台灣台中地方法院刑事判決98年度中簡上字第132號。

[49] 智慧財產法院98年度民商上字第11號民事判決。

[50] 商標註冊第01126477號

出一張嘴

（一）被告之行為是否侵害原告之商標權

商標之使用應具備下列要件：1.使用人須有表彰自己之商品或服務來源之意思；2.使用人需有行銷商品或服務之目的；3.需有標示商標之積極行為；4.所標示者需足以使相關消費者認識其為商標。而判斷是否作為商標使用，除應依上開要件審認外，並應斟酌平面圖像、數位影音或電子媒體等版（畫）面之配置、字體字型、字樣大小、有無特別顯著性以及是否足資消費者藉以區別所表彰之商品來源等情綜合認定之，尚非一經標示於產品包裝或出現於產品廣告內之文字、圖樣，即當然構成商標之使用。本款以第三人使用相同於其註冊商標之商標為要件，而所謂使用商標，即應回歸商標法第2條、第6條之商標使用定義，故如非做為商標使用，即無構成第29條第2項第1款之侵害商標權可言[51]。

被告以「出一張嘴」在Google網站刊登之關鍵字廣告，屬付費排序廣告，為兩造所不爭執，係以「出一張嘴」作為關鍵字以為索引，由於關鍵字廣告內容本身並未使用系爭商標圖樣作為商品或服務之行銷使用，同時鍵入關鍵字之使用者並不會因此而認為或混淆廣告內容所推銷之商品或服務是屬於商標所有人即原告所提供，並非屬商標使用行為，從而並未構成系爭商標權之侵害。

（二）判決結果

被告與原告公司間之加盟授權合約難證明於96年2月間合法終止，故被告公司至同年4月間止，應仍有合法使用系爭商標於招牌及各項營業設備之權利，即難認被告有侵害原告之商標權之情形。原告並主張被告侵害系爭商標權，追加主張被告冒用「出一張嘴」商標之

[51] 97年度民商上易字第4號、97年度民商上字第3號、98年度民商訴字第28號，台灣高等法院92年度重上字第531號、95年度智上字第196號，最高法院93年度台上字第763號、97年度台上字第2256號等判決意旨參照。

行為已造成對其商譽之重大侵害，爰依民法第184條、公司法第23條規定為請求權重疊競合請求被上訴人損害賠償，而為前開聲明所示之請求，於法均屬無據，應予駁回。

五、葉全眞案[52]

原告趙文君（藝名葉全真）為避免「葉全真」[53]之姓名遭受不肖廠商不法侵害，其依法於民國99年4月7日，以「葉全真」等文字向經濟部智慧財產局申請註冊商標，註冊商品類別為第三類及第五類，並於99年12月1日取得商標權利期間自99年12月1日起至109年11月30日止。被告於「愛合購」網站上設定「葉全真」商標為關鍵字，積極使用「葉全真」商標文字，卻未標明其與該商標間之關係，亦無廣告字樣，其意圖係在誤導網路消費者將「葉全真」商標與「寶藝」品牌化妝品作出聯結，藉以推銷自身之商品，被告之行為，自屬已將「葉全真」商標作為商業使用。

本案爭點係於網站網頁廣告上使用「葉全真」文字作為關鍵字，是否為商標使用?

（一）被告是否為商標使用

依商標法所稱商標之使用，指為行銷之目的，將商標用於商品、服務或其有關之物件，或利用平面圖像、數位影音、電子媒體或其他媒介物足以使相關消費者認識其為商標。商標法第6條定有明文。則商標之使用並未限定使用於商品、服務或其有關物件上，如係以行銷為目的，將商標使用於平面圖像、數位影音、電子媒體或其他媒介物，足以使相關消費者認識其為商標者，亦屬商標之使用，法條

[52] 智慧財產法院100年度民商訴字第1號民事判決。

[53] 「葉全真」商標註冊第1443103號。

葉全真

文義甚明。據此，將商標使用於網路廣告上，是否係屬商標之使用，自須視是否以行銷為目的，以及是否使相關消費者認識其為商標而定。

（二）使用「葉全真」文字是否係以行銷為目的？

被告在網路廣告上將「葉全真」文字使用於網路廣告上之形態，須視該廣告之下方是否記載訂購服務之傳真、e-mail、銀行戶名、銀行代號、分行名稱與帳號，並於網路廣告上標明系爭產品之價格為1180元，若被告將「葉全真」文字使用於網路廣告上其行銷為目的則為明確。

（三）使用「葉全真」作為關鍵字是否足使相關消費者認識其商標

法院認為「葉全真」為經常參與電視演出之藝人，屬於公眾人物，其有無代理或銷售系爭商品，消費者極易查證與知悉，若原告經營之有樂網確實有代理銷售系爭商品，對於相關消費者而言，僅將「葉全真」文字作為關鍵字，而未將該商品的商標標示為「葉全真」之廣告，僅能表達出「葉全真」其人曾代理或銷售系爭傷品之資訊，並不足以使相關消費者認識「葉全真」文字為商標，亦不會使相關消費者誤認該商品之商標為「葉全真」。而原告曾於經營的有樂網上99年8月前曾代理銷售系爭產品，被告於網路廣告上將「葉全真」文字作為關鍵字，並為將系爭產品之商標標示為「葉全真」，應不足使相關消費者認識「葉全真」文字為商標。

「葉全真」商標於99年12月1日核准登記前，相關消費者得於網路上本得以「葉全真」文字與「寶藝」（即系爭產品之商標）作為共同關鍵字，查詢「葉全真」與系爭產品之共同資訊（例如：「葉全真」其人是否曾代理或推薦系爭產品），因此「葉全真」商標尚未登記，並無相關消費者會誤認系爭產品之商標為「葉全真」，故被告使用「葉全真」作為關鍵字自不生侵害商標權問題。

（四）法院判決結果

被告原屬合法之使用關鍵字廣告行為，是否因原告之登記行為即變成不合法？相關消費者原本不會誤認廣告上之關鍵字係系爭產品之商標，豈有僅因原告之登記行為即會誤認系爭產品之商標為「葉全真」？

因原告未為具體陳明，並聲明所用之證據，故法院認為原告將「葉全真」為商標登記後，並不會使相關消費者即會因廣告關鍵字上出現「葉全真」文字而誤認系爭產品之商標為「葉全真」，且本案原告雖以銷售為目的，將「葉全真」作為網路廣告之關鍵字，但尚不足以使相關消費者認識「葉全真」為商標，因此原告主張被告侵害其商標權不能認其為商標之使用而構成商標權之侵害。

第四節　結語

商標權人欲主張ISP業者成立商標共同侵權行為，與網路服務使用者連帶負商標侵權責任，依前述台灣高等法院與智慧財產法院對於商場經營者是否應與專櫃承租人或供貨商負是否連帶責任，法院則依據民法第184條與商標法第61條之規定，判斷ISP業者是否對於侵權行為之認知有無故意或過失不法侵害他人商標權之行為。如果對侵權行為無認知，則非直接侵權行為人不須負擔商標間接侵害責任。

判斷ISP業者對於網路服務使用者所上傳之商品或服務之內容；亦或向ISP業者所購買之關鍵字廣告內容中，判斷商標侵權應盡何種注意義務。依據目前台灣實務見解，若業者未盡查證程序且未追查其行銷商品商標權的歸屬，或未要求經銷商或專櫃提出商標權人之授權契約，可能認定其欠缺防止商標侵權損害之可能性；於上述案例中不管是百貨公司、購物商場或者格子店出租業者提供場地給予他人為營業或寄賣，因為百貨公司、購物商場或者格子店出租業者從中獲利，因此就他人所提供之商品是否為真品則應盡相當之注意義務，否則其不能對直接侵權人之行為免責。惟台灣法院處理ISP業者與服務使用者負商標共同侵權責任，該如何認定ISP業者應盡的注意義務的標準為何？似乎尚未有標準。因此ISP業者對於侵權行為的認知程度以及須達到何種程度，則影響訴訟結果。

依據台灣目前實務見解，侵權行為人所應負的注意義務，應以善良管理人的注意義務為準[54]。故ISP業者若未審視該網路服務使用者所上傳或存取之商標侵權內容，或未盡善良管理人注意義務，可推定ISP業者之關鍵字廣告行銷服務，與服務使用者之侵權行為具有客觀之共同原因，可認定網路服務提供者應負共同侵權責任。

ISP業者，對於其使用者的侵權行為是否負擔侵權責任，台灣商標法中並無明文規定是否負擔間接侵害責任，然而網路的普及化，台灣實務雖尚未出現ISP業者所提供之服務被控成立商標侵權之案例，但為了要防範未然，因此有使間接侵害責任明文化之必要。台灣對於虛擬或電子購物平台若經查獲提供仿冒品銷售，該平台提供者是否負有民事侵權責任，實務上則依據「民法」第185條共同侵權行為責任規定予以判斷，因而不在於商標法中增列條文規定。唯科技日新月異，民法第185條規定是否足以涵蓋網路上的犯罪？本文認為應「明文規定間接侵害責任」。

台灣現商標法條中未規定間接侵害責任，ISP業者若只是提供網路服務或是設備，對於使用者不法侵害他人權利之行為，基本上應是不負責任；惟許多ISP業者透過其自訂的使用者條款並且稱自己僅係提供交易的平台藉以規避責任；然而ISP業者欲免除對其使用者的

---

[54] 最高法院19年上字第2746號判例，因過失不法侵害他人之權利者，故應負損害賠償責任。但過失之有無，應以是否怠於善良管理人之注意義務為斷者，苟非怠於此種義務，即不得謂之過失。

責任，應係以其已盡到防止侵權發生之注意義務，因此ISP業者雖只是提供網路平台，賣家為直接侵權人，但權利人希望透過ISP業者幫忙，節省查核成本。而目前台灣商標法中並無使網路服務提供者對於商標權人負擔法律責任之規定，因此建議台灣商標法參酌民法第185條第2項規定以及美國普通法中間接侵害責任之規定，於商標法中增訂商標間接侵害責任，作為法院判斷網路服務提供者是否構成商標間接侵害之依據。

第三章　間諜攻防——論美國新近營業秘密案例

曾勝珍、陳武鍵

第一節 前言

二十一世紀後，現代科技的卓越發展，人類生活尤其與科技產業緊密結合，而智慧財產亦因此產生劇烈變化，而不再僅依循著與傳統之法學型態。如西元1883年3月所簽訂，而於1884年7月6日生效之巴黎公約，其雖未明文規定對營業秘密的保護，但其在對不公平競爭之規範中已有具體規定。其後如自西元1986年起之「關稅暨貿易總協定」、西元1994年多邊貿易談判中通過「與貿易有關之智慧財產權協定」。如此變化在國際公約對於智慧財產權中之營業秘密保護規定儼然成為國際共識。

台灣智慧財產權法為因應國際潮流，並對於營業秘密法制規範之重視，其制定乃遵循著西元1992年12月17日美國、加拿大及墨西哥發展之「北美自由貿易區協定」與「與貿易有關之智慧財產權協定」。並參考美國統一營業秘密法、加拿大統一營業秘密法、日本不正競爭防止法、德國不正競爭防止法、韓國不正競爭防止法；且對於侵害營業秘密刑事責任部分，一直以來亦有借引美國經濟間諜法之探討，因此，台灣營業秘密法為求完善之制定，極須參酌國際間之立法例，本文以下將介紹與營業秘密法息息相關之國際組織協定，且為探討美國司法實務為核心，是以僅限縮於介紹美國營業秘密相關法制，得以更加瞭解台灣與美國實務運作間差異之利弊。

第二節 國際組織協定

西元1992年4月15日，北美事務協調委員會（The Coordination Council of North American Affairs, 簡稱CCNAA）和美國在台協會（American Institute in Taiwan, 簡稱AIT），為了促進雙方廣泛友

好之商業關係與密切文化，並希望建立在相同理解之商業基礎上，不損及任何先前所依據之協議及其他已安排所享有之任何利益之前提，擴大促進一個無橫溝之智慧財產權保護。並在美國當局考量中美備忘錄（*Understanding between the Coordination Council for North American Affairs and The American Institute in Taiwan*）簽署之期望下，台灣將承諾將全面實施雙方之協議，AIT即同意撤銷對台灣的三〇一條款優先觀察名單[1]。

遂此，台灣當局為配合智慧財產權之國際潮流，並取得交換條件，CCNAA代表當局承諾將盡最大之努力，至遲於1994年7月截止日前，於立法院會議審查包括工業品外觀設計法、半導體晶片保護法、營業秘密法等法規。再者，台灣加入WTO後，智慧財產權的立法與法律的修正，大致上已經與國際接軌，唯於執行層面上仍屬較弱的一環。係於任何國家，外商投資非常重視當地法規是否和國際標準與慣例可得知[2]，國際間之相關協議，對台灣營業秘密之立法有著極大的影響。

壹、關稅暨貿易總協定

關稅暨貿易總協定（General Agreement on Tariffs and Trade,簡稱GATT協定）係始於西元1947年開始簽署之國際協定，該協定為一項規範153個國家間貿易之多邊國際協定，根據其序言，GATT之目的在於建立互惠互利的基礎，並為此大幅度的削減各國間普遍的關稅

---

1 About *Understanding between the Coordination Council for North American Affairs andThe American Institute in Taiwan*, See 4. TCC Web, http://tcc.export.gov/Trade_Agreements/All_Trade_Agreements/exp_005397.asp（最後瀏覽日：2011年10月28日）。

2 葉玟妤，以全球化的角度來思考智慧財產法院之運作，檢察新論，第四期，2008年7月，頁68。

壁壘。對於該組織的實際運作，迄今總共進行了八回合之談判，包括處理各種貿易問題並解決國際貿易爭端。

1993年12月15日，歷經7年完成了史上規模最大、影響最深遠之最終回合的烏拉圭回合談判，這是由117個國家（包括美國）之間的協議，其目的用以減少貿易障礙，並建立更全面和強大執行力的國際貿易規則[3]，其中談判範圍之廣，遠超出1947年之GATT及東京回合規約的規範範圍，論及議題除了一般商品貿易外，亦將與貿易有關之智慧財產權等新議題納入規範，即美國政府認為欲維持產業的優勢競爭力，必須重視產業之更新與創造，且建立在國際上對智慧財產權合理且有效的法律保護，除原有之專利、商標、著作權外，並擴展至工業設計、積體電路佈局、產地標示、營業秘密保護等[4]。

該回合之談判並決議成立世界貿易組織協定（World Trade Organization,簡稱WTO協定），並自1995年1月1日起取代GATT。使GATT多年來扮演國際經貿論壇之角色正式取得法制化與國際組織的地位。更重要的是，WTO爭端解決機構所作之裁決對各會員發生拘束力，因此使WTO所轄各項國際貿易規範得以有效地落實與執行[5]。

貳、與貿易有關之智慧財產協定

西元1994年世界貿易組織（WTO）於多邊貿易談判中通過與貿易有關之智慧財產權協定（the Agreement on Trade-Related Aspects

---

[3] See Kelly M. Leong, *GATT/WTO*, Library&Technology, Duke Law, October, 2011, http://www.law.duke.edu/lib/researchguides/gatt.html（最後瀏覽日：2011年10月28日）。

[4] 顏慶章，揭開GATT的面紗－全球貿易的秩序與趨勢，時報文化，初版6刷，1994年10月，頁182。

[5] 請參見，GATT/WTO歷史沿革，中華經濟研究院網站，http://taiwan.wtocenter.org.tw/WTO history.asp（最後瀏覽日：2011年10月20日）。

of Intellectual Property, 簡稱TRIPS），其主旨為保障研發人員的創意與發明，避免與防止不公平競爭之行為。根據TRIPS第39條，而對於會員國間的規範則係尊重各國制定之標準，世界公約中尤其是TRIPS協定對於智慧財產權的保障較為明確。並對於有關營業秘密之未公開資訊保護（Protection of Undisclosed Information），規範於第二篇第七節第39條以下。

TRIPS第39條第1項規定[6]：「為依（1967年）巴黎公約第10條之2有效保護智慧財產權及防止不公平競爭，會員應就符合下列第2項所規定之未經公開之資訊及第3項所規定之提交政府或政府相關機構之資訊，予以保護。」

第39條第2項其規定[7]：「自然人及法人對其合法持有之資訊，應有防止被洩露或遭他人以有違商業誠信方法取得或使用之可能，但該未公開資訊須：一、具有秘密性，且不論其整體或細節配置及成分組合觀察之，非處理同類資料之人所能知悉或取得者；二、因其秘密性具有商業價值；三、合法控制該資訊之人已依情況採取合理步驟，以保持其祕密性。」。是以，本條項係對未公開之資訊的保護要件加以定義。

TRIPS針對第39條第2項規定進一步指出，所謂「有違商業誠信方法」，至少包含下列行為：違約、背信及誘引違約或背信，亦包括使第三人得到未公開之資訊而該第三人知悉或因重大過失而不知其行為在於取得該資訊[8]。關於未公開資訊的契約限制，其有效性應受肯

[6] 關於TRIPS第39條第1項原文，請參照，經濟部智慧財產局網站，智慧財產權國際公約，營業秘密相關公約，與貿易有關之智慧財產權協定，英文版，http://www.tipo.gov.tw/ch/MultiMedia_FileDownload.ashx?guid=1db0e410-8e10-45a4-b262-a57393b8ff3b（最後瀏覽日：2011年6月20日）。

[7] TRIPS第39條第2項原文，前揭註6。

[8] TRIPS於第39條第2項之附註中特別指出：For the purpose of this provision, "a manner contrary to honest commercial practices" shall mean at least practices such as breach of

認，則委諸內國立法決定[9]。

第39條第3項規定[10]：「會員為核准新化學原料之醫藥品或農藥品上市，而要求提供業經相當努力完成且尚未公布之測試或其他相關資料，應防止該項資料被不公平的使用於商業之上。此外，除基於保護公眾之必要，或已採取措施以確實防止該項資料被不公平商業使用外，會員應保護該項資料以防止洩露。」

然而對於美國國內企業或美國政府而言，雖然國際社會已有世界貿易組織（WTO），並制定與貿易有關的智慧財產權協定（TRIPS），唯其僅針對各會員國提供最低依循之標準；有關竊取營業秘密的案件，美國方面以EEA之域外（extraterritorial）起訴更能發揮比TRIPS協定更多的效力，且在各國境內或國際社會間引起重大迴響[11]。

參、北美自由貿易協定

於西元1992年12月17日，美國、墨西哥與加拿大的領導人共同簽署了北美自由貿易協定（North American Free Trade Agreement ,簡稱NAFTA），其中包括了超越以往最廣泛的智慧財產權多邊協議[12]，並開創了以往談判的智慧財產權保護和執法之最高法律標準。在美

contract, breach of confidence and inducement to breach , and includes the acquisition of undisclosed in formation by third parties who knew, or were grossly negligent in failing to know, that such practices were involved in the acquition。

[9] 賴文智，營業秘密法制之研究，智慧財產權月刊，第72期，2004年12月，頁88。

[10] TRIPS第39條第3項原文，前揭註6。

[11] 曾勝珍，論我國經濟間諜法立法之必要性—以美國法制為中心，元照出版，初版1刷，2007年12月，頁147。

[12] See Fran Smallson, *NAFTA's Intellectual Property Provisions*, November 01, 1994, http://drdobbs.com/184409468（最後瀏覽日：2011年10月28日）。

國、加拿大與墨西哥的要求下，同意第1711條對於保護營業秘密之規定，使得營業秘密有較為具體的保護機制，進而影響到後來TRIPS有關營業秘密保護之訂定。北美自由貿易協定建立了智慧財產權保護任務之最低標準，唯並不妨礙各國建立更高之法律標準。

從NAFTA之規定可以得知[13]，關於保護營業秘密未揭露資訊部分，幾乎與TRIPS協定相同。而與TRIPS比較下，NAFTA協定的保護程度似乎更為廣泛，亦即，機密訊息可能具有存在或潛在之價值，唯TRIPS並不承認這種的二分方式。其次，NAFTA協定允許其締約國規定，得提出某種有形證據證明營業秘密之存在，始具營業秘密保護，如紙本文件、圖畫、照片、電磁記錄、光碟、影片或其他類似工具。再者，在於禁止締約國對營業秘密授權所加諸之不當限制，而妨礙營業秘密之授權[14]。如，國際化的企業皆有聘請專業經理人，若是過於限制營業秘密之授權，也可能相對影響企業的發展。以上關於營業秘密舉證義務之設置，係可免於實務上當事人舉證認知不足之爭議，其規範模式可供台灣營業秘密法修正之參酌。

[13] Article NAFTA 1711(1) reads as follow, Each party shall provide the legal means for any person to prevent trade secrets from being disclosed to, acquire by, or used by others without the consent of the person lawfully in control of the information in a manner contrary to honest commercial practices, in so far as: (a) the information is secret in the sense that it is not, as a body or in the precise configuration and assembly of its components, generally known among or readily accessible to persons that normally deal with the kind of information in question; (b) the information has actual or potential value because it is secret; and (c) the person lawfully in control of the information has taken reasonable steps under the circumstances to keep it secret.

[14] Pedro A. Padilla Torres, *An Overview of International Trade Secret Protection from theInternational Trade and Investment Perspective,* http://www.natlaw.com/pubs/spmxip14.htm（最後瀏覽日：2011年9月15日）。

第三節 美國法規

美國關於營業秘密之概念，據論最早得追溯到十九世紀由英國傳入美國，並從距今已超過150年之首次案例適用之文獻可得知[15]。然而關於美國營業秘密之立法，不仿於其他智慧財產權之立法原則，非採聯邦立法方式，而係委由各州基於自治方式以州法為之。爾後係有其他法規可茲保護營業秘密，唯卻無實質之定義或保護無法周全之處，如：美國贓物運送法（the National Stolen Property Act），唯避免罪犯運送贓物於州際間，而以聯邦法規凌駕區域性及州法之執行力，是法律規定適用客體須為有體物或商品的買賣，對象僅限於有體物[16]，使之亦難以有效保護營業秘密。

1. 依照1939年美國「侵權行為法整編第1版」（the Restatement of Torts, 1d, 1939），第757條中註解營業秘密之規定[17]：認為營業秘密可包含自己使用於營業上之任何配方、模式、設備或編譯之資料，如此將使得他有機會在與競爭對手於不知或未曾使用該資訊情況下，獲得利益；又，它尚可為化學化合物之配方、製造過程或原料處理，或保存材料之方法、機械模型或其他設備，亦可為客戶名單。

---

[15] 劉詠萱著、周天主編，美國法上營業秘密案例與「不可避免揭露」理論之淺介，營業秘密管理高手，資訊工業策進會，初版，2000年3月，頁45。

[16] 章忠信，經濟間諜法案簡介，http://www.copyrightnote.org/crnote/bbs.php?board=8&act=read&id=10（最後瀏覽日：2011年12月1日）。

[17] *Restatement of Torts (First) §757 (1939) (omitted 1977)*: "A trade secret may consist of any formula, pattern, device or compilation of information which is used in one's business, and which gives him an opportunity to obtain an advantage over competitors who do not know or use it. It may be a formula for a chemical compound, a process of manufacturing, treating or preserving materials, a pattern for a machine or other device, or a list of customers."

唯1978年侵權行為法整編修改之故，將營業秘密規定部分予以刪除。然而，各州對於統一營業秘密法案件部分，仍有經常引用者，故其法理基礎仍具一定之意義[18]。

2. 依照1979年美國公布之「統一營業秘密法」（the Uniform Trade Secrets Act，簡稱USTA）第1條第4項對於營業秘密之規定[19]：「營業秘密」係指資訊，包括配方、模型、編纂、程式、設計、方法、技術或過程之資訊，並且包含以下條件者：

   (1)其獨立之真實或潛在之經濟價值，係來自於非他人所公知，且他人無法以正常方法輕易確知，而其洩露或使用可使他人獲得經濟上之價值者。

   (2)並以上述為目標，依其情形已屬合理之努力而維持其秘密性者。

   綜上而論，該二法規對於營業秘密所定義之最重要之因素為(1)該資訊必須具有秘密性，即非一般人可得而知之資訊，而且(2)當事人必須盡力去維持它的秘密性[20]，(3)因藉掌握該資訊與否而獲得經濟上之價值或利益者。

3. 依照1996年美國聯邦法規之「經濟間諜法」（the Economic

---

[18] 前揭註11，曾勝珍，頁43。

[19] 此段原文："Trade secret" means information, including [but not limited to][technical or non-technical data]a formula, pattern, compilation, program device, method, technique, [drawing]or process,[financial data, or list of actual or potential customers] that: (i) [is sufficiently secret to]derive[s] [independent--strike out] economic value, actual or potential, from no being generally known to, [and not being readily ascertainable by proper means--strike out] , other persons who can obtain economic value from its disclosure or use, and (ii) is the subject of efforts that are reasonable under the circumstances to maintain its secrecy.

[20] 前揭註11，曾勝珍，頁85。

Espionage Act of 1996,簡稱EEA）之規定[21]：所謂營業秘密，係指所有形式與類型之財務，商業，科學，技術，經濟，或工程資訊，包括資料，計劃，編輯，程式裝置，公式，設計，原形，步驟，技術，過程，程序，程式，或符號，不論其為有形或無形，亦不論其係以儲存，編輯，文字，或以物理性，電子，圖形或照相記憶，或以書寫，只要其符合

(1)該等資訊之所有人已針對情況採取合理措施以保護此等資訊之秘密性；及

(2)此等資訊由於未為一般大眾所知悉，或因公眾利用合法方式，無法即時確定，取得或發展出來，而具有現實或潛在之獨立經濟價值。

唯須注意者，美國國會對於之立法報告卻特別指出，該法有關營業秘密定義之各種資訊類型，係採例示規定，而非列舉規定，故經濟間諜對於營業秘密之涵意，則不受其所舉之資訊類型所拘束[22]。

4. 依照1995年制訂之不正競法整編（Restatement of the Law

---

21 此段原文，*EEA Section 1996 (a)(3)*: "the term "trade secret" means all forms and types of financial, business, scientific, technical, economic, or engineering information, including patterns, plans, compilations, program devices, formulas, designs, prototypes, methods, techniques, processes, procedures, programs, or codes, whether tangible or intangible, and whether or how stored, compiled, or memorialized physically, electronically, graphically, photographically, or in writing if (A) the owner thereof has taken reasonable measures to keep such information secret; and (B) the information derives independent economic value, actual or potential, from not being generally known to, and not being readily ascertainable through proper means by, the public."此段之譯文，可參見，經濟部智慧財產局網站，世界主要國家營業秘密法規，美國經濟間諜法（重要法條中譯本），http://www.tipo.gov.tw/ch/ AllInOne_Show.aspx?guid=23bc414f-e7a9-4b37-9ab3-86982ea511f2&lang=zh-tw&path=776（最後瀏覽日：2011年3月17日）。

22 馮震宇，了解營業秘密法—營業秘密法的理論與實務，永然出版，初版，1997年7月，頁317-318。

（Third）, Unfair Competition，簡稱Unfair Competition）第39條有關於營業秘密之規定：營業秘密，係指任何可用於一個或其他企業之營業資訊，其有足夠的價值及秘密性，使相對於他人產生實際或潛在的經濟優勢。

其他如侵權行為法整編第1版、營業秘密法、統一營業秘密法、不正競爭整編、經濟間諜法，使美國保護營業秘密法制十足多元，其中關於經濟間諜法部分，更讓美國營業秘密之保護邁向國際化，亦即除針對美國境內之犯罪行為外，亦追訴美國領域外犯罪行為，如永豐紙業公司涉嫌竊取美國營業機密一案，即屬跨國之營業秘密侵害訴訟與經濟間諜行為，並因涉及台灣企業與美國列有竊取營業秘密罪之刑責，如此將與我們的權益息息相關。因此，本文以下將探討美國營業秘密相關法制間之制定沿革與其中對於營業秘密保護之優劣，以契合本章第三節之實務探討，使台灣營業秘密法之修正有借鏡之處。

壹、侵權行為法整編

美國法律學會（The American Law Institute, ALI）於西元1939年彙整完成侵權行為法整編第1版（Restatement of Torts, 1d, 1939），並將營業秘密之定義及侵害行為之態樣規定於第36章第757條至第759條，亦以註釋說明對於營業秘密之定義與侵害行為。遂於1978年間，美國侵權行為法整編第1版通過侵權行為法整編之修改（Restatement of Torts, 2d, 1978），美國法律學會遂將上述有關營業秘密之規定予以刪除。唯深究之，該法縱然不具直接法源效力，但其定義明確、合理，適用時不易混淆之優勢，至今尚有法院仍據以引用，因此該規定應存有事實上之拘束力，於法學論述上極具有參考價值[23]。

唯聯邦侵權行為法之效力向來及於所屬於各州之管轄，因此，在美國有關營業秘密之保護與發展在傳統即由各州所主導，而非以往聯邦統轄有關營業秘密糾紛的問題。是相較於統一營業秘密法及不正競爭整編，最常被運用者仍為侵權行為法整編。但因其發展較早，且以案例法歸納而來，營業秘密之規範因內容仍具抽象之故，若迨其無法配合快速變化的商業活動，如此將造成之一定缺憾。有鑑以此，美國國會甚歷經多次修正，將目前條文修正為不同於以往之營業秘密的定義，但仍包括任何與個人或企業擁有的製程、方法、裝置、配方…等資訊之規定，方使其較競爭之對手增加優勢[24]。於西元1992年，美國法律學會在年針對智慧財產權的會議中，曾經有提案美國國會應制定關於聯邦營業秘密法規[25]，然而當時未被採行[26]。

貳、營業秘密法

在早期，美國國會認識到需要編纂成為成文法以為保護，聯邦政府各機構已賦予行政相對人關於一個專案的基礎上的資料蒐集，將各種關於營業秘密等部分編纂入美國聯邦法典第18卷第112條、第19

---

[23] 曾勝珍，資訊時代中營業秘密保障之探討，智慧財產權論叢－第貳輯，五南圖書，初版1刷，2009年6月，頁160。

[24] Restatement (first) of Torts, 757 cm. b (1982).

[25] 此會議於西元1992年於舊金山舉行，Annul Report, 1992-93 A.B.A. SEC. IPL 300-09, 在此會議之前規範營業秘密立法的步驟極慢，即使在聯邦相關規範數個領域中有類似的規範，仍無法有效解決經濟間諜之相關問題。其他如Communications Assistance for Law Enforcement Act, Pub. L. No. 103-414, 108 Stat. 4279 (1994), codified in 47 U.S.C.1001 (2000) Foreign Intelligence Surveillance Act, 50 U.S.C.1802 (2000) Homeland Security Act, Pub. L. No. 107-296 (2002); Invention Secrecy Act, 35 U.S.C.181 (2000)。

[26] 前揭註11，曾勝珍，頁43。

卷第1335條之章節各個部分[27]。並於1948年6月將其彙整為營業秘密法（Trade Secrets Act，簡稱TSA）[28]，此後歷經多次修訂，該法案出現在美國聯邦法典第18卷第1905、1906、1907、1909條[29]。

TSA規定聯邦公務員，關於洩漏私人當事方的營業秘密的刑事處罰[30]。並規範了對於銀行金融資料，提供安全的保護，只可惜TSA並無法幫助當事人在民事程序上，禁止對方揭露相關資訊，此外，TSA保障的內容，實務上亦受到自由資訊法（the Freedom of Information Act，簡稱FOIA）的保護，TSA為營業秘密的保障提供了一個基本的模範立法，亦為受僱人或代理人遵守的典範[31]。

參、統一營業秘密法

「統一營業秘密法」（the Uniform Trade Secrets Act，簡稱USTA）。西元1968年美國統一州法全國委員會會議（National Conference of Commissioners on Uniform State Laws）報告討論到關於營業秘密保護法規之彙整，並希望擬定美國各州使用營業秘密之一致準則。其遠因在於美國商業運作，若一個有效的專利權尚因揭露而

---

[27] 18 U.S.C. § 112, 19 U.S.C. § 1335.

[28] Jerry Cohen, *Federal Issues in Trade Secret Law*, 2 J. High Tech. L. 1 (2003).

[29] 18 U.S.C. § 1905, § 1906, § 1907, § 1909.

[30] Section 1905 - Disclosure of confidential information generally - is a criminal statute that prohibits by any officer or employee of the United States or any defendant or agency thereof to disclose or make known “in any manner or to any extent not authorized by law any information coming to him in the course of his employment on official duties.” 18 U.S.C. § 1905 (2000). The court may fine violators not more than $1000 or imprison violators for not more than one year, or both, and remove them from office or employment. Id.at 18.

[31] 曾勝珍，美國經濟間諜法施行成效之探討，智慧財產法專論—科技時代新思維，五南圖書，初版1刷，2011年8月，頁173。

得換取17年之合法壟斷。唯當時企業者鑑法院大量的宣告無效之的專利，導致很多依賴貿易的各成員州份，寧願選擇可保護具商業價值之營業秘密法[32]。

唯對於營業秘密之訴訟，往往涉及美國一個以上的州份，使不同成員州應變換為該政區之法律，直接造成了法制適用上之混亂與困難[33]。遂1968年2月17日美國法律協會（American Bar Association，簡稱ABA）所組成的，統一州法全國委員會之年中會議，該執行委員會於芝加哥投票授權任命一專職於「統一營業秘密法」之起草與研議，以提高貿易保護。於1979年8月9日，該法案被批准，並制定建議在所有聯邦，且經全國律師協會成員之替補，與特別委員會之建議修訂大致完成營業秘密法統一之架構。至於關於統一營業秘密法之修正案，則於1985年8月8日全部審查通過並得於施行[34]。

截至2011年為止，美國營業秘密保護於UTSA框架內，除了德州、紐約州、北卡羅萊納州和麻州外[35]，已有49個州遵循其法基準，其中包括哥倫比亞特區、波多黎各與美屬維京群島[36]。而麻州地方法

---

[32] Uniform Trade Secrets Act with 1985 Ammendments, http://www.law.upenn.edu/bll/archives/ulc/fnact99/1980s/utsa85.pdf（最後瀏覽日：2011年11月26日）。

[33] Uniform Law Commission Web, *Why States Should Adopt UTSA*, http://www.nccusl.org/Narrative.aspx?title=Why%20States%20Should%20Adopt%20UTSA（最後瀏覽日：2011年11月26日）。

[34] Id.at 25.

[35] The UTSA has been adopted by all states except Texas, New York, North Carolina, Massachusetts and New Jersey. Massachusetts and New Jersey have introduced the bill in some form, but have not passed it. The U.T.S.A. has also been adopted in Puerto Rico. Uniform Law Commission Web, *Legislative Fact Sheet-Trade Secrets Act*, http://www.nccusl.org/LegislativeFactSheet.aspx?title=Tra de%2 0Secrets%20Act（最後瀏覽日：2011年11月30日）。

[36] About UTSA enactment status, see Uniform Law Commission Web, *Acts-Trade Secrets Act*, http://www.nccusl.org/Act.aspx?title=Trade%20Secrets%20Act（最後瀏覽日：2011年11月26日）。

院於2011年7月判決*Richmond Technologies, Inc v. Aumtech Business Solutions et al*一案[37]，造成了一個廣泛效力之營業秘密法，在加州的法律可以保障該州之智慧財產權，唯在麻州卻不受保護，使麻州已面臨到應否須加入大部分之成員州皆適用之統一營業秘密法之議題[38]，因此麻州則於2011年底具擬草案，並於2012年開始引入適用[39]；另紐澤西州亦於2011年9月26日，由參議院正式通過包含之UTSA法案，且取代現有普通法營業秘密保護之救濟程序及措施[40]。是以，統一營業秘密法乃目前美國各州對於營業秘密最重要的立法參考依據。

肆、不正競爭整編

關於西元1995年所制定之美國不正競爭整編第3版（Restatement (Third) of Unfair Competition），自然人若從第三人處得到營業秘密，不論其知情或事先不知其為秘密之內容，依據不正競爭整編規定，並不對此自然人加以處罰。亦即，自然人若是在不知情的情況下，或是無法得知其內容為營業秘密，則不負擔責任，須為被告已知其保密事項之範圍，且於持續使用之情況下始得課予責任[41]。

---

[37] Richmond Technologies, Inc v. Aumtech Business Solutions et al., 2011CV02460, May 20,2011.

[38] Bradley A. MacDougall, *Mass. Non-Competes Are Not The Issue*, Special to the Worcester Business Journal, November 07, 2011, http://www.wbjournal.com/news50161.html（最後瀏覽日：2011年11月30日）。

[39] Id at 31.

[40] John Marsh, *New Jersey Poised to Adopt the Uniform Trade Secrets Act*, Hahn Loeser, November 10, 2011, http://hahnlaw.com/tradesecretlitigator/post/2011/11/10/New-Jersey-Poised-to-Adopt-the-Uniform-Trade-Secrets-Act.aspx（最後瀏覽日：2011年11月30日）。

[41] 曾勝珍，負面資訊與離職後競業禁止形成不公平競爭之探討，智慧財產權論叢—第貳輯，五南圖書，初版1刷，2009年6月，頁80。

最初保障營業秘密之不公平競爭的理論，出現於侵權行為法整編第759條，個人（自然人）為取得或知悉秘密資訊而使用不正當手段或方法，為了謀取商業上利益，而課予當事人責任之理論依據，重點乃在於取得及使用當事人財產，與當事人之使用為競爭行為，立法目的為避免未經授權的竊取或是濫用，且對於資訊的使用上，資訊並不限於一定要為營業秘密才能構成此處的犯罪態樣，而目前不正競爭法亦由前段所述之不正競爭整編所涵蓋[42]。

美國不正競爭整編，將營業秘密視為一種可使用於企業或經營管理上的資訊，且為有價值、具有秘密性的，並可提供他人實際或潛在的經濟利益[43]，當事人使用此類資訊的目的，主要為與競爭者競爭，並不單純為自己創造利潤或營造商機而竊取或洩漏營業秘密，如在同業間，為打擊競爭對手而竊取原料、成份、配方，乃至營業方法、營運計畫、客戶名單…等相關資訊[44]。於美國司法實務上，法院一般認為保障私有資訊的秘密性，可適用不正競爭的理論。亦即A公司收購B公司之營業秘密，終止他們的就業和使用他們的技能和知識的競爭公司的利益誘導。在這種情況下，原告可以申請禁制令，以防止從使用專有信息的前僱員和其競爭對手。

伍、經濟間諜法

2010年2月，任職於波音公司前航太工程師，中國裔男子Greg Chung（Dongfan Chung）被控以行使經濟間諜活動，被依據1996年制訂之美國經濟間諜法（Economic Espionage Act of 1996, 簡稱

---

42 曾勝珍，「美國離職後競業禁止條款」之適用探討─兼比較我國法，智慧財產權論叢─第貳輯，五南圖書，頁138。

43 Restatement (third) of Unfair Competition 39 (1995).

44 曾勝珍，前揭註11，頁160。

EEA）判超過15年徒刑。期間，他幫助中國大陸政府竊取波音公司（Boeing）和洛克威爾公司（Rockwell）之太空計畫及德爾塔四代火箭（Delta IV rocket）之技術與營業秘密，並長達30年[45]。

關於EEA之制訂，尚可追溯到1996年，美國國會認識到從美國境內之企業被竊取營業秘密所造成嚴重的經濟風險。於1995年間所調查之325家公司之觀察可得知，有近半數營業秘密竊盜案件係經驗豐富者所為。並且粗略估計，每年有近24億美元之智慧財產權被竊取[46]。然而，EEA立法前侵害營業秘密行為並未有刑事處罰，大多數的經濟間諜犯罪造成之損害案件僅能經由民事訴訟得到賠償。唯刑事法與民事法之懲罰方式及賠償並非一致，如此將無法杜絕剽竊行為，並懲治犯罪行為人之觸法態度。因此，EEA之刑事制裁之設置係希望在犯罪發生之前，避免犯罪之產生，藉以改正行為人不當的行為，以達成嚇阻侵害營業秘密之犯罪[47]。

EEA所規定者，非但加侵害營業秘密之刑責部分，同時在條文第1條及第2條[48] 並明文規範經濟間諜行為之行為人、行為態樣及內容，且包括外國政府所支持之經濟間諜活動及美國國內營業秘密竊取行為。

依據EEA之規定，行為人竊取營業秘密時，必須為意圖或知曉其犯行之故意等態樣[49]，且所竊取之秘密客體須符合EEA第1839條所示

[45] U.S. Attorney's Office, *Former Boeing Engineer Sentenced to Nearly 16 Years in Prison for Stealing Aerospace Secrets for China*, February 08, 2010, http://www.fbi.gov/losangeles/press-releases/2010/la020810.htm（最後瀏覽日：2011年12月1日）。

[46] George Toby Dilworth, *The Economic Espionage Act of 1996: an Overview*, April 26, 2005, http://www.cybercrime.gov/usamay2001_6.htm（最後瀏覽日：2011年12月1日）。

[47] 曾勝珍，前揭註11，頁177。

[48] See, 18 U.S.C. §1831,18 U.S.C. §1832.

[49] 18 U.S.C. §1831 (a).

之營業秘密定義[50]。又EEA並不保障過失或非故意的洩漏機密，為避免競爭對手以充分的資金或資源提供內部人員，而竊取該公司或機關的重要文件、資訊或營業秘密。EEA中所謂的「外國政府」及「外國機構」，則係包括任何外國政府的官方單位、研究單位，或其他由外國政府在幕後支持，或其他如意指任何代理機構，辦公室，內閣，部會，團體，協會，或任何法律的，營利的，或商業的組織，法人，公司，或單位係為外國政府所實質擁有，控制，贊助，指揮，管理，或支配而以營利社團法人或一般財團法人身分成立的組織者[51]。

而「外國代理人」係指任何外國政府之官員，受僱人，代理人，職員，代表，或訴訟代理人[52]。台灣雖然與美國無正式外交關係，然而我駐美代表處的人員，仍可被定位為外國政府之代理人，而適用EEA之規定[53]。是以觸犯「經濟間諜」（Economic Espionage）罪，任何人意圖或知曉侵犯行為將裨益任何外國政府或機構[54]，即經濟利益（economic benefit）上的要件者，並不必涉及任何形式的商品，即使是策略應用上的優勢，或是任何對外國組織有利的行為，皆可依EEA涉及經濟間諜活動而加以處罰[55]。

若關於一般竊取營業秘密案件，美國聯邦調查局（Federal Bureau of Investigation, 簡稱FBI）調查時若發現並無外國政府支持，則可適用EEA規定之一般國內的商業機密竊取行為而加以偵查[56]。如：故意或意圖侵占相關或包括於州際或外國貿易所製造或儲存之營

[50] 關於美國經濟間諜法關於營業秘密之定義，可參見本論文第二章第一節第二項第二款美國規定部分。

[51] 18 U.S.C. §1831 & §1839 (a).

[52] 18 U.S.C. §1839 (a).

[53] 曾勝珍，前揭註11，頁167。

[54] 18 U.S.C. §1831 & §1839.

[55] 曾勝珍，前揭註11，頁178。

[56] 18 U.S.C. §1832.

業秘密商品，企業之間的營業秘密竊盜行為動機，皆以經濟利益為主，該犯罪行為雖不容餘法制，唯並不若外國經濟間諜般影響國家安全，是以美國國會之立法政策上即特別要求檢察官對於國內之營業秘密竊盜案件，須賦予較高之舉證責任，亦即應證明被告不但有獲取經濟利益的企圖，且因此能實際獲利者，使得論以犯罪行為[57]。

因此EEA通過後，聯邦法規更能有效保障美國經濟間諜相關行為內涵，以及保障任何為所有人以外其他人之經濟利益。

表3-1　台灣及美國營業秘密主要保護規定之比較

	法規名稱	保護範圍	保護性質	營業秘密保護規範立法時間	最近一次營業秘密修訂重點
台灣	營業秘密法	方法、技術、製程、配方、程式、設計或其他可用於生產、銷售或經營之資訊	實務及多數說承認權利保護	1995年制訂，1996年施行	尚未修正
美國	統一營業秘密法	配方、模型、編纂、程式、設計、方法、技術或過程之資訊。	保護權利侵害	1979年制訂	1985年修訂
	侵權行為法整編	1. 包含自己使用於營業上之任何配方、模式、設備或編譯之資料 2. 尚可為化學化合物之配方、製造過程或原料處理，或保存材料之方法、機械模型或其他設備，亦可為客戶名單	保護權利侵害	1939年制訂	1978年侵權行為法整編修改，將營業秘密規定刪除。唯仍經常被各州引用。

[57] 曾勝珍，前揭註41，頁83。

	法規名稱	保護範圍	保護性質	營業秘密保護規範立法時間	最近一次營業秘密修訂重點
	經濟間諜法	係指所有形式與類型之財務，商業，科學，技術，經濟，或工程資訊，包括資料，計劃，編輯，程式裝置，公式，設計，原形，步驟，技術，過程，程序，程式，或符號，不論其為有形或無形，亦不論其係以儲存，編輯，文字，或以物理性，電子，圖形或照相記憶，或以書寫者。	保護權利侵害	1996年制訂	尚未修正
	不正競爭法整編	規範原則同於普通法概念之統一營業秘密法與侵權行為法整編。	規範不公平競爭行為	1995年制訂	尚未修正

第四節　美國案例

隨著1980年代蘇聯的經濟危機，和戈巴契夫（Михаил Сергеевич Горбачев）的民主改革，促成共產國家倒臺，到1990年代初期蘇聯解體為止，美國與蘇聯間的冷戰理應宣告落幕。然而，對於冷戰下的產物，間諜戰爭卻依舊沒有結束，反而悄悄地轉向另一個新舞台：全球經濟市場。根據美國聯邦調查局（FBI）估計，美國蓬勃發展的產業與技術，因為遭致國內外競爭對手惡意的經濟間諜行為，並藉著公司的營業機密與公開之原始碼資訊獲取有利於己的商業情報，故使美國每年約有高達數十億美金的慘重損失。美國聯邦調查局局長Robert Mueller亦明確指出，防範經濟間諜的情報工作，目前僅次於反間諜任務之反恐項目[58]。

一般而言，競爭者竊取經濟情報或營業秘密的犯罪方法約有三種[59]：

1. 他們積極的尋找目標，並招聘內部人士（其背景通常為同一個國家）為美國的公司和研究機構工作。
2. 他們透過竊盜、竊聽、賄賂、入侵網路，或尋找被丟棄的智慧財產原型等類的方式進行經濟間諜行為。
3. 他們建立了看似與美國產業沒有商業利害關係的外國公司，進行了蒐集包括營業秘密之經濟情報。

然而，目前的案例中無論是使用外接式硬碟[60]或利用內部伺服器傳送，或直接複製機密文件[61]等的不同犯罪態樣，單以2010年美國智慧財產權的年度執行成果報告為例，有關違反營業秘密保護的經濟間諜案件多起皆引起注目。又侵害營業秘密不單僅有經濟間諜類型而已，尚有可能為違反競業禁止而遭到營業秘密因故意或無意間被揭露，且預防營業秘密爭訟最好的方法為事前之預防措施，本文以近三年美國較為知名之營業秘密侵害案件介紹如下，以為台灣司法實務所借鑒。

58 About the economic espionage,see *Economic Espionage Introduction* , FBI.gov, http://www.fbi.gov/about-us/investigate/counterintelligence/economic-espionage（最後瀏覽日：2011年12月11日）。

59 Id.

60 Enforcement Coordinator Annual Report on Intellectual Property Enforcement 4,February2011, available at http://www.whitehouse.gov/sites/default/files/omb/IPEC/ipec_annual_report_feb2011.pdf（最後瀏覽日：2011年12月1日）。

61 Enforcement Coordinator Report, Id

壹、Tradesmen International, Inc., v. Professional Labor Support, LLC, et al.[62]

原告Tradesmen International, Inc. 是一家位於俄亥俄州，並於美國34州內有86個辦公室的建築勞工供應公司，針對各類工程、軍事、商業與工業需要，提供經過訓練技術有成的技工。原告Tradesmen公司於2010年9月提起訴訟，控告Professional Labor Support, LLC, John Black, Todd Walker, Ryan Ellis, 及 Ryan Boyer等人，不遵守與原告間之約定（Non-Compete Agreements），係違反不為競業之規定。並指稱前述被告違背和其簽署的競業禁止規定，在被告簽定的競業禁止合約中，對限制的地域、條件、期間等皆有明確要求。

唯本案所適用之俄亥俄州法規定，除非有以下原因該競業禁止約定始為無效[63]，1.該約定保護的範圍遠超過雇用人需要受保障的區域，2.強加予受僱人過重的負擔，3.對公眾不造成傷害；最重要的是判斷此合約之合理性[64]，如：對競業禁止時間與地域的限制，受僱人是否是與顧客接觸的獨家代理身分，受僱人知悉的營業秘密與機密資訊有多少，競業禁止的內容對雇用人是否公平，是否箝制受僱人的技能與就業機會，保障雇用人的同時是否損害受僱人的權益，是否純粹造成對受僱人的就業障礙……等等，如於Raimonde案判決理由一再指出[65]，如果禁止的內涵都是為了保障雇用人的商業利益，當然是不被允許的。

---

[62] *Tradesmen International, Inc., v. Professional Labor Support, LLC, et al.*, 2011 WL 2214755 (C.D.Ill.), June7, 2011.

[63] 本案援引此案*Raimonde v. Van Vlerah*, 325 N.E.2d 544, 547 (Ohio 1975)。

[64] *Chi. Title Ins. Corp. v. Magnuson, 487 F.3d 985, 990 (6th Cir.2007).*

[65] Raimonde, 325 N.E.2d at 547.

離職後競業禁止條款的簽訂，一般皆須對競業禁止的範圍限制合理。於普通法的原則下（common law），如果對競業禁止的範圍及內容，為了保護雇用人的商業利益而為之合理規範者，則此類約定始得被接受[66]。然而必須建立避免雇用人之營業秘密外洩，並針對保密期間、防止洩密的資訊種類及範圍上不超過合理限度。如Nasco, Inc. v. Gimbert, 238 S.E.2d 368, 369-70 (Ga. 1977)一案認為禁止洩密契約若總括對任何與雇用人之事業相關或有影響的知識或任何事項，如此範圍亦過於廣泛，亦為無效[67]。

然而競業禁止之約定內容相當多樣，勞資所欲取得之保護往往是對立兩面，如何在雙方取得保障弱勢勞工與避免惡行跳槽的平衡點，應有勞於審判者於個案中細心檢視。對台灣而言，若能在執政者具體重視下，建立一套嚴謹之法律並配合行政管制，與勞動條件升級之推廣政策，並且企業者以更積極性的作為設法留住人才，相信智慧財產權相對於各類型保護下可以造就多贏的局面。

貳、Complaint, E.I. DuPont de Nemours & Co. v. Kolon Indus.[68]

2010年3月18日，任職於DuPont公司擔任工程師及銷售人員長達25年之美國維吉尼亞洲52歲的居民Michael David Mitchell，被指控因不當竊取他人之營業秘密，而判處18個月有期徒刑。本案涉及DuPont公司發明及生產的一種特殊纖維質材，於2007年間，DuPont公司懷疑離職的員工Michael Mitchell竊取該公司之營業秘密，亦

---

[66] 曾勝珍，前揭註42，頁147。

[67] 同前註。

[68] *Complaint, E.I. DuPont de Nemours & Co. v. Kolon Indus.*, 688 F.Supp. 2d 443 (February 3, 2009) (No. 3:09 CV 58).

即竊取一種強韌與極其輕盈特性之綜合性纖維原料之「製造的過程」，且該「製造過程」被DuPont公司加以保護為營業秘密。被告於DuPont公司終止其僱傭契約日（即2006年2月6日）之前2年，被告則負責該項纖維的市場銷售工作，且在受僱期間結束後尚未返還屬於DuPont公司的文件與機密資料[69]。

於2007年被告到DuPont公司的競爭廠商Kolon公司工作，並將因先前職務所知悉的營業秘密資訊告知Kolon公司，當DuPont公司獲知上述訊息隨即向美國聯邦調查局（FBI）舉報，FBI在被告家中查獲相關文件與數台電腦，並發現與原告公司有關的數百頁資訊文件與電子郵件，被告其後同意配合調查並且成為誘陷證人，協助及扮演引誘Kolon公司竊取營業秘密的角色，進而成為本案的破案關鍵。

參、Starwood Hotels & Resorts Worldwide, Inc. v. Hilton Hotels Corp.[70]

2010年12月22日Starwood飯店及 Hilton飯店就其先前爭訟達成協議[71]。本案始於2008年Starwood飯店集團指控，Hilton飯店以及先前任職於Starwood後離職至Hilton飯店之研發團隊的2名行政，涉嫌竊取原告飯店成功營運的W飯店連鎖系統（Denizen）經營方式之營

[69] U.S. Department of Justice, *Chesterfield Man Sentenced to 18 Months in Prison for Theft of DuPont Trade Secrets*, March 18, 2010, http://www.bis.doc.gov/news/2010/doj03182010.htm（最後瀏覽日：2011年7月5日）。

[70] *Starwood Hotels & Resorts Worldwide, Inc. v. Hilton Hotels Corp.*, et al., 2010 U.S. Dist. LEXIS 71346, 09 Civ. 3862 (S.D.N.Y. June 16, 2010).

[71] Barbara De Lollis, *Hilton and Starwood Settle Lawsuit Over Trade Secrets*, USA Today, December 22, 2010, http://travel.usatoday.com/hotels/post/2010/12/breaking-news-hilton-and-starwood-settle-lawsuit/136005/1（最後瀏覽日：2011年6月1日）。

業秘密，並藉此發展Hilton本身的經營模式，經過訴訟[72]後至2010年底雙方達成協議：

1. 聯邦法院給予禁制命令，即2013年1月以前，被告飯店內必須加設聯邦政府所監控之監視系統，以確保Starwood飯店不願Hilton飯店發生的行為再次發生。即被告以所竊取之營業秘密發展不公平競爭之行為。
2. 有關Hilton飯店因涉嫌使用Starwood飯店的營業秘密情況下，被告Hilton飯店必須在2013年1月前，限制發展與Starwood飯店Denizen系列形成競爭關係之W-style系列計畫。
3. 被告須付給原告相關的賠償金額，唯確實數額則不公開[73]。

亦即，被告Hilton飯店等同於同意留出二年的精品酒店市場，並且讓外部機關監察其交易情況。唯本案協議重要之關鍵在於Hilton飯店願意受聯邦政府的監視，蓋營業秘密係為智慧財產權者，對企業者而言係為無形之資產或財產，並因其多樣化與不可回復性，仍無法由確定之條款恪以被告應遵守之事項。因此，僅能從營業秘密不再被侵害之餘著手，若能從政府監視管制，始能由具體行為與情勢觀察被告是否有再次使用其不當取得之營業秘密，並且儘速防止損害擴大。

若雙方所協議須加裝監視系統而受機關監視，其當事人一方願意放棄特定權利、並無背於善良風俗與法律所禁止者，於適法上固無疑義。然而，若由法院判決該監視之管制令，基於台灣憲法保障隱私權並依據大法官釋字第631號解釋認為，國家採取限制手段時，除應

[72] *Starwood Hotels & Resorts Worldwide, Inc. v. Hilton Hotels Corp.*, et al., 2010 U.S. Dist. LEXIS 71346, 09 Civ. 3862 (S.D.N.Y. June 16, 2010).

[73] 賠償數額應高達美金7500萬，而且不包括另外一筆Starwood可以請求的飯店管理費，也是美金7500萬。Barbara De Lollis, *Hilton and Starwood Settle Lawsuit Over Trade Secrets*, USA Today, December 22, 2010, http://travel.usatoday.com/hotels/post/2010/12/breaking-news-hilton-and-starwood-settle-lawsuit/136005/1（最後瀏覽日：2011年6月1日）。

有法律依據外，限制之要件應具體、明確，不得逾越必要之範圍，所踐行之程序並應合理、正當，方符憲法保護人民秘密通訊自由之意旨。又依「通訊保障及監察法」、「刑事訴訟法」之保障與限制，尚無具體法律可為監視營業秘密侵害預防之管制令。再者，所謂監察機構應為何者？若為法務部調查局所應具有之管轄權者，其人力調配、人員之智慧財產權法治訓練等配套措施，則仍有審慎探究之餘地。

肆、American Radiographics, Inc. v. Eastern Diagnostic Imaging, Inc. [74]

2007年1月9日，原告（American Radiographics, Inc., ARI）控訴Eastern Diagnostic Imaging, Inc.,EDI及3位原任職於ARI的員工Stephen M. Walsh、Gary D. Shaw及Donald P. Gonyea蓄意破壞有利於原告的交易行為，違反秘密資訊的守密義務。

地方法院於一審時判決原告敗訴，原告不服繼而提起上訴，上訴法院仍然維持與一審法院相同之判決理由，認為原告所主張的資訊內容不構成營業秘密。原告所指稱有關其公司的交易者名單（dealer list）及引用系統軟體（quote system software）、引用歷史（quote history），法院接受被告的抗辦理由，即前述內容並未構成營業秘密，因為系爭之物在相關產業中都是極易獲取的資訊，主審法官並指正，原告尚未確切提出被告攜出與營業秘密有關之引用系統軟體等證據，因此認定原告未基於善意觀點隨意提起此訴訟，並認為原告理由不成立，因此判予被告勝訴。

[74] *American Radiographics, Inc. v. Eastern Diagnostic Imaging, Inc.*, Slip Copy, 2011 WL 2163545 (Mass.App.Ct.), June 3, 2011.

伍、U.S. v. Aleynikov案[75]

Goldman Sachs公司位於紐約，是世界知名的證券投資理財公司，在紐約證券交易市場（the New York Stock Exchange, NYSE）與NASDAQ證券交易市場（the NASDAQ Stock Market, NASDAQ）占有一席之地。被告Aleynikov為Goldman Sachs公司研發一套高效率的證券交易系統（high frequency stock trading systems）後，對於電子化處理證券交易更居業界領導地位，投注於電子交易的設備和人力所費不貲[76]，且原告因此之獨占鰲頭而更加以維護該部分的秘密保持；唯被告Aleynikov離職後轉而至該廠商之競爭商家工作，並且帶走該證券交易系統的重要部份，因而於2010年2月11日被指控偷竊營業秘密。

被告提出的抗辦書[77]中指稱系爭交易系統不能被視為營業秘密；而紐約南區地方法院在2011年3月16日之判決則認為，被告藉由竊取原雇用人的營業秘密進而圖利新的雇用人（Teza Technologies, LLC），本案並由專家證人對系爭交易系統是否符合營業秘密的定義做出判斷，認為被告確實違反保密義務。亦即被告於2007年5月7日至2009年6月5日受僱期間，簽署一份全球性的保密契約，其內容為不能洩漏或不當使用任何被告因職務而知道的資訊，但被告得每年領取年薪美金15萬與約12萬之紅利。然而被告於之後不但離職跳槽甚至違背保密義務，侵害原告之營業秘密。

---

[75] United States v. Aleynikov, 10 Cr. 96 (DLC), 2011 WL 939754 (S.D.N.Y. Mar. 16, 2011).

[76] 如該公司在2008及2009年以平均年薪美金27萬5000元聘請了25位電腦程式工程師。*United States v. Aleynikov*, 10 Cr. 96 (DLC), 2011 WL 939754 at *1 (S.D.N.Y. Mar. 16, 2011).

[77] *United States v. Aleynikov*, 2010 U.S. Dist. LEXIS 92101 at *4 (S.D.N.Y. Sept. 3, 2010).

陸、U.S. v. Huang（USAO S.D. Ind. & CCIPS; FBI）[78]

2010年7月13日，原居住於美國印地安納州持有綠卡的中國籍男子Kexue Huang被以涉嫌將其之前為Dow公司工作時所獲知的秘密資訊，不當洩漏給中國大陸的大學研究機構，藉以研發類似的研究成果，並因此得到一筆研究基金，而遭到逮捕。

且因圖利該中國大陸的一所大學，被控違反美國經濟間諜法（the Economic Espionage Act, EEA），並繼之前偷竊 Dow公司後Kexue Huang又被發現竊取Cargill Inc.公司的營業秘密，2011年10月18日，Kexue Huang被以偷竊營業秘密而定罪，這也是該州依據1996年制定的美國經濟間諜法定讞的首例，而全美至今共有依據EEA定刑的八個案件。以下為關於本案之判決作介紹與探討：

Dow AgroSciences LLC（Dow）公司是生化及農產方面的業界龍頭，自1989年後更全心投入有機產品的病蟲害防治研究，並因而有了一些突出的研究成果。被告Huang於2003年任職於Dow公司至2008年2月29日，並應公司要求簽署保密契約遵守保密義務，對其業務上所知悉的秘密資訊，未經Dow公司同意不得為任何洩漏情事。

同年12月（即2008年12月）被告卻擅自在中國大陸的湖南師範大學出版論文，公開有關Dow公司的營業秘密，該論文是被告帶領的研究團隊，接受中國國家自然科學基金會的贊助，即使被告宣稱該研究始自2008年3月已離職後才開始，然而事實上2007年9月被告已在中國大陸開始該項研究，而研究內容與其積極找尋開發的市場都與任職於Dow公司所知悉的機密資訊完全相同，被告被指控科處

[78] U.S. Department of Justice, *Chinese National Charged with Economic Espionage Involving Theft of Trade Secrets from Leading Agricultural Company Based in Indianapolis,* August 31, 2010, http://www.fbi.gov/indianapolis/press-releases/2010/ip083110a.htm（最後瀏覽日：2011年6月6日）。

10年有期徒刑與超過美金250萬的罰金。全案由美國印第安那州南區地方法院管轄（the Southern District of Indiana），並由電腦犯罪與智慧財產權部刑事處（the Criminal Division's Computer Crime and Intellectual Property Section, CCIPS）與美國國家安全處（The National Security Division）聯合偵辦，其後判決確定被告有罪。

事實上被告自Dow公司離職後，2008年3月轉而任職於Cargill公司，做為該公司的生物工程師至2009年7月，即使他對該公司有簽署保密契約，他仍將Cargill公司生產新食品的關鍵技術洩漏給中國大陸的湖南大學，他造成的損害為美金700萬至2,000萬間，被告以在美國最大的農業公司任職之便，偷竊產業界視為命脈的機密資訊，不但營利其他國家更帶給美國重大傷害。

是以，美國從EEA制定以降，即1996年後已有相當篇幅的新聞報導[79]及實務案例[80]，皆與中國大陸有關，如此中國大陸經濟間諜案

[79] A report released by the Obama administration found that Foreign economic collection and industrial espionage against the United States represent significant and growing threats to the nation's prosperity and security. The report further states that Chinese actors are the most active and persistent perpetrators of economic espionage. See AftermarketNews, *Report Finds Threat of Trade Secret Theft by Foreign Countries Likely to Grow*, November 9, 2011, http://www.aftermarketnews.com/Item/93651/report_finds_threat_of_trade_secret_theft_by_foreign_countries_likely_to_grow.aspx（最後瀏覽日：2011年11月12日）；或請參見新聞，蔡佳敏，竊取商業機密—華裔科學家定罪，法新社，http://tw.news.yaho o.com/article/url/d/a/110208/19/2m1fi.html（最後瀏覽日：2011年10月17日）。

[80] 如United States v. Fei Ye and Ming Zhong一案中，兩位矽谷工程師，葉費（Fei Ye）及鐘明（Ming Zhong）於2001年11月23日，在舊金山國際機場被逮捕時，正準備前往中國大陸，行李中裝滿了從Sun Microsystems Inc., Transmeta Corp., NEC Electronics Corp.及Trident Microsystems Inc.四家公司所竊取的營業秘密，被告二人之前曾任職於Transmeta、Trident 公司，Fei Ye亦曾工作於Sun及NEC此二家公司，本案是EEA制定後第二個被定罪的案件；此外2009年4月，31歲居住於北紐澤西的中國人民，Yan Zhu被控偷竊前雇主之電腦軟體—原始碼資料 ，這些原始碼資料乃專供該被竊公司之內部買賣，屬於十分機密的原始材料，被告持工作簽證自2006年4月至2008年7月，以資深環境工程師的身分任職於該公司，FBI經由調查證實被告出售上述物件到中國，

件將造成美國極大困擾。台灣政府對於跨國經濟間諜之法律制裁，應更有積極的作為，以保障國內企業者之經濟利益與國家競爭力。

柒、其他

於*U.S. v. Agrawal*案，被告Agrawal原任職於Societe Generale公司，該公司研發了一套高效能的貿易程式，被告涉嫌印製數百頁的機密資訊，並將之給予與Societe Generale公司為競爭關係的其他公司。

於*U.S. v. Yu*案，被告Yu於2006年任職於福特汽車時，使用外接硬碟複製了4000個福特汽車的文件，並帶到中國大陸給福特的競爭廠商—北京汽車公司，在搜索被告公司筆記型電腦時，發現了41個福特的營業秘密，被告也坦承此舉造成福特公司美金5,000萬到1億的損失，2010年11月17日被告被宣判有罪。

另外如*U.S. v. Roberts et al.* 案，於2010年12月9日法院判決2名任職於Wyko Tire Technology公司的工程師竊取營業秘密，即被告因為不能滿足中國大陸輪胎公司的設備要求，竟到Goodyear輪胎公司竊取其相關設施的營業秘密並將其拍照留存[81]。

以改善空氣傳訊與水的品質，在與中國一居住於河北及山西的兩名共犯從事犯罪行為時，被告扮演主導角色，而價值美金150萬元的軟體僅以十分之一的價格賣出；另一則位著名之潛艇靜音技術案，被告Chi Mak（中文譯為麥大志）出生於中國大陸，1978年移民香港，隨後來美國，1985年入籍為美國公民。從1983年起為中國工作，直到2005年10月被捕之前被控偷竊上百份的軍事機密文件給中國，其中包括武器、核子反應堆以及美國潛水艇上推進系統。請參見，曾勝珍，前揭註26，頁184-186。

[81] 其他相關的案例請見以下資料來源，Enforcement Coordinator Annual Report on Intellectual Property Enforcement 4,February 2011, http://www.whitehouse.gov/sites/default/files/omb/IPEC/ipec_annual_report_feb2011.pdf（最後瀏覽日：2011年12月1日）（hereinafter "Enforcement Coordinator Report"）。

第五節　結語

營業秘密是否需列刑事懲罰條文，一直以來是學界與實務界主要探討之處，其爭議在我國營業秘密立法時將其定位為民法之特別法，而刑法、公平交易法之有關規範卻不完整，是綜觀至今，尚不足以保障人民的經濟利益，或對於國家整體競爭力有維護與發展之助益，因此立法院於2002年10月18日之委員院會提案提出「營業秘密法草案」，第15條之1規定[82]：關於損害我國國家利益經濟間諜行為者，處十年以上有期徒刑，得併科新台幣一億元之罰金等刑事責任規範。以及第15條之2規定[83]：損害一般人利益之經濟間諜行為者。以應付商業環境之劇烈變遷。雖然該法案至始仍未通過，唯仍可證明當時即有立法列有刑事責任之必要，尚且現今科技與生活型態已非同日

[82] 營業秘密法草案（2002.10.18），第15條之1：

「意圖為外國政府或其機構或其代理人之不法利益而有下列行為之一者，處十年以上有期徒刑，得並科新台幣一億元之罰金：

一、竊取或未經授權使用、拿取、隱匿或以詐術獲取商業機密者。

二、未經授權抄襲、複製、草擬、攝影、下載、上傳、修改、破壞、影印、傳輸、運送、郵寄或傳遞商業機密者。

三、收受、寄藏、故買、牙保或持有犯前二款所取得之商業機密者。

前項之未遂犯罰之·預備犯第一項之罪者，處五年以下有期徒刑。

法人或非法人團體犯前三項之罪者，處新台幣十億元以下罰金。」

[83] 營業秘密法草案（2002.10.18），第15條之2：

「意圖為自己或第三人之不法利益，或損害商業機密所有人之利益而有下列行為之一者，處七年以下有期徒刑，得並科新台幣五千萬元之罰金：

一、竊取或未經授權使用、拿取、隱匿或以詐術獲取商業機密者。

二、未經授權抄襲、複製草擬、攝影、下載、上傳、修改、破壞、影印、傳輸、運送、郵寄或傳遞商業機密者。

三、收受、寄藏、故買、牙保或持有犯前二款所取得之商業機密者。

前項之未遂犯罰之。

預備犯第一項之罪者，處三年以下有期徒刑。」

而語，其刑事立法則更有探究之必要。

其次，承外國立法例，如：美國之經濟間諜法、日本之不正競爭防止法、德國之不正競爭防止法對於惡性侵害營業秘密者，皆據以刑事懲罰，以嚇阻經濟間諜，是在保護智慧財產及國家經濟安全上，刑事訴訟之追訴與民事追訴比較之下，刑事訴訟對於營業秘密之程序與保全相對更具有強制力。是立法者不宜再以營業秘密為民事之特別法為考量，而應切合國際之趨勢，保障國家及人民權益，彈性限縮弱勢勞工不平等條款之適用，並嚴格懲治經濟間諜犯罪者，直接將惡性侵害營業秘密事件列入保護刑事懲罰之特別規定。是以，本文將說明侵害營業秘密列入刑事立法之可行處，並希冀提供修法之方向。

壹、刑事立法之可行性

關於營業秘密保障之刑事立法模式尚可分為下列者：（一）於營業秘密法內制訂刑事責任。（二）於刑法中修正關於侵害工商秘密之部分，並考量將智慧財產權列入財產法益侵害客體之可能。（三）統稱刑事立法關於侵害秘密之概念。（四）將惡性侵害營業秘密行為者，於營業秘密法中準用刑法之刑事責任。（五）刑事責任單獨，如將商業間諜行為獨立明文經濟間諜法規範之。

若採取立法模式（一）者，首應考量我國立法者對於營業秘密之立法政策為何，若僅以規範民事上關於主客體要件、權益歸屬、侵害與救濟，於修法論上即應探究民事立法政策是否足夠，若顯不足者，則應考量刑事立法，或是採取非傳統之損害賠償模式，即提高懲罰性損害賠償之求償範圍。次者，應考量我國營業秘密法之立法背景，亦即在營業秘密之權利、利益定位兩難下倉促立法，爭議即有增無減，導致該法無以完善利用。

若採（二）之立法模式者，則應辨析工商秘密與營業秘密之範圍是否相同，若為相同者，即宜明文將工商秘密稱之為營業秘密，以求法院審查之一致性，並確立人民對法之認識與信賴；若非，應檢視可否以其他輔助方式規範其未一致範圍。再者，若將智慧財產權列入財產法益侵害之客體，即如刑法第323條之規定，將智慧財產權以動產論之規範。唯若僅將營業秘密權準用智慧財產權之動產，那麼所涉其他智慧財產權如商標權、著作權、專利權應在此體系下以何種方式定位，其仍值得深思。是以，若將營業秘密侵害之刑責規定於刑法當中，可能因上述涉及問題甚多，導致立法程序耗時較久，緩不濟急。

採（三）之立法模式者認為，如於營業秘密法之侵權再規範增訂刑責，將使體例不一致[84]。是修法者即須探究立法者所欲規範之秘密範圍是否相同，即應釐清業務上秘密、事業秘密、工商秘密、產銷機密、技術秘密之保護範圍異同，並以研擬之規範是否導致刑事政策窒礙難行，或甚至流於疏漏立法？

採立法模式（四）者，即應探討侵害營業秘密惡意侵害者，並審視營業秘密之侵害態樣，何者宜列刑事制裁者，何者則否。如竊盜、詐欺、脅迫、賄賂、擅自重製、違反保密義務、引誘他人違反其保密義務等侵害態樣。並將刑事案件以直接適用方式增訂，以減少關於工商秘密犯罪與營業秘密關係的差異判決。

採立法模式（五）者，係將營業秘密法列為民事保護，而關於經濟間諜案件則另行立經濟間諜法予以規範。並完成營業秘密法與經濟間諜法兩者間之配套立法。

---

84 詳見2004年「參照美國經濟間諜法研擬制定我國營業秘密之刑法責任規範」研商會議周天副教授之發言節錄。張靜主持，營業秘密法整體法制之研究，期末報告書，經濟部智慧財產局2004年8月至2005年10月研究計畫，頁146-148。

貳、制定防治經濟間諜專章之建議

承上，如何杜絕現存國內產業界商業間竊取營業秘密之現象，並順應現今科技工具之便利，立法者應思考不法剽竊營業秘密之手段日新月異，若以傳統財產犯罪態樣規範營業秘密之侵害，似不足以確保法律之更易先於科技與智慧。

近年來，我國與中國兩岸之間商業交流頻繁，並因為三通政策、江陳會談與簽訂ECFA所致，相關科技產業、文創產業等智慧財產權類型之產業甚為活絡。然而國際商業利益的驅使下卻隱藏著利弊之雙面刃[85]，經濟間諜案件影響所及包含於經濟全球化之現代，若單純以民事救濟之方式，尚不足以彌補當事人的損害，須以刑事案件追緝經濟間諜及營業秘密洩露的案件，始足以對當事人造成嚇阻力量。

因此為確保貨暢其流，又擔憂水可載舟亦可覆舟之世界經濟目標體現，本文建議，應藉由商業間諜立法必要性之議題[86]，呼籲我國政府與立法者，立法規範經濟間諜法之制裁，專門取締經濟間諜活動下定義之各種行為，並致力於嚴防跨國間經濟間諜之防治措施，以貫

---

[85] 對於ECFA的簽訂，是否讓兩岸的產業互動與保護更為完善，有學者採否定的見解：與中國簽訂ECFA而提高兩岸智慧財產權保護標準，並加強對其落實的要求，理論上對我國的智慧財產權保護有利，然而在實務執行面，我國因受到美日歐的國際壓力，對智慧財產權 的執行相當徹底，中國將因此受惠。而中國因國力強可以對美日歐的執行要求虛與委蛇，對ECFA中我國智慧財產權保護的要求豈會特別加以嚴格執行並落實之。因此，我國將不僅未能由此獲利，而且反受其害。許忠信，林梳雲編，ECFA 不利我國智財權保障，玉山周報，第88期，http://www.formosamedia.com.tw/weekly/post_2047.html（最後瀏覽日：2011年10月17日）。

[86] 據產業人士指出，近年兩岸交流頻繁，已發現多起國內高科技產業技術人員或與企業往來的第三人，將其因職務所知的營業秘密或智慧財產，轉賣給中國不肖競爭者的重大犯罪行為。並呼籲政府參照美國「商業間諜法」修正相關法令。張念慈，李焜耀籲：修法規範商業間諜，2011年11月3日，http://udn.com/NEWS/FINANCE/FIN1/6693301.shtml（最後瀏覽日：2011年11月04日）。

徹國家經濟安全。再者，為了配合經濟間諜案件與營業秘密用語之一致性解釋，本文以為，現階段亟需排除民事立法政策 ，將惡性侵害營業秘密者刑罰化，由營業秘密法內另立專章，專責規範「經濟間諜活動」之犯罪行為態樣且祭予重懲，並參酌美國經濟間諜法之立法例，增訂「竊取營業秘密罪」，以維持法制之完整與一體性。

第四章　我國有關營業祕密保護要件與法院判決之評析

曾勝珍、陳武鍵

第一節　前言

隨著資訊科技與全球經濟的蓬勃發展，我們的工作、生活起居、社會型態，也因之發生劇烈變化；在知識上，科技的躍進，使得我們授與各方的訊息，是多麼容易的一件事，隨意拿著智慧型手機，或是電子書、筆記型電腦，不論是漫步山野欣賞煙嵐，或是徜徉於湛藍的海上，從輸出、傳遞、接收到儲存，往往只要幾秒的時間；在經濟上，亦因而發生重大的變革，人們想賺大錢，不再是汗水勞力、做苦做工，而是藉由資訊的傳遞，佐以研發，構想，使得金錢脈絡得以活躍，收入利潤得以加成。面臨著這般便利的時代，知識實已成為事業經營者相當重要的經濟來源。

絕大部分的經營者，為能在商業市場上取得競爭優勢，往往具備專有資訊作為憑藉[1]。譬如耳孰能詳的可口可樂，其配方與製程除家族所有人之外，並無他人知曉，而可口可樂公司也會嚴密防止自己的員工偷竊配方[2]；又如被中國列為國家一級保護中藥的「雲南白藥」[3]，雖有相關書籍與雜誌出現過配方和製法之解析，且美國藥品管理局（U.S. Food and Drug Administration）基於法令，得令其公布配方[4]，然而對於該劑量調配與製作工藝，外界至今仍只得臆測。

營業秘密，係企業者營運時投入相當的勞力、物力，且長年累

1 劉詠萱，美國法上營業秘密案例與「不可避免揭露」理論之淺介，營業秘密管理高手，資訊工業策進會，初版，2000年3月，頁44。

2 維基百科網站，可口可樂，http://zh.wikipedia.org/zh-tw/%E5%8F%AF%E5%8F%A3%E5%8F%AF%E4%B9%90（最後瀏覽日：2011年2月5日）。

3 維基百科網站，雲南白藥，http://zh.wikipedia.org/wiki/%E4%BA%91%E5%8D%97%E7%99%BD%E8%8D%AF（最後瀏覽日：2011年2月5日）。

4 新華網，雲南白藥絕密配方在美曝光 被指僅對國人保密，http://big5.xinhuanet.com/gate/big5/news.xinhuanet.com/fortune/2010-12/16/c_12884821.htm（最後瀏覽日：2010年12月20日）。

月努力研發之技術所集結而成。企業者所擁有之獲利中，有很大部分是來自於營業秘密所產生之價值；倘若一朝，營業秘密受及侵害或揭露，將使該秘密意義潰決而喪失其優勢，無疑造成難以挽回之莫大損失，正所謂「江湖一點訣，說破不值錢」云云。是以，企業營運之特殊模式、商業創意等，應如何有效保護賴以為生之機制，其必然審慎思考之保護方式與範圍。

第二節　我國營業秘密保護要件

營業秘密保護之要件界定，採用質化研究——資料分析方法，亦即蒐集國內最新相關實務運作，藉此得以從營業秘密之模糊概念與具體之案例細節，邁向一般化之合理分析。再者，針對營業秘密之要件認定，就學理基礎重新統整資料、學理應用來說明具體判決，或將共通之因素放入，有共通結果而無共通原因之非一般性個案排除，試圖從比較分析法中，將兩者聯繫之指標再次釐清。

壹、營業秘密之意義

關於營業秘密之意義，可參照我國於1995年底制定，並於1996年施行之營業秘密法第2條之規定：「本法所稱營業秘密，係指方法、技術、製程、配方、程式、設計或其他可用於生產、銷售或經營之資訊，而符合左列要件者：一、非一般涉及該類資訊之人所知者。二、因其秘密性而具有實際或潛在之經濟價值者。三、所有人已採取合理之保密措施者。」營業秘密法規中明定，對於營業秘密不正當取得、使用或揭示之行為，於民事上設置侵害排除請求權，有侵害之虞者，亦設置防止侵害請求權，又因侵害該利益或權利而受有損失時，亦得主張損害賠償請求權；然而，侵害營業秘密同時，我國並無進一步地明文刑事處罰規定。是以，對於「營業秘密」之概念，首先應澄清其保護範圍為何？究竟是須嚴格解釋，或放寬該保護要件，其兩相之際應如何權衡，亦產生疑問。下列將針對我國關於營業秘密保護要件之學說，並佐以實務，試先說明之。

貳、保護要件概述

綜觀我國尚未制定營業秘密法之前，營業秘密保護要件為何？甚為分歧，有主張六要件說、五要件說、四要件說、三要件說、二要件說。綜觀，營業秘密法（以下稱本法）公布施行後，紛歧現象已有緩和趨勢，但對於秘密性、價值性、可利用性、保密性及新穎性，此五種保護要件，仍具爭議。言簡意該，以二要件說、三要件說與五要件說法，較為大宗。

採二要件說之學者認為[5]，營業秘密之保護要件，應只有秘密性與價值性二者，凡是有經濟價值之秘密資訊，皆足以構成企業之營業秘密。並認為，本法第2條雖列有三款要件，但第2款足以規定營業秘密之價值性與秘密要件；亦即，該第2條第1款僅係在於界定秘密性的客觀範圍，「秘密」本質，即必須非一般涉及該類資訊之人所共知的，故如一般涉及之人皆已知道之資訊，仍非屬營業秘密。

採三要件說之學者認為[6]，營業秘密之保護，除有秘密性與價值性，尚包括有新穎性。其認為我國營業秘密法係參考TRIPS與美國及加拿大之相關規定，而在第2條將可獲得營業秘密的客體規定為「方

[5] 張靜，營業秘密法及相關智慧財產問題，經濟部智慧財產局，3版1刷，2009年1月，頁112。

[6] 馮震宇，論營業秘密法與競爭法之關係—兼論公平法第19條第1項第5款之適用，公平交易季刊，第4卷第3期，1996年7月，頁24-27。

法、技術、製程、配方、程式、設計或其他可用於生產、銷售或經營之資訊」，且需符合上述之三項要件，方可成為法律所保護之客體。

所謂價值性，即營業秘密必須具有經濟價值，且此一價值亦須是由其機密而來。通常秘密所有人可證明該資訊對其營業之重要性，並符於合法手段之競爭關係，而使得他人為該資訊，願付出一定代價來證明其經濟價值[7]。所謂新穎性，營業秘密法上要求之新穎性，係為「相對新穎性」，與專利法所要求之「絕對新穎性」有所不同，亦即只要具備最低程度的新穎性，該企業之資訊機密如能事實上被保持，則仍可謂具有足夠之新穎性；換言之，縱使係過去早已公開之資訊，但經過長久時間遭人類遺忘，亦可成為新穎性[8]。所謂秘密性，是基於營業秘密所必須具備之本質要求而來，蓋營業秘密若已喪失秘密性，自不得再視之為營業秘密[9]。秘密性之概念，為構成法律保護營業秘密的主要原因，亦為營業上之封閉資訊不同於其他開放式資訊之最大特徵。是故，營業秘密之所以應予保護，係在於其為秘密資訊，使所有人取得經濟上之利益，此為秘密性之要件，尤顯重要。

承上所述，我國在制定營業秘密法第2條第1款之「非一般涉及該類資訊之人所知者」，其語義並不十分明白。有學者將該上述要件，稱其為「非公知性」[10]、有的稱其為「新穎性」[11]者、亦有稱其為「秘密性」[12]者。對於非公知性之用語，係出於日本不正競爭防止

---

7 許忠信，TRIPS國際觀點論智慧財產權法與競爭法之交錯—以營業祕密之保護為核心，月旦法學知識庫，2007年8月，頁5。

8 吳啟賓，營業秘密之保護與審判實務，台灣本土法學雜誌，98期，2007年9月，頁7。

9 張靜，前揭註5，頁107。

10 黃三榮、林發立、郭雨嵐、張韶文，營業秘密—企業權益之保護，萬國法律基金會，初版一刷，2002年3月，頁10。

11 馮震宇，前揭註6，頁24。

12 章忠信，「營業秘密」之範圍與條件，2003年9月，http://www.copyrightnote.org/crnote/bbs.php?board=8&act=read&id=2（最後瀏覽日：2011年2月8日）。

法第2條第6項而來[13]，我國制定營業秘密之立法例，亦曾參酌日本相關立法，似乎較無疑義。

但對於「新穎性」與「秘密性」間之要件名詞定義，似乎有剪不斷、理還亂的局面。有論者將本法第2條第1款及第3款要件，分別辯證為界定客觀範圍之邊界與主觀範圍之邊界[14]；有論者對「秘密性」之要件範圍，採用營業秘密法第2條第3款之合理保密措施來認定[15]；有論者甚至直接將合理之保密措施定義為「秘密性」要件[16]。雖然此種歸類方式，並無不妥，但此現象並非僅在學理上名詞探討而已，實務上亦有混雜而難以適從之情況，如，導致主體概念與客體範圍究竟該如何解釋？或亦增添，判斷某資訊是否為營業秘密而列保護之不確定性[17]。

而採五要件說者認為[18]，營業秘密之要件，除一般所論之新穎性、秘密性、價值性之外，仍須具備「必須是可用於生產、銷售或經

[13] 日本不正競爭防止法第2條第6項（平成五年五月十九日，法律第四十七號）：「この法律において『營業秘密』とは、秘密として管理されている生產方法、販賣方法その他の事業活動に有用な技術上又は營業上の情報であって、公然と知られていないものをいう。」該規定明確指出：所謂營業秘密，係指作為機密管理之生產方法、銷售方法或其他對事業活動有用之技術上或營業上的資訊，尚未成為眾所周知者。

[14] 「營業秘密法第2條第1款及第3款之規定，正是在界定營業秘密主、客觀範圍。亦即，所謂『非一般涉及該類資訊之人所知者』，構成了秘密之客觀上最大外延所在，任何一項資訊，當它客觀上屬於一般涉及該類資料之人所知時，它就已經進入了公共領域，脫離了任何人之控制而成為公共所有。」張靜，我國營業秘密法學的建構與開展 第一冊—營業秘密的基礎理論，新學林出版，第1版第1刷，2007年4月，頁255。

[15] 王偉霖，營業秘密與離職後競業禁止約款—評台北地方法九十七年勞訴字第十四號判決，月旦法學雜誌，186期，2010年11月，頁196。

[16] 許智誠，台灣對營業秘密之保護，http://www.tipo.gov.tw/ch/AllInOne_Show.aspx?guid=6023f5e0-6265-4de2-91d3-e79c2eddba9f&lang=zh-tw&path=780（最後瀏覽日：2011年12月5日）。

[17] 黃三榮等，前揭註10，頁11。

[18] 謝銘洋，智慧財產權法，元照出版，初版一刷，2008年10月，頁148-149。

營上之資訊」之要件，並將通說之「秘密性」要件，細分為「必須具有秘密性」及「所有人以採取合理之保密措施」。

其立論基礎在於，並非所有資訊都是營業秘密法所保護客體，營業秘密法之立法目的，在於維護產業倫理與競爭秩序，因此生產、銷售或經營上之資訊，都是指與產業有密切關係者，若一項秘密資訊與產業上之生產、銷售或經營無關，則不能成為保護之客體；然而，對於「必須具有秘密性」及「所有人以採取合理之保密措施」兩者要件予以並列之方式，則未具體說明。

綜上所述，營業秘密法之保護要件至少有三項，即秘密性、價值性與合理保密措施，我國營業秘密法就營業秘密之保護要件，採取與TRIPS相同之三要件立法方式，雖然各國於立法上保護要件，常與其定義混合規定，但實質之保護要件上大同小異[19]，拘泥於名詞並無辨別要件範圍之實益，故本文採用我國營業秘密法第2條所定要件之文意解釋，與上述所稱之秘密性、價值性、新穎性之三要件說，尚有不同，將列以：(1)秘密非公知性、(2)秘密具經濟價值、(3)合理之保密措施之三要件；佐以相關實務運作，歸類出符合營業秘密法個別要件要素之審查模式，亦參考TRIPS對於我國營業秘密法所影響之立法精神，試圖從兩者間討論出要件之範圍為何。

參、秘密非公知性

對於營業秘密法第2條第1款「非一般涉及該類資訊之人所知者」要件，本文稱之為秘密非公知性，其判斷要素可分類為，客觀要件要素與主觀要件要素。若要符合秘密非公知性，需包括「非大眾所知」，即一般稱之為新穎性、以及「反面界定秘密性」、「正面界定

[19] 張靜，前揭註5，頁107。

秘密性」、並排除特殊事項之「一般性原則」。

一、非大眾所知

營業秘密是否「非大眾所知」，應具備所謂的「獨立開發原則」，亦即營業秘密資訊之開發，如係持有人投注人力、物力、財力所創造之智慧結晶，縱使與他人的營業秘密資訊相似，仍不構成侵害或盜用他人的營業秘密[20]。國內學者，一般將營業秘密法第2條第1款規定之「非一般涉及該類資訊之人所知者」，稱之為非公知性、非周知性或新穎性等，不同的法律用語。對於前者而言，係受到德、日等大陸法系國家法制之影響而慣用；而營業秘密法之所以需具備新穎性之要求，則係受到美國營業秘密法制之影響，此即所謂之「此等資訊由於未為一般大眾所知悉」[21]。

有論者以為[22]：營業秘密之新穎性與專利法上之新穎性要件，在程度上有所不同，專利權是以「鼓勵發明」為目的，進而採取嚴格之絕對新穎性標準，營業秘密乃是基於對「信賴關係」之保護，避免明示或默示的信賴關係、或以不正當的方法，洩漏持有人耗費心血之秘密成果，兩者間異曲同工，皆以保護為目的；但亦有反對者認為[23]：營業秘密不應將新穎性列為獨立秘密性之另一要件，蓋新穎性原為專

[20] 吳啟賓，前揭註8，頁7。

[21] EEA Section 1996 (a)(3): "the term 'trade secret' means all forms and types of financial,... (A) the owner thereof has taken reasonable measures to keep such information secret; and (B) the ..."即，(A)此等資訊由於未為一般大眾所知悉，或因公眾利用合法方式，無法即時確定，取得或發展出來，而具有現實或潛在之獨立經濟價值。關於EEA之全部譯文，可參見，經濟部智慧財產局網站，世界主要國家營業秘密法規，美國經濟間諜法（重要法條中譯本），http://www.tipo.gov.tw/ch/AllInOne_Show.aspx?guid=23bc414f-e7a9-4b37-9ab3-86982ea511f2&lang=zh-tw&path=776（最後瀏覽日：2011年3月17日）。

[22] 葉茂林、蘇宏文、李旦，營業秘密保護戰術—實務及契約範例運用，永然文化出版，初版，1995年5月，頁15-16。

[23] 張靜，前揭註14，頁262-267。

利法上之概念，學界通說將專利法上之新穎性概念，借用於營業秘密上，假設有人主張資訊已被一般人廣泛所知悉，即已成為公共所有時，即不能再由任何人取得排他、專有權，法律亦及無保護之必要，兩者立意基礎南轅北轍，豈可同日而語。其衡此說，與秘密性之要件概念並無相異。

又若依通說所言，營業秘密法既然不同於專利法之新穎性之概念，又何必硬行套用專利法上之新穎性用語，再強為分辨其間之不同。對於美國營業秘密保護新穎性與秘密性要件，其間之區別，新穎性係就資訊是否世所共知作客觀之外部審查，對於該觀點，應可做認同之解釋，即新穎性即為秘密性之下位概念，成為營業秘密是否具有秘密性之外部客觀審查標準。

本文以新穎性為本法第2條第1款規定之初階審查，其要件仍須具備客觀上「資訊非為一般大眾所知悉」之要素，此與下述秘密性之「非一般涉及該類資訊之人所知」要素區別實益在於，對於公開之資訊，原則上應不許私人所獨占使用，乃基於公益之當然考量，倘客戶資訊之取得，係經過若干工程篩選整理，始獲致客戶名單之資訊，而該資訊尚存有些許並非得以可以從公開領域中取得的客戶資料，例如：事業透過長期交易過程所得歸納而知，或從問卷調查中所建構之客戶消費偏好記錄；客戶訂單資料上所顯示之購買品項、數量及單價；客戶指定送貨地點所透露出之行銷通路；特定客戶一般所採行之貿易條件等等。至於從已公開於公眾之資訊編纂而成之客戶資訊，一般人均可由工商名冊任意取得，其性質僅為預期客戶名單，則非值得保護之營業秘密[24]。

二、反面界定其秘密性

對於界定有否符合本法第2條第1款要件所稱之營業秘密，應據

[24] 台灣高等法院94年度勞上易字第98號判決。

該客觀上對於資訊之取得方法，一般從事此業務者，具有任意或是一般而不用透過特殊之方法，或技巧即得取得或查得為要素。若符上述之要素者，則可界定該事件不具有本法之秘密性。實務見解，關於貿易商名單是否為營業秘密之爭議所示[25]：

板橋地方法院98年度上字第503號判決對於「一般涉及該類資訊之人所知」之認定上，係認為，甲提出外貿協會資料館所提供之黃頁電話簿，網際網路搜尋畫面列印資料等，均得查知上訴人所主張之客戶，顯見被甲所交易之客戶係透過公開之資訊取得，「屬一般涉及該類資訊之人士均得查知之公開資訊」，從而，甲所主張之客戶名單，顯係公開週知之資訊，任何人均可自由獲知，亦不符合前揭營業秘密所稱「非一般涉及該類資訊之人所知者」之要件。

三、正面界定其秘密性

對於具超過一般涉及該類資訊之人能知，其界定上有否符合本法第2條第1款要件所稱「非一般涉及該類資訊之人所知者」之營業秘密，應據該資訊之取得，是否應為透過一般以上之方式，使能達成客觀上具有秘密性之獲取。而此處之「非一般涉及該類資訊之人所知」，係採「業界標準」亦即須是其專業領域之人亦無所知悉始可。蓋既是與營業有關之秘密，一般公眾不知悉，尚不能構成秘密，若連其專業領域之人亦無所知，才屬營業中之秘密[26]。

換言之，若在其專業領域中之人均已知悉，或是僅需以一般或任意而不用透過特殊之方法、技巧，即得獲取秘密者，其應不具秘密之特性，無庸置疑。然而，若需以產品還原工程之方法，或是以破解客戶、秘密保存資訊防護網之方式，以達到釐清、取得該秘密資訊，縱使該還原、破解之工程僅需耗費微乎成本，對此部分應採從寬認

---

[25] 板橋地方法院98年度上字第503號判決。

[26] 章忠信，前揭註12。

定，即具已超過一般涉及該類資訊之人能知，界定該事件有本法之秘密性。按實務見解，關於代工多合一讀卡機之相關檢驗報告及測試方式等技術資料，是否為營業秘密之爭議所示[27]：

原審對於「非一般涉及該類資訊之人所知」之認定上，係認為，依據甲已在法院中表明，僅就材料表中之「雙面膠、鋁製外殼、上蓋、下蓋、鐵塊、螺絲」部分，主張係屬營業秘密，顯然並非就材料表中，所列之全部材料加以主張，且該材料表除「材料料號」「材料名稱」外，另有「材料規格」項目，其內容係屬於個別材料之實際細部規格，載有材料供應廠商或替代廠商之資料，就此項資料而言，一般使用者若非為直接或間接之相關領域工作者，通常未具有直接藉由拆解產品而可得知上開資訊之能力。

另據此項產品之原設計人甲在法院陳稱「貼雙面膠是因為塑膠殼有經過電鍍金屬鉻，會造成短路，所以用雙面膠再加上透明的薄片以避免短路；用雙面膠固定鋁殼，是我們經過試驗多次才試驗出雙面膠之長度及黏貼固定之位置，才有辦法黏貼的」；「因為他們不能夠確實了解我們研發的程序，只知道要那些材料可以生產，但是對於材料的長寬高大小、電鍍用的金屬鉻的型號、用量等細節沒有非常瞭解，因為當初我們是指定購料廠商讓他去購買的，至於為何只能和某供應商購買，我沒有告訴乙，我們與供料廠商之間就材料的約定也不會告訴乙」；「上下蓋中間卡勾暗扣的部分，乙是照抄我們的，因為塑膠電鍍問題很多，會變形，當初純粹用暗扣的很少，當時很多人都沒有辦法用暗扣方式去作外殼，因為會變形，大部分都是用螺絲鎖住或是用超音波固定，後來必貿也是學我們暗扣設計」等語，堪認系爭材料表中有關雙面膠、鋁製外殼、鐵塊、上下蓋等項內容，實具有「非一般涉及該類資訊之人所知」之特性。

[27] 臺北地方法院96年度上字第198號判決。

四、一般性原則

所謂一般性原則，即隨著科技的躍進與資訊時代的發展，所有具備秘密性質的智慧財產，將有可能會遭此破解之必然性，若因社會、文化或科技之變遷，導致該營業秘密有破解之可能或結果發生時，而非秘密所有人自行洩漏或遭他人侵害而外洩，則該營業秘密仍應具有秘密性；唯諾，是否存有使用上之價值，則歸屬探討該秘密具有經濟價值之問題，譬如以還原工程之手法，將導致該營業秘密因其解析而曝現。

又我國營業秘密對於「還原工程」之定位，依行政院送審二讀之營業秘密法草案第10條有關「不正當方法」之說明，認為還原工程（Reverse Engineering），係指第三人以合法手段取得營業秘密所附著之物後，進而分析其成分、設計，取得同樣之營業秘密而言，為第三人自行研究開發取得之成果，並非不公平競爭之手段；美國統一營業秘密法第1條之註解特別明列，正當手段尚包括還原工程；日本學者橫田俊之亦認為，還原工程非屬不公平之方法，故第10條所列之「其他類似方法」一詞，並不包括還原工程在內。

「還原工程」並不會侵害到電腦程式著作之營業秘密[28]。有論者以為，營業秘密一旦被他人以合法的方法，例如還原工程技術予以瞭解，則該項營業秘密便不能被視為「秘密」[29]。

唯本文認為，原所有人之營業秘密倘遭受破解，且該還原工程又非不正當方法，使其營業秘密因此喪失秘密性之要件，無疑使原所有人之智慧財產，因科技而遭受耗損或殆盡，智慧財產權法制基於保護科技發展之目的，也因此流於空談；是故，若營業秘密因他人以還

[28] 章忠信，營業秘密與其他智慧財產權之關係，http://www.copyrightnote.org/crnote/bbs.php?board=8&act=read&id=3（最後瀏覽日：2011年2月20日）。

[29] 曾勝珍，論我國經濟間諜法立法之必要性—以美國法制為中心，元照出版，初版1刷，2007年12月，頁217。

原工程探知所有，僅為以科技分析之方法，另自行研究出該保護措施下之技術內容，該行為甚難謂有取得營業秘密，亦有論者採此見解[30]。

營業秘密不具備排他性。是以，營業秘密所有人不得以還原工程為不正手段之說法，主張對抗相對人侵害其營業秘密，或禁止其使用或揭露等；該還原工程之人，因自行研究開發取得成果，或又其另行開發之成果，亦可成為該秘密所有人；意即，原所有人或與後研發者，兩者間核心價值仍係存在，論其性質可為各自獨立之營業秘密，或另依雙方契約之約定，為共有之營業秘密，始符智慧財產權之保護原則，並藉此創造共利價值。至於以非法手段而為還原工程之行為，則係屬營業秘密之侵害問題，自非判斷秘密性喪失與否之因素。

肆、秘密具經濟價值

營業秘密法第2條所謂之「因其秘密性而具有實際或潛在之經濟價值」，係指方法、技術、製程、配方、程式、設計或其他可用於生產、銷售或經營之資訊，並且因所有人保護得當、未為他人輕易得知而有非公知性，而使之具有一定經濟價值[31]。本文認為，本款係立法者特地賦予營業秘密之特殊價值權利，若為普通之秘密者，即不具備該價值，須達營業秘密之要件者，始有因其價值權利而有保護之必要。換言之，營業秘密乃合理之競爭手段，營業秘密法因其價值地位，特別賦予該秘密具有競爭之權利。

所謂具有「實際」或「潛在」之經濟價值，係指法律所保護之營業秘密，對於事業之競爭能力極具重要意義，且不以在實際應用上

30 黃銘傑，解碼、破碼與公平交易秩序，台大法學論叢，第28卷第4期，1999年7月，頁156-157。

31 章忠信，前揭註12。

已證實其經濟價值者為限，也包括尚未用於營業上，但具潛在之經濟價值的技術或經驗[32]。營業秘密本身非僅為積極的正面資訊，若為負面資訊，亦得為營業秘密，對公司而言，研發計畫或創新產品具有特殊及隱密性質，一般人想去瞭解內部資訊，其非常困難且受到限制，研發活動本身需投入大量成本，同時具有高度不確定性，難以判別衡量其價值[33]；但該失敗的實驗報告或紀錄，雖不足促進營業時更有效率，卻可因而節省許多研發費用，避免重蹈覆轍[34]。

至於經濟價值之程度究為如何？有論者認為，係該秘密資訊本身對業者之事業活動具有經濟上價值之「有用性」，而該「有用性」即指生產、販賣或其他方面，於技術上或營業上之功用[35]。

經濟價值之審查，係採客觀或主觀之寬鬆、嚴格標準，我們尚可從實務上去探討。板橋地方法院99年度重勞訴字第10號判決意旨：「原告係證券經紀商，乃以證券交易之經紀為其營業內容，故其所建立之客戶資料乃其從事證券經紀業務時，重要之資料，乃屬具有經濟價值之資料，且依證人即被告受僱於原告時之主管，即原告公司之電子商務部門業務副總經理，到庭所述可得知，原告對於其所有之客戶資料，分別授權與不同之營業員負責服務，對於由原告授權與其他營業員負責服務之客戶資料，不得逾越權限查閱……故，其所有之客戶資料固非一般人得輕易查知，及具有相當經濟利益等。」由此可知，本判決係採該資訊對所有人主觀上具有重要性時，則具有經濟價

[32] 賴文智，台灣工藝研究所專案成果—工藝創作什麼情形下會受到營業秘密法的保護，網路暨智慧財產權，http://www.is-law.com/post/4/344（最後瀏覽日：2011年11月10日）。

[33] 曾勝珍，負面資訊與離職後競業禁止形成不公平競爭之探討，智慧財產權叢論—第貳輯，五南圖書，初版1刷，2009年6月，頁78-79。

[34] 簡榮宗，營業秘密與競業禁止條款實務解析，http://tw.myblog.yahoo.com/mephisto-su/article?mid=693&next=690&l=a&fid=33（最後瀏覽日：2011年3月20日）

[35] 黃三榮，營業秘密法逐條評釋，律師雜誌，第211期，1997年04月，頁53-54。

值。

臺南地方法院99年度訴字第130號判決：「客戶資訊之取得，如係經由投注相當之人力、財力，並經過篩選整理而獲致之資訊，且非可自其他公開領域取得者，例如個別客戶之個人風格、消費偏好等，固足認係具有實際或潛在的經濟價值之營業秘密。」則係認為投諸成本所得到之非公開訊息，即為有經濟價值；然而，對於該資訊本身是否須達一定程度始有客觀之經濟效果，則無深入探討。

智慧財產法院98年度民著訴字第9號判決：「應認上開電腦程式具有相當經濟價值。況查，上開電腦程式本身皆屬著作權法所保障之電腦程式著作，其具有一定之經濟價值，亦堪予認定。…上開技術手冊內，含原告領先業界之全自動包裝機之構造、 電路及維修等資訊及核心技術，且本身即屬於著作權所保護之語文著作，自具有潛在之經濟價值。」係以，客觀上既得著作權之保護者，視同已具有經濟價值為審查標準。唯該審查模式是否妥適，本文認為，仍應有探究之餘地。

又觀諸，智慧財產法院99年度民專訴字第65號、臺北地方法院99年度勞訴字第370號判決、板橋地方法院100年度勞訴字第21號、板橋地方法院 99年度重訴字第206號，皆僅羅列營業秘密法第2條之要件，並以心證即認定具有經濟價值之與否，且未公布該經濟價值採取心證之理由。

綜上，我實務對於經濟價值之認定，普遍應係寬鬆標準無疑[36]，

[36] 唯實務上仍有採取較密集審查標準者，如臺中地方法院97年度訴字第2897號判決釋明：「所謂價值性，係指該技術或資訊有秘密性，且具備實際或潛在之經濟價值者，始有保護之必要性。是尚在研發而未 能量產之技術或相關資訊，其具有潛在之經濟價值，亦受營業秘密法之保護，故不論是否得以獲利。所謂經濟價值，係指持有該營業秘密之企業較未持有該營業秘密之競爭者，具有競爭優勢或利基。就競爭者而言，取得其他競爭者之營業秘密，得節省學習時間或減少錯誤，提昇生產效率，故具有財產價值，縱使試驗失敗之資訊，亦具有潛在之經濟價值。因此，倘原告之競爭同業取

至於是否須由客觀或主觀方面去檢視，則尚未定論。本文認為實務上，營業秘密要件之審核，經常優先審查「合理保密措施與否」，其次「秘密性」，最後則為「價值性之認定」；對採取之態度而言，合理保密措施審查之密度，普遍最高，而對價值性之審查，往往虎頭蛇尾，或甚至乾脆不認定，係觀審酌其他要件不符合時之實務可得知。因此，司法實務於審查模式明顯偏頗，對各審查要件未一同視之，營業秘密認定範圍之修法論上，可作為探討之因素。

伍、合理保密措施

關於合理保密措施之要件而言，探討立法緣由係從TRIPS第39條而來，亦即「所有人已採取合理步驟以保護該資訊之秘密性者」，我國營業秘密法第2條明文規定，營業秘密，除了須為方法、技術、製程、配方、程式、設計或其他可用於生產、銷售或經營之資訊，尚須符合所有人已採取合理之保密措施者之要件。本文認為合理保密措施之要件審查，應屬營業秘密成立與否之程序檢視，審判上法院應優先探討，該秘密尚符合本要件與否，再行檢視秘密非公知性，與秘密具有經濟價值之實體檢視，對此，我國司法實務於本要件判斷，已累積達一定之程度。以下，係以近年案例見解作分析探討：

一、所有人明示秘密資訊

所謂秘密所有人，即營業秘密之所有人。唯營業秘密本質因具有秘密性之關係，如果第三人無以發現該資訊為營業秘密，嚴重者，

得原告之客戶資料，將縮短開發市場之期間或減少錯誤之投資成本，其有提昇商業效率之功能，故原告之客戶資料，具有財產價值。」因此，在於要件審查上，若採嚴格之標準，可能將使營業秘密難以成立；若為寬鬆之審查標準，或許在營業秘密保護制度上可以更周全，但是否會因此架空法制要件，則有待觀察。

將導致營業秘密外洩之可能。因此，在認定營業秘密所有人為主體下，該所有人須於客觀上，明示該資訊為營業秘密，亦使第三人足以認識該資訊為營業秘密之可能。唯第三人是否確實之認識，應從客觀角度去觀察，如依實務說明：「秘密管理性具體內容之一，為資訊係秘密之明示性，即須將該資訊列為『機密』，且將該資訊置於特定場所，並善加保管而言[37]。」「系爭設計圖上並未蓋有『密』或『機密』等字樣，原告並未採取合理之保密措施，故依營業秘密法第2 條之規定，亦非屬該公司之營業秘密，而不受營業秘密法保護。……系爭設計圖上並無『保密文件』或相似之記載，原告亦未提出其已就系爭設計圖，採取應有之保密措施證明，難謂系爭設計圖具保密性而屬營業祕密[38]。」「所謂合理之保密措施，應指將營業秘密交由特定人保管，限制相關人員取得該項營業秘密，並告知承辦人員保密之內容及保密方法[39]。」

明示該資訊是否有一定之要件或方式，應以僅須使人發現該資訊為秘密之可能，即符合明示之行為。實務認為：「所謂合理之保密措施，並無一定之要件，而係應就個案考量，依一般客觀社會經驗判斷，只須依實際情況盡合理之努力，使他人客觀上得認識係屬秘密即足當之[40]。」「對於可能接觸營業秘密之人，另以保密契約約定接觸者之保密義務，自無不可，而其所約定應遵守之保密義務，本於契約自由原則，無須與營業秘密法所定義之營業秘密完全一致，惟仍應具備明確性及合理性[41]。」「已在系爭協議書中明白約定，上訴人應以善良管理人之注意義務，保守並於公司內部採取適當保密措施，上訴

[37] 智慧財產法院98年度民著上字第26號判決。

[38] 桃園地方法院97年度智字第7號判決。

[39] 板橋地方法院96年度訴字第2411號判決。

[40] 新竹地方法院90年度重訴字第69號判決。

[41] 臺灣高等法院99年度上字第807號判決。

人不得為自己或第三人利益，而使用系爭資料，並應就接觸系爭資料之員工，簽訂保密契約；非經被上訴人之事前同意，不得洩露於第三人，且上訴人亦依約與其員工簽訂職員保密協議，堪認被上訴人已就系爭資料，加以合理之保密措施[42]。」

二、合理之保密措施

合理之保密措施，係指保密措施是否已達「合理」之程度，端視該營業秘密之種類、事業之實際經營情形，以及社會之通念而定[43]。由於營業秘密法所要求之機密性，是相對而非絕對觀念，單就要求負保密承諾之義務關係人即可，是否絕對機密、何謂極少數人知悉等，均非探討之內容[44]。如實務：「原告就該秘密既與被告簽訂保密及競業禁止契約書，課予被告就其受僱期間所知悉之機密資訊負有保密義務，客觀上顯亦已採取相當程度之保密措施[45]。」即指簽訂保密及競業禁止契約書，以達相當程度之保密措施。

唯其合理性，於訴訟舉證上占有一定之效果，亦即訴訟上營業秘密所有人應對其保密措施負舉證責任，按民事訴訟如係由原告主張權利者，應先由原告負舉證之責，若原告先不能舉證，以證實自己主張之事實為真實，或其所舉證據尚有疵累，亦應駁回原告之請求[46]。如實務：「本件原告雖主張系爭SLG-4500機器及其製作過程等資訊具有秘密性及經濟價值，為營業秘密，……始終未見原告對該機器作任何客觀上保密之積極作為（如與所有接觸到該特定營業秘密之員工約定『保密協定』、『企業制定保全計畫並做好保全措施，例如要

---

42 臺北地方法院94年度訴字第4273號判決。

43 謝銘洋，智慧財產權法，元照出版，初版1刷，2008年10月，頁151。

44 鄭中人，積體電路的智慧財產權，智慧財產權，經濟部智慧財產局，第26期，2001年2月，頁85。

45 臺中地方法院99年度中勞簡字第40號判決。

46 最高法院17年上字第917號判例意旨。

求研發人員對其辦公處所隨時上鎖、限制訪客接近存放機密之處所等』），且原告復未能舉證其『已採取合理之保密措施者』，自難認原告對系爭SLG-4500機器具有營業秘密法之秘密性，是原告主張被告有侵害其營業秘密之行為，自不足採信[47]。」是以縱使秘密所有人雖對其他各要件為舉證，若於「已採取合理之保密措施者」未為具體舉證者，仍為敗訴之關鍵。

所謂保密措施，係指有具體之管制措施行為者，亦即公司不得漫無範圍的與員工簽訂保密契約、工作契約書，或告知員工公司之資訊皆為營業秘密，而論有盡管制措施之義務。實務上，若契約無具體說明營業秘密之界線範圍為何，或若洩漏了該契約規範之秘密內容將致違約之事實，如此一來，員工將無法確實知悉其義務之範圍，且無具體之管制行為未見有合理性：「上訴人所提被上訴人乙○○之工作契約書，僅約定遵守公司規章等一般性用語，並無保密義務及何種資訊應保密之約定，而其所提上訴人工作規則及被上訴人丙○○所簽之服務自願書，亦僅有保密義務之約定，但無何種資訊屬保密範圍之約定[48]。」即以公司規章係一般性用語或服務自願書，僅列保密義務而認定未有具體之管制行為。

另於實務上[49]，尚有以「工作契約」、「具保密契約之資產購置同意書」作為管制行為者：「依據兩造所簽訂之上開工作契約第3條之約定，任何原告之員工非經核准，皆不得擅自將職務上所取得之檔案或資料攜出公司，……雖原告主張，上開檔案皆置於原告專門之伺服器內，原告內部僅有3人有權限取得和管理乙節，並未具體舉證，尚非可採，惟原告要求所有依筆記型電腦補助方案，購買筆電之員工簽署同意書，嚴格要求不得將公司文件交予公司以外之人，並須於離

---

47 臺中地方法院96年度智字第55號判決。

48 智慧財產法院98年度民著上字第26號判決。

49 智慧財產法院98年度民著訴字第9號判決。

職後刪除公司文件等，足認原告公司就上開電腦程式已盡合理之保密措施。」

該判決對於如何具體之措施作逐一之檢視：「工作契約第3條之約定，任何原告之員工非經核准，皆不得擅自將職務上所取得之檔案或資料攜出公司，且原告於上開技術手冊上設有『寺岡』浮水印字樣，以防止被複製或竊取，並造冊列管，歸位於技術部門之文件櫃內，非屬原告技術部門之人員無法取得，足以證認原告就上開技術手冊已盡合理之保密措施。」

三、主觀要素認定

營業秘密所有人，主觀上是否須以「保護之意願」為要件；實務上承認營業秘密所有人，必須於主觀上有保護之意願者：「蓋營業秘密之所以要保護，在於所有人主觀上有保護之意願，且客觀上有保密的積極作為。若所有人未採取合理之保密措施，任何人均得自由接觸相關資訊，所有人既不在乎資訊之保密，法律亦無須給予保護[50]。」

對於客戶名單之秘密性認定，逕直接以需採取保密意思之主觀要件，為原則上之認定：「客戶名單所有人須盡相當之努力，採取合理之保密措施，以維護客戶名單之秘密性，倘若根本未將客戶名單視為營業秘密加以保護，自不得主張其為營業秘密[51]。」、「原告並未舉證已對於系爭客戶之營業價格與客戶名單等，營業秘密採取保密之意思，或採取合理之保密措施[52]。」

本文認為，秘密所有人在主觀上有將其當成營業祕密之意思，固為重要；然而，單從外部之保密措施行為，與由衷發自內心之秘密

[50] 臺中地方法院96年度智字第55號判決。

[51] 臺北地方法院99年度勞訴字第40號判決。

[52] 板橋地方法院98年度重訴字第202號判決。

認知與保護意思，如何檢視兩者間有因果關係之連結，實則困難。因此，僅依個案觀察所有人具體措施，即足判斷「所有人已採取合理之保密措施」之要件時，便無須再擴張審查主觀保密意識，或秘密認知之有無，否則對雙方當事人舉證上，皆有不利之礙難，於訴訟程序上，亦有難解其必要性。是以，對於特定事件就客觀事項，無法判定是否為營業秘密時，例如：特殊美髮技巧、彩妝訣竅[53]，仍須審查主觀要素，以判斷所有人之保護意願，至於審查方式與程序，應由個別事件單一處理，且基於寬鬆標準訊問所有人之保護目的、保護方法，並以一定標準詰問合理與否。唯正本根源，若該特定事件於實務判決已達一定之認定基礎時，於修法論上，仍應列明文之考量。

第三節　我國營業秘密相關案例評析

營業秘密的重要性，在於保護專門技術機密與機密性之商業行為。觀今社會型態，員工流動比率過高，亦造成企業營業秘密風險相對提高；亦即，若勞工離職前，既已取得該雇主之營業秘密、經營技術，在更換職業跑道同時，反而大大節省另一雇主，或競爭對手之培訓與研發成本。假若，企業為此疑慮進而採取嚴格管理制度，作為對營業秘密保護之用，將使行政與管理成本倍增，更甚者，亦影響到企業整體運作流暢性；另一方面，單就為保護營業秘密，對於平常的任

[53] 關於美髮業與彩妝業，其操作過程往往是外顯的，然而內行看門道，外行湊熱鬧，有些美髮師或彩妝師歷經多年的磨練所累積之經驗與訣竅，時常有其獨到之處，亦非一般人可因看過幾次即可學得。譬如說手勢、力道或份量拿捏、操作順序、產品配對等，皆有其專門技術而有成為營業秘密之可能。本文即認為，該專門技術除非刻意揭露，否則於客觀上是無法切確認定當事人是否有採取保密措施，因此，審判者必須基於詰問之方式，訊問所有人採取何種保密措施，如刻意隱藏手勢、變換操作順序與其目的為何，並藉此觀察該措施是基於保密之考量或僅為操作習慣。

何一份資料，作十分縝密的管制措施，於法規上設置許多嚴酷的罰則與禁令，以茲救濟該不公平競爭之行為。歸納總結下，所帶來的弊病，將降低許多新興事業開創的機會，亦進而侷限住勞工選擇職場或退休之權益。

近年來，科技產業之發展趨勢，使得營業秘密之侵害類型與案件劇增，對於營業秘密遭致洩漏或侵害之損害，僅非單一公司或相關企業所及，涵蓋層面之廣，甚至產業皆不免遭受魚殃之災；那麼，我們既知其嚴重性，更應基於預防心態，加以整備相關之法律，使營業秘密受到更嚴謹之保護。本文以下，將探討我國營業秘密實務案例，就其爭議予以評析，並整理法院判決之理由，期以對現行營業秘密法所規定之缺失，提供修正之方向。

壹、跳槽的CNS製圖員工（廣欣案）

此案經第一審[54]依據台經院之鑑定意見，認系爭設計圖不具備創作性，不受著作權法之保護，且系爭設計圖亦不具有保密性而非屬營業秘密，而為強網公司敗訴之判決。惟強網公司不服，酌上訴於第二審[55]法院，仍為敗訴，並上訴於第三審[56]。

經法院審理，仍依第一、二審之相同理由，認定原判決未為違背法令，並說明強網公司亦未能舉證，證明其屬營業秘密法所稱之營業秘密，或原任職於該公司之廣欣公司等人，就該圖負有保密義務等情事，難認其已合法表明上訴理由，認定上訴不合法，駁回其上訴。本文試就此案，所涉及關於營業秘密之認定，並對法院判決之理由做評析。

54 桃園地方法院97年度智字第7號判決。

55 智慧財產法院98年度民著上字第26號判決。

56 最高法院100年台上字283號判決。

一、事實暨爭點

丙、丁原分別係強網公司之生產部經理及研發部副總經理；乙則原係強網公司之研發部副課長，其主要工作內容係依據強網客戶之需求，進行機具設計之研發及繪製相關機械組件圖面。然而，丙、丁分別於2008年3月24日及同年4月15日起自強網公司離職，嗣後皆轉至，與強網經營相同業務之另行成立的廣欣公司任職，丙、丁均擔任廣欣公司之董事，乙則於該公司擔任繪圖工作。

本案之所涉之營業秘密，係乙於2008年4月24日為被上訴人廣欣公司繪製之設計圖Ｂ，與乙於2005年3月14日於強網公司任職時，繪製之設計圖Ａ。且因乙於2002年4月17日曾與強網公司簽訂工作契約書，其中第7條（二）規定受僱人應遵守公司規章，服從公司任何調遣與指示；丁於民國2000年4月13日與強網公司簽訂之服務自願書第1條約定，受僱人應遵守公司規章，服從公司任何調遣與指示；第2條約定，應嚴守職務機密。另強網公司自2001年起向政府核備之工作規則第5條第5項規定，勞工有絕對保守公司機密之義務；對各單位業務或技術上機密，均不得對外洩漏。

強網公司主張廣欣公司、乙、丙、丁（以下簡稱廣欣公司等）侵害其之著作權、違反營業秘密法及違反契約保密義務，應對此負侵權行為之損害賠償責任；為此廣欣公司等所據以否認，並主張：「系爭設計圖非受著作權法保護之著作，故廣欣公司等並未侵害強網公司之著作權；且系爭設計圖亦非屬強網公司之營業秘密，故廣欣公司等毋須依營業秘密法，對上訴人負損害賠償之責；另乙、丙、丁等與強網公司所簽契約，並無競業禁止之約定，且強網公司亦未將系爭設計圖列為公司之機密，故廣欣公司等並無任何侵權行為可言等語置辯。」

強網公司與法院審理時仍爭執系爭設計圖之可著作權性及屬公司之營業秘密，且廣欣公司等應於契約終止後仍負保密義務等語，故本案所涉關於營業秘密之爭論點在於，設計圖是否屬於營業秘密法上保護之營業秘密？被上訴人有無違反契約約定之保密義務？有無侵害上訴人之權利致應負損害賠償之責？及違反後契約義務，而應負債務不履行之損害賠償責任。

二、判決理由

實務對於上開具體案例事實認為[57]：1.系爭設計圖非強網公司之營業秘密；2.乙、丁並無違反契約約定之保密義務；3.被上訴人等並無違反後契約義務；並基於以下理由：

強網公司就此固提出其公司之工作規則、被上訴人乙、陳光庭分別與其訂立之工作契約書及服務自願書，惟單純保密合約書之提出，並無法證明系爭設計圖即屬營業祕密，且系爭設計圖上並無「保密文件」或相類似之記載，上訴人亦未能提出，其已就系爭設計圖採取合理保密措施之證明，況被上訴人乙為系爭設計圖之製作人，依據其本身之專業背景、多年之工作經驗，亦可在相似之資訊條件或環境下，製作出相近似之設計圖，故該設計圖雖該當營業秘密所欲保護之資訊，但因未採合理保密措施，而不具其秘密性，亦因資訊內容不具非周知性，亦非屬營業秘密法所欲保護之營業秘密。

強網公司所提乙之工作契約書，僅約定遵守公司規章等一般性用語，並無保密義務及何種資訊應保密之約定；而強網公司之工作規則及丁所簽之服務自願書，亦僅有保密義務之約定，但無何種資訊屬保密範圍之約定，此外，強網公司亦未能舉證證明，被上訴人等明知系爭設計圖屬保密性之文件或相似之記載，更無法證明被上訴人等，明知系爭設計圖屬其保密義務之範圍，故強網公司以此主張被上訴人等侵權，不足採證。

強網公司雖主張乙、丙、丁（下簡稱乙等人）應負所謂後契約

[57] 智慧財產法院98年度民著上字第26號判決。

義務，不得攜出公司內部資料等，以便製作被上訴人之設計圖云云，惟查強網公司並不能證明乙等人，有攜帶出任何公司內部文件之證明。如前所述，強網公司既不能證明乙等人應就系爭設計圖於契約期間內負保密義務，更遑論乙等人應於契約終止後，就系爭設計圖負何保密義務，況依乙之專業背景及工作經驗，強網公司如何證明乙有違反後契約義務之行為，即無法自行繪製廣欣公司之設計圖。強網公司未於僱傭契約中，明定乙等人之競業禁止義務，亦未提出乙等人，有何商業倫理習慣上應負之契約終止後義務，故強網公司之主張，顯不可採。

三、評析

本件所爭議之核心問題，乃在於是否具有營業秘密法之合理保密措施與秘密非公知性。對於秘密非公知性要件而言，本案法院認為被告本身之專業背景及多年工作經驗，尚得存於相類似之資訊及條件下，製作出相近似之設計圖，顯然係採「業界標準」，亦即須是其專業領域中之人，亦無所知悉始可，否則資訊內容不具非公知性。

然而，本案法院在認定上僅以未採合理保密措施，即認定系爭設計圖不具有秘密性，而非就該設計圖內容，以及該設計圖繪製方法去探究，是否確實係採「CNS國家標準」[58]所繪製；若是，基於僅就業界標準，其不具有秘密非公知性之理由始足當之，法院對於系爭設計圖是否為營業秘密之判斷依據，該理由並不充分。

其次本案法院認定工作契約書及服務自願書，並無法證明有合理保密措施，亦即積極性之合理保密措施。故此，若能透過立法，明定營業秘密與勞工間保障之準則，並對此種新興契約之概念類型，就

[58] 所謂「CNS國家標準」中機械製圖一般準則及精度標註法之製圖程序，乃泛指製作所有機械作品所應依據之一般抽象繪圖標準作業程序，以供未來測試檢驗設計過程是否依照標準、品質是否合格、一旦產生瑕疵如何判定等之依據。

其要件性與保護效力等，做一致性規範，以求適用上之統一解釋，將更有助於解決此類問題之爭議。

貳、醫療業的戰國時代（大學眼科案）

近年來，隨著資訊多元化、便利化影響下，消費市場資源與環境掀起莫大的更迭，其競爭之程度，逐漸變得難以預測及掌握。許多企業者意識到，獨靠己身之力，恐不足以應付市場之所需，其中「醫療業」亦遭受如此的衝擊。即，於民國84年全民健康保險法之制度實施以來，導致就醫費用平實化，民眾得以擁有更多醫療院所之就醫選擇權；再加上社會結構與社會價值觀的改變，預防醫學[59]、美容醫學等風氣逐漸流行，創新科技引入下的醫療技術，與高成本精密設備等儀器，蓬勃發展了自費醫療市場。

日益競爭白熱化的醫療機構，為使經營績效更能融入市場脈動，近年來，醫療業也開始採取連鎖化之經營模式。其中，本案所探討者，是在這波醫療業連鎖化風潮中，以視力健康產業為服務項目的大學光學科技股份有限公司，與合作契約相對人間所涉及的營業秘密之問題。

一、事實暨爭點

A與B於2005年4月1日簽訂合作契約（下稱系爭合作契約），「合作期間自2005年4月1日起至2007年3月31日止，B應在臺北市○○○路11號1樓之天母大學眼科診所服務，依系爭合作契約約定，B於系爭合作契約終止時起，不得使用其所持有或知悉A及訴外人大

[59] 關於預防醫學，請參見，財團法人預防醫學基金會之設立宗旨，http://www.pmf.org.tw/intro.htm（最後瀏覽日：2011年10月01日）。

學光學科技股份有限公司（下稱大學光學公司）之營業秘密、商標或服務標章，或以任何形式標示B為大學眼科診所之合作醫師，且自系爭合作契約終止起2 年內，B不得於臺北市從事上開競爭行為。」

然而，天母大學眼科診所於2008年底搬離原址後，B隨即於2009年1月起於天母大學眼科診所原址開設「佳視得眼科診所」，並自2009年1月16日提供看診服務，亦於2009年2月2日正式開幕，並寄發發載有：「 雖然稍有遲延，經過兩個月的裝修後，我們回來了！」佳視得眼科診所之開幕通知，予原天母大學眼科診所之患者。然天母大學眼科診所之病患資料據A所稱，係為A與大學光學公司所有，B此舉顯然擅自使用A與大學光學公司之營業秘密，已違反系爭合作契約之約定，並違反不得於2009年3月31日前為競業禁止之約定。

本案涉及營業秘密者之爭點如下：B使用原天母大學眼科診所病患個人資料是否違反系爭合作契約第10條第2項[60]之約定，使用其所持有或知悉A及大學光學公司之營業秘密？

二、判決理由

對於本案B是否違反系爭合作契約之約定，而違法使用其所持有或知悉他人營業秘密？第一審法院認為：關於病患住址等個人資料之建立，A並不須花費相當長時間之精神或複雜之搜集，且其取得並不困難，自不具有秘密性；且A亦未舉證證明有採取合理之保密措施，以防第三人知悉系爭病患個資，是系爭病患個資亦不具有保密性。醫療具有高度專業性，醫生與病患間之信任關係，存在於看診與醫療期間的互動，再則，醫生亦可自患者身上獲取罹病之相關資訊，是故，與病患建立依賴者是醫生本人，並非是診所。

[60] 本案系爭合作契約第10條第2項約定：「乙方（B）於本合約屆滿、終止或解除時起，不得使用其所持有或知悉甲方（A）及第三人大學光學公司之營業秘密、商標或服務標章，或以任何形式標示乙方為前甲方診所之合作醫師。」

系爭病患個資固為原告及大學光學公司所有，但原天母大學眼科診所之病患在天母大學眼科診所歇業後，是否仍會至原告與大學光學公司所成立之診所就醫，已非無疑；更何況，A亦自承天母大學眼科診所歇業後，即無其他合作診所在天母執業，原天母大學眼科診所之病患是否會捨棄天母附近之眼科診所，而至天母地區外、且與己身並無信任與依賴關係之大學光學公司有合作關係的眼科診所就醫，則有疑義。是以，法院認為，病患之個人資料是不具有財產價值。

唯第二審法院並不採以上見解，認為B有違反營業秘密之約定，理由為：依據契約自由原則，兩造系爭合作契約第8條約定[61]、第10條第2項約定[62]，B於合約終止後，不得使用其所持有或知悉A關於客戶檔案等之營業秘密。簡言之，A主張天母大學眼科診所之病患客戶資料，係由A暨大學光學公司所提供電腦硬體設備予診所，再與其他使用「大學」商標之合作診所使用「方鼎專業醫療軟體系統」，統一彙整、管理、保存診所病患之個人資料，並有即時連線機制；且該「方鼎專業醫療軟體系統」須具有其負責之專業人員，始有使用權限，因此，天母大學眼科診所之病患個人資料，自為系爭合作契約第8條所約定之營業秘密。

又A主張B於天母大學眼科診所於2008年底搬離後，隨即於2009年1月在同址開設佳視得眼科診所，寄發佳視得眼科診所開幕通知予原天母大學眼科診所之病患，B已使用上開屬營業秘密之病患個人資料，是應認為B違反系爭合作契約第10條第2項之約定使用，屬第8條

[61] 本案系爭合作契約第8條約定：「（營業秘密）本合約所稱營業秘密，其範圍與營業秘密法所定相同。本合約下所稱之營業秘密包括但不限於甲方（A）及第三人大學光學公司提供予乙方（B）關於營運診所相關的行政管理、財務管理與會計作業等一切行政作業系統、操作儀器設備的專門知識技術、儀器設備電腦檔案內及視力磁卡上所留存的所有資料、以及乙方因本合約所知悉甲方及第三人大學光學公司內部的人事制度、財務成本、薪資結構、客戶檔案等。」

[62] 前揭註60，合作契約第10條第2項約定。

約定病患個人資料之營業秘密。

再者，法院認為兩造所簽訂之合作契約書，於保密與競業禁止部分有另行約定共同條款，是應排除第1部分關於一般共同條款之約定。大學光學公司自得依該合作契約書第6部分第2條之約定，主張天母大學眼科診所之病患個人資料係為營業秘密；縱使依醫療法規定，天母大學眼科診所之病患依法不得認定屬於大學光學公司之客戶，但兩造於契約書即有約定大學光學公司所提供之儀器、設備、電腦檔案內所留存之所有資料為其營業秘密，B依營業秘密法於契約終止後，應不得使用之；並依上開契約A並不需依原天母大學眼科診所負責人書面同意，始得取得該營業秘密之權利。

大學光學公司並未因擁有之該營業秘密，而有非法使用之未予保密情形，尚難認為取得前開約定之營業秘密，有違反醫療法第70條之情形。並對於B所爭執A以其與大學光學公司間之合作關係，未經原天母大學眼科診所負責人之同意，違法蒐集該診所病患之個人資料、利用，據以為營業秘密所云，認定大學光學公司非以蒐集或電腦處理個人資料為主要業務之人，自無電腦處理個人資料保護法第19條，大學光學公司需經目的事業主管機關依該法登記、許可並發給執照規定之適用。

且依契約，原天母大學眼科診所負責人於契約終止後，不得使用診所提供之儀器、設備、及電腦檔案內之營業秘密資料，B主張其所開設之佳視得眼科診所，依法承接原天母大學眼科診所病患病歷之抗辯，自不足採。

三、評析

第一審法院對於本案系爭之客戶資料，係採取依營業秘密法認定，不屬營業秘密之認定，第二審法院則否。第一審法院所採取之認定要件上，並無具體且完整之審查；縱使依據契約自由原則，仍應以營業秘密法之要件，即秘密性、有價性、合理之保密措施三要件，率先去認定本案之病患個人資料是否為其營業之秘密。亦即，應係原告與病患間之信賴關係而使該資料非一般涉及該類資訊之人所知者，並對於各項病患資料之取得，應具備所謂之「獨立蒐集」等非大眾所知之要素，且就該資料之蒐集並非具有任意，一般而不用透過特殊之方法或技巧，即得取得或查得為要素，始得認定其秘密性。

又應判斷該病患資料是否因其秘密性而具有經濟價值，如醫療與病患之信賴關係而有行銷優勢地位等，並應探討該診所病患之來源，究僅為地利之便，或基於病患對大學光學公司之醫療信賴，而填具個人之資料且相互有因果關係。

再則，應視該原告大學光學公司對於該病患資料是否有合理保密措施，如更換被告「方鼎專業醫療軟體系統」使用權限，或對於合作契約簽訂時，明確指示病患資料應於合作關係結束時，必須作銷燬之動作，始得認定原告有盡到合理之保密措施，而非僅於被告與病患間之醫療信類關係，即論斷該信賴關係是否為保密措施之方式。

第二審法院，皆係依據契約自由原則，認定雙方所約定關於客戶資料部分，為營業秘密。惟依營業秘密法第3條至第8條規定，上開條文並無授予契約得任意創設營業秘密之範圍，而僅係規定營業秘密歸屬當事人所有之問題。因此，若對於是否為營業秘密之認定，此處並不得過度擴張有契約自由原則之適用，尚須依據營業秘密法第2條之定義與要件茲以判斷。

是對於第二審法院認為，天母大學眼科診所之病患個人資料，自為系爭合作契約第8條所約定之營業秘密，仍當依營業秘密法之要件規定，即秘密性、有價性及合理之保密措施，來認定是否該當營業秘密之保護；且對於「大學光學公司並未因擁有之該營業秘密而有非法使用之未予保密情形，而尚難認為取得前開約定之營業秘密有違反醫療法第70條之情形。」之部分，縱使與醫療法無涉，仍應對此認定該系爭營業秘密是否有依法採取合理之保密措施。

再者，第二審法院認為兩造所簽訂之合作契約書之條款，有相互排除之適用，並無確實探求兩造當事人之真意而據以心證認定條款內容，對此應有理由不備之疏漏。

參、可攜帶的能源（新普案）

現今相同或形似產業之激烈競爭下，企業者為防止重要資訊、營業祕密不致於遭受盜用或侵害，以維持自有市場競爭力，常會要求員工於任職期間內，不得洩漏公司之相關營業秘密，及不得於離職前後從事與原公司相同或相競爭的行業；若員工利用任職前公司時，所獲得之知識、商業秘密而參與市場競爭，將產生對於原雇主之嚴重侵害性競爭疑慮。因此，企業者為避免挖角及商業間諜等問題產生，遂發展出企業經營者要求員工簽訂離職後，在一定期限內，限制該員工不得於特定之地域範圍，從事同類之行業或任職於業務上具有競爭關係之公司，此即所稱謂離職後競業禁止條款，或簡稱競業禁止條款。

唯離職後競業禁止條款，固然可保障原公司之營業秘密，並維持其產業競爭力，卻將導致員工對於職業自由選擇等工作權有莫大之限制，或使該員工不得取得符合與其拿手之職業技能等相當之勞務對價，並因此限制其個人技術之發揮與提升，影響該員工之生存權，對其自屬重大不利。

基於我國憲法之基本權利保護原則，並參酌民事法律關係，係透過誠信原則、公序良俗等方法，加以實踐對勞工保護之「代償措施」等補償條款，以求衡平雙方之利益。以下將探討與營業秘密所涉之競業競止條款，於司法上之實務運作，並因運作時所產生之困境，以提出營業秘密法修正之建議。

一、事實暨爭點

新普科技股份有限公司（以下稱新普公司），所經營事業為

「電子零組件製造業」、「電池製造業」，主要營業項目之一為筆記型電腦電池組。A之學歷為國立清華大學工學院動力機械工程學系碩士，自2005年8月1日起即擔任新普公司之設備開發部門經理一職，除負責生產製程之接觸與改善外，並就各新產品製造需求確認所需開發設備內容及規格，於取得新普公司開發認可後，進行設備系統設計（System Design）、原型機產出（Prototype making）、測試及主持設備量產交機等事項，並於任職期於新普公司取得，其收入總計14,194,483元之事實；且A與新普公司曾於就任時簽訂系爭切結書，A並保證若更換工作，3年內絕不前往營業項目與原告公司類似之競業公司任職，否則新普公司除得請求A給付其任職於公司期間內，全部薪資作為違反系爭切結書之違約金外，另得依營業秘密法相關規定，請求實際損害額度3倍以下之損害賠償。

然而A於2007年9月29日自原告處離職後，即離職之日起未滿3年內，於2008年11月轉至與新普公司主要營業項目相同及互為競爭關係之加百裕公司任職。

經第一審法院查證事實，A於離職新普公司後未及3年即前往加百裕公司任職，尚已違反系爭「離職後3年內不得至與原告競業之公司任職之約定內容」，故A所抗辯稱其自新普離職後，仍經待業1年多始任職於加百裕公司，仍不影響其A形式上違反系爭競業禁止內容之事實。

是故，整理本案有關營業秘密者爭點如下：1.新普公司與A所簽訂之競業禁止契約，是否有效？2.有無代償措施？所約定禁止競業期間3年，是否過長？3.系爭切結書有關違約金之約定，是否合理？

二、判決理由

競業禁止條款是否有效？應係新普公司是否有依上開競業禁止特約保護之利益存在。第一審法院認為：A既為設備開發部門經理，是對於該原公司內之製程細節、設備設計、成本資訊、設備開發策略、開發設備等，自概念設計直到進入量產階段，所有研發設計所涉及技術資訊、圖樣、專利內容及各項產品技術等資料，均應知甚詳，是以A抗辯其所負責之工作內容大多屬於「測試產品設備」之機械性工作，無需特別之技能或技術等語，並不可採；又國內之電子相關產業，概以代工業者居多，而成熟之產品測試方法，非但可找出代工過程之瑕疵，並可改良製程，對提昇品質與減少不良率而言，亦可認為係代工業者之營業秘密。是故，A所宣稱新普公司僅為代工業者之地位，其開發部門即A原服務單位，係依客製化規格作組裝機構外殼，無任何營業秘密之所言，與現況有所相違。

第二審法院則認為：新普公司經營電子零組件製造及電池製造業，主要產品為筆記型電腦用電池組，與其競爭對手日本Sanyo及我國順達、加百裕、正崴等廠商於市場上確屬競爭關係。新普公司為免A離職後，至具有競爭關係之廠商任職而作不公平之競爭，事先與A為競業禁止之約定，應為法所允許。唯查A後所任職加百裕公司之研發中心，該中心僅為電池組所需之電路板及外殼設計，不會自行研發生產測試設備，是加百裕公司既無該項相關營業項目，其與新普公司就此部分即無競業關係，而非系爭競業禁止之範圍。

爭點其二，新普公司與A所約定之競業禁止期間3年是否過長？第一審法院認為：系爭切結書之約定競業禁止期間3年，係基於A揣度情勢、衡量輕重後自願簽署及同意之，且A所能獲得之薪資與分紅3年，已逾千萬元之水準觀之，即使A離職後3年內未工作，依現今社會經濟生活水準，A非但衣食無虞，更可優渥度日之生活，故應認系爭切結書之上開約定係屬在相當期間、相當地域內限制其競業，無限制勞工就業之對象、期間、區域、職業活動之範圍，有超逾合理範疇之情事，與憲法保障人民工作權之精神並不相違背。

第二審法院認為：筆記型電腦產品之生命週期約半年左右。又上市後，同業即可取得該筆記型電腦電池，予以瞭解、分析，進而製造、量產。新普公司既係筆記型電腦電池模組廠，其所封裝銷售電池組之市場生命週期，自應跟隨所搭配之筆記型電腦，參以新普公司並未提供相當之代償措施，法院認其與員工所為競業禁止期間約定，應以1年為限，始屬合理。

保固乃製造廠商對消費者所負之契約責任，目的在提昇消費者對其產品之信賴，以增加其商譽，非謂在保固期間之電池仍具有技術之領先或獨特性，而有競業禁止之必要。對於新普公司所云技術領先業界3年，故競業禁止年限仍應為3年，經查新普公司僅生產之測試設備為自行研發，至於研發使用之測試設備則為外購，且其技術並無申請專利或領先之資料可具體證據證明，其主張自乏憑信。

對於有無代償措施部分，第一審法院認為：A之薪資與分紅3年已逾千萬元，且其分紅金額則逾薪資10倍之多，較諸一般無特殊知識或經驗之勞工，A縱因系爭切結書競業禁止之約定，而受有不得自由轉任其他公司之損害，其於任職原告期間所獲得之分紅價值，亦足以彌補此部分之損害無誤，故可認原告確已於被告工作期間，已給予A競業禁止之代償措施。

第二審法院認為：查A於2005年至2007年間之薪資收入並無偏高情事。至A其餘收入既屬員工分紅，核與薪資性質有異，自不得謂其為高額補償。又員工分紅入股之制度，旨在網羅、吸引優秀人才任職，並激勵員工，藉由讓員工成為公司股東之方式，將員工報酬與公司利潤相結合，加強員工對公司之認同與參與感，進而提昇公司營運績效。A縱然於任職期間獲得新普公司市值約1187萬之紅利股，核其性質仍與代償措施有異，且兩造並未於僱傭契約或競業禁止契約中，言明以員工分紅入股作為代償措施，是該紅利入股並非競業禁止之對價。依最高法院裁判意旨，競業禁止約定乃限制勞工之工作權，對其生活、經濟影響甚巨，系爭競業禁止之期間、地區、範圍自應為適當之限縮，以調和勞資雙方利益。

三、評析

綜以全案判決理由觀之，第一審法院對於營業秘密之判斷，僅以心證為據，而非依法以營業秘密法之要件為論證；第二審法院則直接省略，且未提及任何營業秘密與競業禁止條款之相關性。此之判決方式，就案件事實旁敲側擊下，均非以營業秘密之要件與定義為出發點，可知我國營業秘密法對於該類案件仍有規範不足之餘地，實務上未能以周全且普及方式，保障權利人智慧財產權之結晶。建議，營業秘密法於修正上，必須先行考量營業秘密於實務運作上，與競業競止的相關性議題。

競業禁止，主要論點就企業為保障其營業秘密，侷限受僱者之工作權，以維持其優勢地位，確保經濟利益，故而，營業秘密之保護於競爭市場上之時效，需有合理之限度。競業禁止期間之長短，除衡量員工自身權益外，仍應考量企業對營業秘密保護週期之長短。

第一審法院僅論及，員工薪資是否可維持競業禁止期間內之衣食憂慮，而無確切對於該競業關係與公司本身，可能危及之營業秘密權利做分析；第二審法院，對於電腦產品市場之生命週期與電池組之搭配，以作研析，可茲贊同。美中不足之處，缺乏對A是否已於新普公司取得具有營業秘密之有價性相關研發、行銷策略應有之探討；且新普公司所為電池模組之營運項目係為：「購進電池顆粒，配合保護IC、電子線路、PCB等，再封裝成客戶終端產品所需的電池組搭配出售。」其封裝技術、電腦產品與電池之配對、材料成本，是否具有該營運或生產方針之秘密性作有效認定。

因此，法院對於營業秘密與競業禁止關係間，往往忽略其探討之必要性，而使得在釋明競業禁止條款時，仍欠缺合理明確之審查標準。實務上，若原雇主欲限制離職之員工，不得就其專業技能於相關領域中發揮，則必須給予適當之賠償，始能權衡勞方之工作選擇權及其生計限制之措施。亦即，若以離職後競業禁止條款加以約束，則需有填補勞工因競業禁止損害之代償措施[63]。

是以本案第一審、第二審對於代償措施部分皆有鉅細靡遺之探討，對此部分可資贊同。唯實務運作至今，吾人應思考：離職後競業禁止契約本質係前雇主利用其優勢地位，保障前雇主免於受僱勞工之競爭行為，唯對於受僱勞工利益及公共利益皆造成損害，為了維持法律乃正義公平之最高指導原則，以調和社會生活上相對立之各種利益，並參酌外國立法例及順應國際趨勢，應考量該代償措施是否已須列入此類契約之效力要件或成立要件。

亦即，建議明文增修營業秘密法，應於雇主與勞工簽訂離職後競業禁止條款時，課以擬定提供之明確代償措施，否則上開條款或契約將牴觸法律，而不生效力或無效；並由該基礎權利，導引司法之一致性運作標準，在保護雇主營業秘密之餘，更能保障弱勢勞工基本權，以茲衡平雙方所需之權利。

肆、草本直銷的祕密（仙妮蕾德案）

直銷，以迅速擴張銷售管道為推銷產品之服務[64]，或直接於消費者家中或他人家中、工作地點或零售商店以外的地方進行商品銷售，且通常是由直銷人員前進至現場，對產品或服務作詳細說明或示範[65]，其產業型態具備高變動性。

美商仙妮蕾德公司亦係以直銷為主之販賣草本美容保健品的公

[63] 曾勝珍，「競業禁止條款」的法律適用之探討，智慧財產權論叢一第貳輯，五南出版，初版1刷，頁213。

[64] 關於直銷產業之介紹，請參見，WFDSA, *What is Direct* Selling? http://www.wfdsa.org/about_dir_sell/index.cfm?fa=whatisds（最後瀏覽日：2011年10月23日）。

[65] 關於直銷之定義，請參見中華民國直銷協會之介紹，http://www.dsa.org.tw/p4_2.htm#b01（最後瀏覽日：2011年10月27日）。

司。2009年間，仙妮蕾德公司指控其公司之直銷商[66]A、B夫妻盜取公司營業秘密，另成立滿庭福養生公司生產產品，並侵害仙妮蕾德之商標。經臺北地院判決，判決滿庭福與負責人應連帶賠償仙妮蕾德225萬元。

本文所探討者，係為本案涉及營業秘密部分，對於實務運作與法規適用上爭議之處。

一、事實暨爭點

原告美商仙妮蕾德股份有限公司為全球草本產品的廠商，以自有品牌及直銷模式並結合店鋪通路，行銷全世界42個國家：而被告A、B則為原告公司之直銷經銷商。

唯原告主張：A、B於2007年至2008年間勾串任職於原告之技術研發處長C，另行合夥經營滿庭福集團；訴外人C則利用其職務之便，將原告辦公室及利用原告資源所研發或知悉之產品配方、構想、經銷商及供應商名單、營業計畫及策略等，原告之營業秘密交予A、B，供滿庭福集團製銷與原告商品同類之草本產品，而共同侵害原告之營業秘密。原告亦併提出「於C辦公室所發現之文件及物品，並謂2009年5月13日美國加州法院之證據開示程序中，C已逐一確認上開文件、照片與電子郵件是來自他在原告辦公室及辦公室中之電腦，電

[66] 直銷通常由獨立的直接銷售人員進行說明或示範；這些銷售人員通常被稱為直銷人員（direct sellers）或直銷商，直銷經營者，直銷人等。直銷商是直銷事業中的經營者，對其生命所持有的簡單原則我們唯一能鼓勵你去做的，就是「下定決心，馬上行動」成功者與失敗者之間最大的差異，乃在於前者擁有決定立刻去做的能力任何事物都必須靠實際行動來完成，只有採取行動，才能獲得成功大部分的人，都再談夢想、說夢想，但是，他們都不曾擁有，因為，他們不曾要求自己要把事情實踐觀念，就廣義而言，是指由外界感受和認知作用來的意識、以及再現於人新的過去印象，直銷商，直銷世紀，http://www.mlm.com.tw/article/%E7%9B%B4%E9%8A%B7%E5%95%86（最後瀏覽日：2011年10月27日）。

子郵件確實是由他所收發，內容亦屬真實」，證明A、B顯已侵害原告之營業秘密。

依據滿庭福公司2009年1月號與春季號雜誌所示，原告及集團轄下之關係企業之17名經銷商，以見證人或成功直銷商身分，出現於被告滿庭福公司前揭雜誌，該等經銷商均為A、B以經銷編號TW443為原告經銷商之下線，足見A在擔任原告集團之直銷商期間，利用原告會員名單等營業秘密資訊，接觸挖角原告集團會員，嚴重違反經銷契約。

是以，原告主張A、B應賠償其侵害原告營業秘密所致之相關損失，亦即滿庭福公司銷售「馥聖原氣菁方Vigorous Formula」等33種產品，所獲得收入所計算之損害等；而A、B則否認有任何上開侵害原告營業秘密之事實或行為。

二、判決理由

法院對於原告指稱A、B侵害其營業秘密部分，認為：原告僅空泛指稱其產品配方、構想、經銷商及供應商名單、營業計畫及策略等營業秘密為A、B及訴外人C所侵害，但始終未具體敘明該等營業秘密之項目與內容，是以法院無從驗證原告所指被侵害之資訊，是否符合營業秘密法所定之「營業秘密」要件。

原告雖主張：C於2003年7月1日與A、B簽署之「Employee Agreement Relating to Non-disclosure of Confidential Information」載明「I understand that Confidential Information of the Company includes matters that I conceive or develop as well as matter I learn from other employees of the Company」，可知C所有的構思、研發或從其他公司員工知悉之資訊，均屬原告、原告子公司及其關係企業之機密資訊，是C利用原告資源所研發之產品配方及構想，依上開約定亦屬原告之營業秘密，惟觀諸原告所指之上開保密約款，其文義僅在闡明營業秘密的來源可以是受僱人自己之構思與研發，或是受僱人自其他受僱人處獲悉者，然非謂只要是受僱人之構思與研發，或受僱人自其他受僱人處獲悉者，不問要件是否符合即為營業秘密，否則，豈非謂受僱人間任何交流之資訊均為營業秘密？是原告未證明C提供予A之新配方，乃利用原告資源所研發且符合營業秘密之要件，認凡C之構思及研發均依上開約款成為原告之營業秘密，尚有未洽。

法院並認為：原告雖提出「該公司之副總裁桑妮．比特勒致美國加州法院聲明書節譯文、其顧問歐文．史麥哲斯基致美國加州法院聲明書節譯文」、「C坦承將其利用原告資源所研發或知悉之產品配方、構想等，洩漏予A以共同經營滿庭福集團等語之道歉信，且原告與C在美國法院之民事訴訟達成和解，有美國加州聯邦法院1999年6月16日之禁制令原文及其中文摘譯存卷足佐」，此並不符合民事訴訟法第305條第2項、第3項[67]之證人審判外陳述，自不足憑以作為認定事實之證據，並認定被告確有侵害原告營業秘密。

又況，觀諸該等聲明書節譯文內容，僅能證明C與A合作發展新事業，而有違反對原告之忠誠義務疑義，尚不足證明有何侵害原告營業秘密之行為，亦未提出相關佐證，證明C與A共同籌畫經營健康食品事業，並為此研發及討論新配方，亦無法從中認定C有交付原告配方，或其他營業秘密予A、B之情事；且依該道歉信之內容，C僅坦承於上班時間提供A產品配方之成分及建議比例，但未表示該等產品配方之成分及建議比例，乃利用原告資源於職務上所研發，難謂確屬原告之營業秘密。

三、評析

此案原告提起之訴訟層面，涉及十分廣泛，有因侵害其商標權

[67] 民事訴訟法第305條第2項：「證人須依據文書、資料為陳述，或依事件之性質、證人之狀況，經法院認為適當者，得命兩造會同證人於公證人前作成陳述書狀。」第3項：「經兩造同意者，證人亦得於法院外以書狀為陳述。」

者，即以「六道曙光太陽」標誌作為各項商品服務來源之表徵，而有商標侵害；亦有涉及著作權之侵害者，即被告滿庭福公司擷取仙妮蕾德公司「六道曙光太陽」改作成被告公司之「BountifulCare及圖」商標，因而被告侵害原告之著作權等情事。

直銷產品種類多樣，各項產品也往往因其實用度與否，或直銷商服務方式而具有口碑之累積，是以直銷公司為了維繫其營運與產業行銷，常用大量時間、人、財力來收集、編纂、印製和保存該直銷商之名單。對企業者而言，該等名單不論於現在或將來，其形式為何，皆認為係公司所有之商業資產及營業秘密，因此公司對於屬下的僱員，均要求嚴守機密，不得外洩。

是以，該道歉信若為真，我國法院仍不得適用或提出？依民事訴訟法第305條規定，為證人不能到場而以書狀代為陳訴，唯訴外人C若無其他原因，仍能到場陳訴其道歉信之內容，與認定其真偽，此處法院以此認定為審判外之陳訴，似乎甚有疑義。

營業秘密的保護客體內容千變萬化，當案件發生時，被告除極力辯稱並無營業秘密存在外，在現有條文的規範下，只能留待法院解釋時，依據逐一案例事實加以判斷；然而，營業秘密所有人在訴訟時，應對其保密措施負舉證責任。按民事訴訟如係由原告主張權利者，應先由原告負舉證之責，若原告先不能舉證，以證實自己主張之事實為營業秘密，則被告就其抗辯事實即令不能舉證。故本案原告縱以對其他各要件為說明，然未為具體舉證者，仍為敗訴之關鍵。畢言之，為使兩造對於營業秘密之判斷有一定之認識，或法院對於營業秘密有一定判斷之標準，應於法制上有保護之準則為是。

伍、信義永慶一家親（信義房屋案）

信義房屋與永慶房屋目前為國內兩大房仲龍頭，兩家公司之駐點及行銷皆係採直營模式。早年，信義走在永慶前面，永慶則從行銷到業務拓展都師承信義[68]；後來永慶在e化的影音房仲網，殺出一條血路[69]，卻因2002年間廣告「永慶領先信義一分鐘」[70]用語，讓兩家公司房市大戰一觸即發，並隨之引爆廣告、挖案大戰，甚至惡鬥到於公平會互相檢舉[71]，瑜亮情結終化成難解的心結。

本案即發生於兩家世仇公司之間，宛若戲劇般的商業版「無間道[72]」。起因係為2008年初信義房屋指控，永慶房屋之總經理B，派其弟A到信義房屋臥底18年，並刺探竊取公司的營業機密，導致信義房屋有多件重大交易案，不知緣由地就被永慶摸走了[73]。該案曝光原因，主要是原擔任信義房屋承德店執行經理的A，與其婚外情人分手時鬧得不愉快，女方因此爆料並揭發，A是永慶房屋總經理的弟弟[74]。2008年1月29日A立刻遭信義房屋開除。

[68] 林韋任、陳培思，永慶信義死對頭 互搞破壞，聯合新聞網，http://tccity.e-rent.com.tw/news/2008/07/2008073004.html（最後瀏覽日：2011年8月30日）。

[69] 劉承春，永慶房仲影音宅速的幕後功臣，RUN!PC雜誌，2009年05月號，http://www.runpc.com.tw/content/content.aspx?id=104638（最後瀏覽日：2011年8月30日）。

[70] 莊衍松，永慶對信義下戰帖房市大戰一觸即發，新新聞，http://home.url.com.tw/index.php?func=forumbody&f_no=880&cat_en=realestate（最後瀏覽日：2011年8月30日）。

[71] 關於兩家公司所涉之檢舉案件，請參見，永慶房屋仲介股份有限公司因廣告不實，違反公平交易法處分案，公處字第092182號；信義房屋仲介股份有限公司因廣告不實，違反公平交易法處分案，公處字第 096121 號。

[72] 維基百科網站，無間道，http://zh.wikipedia.org/wiki/%E7%84%A1%E9%96%93%E9%81%93（最後瀏覽日：2011年8月30日）。

[73] 林韋任、陳培思、張宏業，臥底18年？永慶、信義爆「無間道」，聯合新聞網，http://101bank.com.tw/ShowPost.asp?ThreadID=982（最後瀏覽日：2011年8月30日）。

[74] 陳培思，永慶臥底信義？店長二奶爆的料，聯合新聞網，http://tw.myblog.yahoo.com/eagle-5168/article?mid=800&next=766&l=f&fid=25（最後瀏覽日：2011年8月30日）。

一、事實暨爭點

A於1990年2月5日起任職於信義房屋，擔任業務員，期間表現優良，於近年再升任為信義房屋承德店店長。然而於2008年初信義房屋發現A之兄長B時任永慶房屋之總經理，遂於2008年1月29日召開公司人評會，決議解僱A；另於2008年2月1日發函通知A，因備份部分資料轉寄至其自己之個人電子信箱，係有洩漏公司之營業秘密，為違背其職務之行為，是將A自信義房屋公司免職。

經整理本案之判決，涉及營業秘密者有以下爭點：1.信義房屋以A未告知其兄長B任職於永慶房屋公司並擔任總經理一職，違反勞動契約或工作規則，情節重大為由，終止兩造間僱傭契約關係，是否生終止之效力？2.信義房屋以A將公司資料轉寄自己或他人電子信箱，洩漏公司營業秘密為由，終止兩造間僱傭契約關係，是否生終止之效力？

二、判決理由

信義房屋以A違反勞動契約或工作規則，情節重大為由，終止兩造間僱傭契約關係，是否生終止之效力？第一審法院認為：信義房屋為防止公司營業秘密外洩，影響公司生存命脈，乃訂定公司同仁購屋優惠辦法暨買賣房屋之權利與義務[75]（下稱購屋優惠辦法），並於公司網站中公告。基於契約自由原則，除非工作規則違反法令之強制或禁止規定，或其他有關該事業適用之團體協約規定而認定為無效外，雇主未向主管機關核備，並不影響該工作規則之效力，是該購屋優惠

[75] 信義房屋所訂定之購屋優惠辦法第5條第4項規定：「同仁之二親等以內親屬有從事競業行為者，同仁應於到職或競業行為事實發生後即時向總經理以上權責主管據實呈報，公司得視情節輕重，予以同仁必要之職務調整，以減除前述競業行為之影響：同仁對於上述親友競業行為未善盡告知義務者，視同違反勞動契約或工作規則情節重大。」

辦法即為僱傭契約內容之一部，並為合法。B依此規定，其兄任職於與信義房屋有高度競爭關係之永慶房屋公司總經理一事，所涉競業禁止層面與兩造間信賴關係即屬重大，並與就業服務法第5條規定有別，A自應據實告知。

又A雖主張其與兄長B長期互動不佳，唯信義房屋於人事盤點之時，A故意未於「同居人及二親等以內親屬若有房仲經驗者」之問卷，填列其兄B，顯已違反上揭購屋優惠辦法第5條第4項規定。是以，信義房屋依勞動基準法第12條第4款規定，於2008年1月29日終止兩造間之僱傭關係，自屬可採。

第二審法院之見解則同第一審，並認為：依據最高法院97年度台上字第825號裁判要旨說明[76]，勞動基準法第12條第1項第4款規定之限制所謂之「情節重大」，係為因該事由導致勞動關係進行受到干擾，而有賦予雇主立即終止勞動契約關係權利之必要，且受僱人亦無法期待雇主於解僱後給付其資遣費而言，必以勞工違反勞動契約或工作規則之具體事項，客觀上已難期待雇主採用解僱以外之懲處手段，而繼續其僱傭關係，且雇主所為之懲戒性解僱與勞工之違規行為，在程度上核屬相當者，始足當之。

依信義房屋公司自訂之購屋優惠辦法，即明文該訂立之緣由，尚有為防止不肖人士謀取個人私利而損及客戶之權益，公司、工作同仁之信譽與利益，等行為而有所規範，可知信義房屋公司對員工及其

[76] 最高法院97年度台上字第825號裁判要旨：「按工作規則雖得就勞工違反勞動契約或工作規則之情形為懲處規定，但雇主因勞工違反勞動契約或工作規則，不經預告而終止勞動契約者，仍應受勞動基準法第12條第1項第4款規定之限制，亦即以其情節重大為必要，不得僅以懲處結果為終止契約之依據。又該條款所稱之『情節重大』，係指因該事由導致勞動關係進行受到干擾，而有賦予雇主立即終止勞動契約關係權利之必要，且受僱人亦無法期待雇主於解僱後給付其資遣費而言，必以勞工違反勞動契約或工作規則之具體事項，客觀上已難期待雇主採用解僱以外之懲處手段而繼續其僱傭關係，且雇主所為之懲戒性解僱與勞工之違規行為在程度上核屬相當者，始足稱之。」

親屬，是否任職於同業甚為重視；再者，依週刊所載「信義、永慶明爭暗鬥20年」、A所自陳「對於房仲經營直營店而言，信義房屋公司為第一大、永慶為第二大」得確知信義房屋公司與永慶房屋公司，具有高度競爭關係。

又依A之經歷及績效認知信義房屋公司委其予重任之高階、資深店主管，並說明另案新莊捷運分店C故意引薦曾任中信房屋幸福加盟店負責人其母親之懲處情事，與本案難謂有違相當性原則。針對A刻意隱匿等行為，已不能期待信義房屋公司在此情況下仍能信賴A，並繼續雙方間之勞動關係；是以，信義房屋公司依勞動基準法第12條第4款規定，終止兩造間之勞動契約，誠屬相當，亦符懲戒最後手段性原則，自為合法。

而對於，信義房屋以A將公司資料轉寄自己或他人電子信箱，洩漏公司營業秘密為由，終止兩造間僱傭契約關係，是否生終止之效力？第一審、第二審法院均則認為，有關信義房屋公司請求傳喚證人，擬證明A是否有洩漏公司之營業秘密，並以此合法終止兩造間勞動契約，等兩造間其之攻擊、防禦方法、經法院審酌後，認為均不足以影響該判決之結果，自此尚無逐一論駁。

三、評析

本案一、二審法院的判決主軸，皆係圍繞在於契約自由原則，亦即在不違反勞動基準法的情況之下，信義房屋公司所制訂的「公司同仁購屋優惠辦法暨買賣房屋之權利與義務」均對該管員工有其拘束力；並為企業營運之安全與營業秘密之保護，顯著限縮就業服務法第5條所訂之範圍，擴張其私法自治之運用。就此而言，判決理由對於企業保障之論述，可謂十分足夠。然而，若單就論述該公司自訂之購屋優惠辦法，對於企業利益與勞工權益衡平間，是有疑問的；因此，勞動關係之效力與終止，除以該辦法與勞動契約適法之檢視外，仍應從當事人之行為是否有侵害營業秘密之虞，並由勞動基準法中探討，信義房屋對於侵害營業秘密有何依法之應對程序。

換言之，若優先審酌A將公司資料轉寄自己或他人電子信箱，有無洩漏公司營業秘密或妨害營業秘密之虞者，即得優先論斷A是否有無勞基法之「情節重大」事由。並依A違反該營業秘密係屬情節重大，進而認定信義房屋即得合法片面終止與A間之勞動契約。

唯法院在認定上並不依此行徑，縱原告已提出被告A有妨害營業秘密之聲明，而法院仍以籠統之雙方攻防（信義房屋購屋優惠辦法之契約自由原則）去論斷契約終止之合法地位，由是而知，實務操作或當事人訴訟之攻防，對於營業秘密避之唯恐不及，寧捨營業秘密法而就迂迴方式以相關法規去附會契約終止合法與否，在此而言，可謂捨本逐末。

至今網際網路的運用，隨著線路頻寬的增加、光纖通訊[77]的普及與無線網路的熱點拓展，對於訊息的傳遞程度已十分活絡且迅速，在此之間，人與人的溝通方式，已從電子郵件信箱改變至MSN、Facebook、Skype，如此便利的溝通方式，已非幾年前可以想像。然而，人們卻可能透過此類工具，使得原本只是網路上的閒聊，極有可能成為營業秘密洩露的關鍵，故此提醒員工關於受僱人的忠實義務，極為重要 。若由此觀之，營業秘密法之適用與人們的生活間，更應

[77] 所謂光纖通訊，係將通訊線路，運用在被稱為光纖電纜束且使用超過長距離光信號傳輸，並用相當於人類頭髮粗細的玻璃薄鏈，作為媒介。Craig Freudenrich, *How fiber optics work*, http://communication.howstuffworks.com/fiber-optic-communications/fiber-optic1.htm（最後瀏覽日：2011年10月27日）。
對於通訊系統而言，使用傳統的銅纜或光纖作為傳輸介質之比較，尚可考量幾項重點。光纖通常用於高頻寬以及長距離的應用，因為其具有低損耗、高容量，以及不需要太多中繼器等優點。光纖另外一項重要的優點是即使跨越長距離的數條光纖並列，光纖與光纖之間也不會產生串訊（cross-talk）的干擾，這與傳統之傳輸電訊號的傳輸線（transmission line）正好相反。維基百科網站，光纖通訊，http://zh.wikipedia.org/wiki/%E5%85%89%E7%BA%96%E9%80%9A%E8%A8%8A（最後瀏覽日：2011年10月27日）。

依循著與時日進的科技趨勢。

第四節 結論

智慧財產是精神創作之表現，而科技發展與商業型態之多元與多樣，是以專利、商標、著作權、營業秘密之智慧財產權為主脈，其性質上與傳統之財產權概念並不相同，在權利保護的層面上卻又如膠似漆，考量高科技產業涉及國家競爭力與國際市場之競爭，對於智慧財產權，仍必須藉由法律程序來保護，若僅以現行的營業秘密法為規範，實有不足之處，如何確保產業的商業價值及促進產業界同業間的公平之良性競爭，進而提昇國家的國際競爭力，本文仍認為適當之刑責處罰，遠比企業內部或外部之規範，更能形成有效的法律保護與救濟機制。

近來有學者呼籲政府訂定商業經濟間諜相關法律[78]，智慧財產局正積極制定修法草案[79]，避免造成不公平競爭，彌補現行法規缺失，懲治經濟間諜之不法，我國經濟部未來將就以不法手段取得、使用及洩漏營業秘密之行為、離職員工不當洩密等嚴重侵害營業秘密之行為，增訂刑事處罰，以加強保護產業之營業秘密[80]。營業秘密法部分條文修正草案總說明[81]中指出營業秘密法自1996年1月16日公布施

[78] 曾勝珍，論我國經濟間諜法立法之必要性—以美國法制為中心，元照出版，初版1刷，2007年12月，頁187-251。

[79] 智慧財產局網站營業秘密法修法專區，http://www.tipo.gov.tw/ch/AllInOne_Show.aspx?path=4295&guid=54dd0e5e-79bf-4554-bdbb-b5b4413633d3&lang=zh-tw（最後瀏覽日：2012年9月5日）。

[80] 經濟部智慧財產局，洩漏營業秘密 五年以下徒刑，http://www.tipo.gov.tw/ch/News_NewsContent.aspx?NewsID=5886（最後瀏覽日：2011年12月21日）。

[81] 經濟部智慧財產局，營業秘密法部分條文修正草案總說明，http://www.tipo.gov.tw/ch/

行，迄今已逾十六年未曾修正。

成文法典的完善，雖能解決問題適用的源由，然而科技工具與科技千變萬化，唯有瞭解營業秘密保護的重要性，並能確知營業秘密的定義與範圍，除透過競業禁止條款避免員工離職後之不當行為，企業更應以積極性的作為設法留住人才，諸如提供更優厚的勞動條件與企業發展願景，與其任意對外進行挖角，形成企業人力資源管理的困擾與勞動市場的失序，不如對內培養人才從事研發工作，雇用人可提供其他配套措施，如定期的在職訓練，員工的專業技能培養與發展第二專長，釋出一定數量的技術股與員工分享，加強員工福利措施與營造舒適的工作環境，減低人員流動的比例，如此作法更為積極。如此不但達到對營業秘密保障的完整性，同時增加企業獲利的穩定性，可謂勞資雙贏，使資訊社會的營運更加完備。

News_NewsContent.aspx?NewsID=5984（最後瀏覽日：2012年9月5日）。現行法制已不足有效解決相關侵害與爭議，爰擬具「營業秘密法」部分條文修正草案。其修正要點如下：一、增訂刑事責任 。侵害營業秘密之犯罪行為態樣包括以竊取等不正方法而取得、使用或洩漏；未經授權或逾越授權範圍而重製、使用或洩漏；經告知應刪除、銷燬，而不為刪除、銷燬或隱匿該營業秘密；惡意轉得人之取得、使用或洩漏。刑事責任為五年以下有期徒刑或拘役，得併科新臺幣五萬元以上一千萬元以下罰金。（修正條文第13條之1）二、域外加重處罰。對於意圖域外使用而犯第十三條之一所列之罪，加重處罰規定。此外，增訂侵害營業秘密刑事責任之告訴乃論規定。（修正條文第13條之2、第13條之3）三、刑事罰兩罰規定。增訂法人之代表人、法人或自然人之代理人、受僱人或其他從業人員，因執行業務侵害營業秘密而須負擔刑事責任時，除依本法處罰其行為人外，對該法人亦科以各該條之罰金等兩罰規定。（修正條文第13條之4）四、增訂具體態樣表明之義務。為助於訴訟程序進行，主張營業秘密受侵害或有受侵害之虞者，已表明構成侵害行為之物或方法之具體態樣時，如相對人否認其侵害行為，應表明自己行為之具體態樣。（修正條文第14條之1）

第五章　從美加趨勢論著作權法中合理使用之適用

曾勝珍、洪維拓

第一節　前言

台灣著作權法關於合理使用原則源自美國著作權法第107條，此可見於本法第65條於民國81年修正之立法理由，而美國著作權法之合理使用條款本即係實務司法判決明文化，惟其語句仍採不確定法律概念，尚待案例無限制之發展空間，台灣著作權法之解釋亦然[1]，合理使用（fair use）一向被人詬病使用範圍不夠明確且定義不清，美國法院則以此作為因應新科技的判決解釋利器[2]，然而在適用上的疑義與解釋空間，徒留許多模糊地帶，雖然案例法國家可以由法官造法的方式，甚而常在判決結果上令人面目一新，但由其結果歸納與訪查其脈落軌跡，對台灣學理與實務亦有實益，實際上，要為法律適用或案件審理歸納出一定的準則，原本即非易事，本文仍盼望只是為合理使用的範圍與參考美國案例後，有更多樣化的思考方向，畢竟合理使用不僅避免侵害責任，也能更加推廣著作內涵。

著作權法之立法目的，並非純粹以保護著作權人為目的，更重文化發展之促進，寄以著作人與國家間之交換條件，一方面基於該條件（例如合理使用），使著作內容之分享得而促進文化發展；一方面以此條件之限制國家遂認有法律保護之必要，故為一依存、相生相息的平衡關係，或可將著作權理解為國家與人民間之抵換關係。蓋著作人創作時往往汲取先人之文化遺產，縱該著作為其所創，其內容仍含有社會之共有文化財產，不能獨占。故著作人所享有之著作權乃有一定之界限，以調和社會之公共利益。

著作權法並非專為著作人權益而設，實尚負有文化之目的，冀

[1] 羅明通，著作權法論（II），台英國際商務法律出版，2009年9月，第7版，頁255。

[2] Neil Weinstock Netanel, *Making Sense of Fair Use*, 15 Lewis & Clark L. Rev. 715-771 (2011).

望藉由平衡對著作人之保護及其他人之利用權限，使社會大眾得借精神創作提升國家文化水平，而與國家立法宗旨相符，其平衡之手段即為「合理使用（fair use）原則」。易言之，著作權之權利並非係一絕對獨占之權利，而係受相當之限制，於限制範圍內著作權人得自由享用、行使權利，惟超出限制範圍則係法律開放予大眾得以利用之空間，乃著作權效力所不及。

從歷史沿革以觀，合理使用最早可以追溯至英國之「合理節錄原則」（fair abridgement），1740年的*Gyles v. Wilcox*乙案首度宣示該原則，法院認為摘錄或翻譯本質係創造新著作，因有利於公共利益之發展，雖法條本身未明文承認無須經著作權人之同意或授權，當時英國之著作權法僅保護著作權人對其著作物翻印以及販售之排他權。至於「合理使用」一詞之出現，則係於英國1803年的*Cory v. Kearsley*乙案中，職司審判的Ellenborough爵士（Lord Ellenborough）認為：「並非每一種抄襲均當然構成著作權侵害，利用者可能本於他人既有著作達到促進公共利益與科技發展之目的，此時之關鍵係利用人所使用之範圍是否合理。」然該原則並未為美國通盤接受[3]。

而美國則係於聯邦最高法院大法官Joseph Story於1841年在*Folsom v. Marsh*判決確立判斷合理使用之標準後，法院持續地以判決充實合理使用理論之內涵，遲至於1976年由美國國會於美國著作權法第107條予以明文化[4]，始奠立合理使用原則之法律基礎。美國著作權法第107條所定的合理使用要件主要有四項判斷標準：一、利用之目的及其性質，是否為商業目的或非營利的教育目的；二、著作本身的性質；三、遭利用著作所佔有的比例及其價值；四、利用結果對著

[3] 闕光威，論著作權法上之合理使用，元照出版，2009年8月，初版第1刷，頁38。

[4] See Pub. L. No. 94-553, § 107, 90 Stat 2541, 2546 (codified as amended at 17 U.S.C. § 107 (2006)).

作潛在市場與價值的影響[5]。實際比較台灣著作權法第65條[6]，二者除少數文字差異外，內涵幾乎無二致，遂產生台灣著作權法立法體例參酌德、日等大陸法系國家立法例，惟合理使用卻係援用英美法系立法例之現象。

加拿大執政黨於2010年6月，提出「著作權現代化法──Copyright Modernization Act」的著作權法修正草案，本草案內容主要有關著作權電子化議題，關於網際網路使用人在文件搜尋及引用上之權利，對合理使用（fair dealing） 規範更為明確，避免新興科技發展迅速中使用人誤蹈法網。本文參酌美國及加拿大著作權法相關法律適用及實務判決，就合理使用原則之理論為核心，對台灣法作出建議以為結論。

第二節　美國立法與實務

以下先以合理使用原則之緣起做開端，在了解其問題背景後，加以釐清合理使用之性質，並輔以美國之立法例與實務見解，作為介紹、剖析理論之基礎。

---

5 原文為：「(1) the purpose and character of the use, including whether such use is of a commercial nature ir is for nonprofit educational purposes; (2) the nature of the copyrighted work; (3) the amount and substantiality of the portion used in relation to the copyrighted work as a whole; and (4) the effect of the use upon the potential market for or value of the copyrighted work.」

6 著作權法第65條：「著作之合理使用，不構成著作財產權之侵害。著作之利用是否合於第四十四條至第六十三條規定或其他合理使用之情形，應審酌一切情狀，尤應注意下列事項，以為判斷之標準：一、利用之目的及性質，包括係為商業目的或非營利教育目的。二、著作之性質。三、所利用之質量及其在整個著作所占之比例。四、利用結果對著作潛在市場與現在價值之影響。」

壹、合理使用的要件與範圍

合理使用的規範最早放入美國著作權法的內容乃在1976年[7]，澳洲認為合理使用增加許多法規適用的不穩定性，並未如同美國直接立法[8]，加拿大則至2010年提出的修正草案才對合理使用有更進一步的明確規範[9]，菲律賓明文規定於智慧財產權法第185條[10]，以色列在2007年為促進其司法部頒布具體規定，而在其著作權法中加入合理使用條文[11]，新加坡則在2006年立法[12]。

第107條條文中有三項要件，1.合理使用不構成侵害；2.條文中列舉的六項目的可以構成合理使用——批判、評價、新聞報導、教學、學術研討、研究等目的使用他人著作，判斷標準以被告如何證明其為善意（good faith）使用；3.並考量以下四種因素：(1)使用的目的為商業或非營利的教育目的；(2)著作的本質；(3)使用的比例；(4)善意使用的結果對著作權人市場佔有率（包括潛在市場的影響）。

7 See Pub. L. No. 94-553, § 107, 90 Stat 2541, 2546 (codified as amended at 17 U.S.C. § 107 (2006)).

8 澳洲如同英國著作權法使用fair dealing一詞。Fair Dealing, June 8, 2008, Australia Copyright Council, http://www.copyright.org.au/find-an-answer/（最後瀏覽日：2011年10月30日）。

9 Government of Canada Introduces Proposals to Modernize the Copyright Act,可由以下網站參考立法背景及相關資料:Parliament of Canada, Second Reading in the House of Commons and Referred to Committee (November 5, 2010),http://www2.parl.gc.ca/Sites/LOP/LEGISINFO/index.asp?Language=E&List=list&Type=0&Chamber=C&StartList=2&EndList=200&Session=23（最後瀏覽日：2011年10月31日）。

10 See Intellectual Property Code, § 185, Rep. Act No. 8293, (Jan. 1, 1998) (Phil.), http://www.wipo.int/wipolex/en/text.jsp?file_id=129343（最後瀏覽日：2011年10月31日）。

11 See Copyright Act, § 19, 5768-2007, 2007 LSI 34 (Isr.), http://www.wipo.int/wipolex/en/text.jsp?file_id=132095（最後瀏覽日：2011年10月31日）。

12 See Copyright Act, Ch. 63, § 35 (2006) (Sing.), available at http://www.wipo.int/wipolex/en/text.jsp? file_id=187736（最後瀏覽日：2011年10月31日）。

合理使用可以增加著作被他人有效利用並增進社會整體經濟價值，合理使用是否超越創作者著作人格權的保障，引用合理使用理論應更留意維護創作者的權益，避免造成不必要的衝擊，因為針對侵害著作人格權的指控，被告往往以合理使用作為抗辯理由，而美國法院依據判例及法官造法的精神，判斷個別案件的標準雖有著作權法第107條的依據，但考量使用人為善意使用或惡意的不同情狀，會產生相異的判決結果。以下圖表說明合理使用的要件範圍[13]：

表5-1　合理使用的要件範圍

合理使用	要件	結果
	1.使用的目的。	
	2.著作的本質。	
	3.使用的比例。	
	4.合理使用的結果。	
缺乏要件1.2.3.4.但符合	5.善意＋運用。	亦可能成立合理使用
符合要件1.2.3.4.但	6.使用人為惡意。	亦可能成立合理使用

有學者[14]提出檢測被告主張合理使用時的原則：第一，能證明急須改正市場萎縮或經濟活動效益不彰現象時；第二，依法對著作權的內容廣為運用，並透過兩造合意的交易行為，卻無法產生對締約雙方及社會群體有利的經濟成效，反而呈現市場失利的結果；第三，任何嘗試解決市場失利的提案或建議，不能影響或削弱著作權人創作或散

[13] 此圖表為作者個人見解，純粹嘗試用表格式的陳述使讀者便於理解，但並非代表合理使用的要件完全與此相同。

[14] 本文採用Gordon教授所構想出的三部測試原則，Wendy J. Gordon, *Fair Use as Market Failure: A Structural and Economic Analysis of the Betamax Case and Its Predecessors,* 82 Colum. L. Rev. 1600, 1613 (1982)。

佈其著作的動機。被告必須能符合前述現象，方能解釋其合理使用原告著作之必要性。

將創作者的作品推廣並從中取得商機與利潤，對創作人與被授權公司皆有利基，為加強行銷及迎合不同地區的需求，可能有必要改編或增刪著作的內容，甚至影響著作人格權，即使創作人充分授權或理解此類改變，未必能得到認同創作者之支持群眾的諒解[15]，而被授權公司主張合理使用創作者著作，仍能達到激勵創作者與被授權公司生產或發行、散布其著作的動機，否則著作無法為世人所見聞，無法確保創作者得生活無虞，或被授權公司承受重大行銷壓力，將使創作者失去創作原動力，為擔保市場成功的機率，被授權公司主張合理使用的抗辯，在此形成另一種符合現代市場經濟的情狀。

學者Barton Beebe研究1978年到2005年間的300個案例，希冀找出合理使用的適用準則[16]，他在所有被收錄的聯邦法院判決書中，依據前述四項要件的應用做出統計[17]，包含所有同意或反對或有另外提出意見書的判決，只要是從法律資料庫查得到的[18]，其中共有306個判決意見：最高法院有7個，上訴法院有88個，地方法院則為201個[19]。他著重在前述要件對相關判決的影響，在其研究中有兩個重點。首先，從第二及第九聯邦巡迴法院作出的判決結論，對合理使用的理論造成極大影響[20]，而紐約南區地方法院的見解更為強烈[21]，而

[15] 如日本動漫界常由娛樂公司改編流行動畫後於美國發行的英文版版權，內容未必完全符合日本動漫迷的期待。

[16] Barton Beebe, *An Empirical Study of U.S. Copyright Fair Use Opinions*, 1978-2005, 156 U. Pa. L. Rev. 549 (2008).

[17] *Id*. at 623 (2008).

[18] 這裡指的系統是LexisNexis 或 Westlaw。

[19] *Id*. at 564-69. Also see Neil Weinstock Netanel, *Making Sense of Fair Use*, 15 Lewis & Clark L. Rev. 721(2011).

[20] Beebe, supra note 16, at 567-68.

[21] *Id.* at 568.

放眼美國有關著作權法合理使用的案例，也都著重於美國聯邦最高法院、第二、第九聯邦巡迴法院、紐約南區地方法院所做出的122個判決意見書[22]；其次，下級法院往往輕忽最高法院對合理使用的判決前例，這個現象是否與合理使用的案例法寬鬆且無定論有關[23]。

雖然條文中並未特別指出合理使用的主張範圍是否包含，如個人使用或非營利目的或是因為其他政府部門的特殊使用原因的使用[24]，然而實務應用上卻有案例承認，說明如下。

一、因個人使用的目的主張合理使用

與個人使用主張合理使用的案例雖然不多，其中最有名的案例是*Sony Corp. of America v. Universal City Studios, Inc.*案[25]，製造Betamax錄影帶的Sony公司不須為購買此種裝置設備而從事侵害行為的使用人，負擔著作權侵害的輔助責任，主要原因乃在Betamax VTR的設備主要功能「實質非為侵害目的之使用」，Sony案最有名理論乃「雙重目的使用裝置導致侵害與非侵害目的之使用而形成之責任」（dual-use devices）[26]，本案最高法院法官未曾採用「擬制知情」標準，因為Sony公司被擬制可能知情錄放影機購買人，會利用此機器錄製有著作權的節目並形成侵權使用，故此要Sony公司擔負間接侵害責任，實有不平[27]，因此法院引用專利法中「主要商品銷售原則」

[22] *Id.* at 568.這是Barton Beebe教授的看法。

[23] 此處是Neil Weinstock Netanel的看法。Neil Weinstock Netanel, *Making Sense of Fair Use*, 15 Lewis & Clark L. Rev. 721(2011).

[24] 1958年學者Alan Latman的研究已將合理使用分為八類。Pamela Samuelson, *Unbundling Fair Uses*, 77 Fordham L. Rev. 2541, [FN27] (2009).

[25] *Universal City Studios, Inc. v. Sony Corp.*, 480 F. Supp. 429, 437 (C.D. Cal. 1979), rev'd, 659 F.2d 963 (9th Cir. 1981), rev'd on other grounds, 464 U.S. 417 (1984).

[26] *Sony Corp. of Am. v. Universal City Studios, Inc.*, 464 U.S. 417, 442 (1984).

[27] *Id.* at 439.

（the staple－article－of－commerce doctrine）[28]。Sony案中，錄放影機的發明純粹為便利使用人，可能因時間無法觀賞，而預錄或錄製後以待有空暇時觀賞，因此此商品的主要銷售乃為商業目的，並非設計為侵害他人之著作權（實質非侵害之使用）[29]。

Sony案提供了如同庇護所般的主要商品銷售原則，再加上商品之設計目的非為侵害他人之著作權，因此對可能影響或妨礙他人之著作而研發的成品與心血，使其免於被控告的恐懼。法院認為VCR機器只是瞬間移轉電視節目，並未實質侵害著作權的使用，即使顧客群使用VCR複製其他有著作權的錄影帶[30]；本案法院引用此種理論「主要商品銷售原則」，如同其商品之買賣，即使商品使用超過原本之預期目的，亦不能科處發明人輔助侵權行為責任[31]，法院接受被告之抗辯，即VCR的使用乃「瞬間替換」（time-shifter），非構成實質的侵害，因此使被告免責[32]，本案法院亦採著作權法鼓勵技術研發的目標[33]。

二、爲訴訟或政府部門的目的而主張的合理使用

（一）並非為訴訟目的但作為證據提供而準備所主張的合理使用

最典型的案例可以*Bond v. Blum*[34]案為代表，Bond是一本尚未出版的弒父自傳式小說的作者，他控告他的岳父、太太的前夫及前夫

---

[28] 35 U.S.C. § 271(c)(2000).

[29] Sony, 464 R.S. at 442.

[30] *Id.* at 446, 456.

[31] *Id.* at 442.

[32] *Id.* at 442. 然而原告提出該機器的其他用途，錄製節目以供永久保存，或利用該種錄製行為從事商業行為，法院亦承認此二種行為構成侵權，但對於機器本身能瞬間轉錄畫面之功能則不認為製造商應為此負擔侵權行為責任。

[33] *Id.* at 430-31.

[34] *Bond v. Blum*.317 F.3d 385 (4th Cir. 2003).

的律師們侵害其著作權，因為在涉及另一件原告孩子監護權的訴訟中[35]，被告們涉嫌複製原告的自傳小說並列為呈堂證供，法院判決被告的行為為合理使用，因為被告們可從原告的著作中發現被告企圖自弒父行為中獲益，不但要佔取其父財產也對給予其監護權不妥，因而以被告的著作作為法院的證據當然可以主張是合理使用的部分；另一案是1982年的*Jartech, Inc. v. Clancy*[36]案，有別於前案是此案涉及商業成人電影，蒐證的調查員帶著攝錄影機暗中到放映的電影院中拍攝[37]，作為該市檢察廳取證該廳放映色情影片的證據，同樣地，此案對影片的使用不涉及著作權權益本身，單純為提供證據符合合理使用的內涵。

（二）為訴訟目的而準備所主張的合理使用

另一種情形是為訴訟目的所主張的合理使用，2000年*Images Audio Visual Productions, Inc. v. Perini Building Co.*案[38]，被告 *Perini* 被聘請蓋一座綜合賭場和飯店的建物，被告亦聘請原告Images AV當攝影師拍攝建築進度[39]，雙方並對拍攝及其後翻拍與複製的費用達成協議，當被告 *Perini*被告知建築契約終止時，被告準備進行仲裁請求已進行之工程賠償[40]，因而需要一些工程照片以為佐證，但是因為和原告就複製照片的價錢無法得到合議，被告擅自複製照片給仲裁人與律師們，原告於是提起此項訴訟要求賠償，被告則主張其使用部分屬於合理使用範圍[41]，法院判決被告主張超過合理使用範圍，因為是原

[35] *Id.* at 391.

[36] *Jartech, Inc. v. Clancy*, 666 F.2d 403 (9th Cir. 1982).

[37] *Id.* at 405.

[38] *Images Audio Visual Productions, Inc. v. Perini Building Co.*. 91 F. Supp. 2d 1075 (E.D. Mich. 2000).

[39] *Id.* at 1077.

[40] *Id.* at 1078.

[41] *Id.* at 1078-79, 1081

告的著作即創作結晶，並非為此訴訟而提出的證物，必須經過被告的同意或支付相當的對價才能使用。

（三）衡量訴訟與調查案件中合理使用的因素

判斷訴訟與調查案件中是否為合理使用的準據在於是否「有裨益尋求事實的功能」（salutary truth-seeking function）[42]，如*Shell v. City of Radford*案[43]中的照片處理就屬於合理使用的範圍，警方在調查過程中因為嫌疑犯是攝影師，必需複製及公布與受害人有關的照片；合理使用在此類情況的判斷條件著重於複製著作乃為蒐證或訴訟過程佐證所需，當然不能因為政府部門的需求就當然免除著作權的使用責任，維護著作的市場價值有其必要性，當對著作權人造成損害時，當然也必須做出相對的賠償，如前述*Perini*一案當事人間對複製照片的價格有另外的約定，因此，即使被告主張其為合理使用，但因為未支付當時與原告間的合議價格，法院判斷被告敗訴。

三、廣告的使用

廣告中使用他人著作然後作為合理使用的抗辯，美國自1909年的著作權法到1976年的修正有明顯的承認趨勢[44]，在比較性的廣告、事實敘述性的廣告及市場研究中，都有使用合理使用的案例。

（一）比較性的廣告

1976年修法後的首個案例是1980年的*Triangle Publications, Inc. v. Knight-Ridder Newspapers, Inc.*[45]案，被告重製已過期的電視節目

---

[42] *Id*. at 1083.

[43] *Shell v. City of Radford*, 351 F. Supp. 2d 510 (W.D. Va. 2005).

[44] Pamela Samuelson, *Unbundling Fair Uses*, 77 Fordham L. Rev. 2597 (2009).

[45] *Triangle Publications, Inc. v. Knight-Ridder Newspapers, Inc.*, 626 F.2d 1171 (5th Cir. 1980).

簡介（TV Guide）於其將上的節目簡介廣告中[46]，原告指控被告的商業目的不符合合理使用的抗辯[47]，原先一審法院認為廣告並不在著作權法第107條合理使用的範圍內[48]，美國第五巡迴上訴法院則以為，被告的做法在廣告業中是常見的做法，就是把不同的產品做出比較以達宣傳效應[49]，如能吸引消費者乃基於被告的價錢便宜且豐富，被告只有複製原告刊物的封面，並未複製任何內容部分，因而被告行為符合合理使用；2000年*Sony Computer Entertainment America, Inc. v. Bleem, LLC.*[50]案，被告Bleem發展了一套可和Sony PlayStation功能競爭的電腦軟體[51]，為了表示此軟體可以和Sony公司提供的遊戲平台相容，被告還附上Sony公司遊戲螢幕的畫面，本案第九巡迴上訴法院判決認為和前*Triangle*案的見解相同，純粹為了廣告目的做出兩種產品的比較，屬於合理使用[52]。

（二）真實性的廣告

1984年*Consumers Union of United States, Inc. v. General Signal Corp.*[53]案，被告General Signal乃吸塵器的製造商，將原告─美國消費者聯盟（Consumers Union of United States）所做的產品評價報告放在其產品的廣告中[54]，原告控告被告乃因該聯盟禁止任何人將其產

---

46 *Id.* at 1172.

47 *Id.* at 1175 n.12.

48 *Triangle Publ'ns, Inc. v. Knight-Ridder Newspapers, Inc.,* 445 F. Supp. 875, 883 (S.D. Fla. 1978).

49 *Id.* at 1175 n.13.

50 *Sony Computer Entertainment America, Inc. v. Bleem, LLC.*, 214 F.3d 1022 (9th Cir. 2000).

51 *Id.* at 1024.

52 *Id.* at 1027-30.

53 *Consumers Union of United States, Inc. v. General Signal Corp.,*724 F.2d 1044, 1046-47 (2d Cir. 1983), petition for reh'g denied, 730 F.2d 47 (2d Cir. 1984).

54 *Id.* at 1047.

品評價報告使用於廣告中，避免消費者誤導廣告商品與該聯盟有關，或是該聯盟為該產品背書推薦等[55]，第二巡迴上訴法院經審理後，認為被告提出該聯盟之文字僅僅幾句，目的也為說明產品的真實功能，並無欺罔或不實之處，因此，被告的使用為合理使用。

（三）市場研究

調查競爭對手的資料是商場上重要的工作，包括廣告策略的競爭，為了市場研究與調查，有時必須複製競爭者的資料，1979年*Bruzzone v. Miller Brewing Co.*[56]，原告是一家提供商家訊息的顧問公司，常藉由提供給各廠商的問卷結果[57]，做出市場及商譽佔有比較圖等等，被告Miller beer公司拒絕原告使用其問卷結果，原告主張不會讓人識別出被告的品牌，也不會對被告的市場有任何影響；其後當時審理的法院判決，在廣告行業市場研究是常有的做法，同時，提供給大眾值得信賴的問卷數據，有益於一般人對於市場價格的認識，因此，原告的使用是合理使用。

（四）產品標籤

若本身無著作權的產品使用他人已有著作權的圖片或內容作為產品標籤，著作權人將主張侵害其著作權，即使為了促銷產品之目的，除非有得到著作權人的同意，仍然構成著作權侵害，無法主張合理使用，然而以下判決卻有不同結果。2007年*Compare S&L Vitamins, Inc. v. Australian Gold, Inc.*[58]此案認為被告為達轉售目的，複製著作權人的商標是合理使用，2008年*Designer Skin, LLC v. S&L Vitamins*[59]案，

---

[55] *Id.* at 1046.

[56] *Bruzzone v. Miller Brewing Co.*, 202 U.S.P.Q. (BNA) 809 (N.D. Cal. 1979).

[57] *Id.* at 810-11.

[58] *Compare S&L Vitamins, Inc. v. Australian Gold, Inc.*, 521 F. Supp. 2d 188 (E.D.N.Y. 2007).

[59] *Designer Skin, LLC v. S&L Vitamins*, 560 F. Supp. 2d 811 (D. Ariz. 2008).

有關網路零售商在網路上放上原廠產品照片的行為，則被判決為非屬合理使用；另兩案都是合法進口貼有商標的商品，1998年*Quality King Distributors, Inc. v. L'Anza Research International*[60]案有關洗髮精瓶子，2007年加拿大*Euro-Excellence Inc. v. Kraft Canada Inc.*[61]則是巧克力產品，對於標籤使用的部分法院皆判決屬於合理使用。

（五）衡量的要件

衡量廣告是否構成合理使用的關鍵在於判斷，是否達到廣告效益及促銷產品，而非促銷廣告本身，所以主張合理使用乃在於並不造成著作的權益減損或傷害，而是透過廣告能賣出商品，也就是使用到他人的著作只是一種手段或做法，絕不能影響著作的市場價值，*Southco, Inc. v. Kanebridge Corp.*案[62]地院一審時被告敗訴，法院不認同其合理使用之主張，二審時第三巡迴上訴法院轉而支持被告[63]，認為本案的重點不在原告販售的商品，即未受著作權保護的電腦硬體設備，被告僅是為了市場競爭而使用原告的部分配備作為比較，只要目的是刺激買氣，而非侵害原告之著作權，更何況，原告的電腦硬體設備並未出售部分配備，也未取得著作權的保護。

貳、實務

Matthew Sag著重於案例事實中被告使用原告商品或服務的法律爭點，而非依據法院判決的理論[64]，找尋事實與合理使用之間的關

[60] *Quality King Distributors, Inc. v. L'Anza Research International*, 523 U.S. 135 (1998).

[61] *Euro-Excellence Inc. v. Kraft Canada Inc.*, [2007] 3 S.C.R. 20, 2007 S.C.R. LEXIS 305 (Can.).

[62] *Southco, Inc. v. Kanebridge Corp.*, 53 U.S.P.Q.2d (BNA) 1490 (E.D. Pa. 2000).

[63] *Southco, Inc. v. Kanebridge Corp.,* 390 F.3d 276, 278 (3d Cir. 2004).

[64] Matthew Sag, Predicting Fair Use (July 6), last revised: October 03, 2011, http:// ssrn.com/

聯，並為日後案例適用的依據界定標準[65]；Pamela Samuelson嘗試以使用分類法區分合理使用的類別[66]；學者Neil Weinstock Netanel，則以1995年至2010年為期間[67]，研究其中與合理使用相關的案件。然而即使學者們經過不斷的努力，仍然無法為合理使用找出要件或公式，而透過案例的分析至少達到鑑往知來的目的。1994年美國聯邦最高法院在*Campbell v. Acuff-Rose*[68]一案對合理使用做出經典判決，時至2005年法院仍依著作權法第107條規定合理使用的四項要件標準作為判斷依據[69]。

一、對出版與編輯業的影響

1960年*Clevenger v. Baker Voohris & Co.*[70]一案，原告 Joseph Clevenger控告先前其擔任編輯工作的出版社，擅自將其姓名放置於原告未曾參與的其他編輯作品上[71]。1985年美國聯邦最高法院於*Harper & Rowe Publishers v. Nation Enters.*[72]案中，說明合理使用包含善意（good faith）及合理處理（fair dealing）兩部分。創作人常將先前的著作以不同形式表現而成為另一種作品，無論是批

abstract=1769130(last visited: 2011/10/31).Also see Matthew Sag, The Prehistory of Fair Use, http:// ssrn.com/abstract=1663366（最後瀏覽日：2011年10月31日）。

65 Neil Weinstock Netanel, *Making Sense of Fair Use*, 15 Lewis & Clark L. Rev. 718(2011).

66 Pamela Samuelson, *Unbundling Fair Uses*, 77 Fordham L. Rev. 2537 (2009).

67 Neil Weinstock Netanel, *Making Sense of Fair Use*, 15 Lewis & Clark L. Rev. 719(2011).

68 *Campbell v. Acuff-Rose*, 510 U.S. 569 (1994).

69 17 U.S.C. § 107 (2006).

70 *Clevenger v. Baker Voohris & Co.*, 168 N.E.2d 643, 644 (N.Y. 1960).

71 原告是紐約州著名的法規編纂者，其他如1929年*Ben-Oliel v. Press Pub. Co.*案，167 N.E. 432, 432 (N.Y. 1929)，被告擅自將其出版之報紙文章冠上原告姓名，1937年*Gershwin v. Ethical Publ'g Co., Inc.*, 1 N.Y.S.2d 904, 905 (N.Y. City Ct. 1937) 則有關被告自行刊登未經原告同意，指稱原告認可某項新藥品的廣告。

72 *Harper & Rowe Publishers v. Nation Enters.*, 471 U.S. 539, 562 (1985).

判、恭維、或提供不同觀點的創作，皆是忠於原本的作品，其中嘲諷（Parodies）性作品更是經典代表，如1994年於另案*Campbell v. Acruff-Rose Music, Inc.*[73]指出，合理使用考量的「善意」部分不應佔據過多比例，此案有關饒舌歌曲團體（2 Live Crew）改編創作人Roy Orbison的作品*Pretty Woman*一曲，成為反諷歌曲；原告主張被告心存惡意，最高法院判決認為即使被告缺乏善意，被告仍可主張合理使用，因為被告作為並不構成對原告歌曲的銷售市場或歌曲價值的損害。

另案Suntrust Bank v. Houghton Mifflin Co.[74]，有關一名黑人女作家Alice Randall在2001年因改編自著名小說「飄」[75]（Gone With the Wind, GWTW）的小說「風已飄去」（The Wind Done Gone, TWDG）而引發的訴訟，一審時地方法院同意原告的所有主張[76]，被告（作者及其出版商Houghton Mifflin 公司）對其中最後一點理由不服，而提出上訴[77]，原告指稱被告「風已飄去」完全剽竊原著「飄」中原有情節與人物描寫，作者聲明——她是從一位黑人的角度描寫19世紀黑人的生活，嘲弄傷害了好幾代黑人感情的「飄」，目的是批判黑奴制，讓讀者了解真正的歷史[78]。其後上訴審法院取消原審法院禁止出版的禁制令，同意被告主張合理使用的抗辯理由，而此書最

---

73 *Campbell v. Acruff-Rose Music, Inc.*, 510 U.S. 569 (1994).

74 *Suntrust Bank v. Houghton Mifflin Co.*, 268 F.3d 1257(2001), vacated, 252 F.3d 1165 (11th Cir.2001).

75 飄是1936年Margaret Mitchell出版的鉅作，當時是除了聖經外賣座最好的書。

76 *Suntrust Bank v. Houghton Mifflin Co.*, 136 F.Supp.2d 1357, 1364 (N.D.Ga.2001).

77 Suntrust Bank v. Houghton Mifflin Co., 268 F.3d 1257(2001), vacated, 252 F.3d 1165 (11th Cir.2001).

78 多位著名的作家、評論家和藝術家，聯名上書聲援Alice Randall，認為她有言論自由，完全有權借用「飄」小說中的人物和背景來諷刺和戲謔「飄」及其中對黑奴制的錯誤描寫。陶潔，飄的官司成了廣告，環球時報，http://www.people.com.cn/BIG5/guoji/25/96/20010430/456397.html（最後瀏覽日：2012年2月22日）。

終獲得出版。

2004年第二巡迴上訴法院在*NXIVM Corp v. Ross Institute*[79] 一案中判定被告惡意，重申先前在*Campbell*案中的見解，被告經由管道取得原告發表於研討會的資料[80]，並惡意公佈於網站上，法院以被告的惡意行為判斷是否構成合理使用的依據[81]，最終法院判決仍贊成被告以「合理使用」作為抗辯事由，從輕衡量被告惡意所佔比例[82]，再度維持*Campbell*案降低對被告是否為善意的要求標準，亦即「合理使用」不以被告的善意作為要件基準。

2010年愛荷華州最高法院的判決[83]中，Peter Cannon代表的當事人正進行破產程序，他為該案所提出的訴訟文書涉及抄襲（Plagiarism），將法律評論中的論文17頁整理後當作是自己做的文件，被告坦承確實超過合理使用（fair use）的範圍，也違反該州的律師道德守則標準[84]；因為被告未收費並將該案轉由其他律師接手，法院以公開譴責方式對其處罰。之前2002年*Iowa Supreme Court Board of Professional Ethics and Conduct v. Lane*案[85]，愛荷華州最高法院就對大量抄襲他人論文的律師一被告，科處六個月的刑期，因為在調查期間被告不僅否認且企圖脫罪，被告的收費內容亦不合理，因此，法院決定予以嚴懲。

2006年俄亥俄州最高法院於*The Ohio Supreme Court in Columbus*

---

[79] *NXIVM Corp v. Ross Institute*, 364 F.3d 471 (2d Cir. 2004).

[80] *Id.* at 475.

[81] *Id.* at 477, 478.

[82] *Id.* at 479.

[83] *Iowa Supreme Court Attorney Disciplinary Board v. Cannon*, ,789 N.W. 2d 756 (Iowa 2010).

[84] Iowa's version of Model Rule 8.4 (c).Also see Peter A. Joy, Kevin C. McMunigal, *The Problems of Plagiarism as an Ethics Offense*, 26-SUM Crim. Just. 56 (2011).

[85] *Iowa Supreme Court Board of Professional Ethics and Conduct v. Lane*, 642 N.W.2d 296 (Iowa 2002).

*Bar Association v. Farmer*案[86]也懲處被告Farmer，因其直接抄襲前手律師準備的訴狀內容。從上述案例發現即使是執業律師，也可能直接抄襲他人著作，原本應遵守的職業道德標準蕩然無存；*In re Zbiegien*[87]案則有關法學院學生Zbiegien因在學期間涉及抄襲，明尼蘇達州最高法院拒絕給予其律師資格；*In re Lamberis*[88]案則與已通過律師考試且執業數年的被告Lamberis有關，被告繳交的碩士班論文（LLM thesis）[89]內容主要抄襲兩篇學術論文，伊利諾州最高法院則給予處罰，當然不認可其學位資格。

通常抄襲涉及的最大爭點是原創性（Originality），為何對於引據他人理論所做的法官判決書，卻未曾有過原創性的爭論?因為雖然是根據其他人的理論或學說，判決書乃為解決案件爭端而依據事實所做出的結論，是法官所做出的法律意見書[90]，重點在於對案件事實與點的剖析，而非著作權的歸屬或原創性的存否。律師在準備訴訟文書時重要的不是有無參考他人著作或判決前例，而是有無遵守專業職責及竭盡全力（competence and diligence），為當事人爭取最大的利益，因此即使參照判決資料庫複製的內容，只要依據最新的案例事實予以更新，並非不能用在目前的訴訟案中，亦即重點在於文件的品質而非原創性的有無。

當未以嘲諷或批判方式改作作品，而是嘗試用另一種想像的方式呈現，如Blanch v. Koons 案[91]中Jeff Koons為知名的視覺藝術家，

[86] *The Ohio Supreme Court in Columbus Bar Association v. Farmer*, 855 N.E. 2d 462 (Ohio 2006).

[87] *In re Zbiegien*, 433 N.W.2d 871 (Minn. 1988).

[88] *In re Lamberis*, 443 N.E.2d 549 (Ill. 1982).

[89] 依各個法學院的畢業要求，繳交報告或學位論文的要求不一。

[90] Peter A. Joy, Kevin C. McMunigal, *The Problems of Plagiarism as an Ethics Offense*, 26-SUM Crim. Just. 57 (2011).

[91] *Blanch v. Koons*,467 F.3d 244 (2d Cir. 2006).

將從雜誌上有關婦女腿部的攝影作品混合改作，其中包括Andrea Blanch的作品，被告掃描雜誌上的攝影作品，下載到電腦上再重新編輯，原告認為侵害其著作權，第二巡迴上訴法院判決認為被告行為構成合理使用，也就是被告透過個人想像力的發揮將原告作品做不同的轉換方式，原告並未因被告行為有任何痛苦或傷害[92]，且被告作品陳列在公開的美術展場，有益於大眾共享的利益因而也構成合理使用。

二、帶動工業的競爭與研發

Campbell案使法院肯定著作內容被轉換呈現的方式極為重要，不僅可作為考量被告使用原告著作的心態，更可確認著作的本質（如嘲諷的作品一定要取材自世人極其容易辨識的著作，才能容易產生效果）[93]，引用的比例與份量[94]及對原作市場價值造成的傷害[95]等因素。不論Campbell案中的判決結果公正與否，此案之後的相關案例皆引用此案主張合理使用[96]，1994年的Campbell也引用1984年的*Sony*

---

[92] *Id.* at 257.

[93] *Campbell*, 510 U.S. at 586.

[94] *Id.* at 586-88.

[95] Id. at 590-91.

[96] 如以下案例皆被認定為合理使用，*Lyons P'ship v. Giannoulas*, 179 F.3d 384 (5th Cir. 1999)（有關恐龍被雞攻擊的反諷劇）；*Leibovitz v. Paramount Pictures Corp.*, 137 F.3d 109 (2d Cir. 1998)（反諷裸體女明星的海報）；*Burnett v. Twentieth Century Fox Film Corp.,* 491 F. Supp. 2d 962 (C.D. Cal. 2007)（parody反諷女明星當門房的動畫作品）；*Mastercard Int'l, Inc. v. Nader 2000 Primary Comm., Inc.*, 70 U.S.P.Q.2d (BNA) 1046 (S.D.N.Y. 2004)（Ralph Nader的政治捐助活動引用萬事達卡MasterCard的廣告創意）；*Kane v. Comedy Partners*, 68 U.S.P.Q.2d (BNA) 1748 (S.D.N.Y. 2003), aff'd, 98 F. App'x 73 (2d Cir. 2004)（從電視秀中節錄的諷刺文）；*Abilene Music, Inc. v. Sony Music Entm't, Inc.*, 320 F. Supp. 2d 84 (S.D.N.Y. 2003)（從他人作品選錄3行的歌曲內容）；*World Wrestling Fed'n Entm't, Inc. v. Big Dog Holdings, Inc.*, 280 F. Supp. 2d 413 (W.D. Pa. 2003)（摔鬥選手被看做是狗的反諷作品）；*Lucasfilm Ltd. v. Media Mkt. Group,* Ltd., 182 F. Supp. 2d 897 (N.D. Cal. 2002)（使用星際大戰影片在色情文學中）；*Williams v.*

Corp. of America v. Universal City Studios, Inc.[97]案，關於電視節目著作權人控告錄影帶製造商，影響其節目之重製權，被告（Sony）主張機器在買賣當時，製造商已失去對消費者日後使用用途之控制；原告主張被告Sony公司應負擔輔助侵權責任，因其製造會令消費者違背著作權法之商品[98]。法院發現著作權法授予著作權人某些專屬權，錄影技術可以作為合理使用，不能因為有人作為侵害著作權之用而予以禁止，此案確定實質非侵害使用的合理使用理論，在美國著作權法中是十分重要的案例。

1992年*Sega Enterprises, Ltd. v. Accolade, Inc.*一案[99]，被告利用還原工程從原告的電動遊戲中拆解出資訊，從而製作和原告相同的遊戲軟體[100]，被告主張其行為是合理使用，一審時原告以被告基於商業利益為出發點[101]，企圖以相類似的產品打擊原告市場，且多次複製原告整個程式設計，被告居心絕非合理使用[102]，原告請求因而喪失的利潤並獲得法院支持；其後，本案再經上訴審法院審理，即使被告複製原告的整個程式，第九巡迴法院認為仍不能排除合理使用的抗辯[103]，此案處理的科技新穎性對法院判決而言是鮮少的經驗，而科技的創新與改變對著作權法的適用當然不同，當法規解釋出現模糊不清的地帶

Columbia Broad. Sys., Inc., 57 F. Supp. 2d 961 (C.D. Cal. 1999)（球賽時電視轉播使用黏土造型取笑海軍的片段）；*Cardtoons, L.C. v. Major League Baseball Players Ass'n*, 868 F. Supp. 1266 (N.D. Okla. 1994), aff'd, 95 F.3d 959 (10th Cir. 1996)（棒球卡主張合理使用）。Pamela Samuelson, *Unbundling Fair Uses*, 77 Fordham L. Rev. 2537-2621(2009).

[97] *Sony Corp. of Am. v. Universal City Studios, Inc.,* 464 U.S. 417, 419-20(1984).

[98] *Sony Corp. of Am.,* 464 U.S. 417.

[99] *Sega Enterprises, Ltd. v. Accolade, Inc.*, 977 F.2d 1510.

[100] *Id.* at 1514-16.

[101] *Sega Enters. Ltd. v. Accolade, Inc.*, 785 F. Supp. 1392, 1398 (N.D. Cal.), aff'd in part, rev'd in part, 977 F.2d 1510.

[102] Sega, 785 F. Supp. at 1398.

[103] Sega, 977 F.2d at 1526.

時，考量公共政策與社會福祉做出適當的解讀勢在必行[104]，因此，為刺激產業競爭並使資訊能公平傳布，本案被告主張合理使用成立。

法院認為任何商品若包含有可能被違法使用的部分，則必須和實質非侵害目的的使用形成平衡，即「平衡測試」（balancing test），VCR機器的主要目的乃轉錄一時無法觀賞的節目，純以無線傳播的觀念視之，消費者的使用是在「合理使用」（fair use）的範圍。最高法院經由本案首度確認「實質非侵害目的的使用」理論，如使用者轉錄夜間新聞，經由無線廣播使大眾能廣為欣賞的節目並不會限定私人無法藉由瞬間轉換（time-shifted）而轉為私下放錄（private viewer），同樣地原告無法成功地提出實證以證明此VCR機器對市場造成的影響，因此認定此機器的使用構成實質非侵害目的的使用，所以被告也不構成輔助侵害責任[105]，也因為此案，在探討侵害使用的理論時，擴大對「合理使用」的範圍至實質非侵害的使用。

2000年Universal City Studios, Inc., v. Reimerdes案[106]對於著作權法「合理使用」又有一番討論與省思。本案事實乃關於電腦駭客進入網路下載軟體，原告為美國八家影帶業者，提供DVD影片供家庭使用，本案有關阻止下載及上載影視公司有著作權的影片於家中，即私人觀賞之使用，原告使用防止重製的程式（Content Scramble System，簡稱CSS），電腦駭客發展另一套DeCSS系統以破解CSS，並能順利重製影片，給未經取得授權的玩家；原告對此提出告訴，阻止將DeCSS程式放置於網路上的行為人，本案被告將DeCSS上載至網路供大眾下載。被告辯稱DeCSS並非為下載供私人觀看影片而使用，而為使DVD使用者更方便使用系統服務，同時並以侵害憲法第一增修條文主張，因為：DeCSS中的電腦代碼號屬於可被保護的

[104] Sega, 977 F.2d at 1527.

[105] *Sony Corp. of Am.*, 464 U.S. 454-56.

[106] *Universal City Studios, Inc. v. Reimerdes*, 82 F. Supp. 2d 211, 214-15 (S.D.N.Y. 2000).

「言論」範圍。禁止DeCSS的使用會影響第三人對著作權的「合理使用」。裁判法院認為DeCSS的存在為破解CSS而來，屬於DMCA所保護的「技術」[107]。DeCSS的主要程式設計人承認DeCSS為上述目的而設計，據此法院頒布給原告阻止被告行為的禁制令。

三、增進獲得資訊的管道

網路搜尋引擎的功能是將資訊公開化，2003年*Kelly v. Arriba Soft Corp.*一案[108]，Leslie Kelly是一位商業攝影師，將其攝影作品張貼在網頁上，被告使用網路搜尋引擎複製到包括原告的圖片，被告再將複製的影片重製為小尺寸後，變成另一種資料庫並刪除掉原先複製的所有圖片[109]，原告控告被告侵害其著作權，第九巡迴上訴法院認為被告的行為乃將原告作品轉換成小尺寸，與原告攝影作品的市場全然無涉，被告重製後只是使大眾可以利用網路搜尋到相關圖片，被告網站可以使對原告作品有興趣的讀者進一步瞭解詳情，對原告的利益不會造成損害[110]，因此認定被告抗辯合理使用於法有據。

Field v. Google Inc.[111]一案，本案爭點有關網路爬蟲（或稱網路蜘蛛，web crawler），即搜尋引擎在網路上進行瀏覽，以便發現新的連接或網頁並加以複製，因為增加大眾吸收資訊的管道，如此行為是否可以主張是合理使用？本案起因於原告Field將其作品張貼於網站並供人免費下載，被告Google公司的網路爬蟲搜尋到原告的網站，擷取其資訊的片段、複製並提供連結到原告網站[112]，Field提出控訴並要求美金255萬元的賠償，Google則抗辯其行為是合理使用；

---

[107] *Id.* at 317-19.

[108] *Kelly v. Arriba Soft Corp.*, 336 F.3d 811 (9th Cir. 2003).

[109] *Id.* at 815.

[110] *Id.* at 820.

[111] *Field v. Google Inc.*, 412 F. Supp. 2d 1106 (D. Nev. 2006).

[112] Field, 412 F. Supp. 2d at 1114.

本案判決理由其一，法院認為原告為了金錢賠償提出請求的可能性極大，因為原告在3天內提出51件（每件5萬元的賠償）請求[113]，事實上，如果原告不希望其他人利用網路爬蟲或搜尋引擎複製其資料，只要在網站上安裝簡易的技術即可防止。理由其二，增加一般使用人在蒐集資料的便利性，Google擷取的資料和原網站完全一樣，不僅可使讀者在原網站關閉或資料有遺漏時不會有遺珠之恨，也可使讀者很容易連結到原網站，讀取原始資料[114]。其三，Google當收到來自權利人的抗議時，會馬上移除其內容，顯見其誠意，被告原先就將其作品公開在供大眾免費下載的網站上，因此被告的行為並未影響原告作品市場價值。

第三節　加拿大現狀

加拿大著作權法自1985年制定[115]，於1997年修正後[116]至今，雖曾有數次修正案的提出，如2005年第三十八屆國會第一會期提出C-60草案[117]，2008年第三十九屆國會第二會期提出C-61草案[118]，惟最終皆未獲通過，此次於2010年提出第四十屆國會第三會期提出C-32草案[119]，稱為「著作權現代化法——Copyright Modernization

[113] *Id.* at 1114.

[114] *Id.* at 1118-19.

[115] Copyright Act, R.S. 1985, c.42.

[116] An Act to Amend the Copyright Act, S.C. 1997, c. 24.

[117] An Act to amend the Copyright Act, 38th Parliament - 1st Session (Oct. 4, 2004 - Nov. 29, 2005).

[118] An Act to amend the Copyright Act, 39th Parliament - 2nd Session (Oct. 16, 2007 - Sept. 7, 2008).

[119] An Act to amend the Copyright Act, 40th Parliament - 3rd Session (March 3, 2010 -).目前在一讀的階段。

Act」[120]，修法主要目的為配合數位化時代中全球的經濟脈動，加拿大遲遲未修法加入相關規定，立法速度與作法也未配合國際趨勢，歷經長達14年的過程，此次法案通過的可能性極大。

壹、台灣現行法

著作權法並非專為著作人權益而設，尚負有文化之目的，冀望藉由平衡對著作人之保護及其他人之利用權限，使社會大眾得借精神創作提升國家文化水平，而與國家立法宗旨相符，其平衡之手段即為「合理使用（fair use）原則」。著作權法一方面賦予著作人權利以保障其權益，一方面適宜地限制著作人之權利，允許他人得於法令範圍內合理使用該著作，俾使文化發展不因著作權之保障而遲緩，實係負有調和公共利益之意義。按著作權法承認創作作品之可著作權性（copyrightability），並給予著作人於市場上具獨占性之經濟及人格利益，當然負有對創作性之表達的鼓勵目的，倘無此一層面之保護，著作人將因無任何經濟或人格上之利益而降低創作之慾望，非吾人所欲見。然基於以下公共利益之考量，仍必須使該獨占權予以限制[121]：

（一）憲法第11條賦予人民之言論、講學、著作及出版之自由，且包括人民之接收訊息之基本權利，此基本權保障之實現，有賴

[120] 這是由Tony Clement，加拿大工業局局長（Minister of Industry）及James Moore，加拿大古蹟與語文局局長（Minister of Canadian Heritage and Official Languages）共同提案於2010年6月2日國會進行一讀的版本，Government of Canada Introduces Proposals to Modernize the Copyright Act,可由以下網站參考立法背景及相關資料：Parliament of Canada, Second Reading in the House of Commons and Referred to Committee (November 5, 2010), http://www2.parl.gc.ca/Sites/LOP/LEGISINFO/index.asp?Language=E&List=list&Type=0&Chamber=C&StartList=2&EndList=200&Session=23（最後瀏覽日：2010年11月10日）。

[121] 羅明通，著作權法論(II)，台英國際商務法律出版，2009年9月，第7版，頁145。

於著作權之合理使用。

（二）為促進國家文學、科學、藝術及其他學術範圍之文化發展，應對於著作財產權人予以一定程度之限制，使在合理範圍內，允許國民得公平利用他人著作。

（三）著作人於創作著作時，往往攝取先人之文化遺產，多少受先人直接或間接之啟發與影響，故個人之創作，於某程度上，亦為社會協力之成果，縱屬個人之創作作品，性質上亦負有國民共有文化財產之潛特性，其利益應於合理使用範圍內由社會成員所共享，使其他成員得以公平利用。

著作權之合理使用原則，性質上係屬於對著作財產權之限制，亦即為著作財產權效力所不及之處，若利用行為符合著作權法對於合理使用之規範，即不構成著作權之侵害（著作權法第65條第1項、第91條第4項）。

我國著作權法關於合理使用之限制，於第44條以下就各種情形予以詳加規範，茲表列如下：

表5-2

類型	條號	內容	附註
國家機關運作目的	§44	立法或行政目的之重製	§63I得加以翻譯該著作
	§45	司法程序使用之重製	§63I
教育或學術研究目的	§46	學校授課需要之重製	§63II得加以改作該著作、§63III得加以散布該著作
	§47	教育目的之重製或播送	§63III
	§48①	文教機構供個人研究之重製	§63I、§63III
	§52	引用他人著作之條件	§63I §63III
	§53	視聽覺認知障礙者之利用	§63I、§63III
	§54	考試目的之重製	§63I、§63III

<table>
<tr><th>類型</th><th>條號</th><th>內容</th><th>附註</th></tr>
<tr><td rowspan="6">保存文化、提升藝文目的</td><td rowspan="2">§48②③</td><td>基於保存資料必要之重製</td><td>§63III</td></tr>
<tr><td>應同性質機構要求之重製</td><td>§63III</td></tr>
<tr><td>§48-1</td><td>論文摘要之重製</td><td>§63I、§63III</td></tr>
<tr><td>§57</td><td>美術或攝影著作之公開展示</td><td>§63III（§57II）</td></tr>
<tr><td>§58</td><td>在戶外展示之美術或建築著作之利用</td><td>§63III</td></tr>
<tr style="display:none"></tr>
<tr><td rowspan="7">資訊自由流通目的</td><td>§49</td><td>時事報導必要之利用</td><td>§63I、§63III</td></tr>
<tr><td>§50</td><td>機關或公法人名義之著作之利用</td><td>§63I、§63III</td></tr>
<tr><td>§52</td><td>引用他人著作之條件</td><td>§63I、§63III</td></tr>
<tr><td>§56</td><td>廣播電視播送之短暫錄音或錄影</td><td></td></tr>
<tr><td>§56-1</td><td>無線電節目之轉播</td><td></td></tr>
<tr><td>§61</td><td>時事問題論述之轉載或轉播</td><td>§63I、§63III</td></tr>
<tr><td>§62</td><td>政治或宗教上之公開演說之利用</td><td>§63I、§63III</td></tr>
<tr><td>公益活動目的</td><td>§55</td><td>非營利之公開使用</td><td>§63I</td></tr>
<tr><td rowspan="2">商品流通目的</td><td>§59-1</td><td rowspan="2">權利耗盡原則</td><td></td></tr>
<tr><td>§60</td><td></td></tr>
<tr><td>個人非營利使用</td><td>§51</td><td>個人使用目的之重製</td><td>§63II</td></tr>
<tr><td>特別規定</td><td>§59</td><td>電腦程式著作之修改或重製</td><td></td></tr>
</table>

然法律條文多屬抽象性規定，實際利用行為是否符合合理使用之規範，並不易判斷，我國遂於1992年修法時，參照美國著作權第107條合理使用原則訂立本法第65條關於合理使用之補充性判斷標準予以活用。惟著作利用之態樣日趨複雜，舊法規定已顯僵化，無足適應實際上之需要，例如修正前雖規定老師依教育或授課需要得重製或公開播送他人之著作（§46、47），惟未規定得公開口述該著作，

縱依著作權法第52條得為引用他人之著作，仍無法圓滿涵攝至逐字朗讀課文之行為態樣，蓋朗讀行為是否屬「引用」，不無疑義。故為擴大合理使用之範圍，遂將本條修正改為概括性之規定[122]，使未合於本法第44條至第63條之利用態樣，仍得因此具法律上依據而正當化。

貳、加拿大法案-Bill C-32

改變對著作權的傳統應用方式，唯有通過修法與世界各國立足於數位平台，才是維持加拿大在國際社會的競爭力，同時兼顧創作者與消費者二者之間的利益平衡，加拿大執政黨於2010年6月，提出「著作權現代化法——Copyright Modernization Act」的著作權法修正草案，希冀能對保障創作者與消費者，配合世界智慧財產組織中（the World Intellectual Property Organization, 以下簡稱WIPO）與網路有關的條約，及1996年制定的WIPO著作權條約（the WIPO Copyright Treaty）與WIPO表演及錄音條約（the WIPO Performances and Phonograms Treaty）的規範。

截至目前尚未進入三讀的草案[123]，在2010年12月又歷經四次會議，本草案內容主要有關著作權電子化議題，關於網際網路使用人在文件搜尋及引用上之權利，對合理使用（fair dealing）[124]規範更為明確，避免新興科技發展迅速中使用人誤蹈法網。如為了個人使用目的

---

[122] 詳見1998年著作權法第65條第2款修法理由。經濟部智慧財產局編，歷年著作權法規彙編專輯，經濟部智慧財產局出版，2005年9月，頁246。

[123] Parliament of Canada, http://www2.parl.gc.ca/Sites/LOP/LEGISINFO/index.asp?Language=E&Chamber=N&StartList=A&EndList=Z&Session=23&Type=0&Scope=I&query=7026&List=stat（最後瀏覽日：2012年6月10日）。

[124] 加拿大著作權法使用的原文是fair dealing，和一般美國法的fair use意義相同。

錄製電視、廣播、網路節目，或是從合法取得的音樂、影片中使用MP3或其他裝置存取備份，應是一般人民日常生活所需的部分，不應該使人民有動輒得咎的恐懼，當使用人具備以下情狀時，可以合法使用而不須有任何使用上的疑慮：(1)為非商業目的性的使用；(2)原件乃經由合法方式取得；(3)複製或下載的複件無法取代原件，且不會因複件的存在影響原件的聲譽或市場價值；其他則可根據殘障人士的需要，進出口相關的著作，如點字或有聲書之類。

將著作權使用規則明文化，使企業在科技研發，軟體互控性及安全檢測、防毒程式等部分的還原工程上，或為以上目的的科技保護措施內的規避措施，皆能受到合理保護而不妨礙到科技的研究；此外，暫時性、非以重製為目的、純為技術上考量的重製行為是可以被接受的。使學術與研究——使教育工作者有更多選擇，教師和學生可根據教學目的使用網路資料，除課堂使用還包括遠距教學的需要，或特殊性質的學習，如音樂系的學生利用網路做歌曲的混音或搭配；教師依據教學需要，可將教材利用網路傳送給學生使用，而每位學生依法可以印下一份當成課堂講義。師生可以使用網路上，經由著作權人同意無償提供的內容，並且可以當成教材複製數份給其他同學使用；本法更加確保科技中立的原則，可以用複製複件的方式顯示著作內容，使學生直接在螢幕上觀看，而不需用掛圖或架設投影機；再如以往規範只能在課堂中觀賞如戲劇之類的演出，現在則擴及至為教學目的，當師生有需要時可以合法觀賞影片或其他視聽著作；過去，學校必須付費才能取得傳播節目的授權播送，此次立法明確涵蓋教育目的的使用，亦即學校不須再支付授權金。

一、擴大對合理使用的範圍

本次立法擴大對合理使用的範圍，特別是為了教育、嘲諷、幽默目的部份的規定[125]，還包括最引人注意的網路檔案下載時，如時間轉換（time shifting）——暫時重製及格式轉換（format shifting）——複製副本以為教學或研究而用的規定，然而新法案中又有電子鎖的規範，前述合理使用在遭逢電子鎖問題時並不適用，因此，法案提出後在加拿大學界及輿論皆有廣泛討論，為保障創作人有足夠的餘裕度於加拿大境內從事創作，並且在著作人和消費者間取得合法的、足夠的平衡[126]，新法案對違法複製DVD影片或網路音樂科處罰金加幣5,000元，加拿大當地媒體指出[127]，此法之通過其實是保障到生產音樂、影片、軟體的公司。觸法的個人及企業都將面對加幣100萬罰金的處罰[128]，無論是書本、電影、音樂、或其他電子裝置，只要著作權人加上電子鎖，則以著作權的保障為優先，也就是上述的合理使用範圍也不再受到保障，即使是有關圖書館合理使用的規定部分，加上5日內必須銷毀的內容，而遠距教學所需的教材也必須在30日內銷毀。

簡言之，電子鎖的規定成為此次修法極大爭議的部分。若購買的合法CD 或DVD有加電子鎖裝置，當消費者移除後想轉換成別種型態儲存，就有觸法的可能，即使提案人Tony Clement聲明[129]，此罰責乃針對大規模的蓄意侵害者，而非針對一般的、偶然的、一首歌的下

---

[125] Bill C-32, *An Act to Amend Copyright Act*, 3rd Sess., 40th Parl., 2010, cl.29.

[126] 這是提案人Tony Clement於2010年6月2日在加拿大蒙特婁（Montreal）一場記者會中的說明。Tories Propose Far- Reaching Changes to Copyright Act, CTV.ca News, Jun. 2, 2010, http://www.ctv.ca/CTVNews/Canada/20100602/copyright-act-clement-100602（最後瀏覽日：2010年6月16日）。

[127] *Id.*

[128] 在草案C-32第42條補充條文中，第3.1項中有(a) (b)兩款罰責，(a)款最多可處罰行為人加幣一百萬元罰金或科或併科五年以下有期徒刑。See Bill C-32, *An Act to Amend Copyright Act*, 3rd Sess., 40th Parl., 2010, cl.42(3.1)(a).

[129] Tony Clement其後於接受電視專訪（CTV's Power Play）時所做的說明。Tories Propose Far- Reaching Changes to Copyright Act, CTV.ca News, Jun. 2, 2010, http://www.ctv.ca/CTVNews/Canada/20100602/copyright-act-clement-100602/（最後瀏覽日：2010年6月16日）。

載者，當然此法的執行會保障影音及遊戲軟體公司，但這類型大公司往往提供給加拿大國民眾多工作機會，甚或超過雇用15,000人；保守黨認為此法案是彰顯加拿大政府配合國際公約，同時鞏固加國本身娛樂事業的好機會，兩年前[130]亦曾嘗試提案但因反對勢力過大未獲通過，此次再度提案不但有助於銜接世局，同時保障加國的創意與設計領域。

但一般民眾接受度就不是立法當局所能掌控的，雖然網路無國界的特質使得國與國之間的藩籬縮小，但各國國民的風土民情有時卻超過時局的發展，目前在加拿大社會普遍的看法仍有許多存疑，既然可以經過這麼多年都沒有修改，要變動自然要更謹慎考慮，與之前草案最大的不同點，新法除了電子鎖的規定外似乎處處為消費者著想，然而單是電子鎖的規範又把所有的權益都回歸到影音業者身上，試想合法買到的CD或DVD即使為本身的使用目的，只要上面有電子鎖的配備，消費者就不能在家中複製備份甚至儲存於其他裝置上，如此都和新法牴觸。

在購買者必須為空白CD或錄音帶等配備多付稅金的同時，若是在家中將個人資料儲存備份，並未涉及任何歌曲或音樂下載，依據新法行為人仍有觸法可能，因為電子鎖的限制將招致民怨，因而影響此法案通過的可能性，試想從合法購買的CD中下載歌曲到MP3播放器，就有觸法的可能，人民並不會認為這樣的法規是以人民的立場做考量，以一首歌罰5,000加幣來看，10首歌就是5萬加幣，除非被檢舉後行為人能舉證主張毫無犯意，否則極容易被控告違法。

電子權利管理加上電子鎖的限制，會損害消費者的權益，因為不破壞電子鎖是沒有辦法製造備份的，如果你擁有一片CD上面不小心有刮痕，當然你會希望能擁有一樣視聽品質的複製片，連為自己使用的複製片都不能準備，違反了當時購買的動機及買受人對其擁有物

[130] 2008年曾提出C-61草案。

品的權利；電子鎖的限制也破壞了此次修法的美意，雖然混音著作在這次草案中也受到保護，但試想當有電子鎖的限制時，無論格式或時間的影音轉換，一方面有權利管理電子資訊系統的保護，另一方面卻是電子鎖的限制，真的會使當事人混淆。

電子鎖的規定乃為保障著作權人的收益，無論是創作者本人或藝術公司，皆可以因為授權金而獲益，但目前在加拿大空白CD片或其他視聽產品，都已先提取相關的授權金在賣價中，因此電腦或儲存設備或其他影音裝置，是否都應考慮降低稅賦，否則消費者等同多次被收取費用；雖然以電子權利管理加上電子鎖的限制，避免消費者未付費卻以複製或轉載方式，自由享用著作人的辛勤結晶，但相對地，也有可能是妨礙了作品的流傳與文化的積累，原本可以輕易被保存的創意構思，因為層層限制，反而造成保管不易或保存不當。

二、民間團體的修正建議

代表加拿大數百位藝術家的團體──「撥款藝術聯盟」（Appropriation Art）[131]，對C-32草案提出回應及意見，不但對參與此次草案前的討論及草案內容不滿意，同時也質疑此草案中對電子鎖與合理使用範圍部分的內容[132]。2008年的C-61草案促成「撥款藝術

[131] 該藝術聯盟代表加拿大廣泛的藝術社區，現在參與人數超過600個藝術家，策展人，導演，教育家，作家及藝術領域的相關協會和組織，此團體之存在乃為對加拿大著作權政策，並為藝術家和未來的授權金提撥制度與藝術發展，表達關切及參與、提供意見。Appropriation Art, http://translate.google.com/translate?hl=zh-TW&sl=en&tl=zh-TW&u=http%3A%2F%2Fwww.appropriationart.ca%2F&anno=2（最後瀏覽日：2010年6月26日）。「撥款」（Appropriation）的意思在此應指立法機關為達到某種公共利益，將一筆款項撥給某單位，如為鼓勵藝術發展而撥款給藝術聯盟，該聯盟因此而能運作成立「撥款藝術聯盟」（Appropriation Art）。「撥款」（Appropriation）的中英文解釋分別見於Black's Law Dictionary,8th ed., West,a Thomson Business（2004）及元照英美法詞典，元照出版，2003年5月。

[132] Michael Geist, Appropriation Art on C-32: Needs Amendments, http://www.michaelgeist.ca/content/view/5147/196/（最後瀏覽日：2010年6月25日）。

聯盟」的成立，當時雖十分關切並希冀該法案之通過與施行，惟最後仍無功而返，C-61草案並未通過，因應此次保守黨再次提案，「撥款藝術聯盟」仍熱切關注並積極投入對新法的建議，至少以上百封的信件表達意見，但在草案內容中卻未見到對聯盟建議事項的回應，令該聯盟十分沮喪，並發表公開聲明以示不滿，聲明重點如下：

（一）創意及合理使用規範不足

在新法中除非是以譏諷時事或以幽默方式利用，否則並未給藝術家們使用既有材料與散佈成品的途徑，又因為電子鎖的限制，藝術家並沒有對現有材料自由使用的空間，如此會扼殺當代藝術家的創意發展空間。合理使用部分則依據：1.憲法保障的人民表達之自由（Freedom of Expression），藝術家應有對各項資訊與材料使用的自由途徑，無論是合理使用保障的權利內涵或是作品表達於公共領域（Public Domain）[133]，其管道都應是中性與自由的。合理使用乃保護大眾使用著作的餘裕度，避免發生著作權人的獨占行為。2.合理使用規定，在草案第29條[134]中對譏諷時事或以幽默方式的利用有除外規定，第29.21條[135]包括混音作品的合理使用。

草案對於合理使用採取的是明列法，也就是不在列舉範圍的就不能適用合理使用的除外規定，如此反而是限縮了藝術家使用現有著作的自由，其實只要在條文中加上「諸如此類」（such as）的字樣，便可改進此項限縮。此法案對撥款授權使用的規定也是同樣力有未逮，前述的合理使用必須為個人及非商業性的目的。

[133] 著作財產權存續期間屆（一般以著作權人死亡後五十年）或著作權人拋棄其著作財產權時，該著作則歸屬到公共領域。

[134] Bill C-32, *An Act to Amend Copyright Act*, 3rd Sess., 40th Parl., 2010, cl.29.

[135] Bill C-32, *An Act to Amend Copyright Act*, 3rd Sess., 40th Parl., 2010, cl.29.21.

（二）科技與公領域的規定不明

草案中反規避措施部分包含科技保護措施及電子鎖，使得此份草案更難被接受，因為主張合理使用而得到的權利，又因為反規避措施而失去，以電子鎖規定為例，法律效力將超越合理使用或前述最高法院的判決，草案第41條有科技保護措施的除外規定，但合理使用並不在其中，藝術家為了創作以嘲諷或喜劇方式合理使用材料，但因為使用的材料中有電子鎖，而電子鎖並不能被移除，這樣的結果是藝術家不能使用有電子鎖的材料，如CD、錄影帶、電子檔案、網路資訊等等。公共領域部分的問題更嚴重，照目前新法科技保護措施及電子鎖將無法移除，使得著作即使已成為公共財後，會因為這類措施而使得一般民眾無法自由使用，著作的公共領域部分形同不存在。

基於前述理由，該聯盟表示本草案若未經過修正或加上補充條文，將無法予以支持。

三、實務

Canadian Ltd. v. Law Society of Upper Canada (2004)[136]一案有關會計帳簿表格設計與內容，並未符合判斷作者技術貢獻的部分，亦不符合原創性之要求，上訴法院對會計帳冊首先判斷是否須加入作者創意部分，因此本案（以下簡稱CCH案）不符合原創性之要求。CCH案有關非營利性質之法學資料搜尋系統服務，提供給法學研究者、律師、司法人員，有關案例資訊、法條、判決要旨……資料，原告指稱被告提供影印、傳真等服務項目侵害其著作權。

被告Law Society of Upper Canada自1822年在安大略省經營非營利之專業法律規範公司，自1845年開始，Law Society維持及管理一家加拿大最大的法律文獻、圖書及研究之圖書館，同時提供司法人員

---

[136] 1 S.C.R 339, 236 D.L.R. (4th) 395, 2004 S.C.C. 13.

及館中研究員複製服務，原告CCH Canadian Ltd.、Thomson Canada Ltd.及Canada Law Book Inc.出版法律書籍及資料，1993年對被告主張著作權侵害請求，因為上述圖書館提供影印服務，複製該公司出版品，應要求法院對被告頒布永久禁制令。

被告認為對已做成教科書之法院判決意見書、案例綱要、法規及節錄公約條款等，為研究目的所進行之影印不能視為侵害著作權，CCH案爭點在於原告所主張之著作，是否在著作權法所保障之原始創作（original works）範圍內？圖書館可授權其館內研究為目的之複製，且主張不侵害著作權？圖書館影印可主張為合理使用嗎[137]？原告主張被告不但複製其出版品，並提供傳真及出售行為，其侵害行為亦不應受著作權法除外規定之保護。

被告提供之傳真服務是否構成著作權法中對公眾播送及傳遞（to the public）[138]，CCH案承審法官在最高法院判決中指出，原告所主張之著作權的確存在，然而被告並未侵害著作權，因其使用符合著作權法中合理使用之規定（s.29），因此，駁回原告上訴，亦即同意被告使用並不構成著作權之侵害，著作權法保障創意附著之型態成果，而不保障創意本身，即創意所附著之成品，進而表現出著作權法所涵蓋的部分[139]。如加拿大著作權法第2條中（s.2）對戲劇作品及電腦程式定義，亦採取此種概念和意涵[140]。

原創性判定標準在本案中，法官提及「sweat of the brow」（提供勞力心血者）之最低標準，即以創作人投入心力、血汗做為衡量，

---

[137] s.29 of the Copyright Act, R.S.C. 1985, c. C-42.

[138] s.3 (1) (f) of the Copyright Act.

[139] Moreau v. St. Vincent, [1950] EX. C. R. 198, at P. 203. 本案中法院判決書中提及，著作權法主旨非保障創意本身，而是如形諸於文學作品，因創意無法保障，是公共財產部分（public property），而作品則為著作權人本身所有。

[140] 其他案例亦曾出現此類探討，如Goldner v. Canadian Broadcasting Corp. (1972), 7 C.P.R. (2d) 158 (F.C.T.D), at P. 162; Grignon v. Roussel (1991), 38 C.P.R. (3d) 4 (F.C.T.P), at P. 7。

若採取「創造性」（creativity）標準則要求過高，代表作品必須具備新穎性或非顯而易見性（類似或等同在專利法中之要求），此不等於著作權法要求，自原作者衍生而來之著作影印與作者技術或判斷，因此不認為要有創造力才能形成著作；著作權法保障著作權非創意或見解本身（idea），而是概念表現（expression）[141]。

第四節　結論

合理使用在台灣的判決中亦無定論，尤其是線上音樂活動盛行的現代，衍生的相關問題更多，合理使用的理論與運用發展至今，因為科技一日千里與複製技術日新月異，合理使用解決了新科技造成的新興著作權議題，如瞬間轉接的電視錄影功能，利用還原工程的電腦程式和網路搜尋引擎功能等，不僅促進科技研發進步，刺激研發者間的創意，也帶動整體產業的蓬勃成長，整體論述優點如下。

壹、合理使用於科技社會之運用及優勢

電子複製與分配資訊的技術發展，使得傳統著作權產生極大變革，在科技研發與運用後對著作權人產生挑戰，也使其蒙受鉅大利益，如廣布其作品的速度與費用降低，而因其散布之快速卻也造成著作權間接侵害責任的產生，Sony一案確定實質非侵害使用的合理使用理論，在美國著作權法中是十分重要的案例。電視節目著作權人控告Sony公司製造可瞬間轉錄的錄影機器，影響其節目之重製權，被

[141] 在加拿大著作權法中第5條（s.5）對著作權客體有詳盡規定，包括如何取得著作權、著作物之保護。

告（Sony）主張機器在買賣當時，製造商已失去對消費者日後使用用途之控制；原告主張被告Sony公司應負擔輔助侵權責任，因其製造會令消費者違背著作權法之商品[142]，法院認為任何商品若包含有可能被違法使用的部分，則必須和實質非侵害目的的使用形成平衡，即「平衡測試」（balancing test），VCR機器的主要目的乃轉錄一時無法觀賞的節目，純以無線傳播的觀念視之，消費者的使用是在「合理使用」（fair use）的範圍。

最高法院經由本案首度確認「實質非侵害目的的使用」理論，如使用者轉錄夜間新聞，經由無線廣播使大眾能廣為欣賞的節目並不會限定私人無法藉由瞬間轉換（time-shifted）而轉為私下放錄（private viewer），同樣地原告無法成功地提出實證以證明此VCR機器對市場造成的影響，因此認定此機器的使用構成實質非侵害目的的使用，所以被告也不構成輔助侵害責任[143]，也因為此案，在探討侵害使用的理論時，擴大對「合理使用」的範圍至實質非侵害的使用。

一般認為Sony案最大貢獻乃為科技的革新創造良好的避風港，甚或是以科技政策為主的一項重大指標[144]，也為電腦科技業者在發展如P2P技術時，突破著作權法對間接侵害責任行為人的種種要件要求及討論實際知情或擬制知情的差別，亦即最高法院在確定技術研發者，因其裝置、產品被用於侵權部分的使用，而必須負擔的第二順位侵害行為責任，與基於社會福祉、國家整體經濟發展的福利，而對保障發明人與設計人提供的極佳論據與實務見解作為基礎，在著作權法的立法目的與美國憲法對社會人文作品與創作的心血結晶保障的立法

[142] Sony Corp. of Am., 464 U.S. 417.

[143] *Id*. at 454-56.

[144] Elizabeth Miles, *Note, In re Aimster & MGM, Inc. v. Grokster, Ltd.: Peer-to-Peer and the Sony Doctrine,* 19 Berkeley Tech. L.J. 21, 25 (2004).

意旨得知[145]。

貳、創新科技開闊及便利人們的生活所需

二十世紀末以來，網路技術更新加上MP3下載功能的提昇，如UMG控告MP3.com一案，因被告網站使使用人免費下載歌曲[146]，UMG要MP3.com修正提供此項服務，除非使用人能證明在下載之前已合法擁有該歌曲，如此則迫使消費者無法享用著作權法「合理使用」之理論，反而得準備數份CD，為辦公室、車上、家庭……不同場所之使用，而透過MP3播放器可輕易下載歌曲及複製[147]，亦即消費者必須先到MP3.com網站上開戶，再證明其合法擁有該歌曲之所有權，並表明希望透過網路聆聽，然後才能由MP3.com經由任何一台相連結的電腦聆聽歌曲。

UMG指控被告，縱容其使用人對未經授權之音樂也任意下載[148]，法院最終判決被告幫忙其使用人，使其侵害他人之著作權[149]，而此結果是否忽視使用人在其已擁有合法著作，使用電子設備複製前必須有購買證明或合法擁有之證明，如此對其擁有「合理使用」之權利是否又受到限制，儘管為個人目的之使用、複製其已合法購置之著作，當在合理使用之範圍內，因此判決對於使用人之權利，又多增添不確定之因素。

著作權法保障著作人及其他相鄰權利人，促進公眾福祉並使權利人不因他人不當使用其著作而損失其市場利益，但又希望後進者能

[145] U.S. Const. art. Ⅰ, § 8, cl. 8.

[146] *UMG Recordings, Inc. v. MP3.com, Inc.*, 92 F. Supp. 2d 349 (S.D.N.Y. 2000).

[147] MP3.com, Inc. 92 F. Supp. 2d, at 350-51.

[148] *Id.*

[149] *Id.* at 351-52.

善用前人的智慧結晶，創造出更好的作品，因此如何在其中拉出一條界線——也就是可以使著作人的作品啟發更多後人的創作，但又不影響其作品的市場商業價值，不至於和其他作品造成混淆誤認，又能因科技的創新而使普羅大眾更能廣為運用。

第六章　垃圾郵件防止法之探討

第一節　前言

網際網路形成人類生活型態的新革命，尤其是電子郵件帳戶的設計，跨越國際與時效的限制，人與人之間的書信來往不但即時而且免費，對於以書面聯繫的商旅或學術人士，達到無遠弗屆的效果，然而，有此類收發信件習慣的你我，必定對於垃圾郵件（Junk E-Mails）造成的困擾深惡痛絕，不但增加層層過濾信件的時間，也引發部分正常信件經過封鎖名單（Block Lists）及垃圾郵件清除器（Spam Filters）的使用，反而被歸類到垃圾郵件的分類中[1]；根據資料統計，垃圾電子郵件於2001年約占全球電子郵件總量的7%，但至去年2011年已占全球電子郵件總數比例之71%，儘管有垃圾郵件過濾機制，仍有將近五分之一的垃圾郵件送進企業的電子郵件信箱裡[2]。

此外，目前台灣法制也是處於模糊階段，相較于傳統犯罪行為的追查與執行，垃圾郵件發信人又增加了查緝不易與變換位置迅速的缺點，如果要以既定的法規加以處罰，會增加更多限制與障礙，商業訴訟並不能為不當封鎖名單的行為提供良方，考慮上述種種問題後，再加上衡量台灣既有法制解決此類問題，將面臨的困難與障礙之探討，本文以下將依序說明美國既有法制與實務判決，希冀能為垃圾郵件防止法提供省思與依據。

* 本文附錄草案至2015年5月31日仍未通過。

1 本文作者自身即有多次經驗，如果寄件者的名稱不夠詳細或是從商業網站寄發，都有可能被丟置到垃圾信件中，因此作者也養成隨時檢查垃圾郵件資料夾的習慣。

2 T客邦，2011年網際網路有什麼驚人發展，58個簡單數字告訴你，http://www.techbang.com.tw/posts/8190-2011-development-from-the-internet-73-simple-number-tells-you（最後瀏覽日：2012年8月20日）。

第二節　美國既有法制之介紹

參考美國經驗並檢視美國法規制度，以通訊端正法、電子千禧著作權法垃圾郵件管制法等，從而對台灣設立新法的相關立法之評析，提出建議與內容。

壹、通訊端正法

通訊端正法（the Communications Decency Act ,CDA）[3]後來成為1996年美國電信法的一部分[4]，限制網路使用人創造與寄送資料的內容，從而鼓勵正常淨化的使用以維護網路發展，規範如下行為：任何參與網路系統服務的網路服務提供業者或使用人，不會因為他人散佈資料而被視為與有責任，同時對於出於善意移除任何涉及猥褻、淫蕩的、侮辱性或騷擾的檔或檔案上傳也免責，亦即此法乃在阻絕網路色情污染，保障網路服務提供人與使用人的清淨空間，與防堵垃圾郵件有異曲同工之妙。

貳、電子千禧著作權法

1998年美國制定電子千禧著作權法（the Digital Millennium Copyright Act，DMCA）[5]，內容有關反規避條文之定義及罰則，如

[3] See 47 U.S.C. s 230(b) (2006).

[4] Telecommunications Act of 1996, Pub. L. No.104-104, 110 Stat. 56.

[5] Pub. L. No. 105-304, 112 Stat. 2860 (1998).

規避DRM系統以取得著作物[6]，追蹤裝置以獲得使用途徑進行規避[7]及追蹤破解DRM在複製及分配檔限制[8]，DMCA規範使著作權人增加對著作保障之權利[9]，DMCA[10]第512(a)款至(d)款規範網路服務提供者（Internet Service Providers, 簡稱ISPs）的免責形態，和前述通訊端正法不同乃在於，網路環境中賦予網路ISPs業者「避風港」[11]，使著作權人得通知網路服務提供者移除網路流通之侵權數據，而網路服務提供者若遵循法律所定之程式，亦得就使用者侵害著作權及製版權之行為，主張不負損害賠償責任。ISPs業者則需要舉證證明已盡力維護其防範措施，才能主張上述之免責規定。

參、垃圾郵件管制法

防治垃圾郵件的立法遭遇以下困境，其一，對跨國案件無法可管，其二，多數的小型公司或事業單位體運作系統，無法如同大型企業有完整的法律部門予以協助控管，因此出現莫衷一是的做法[12]，垃圾郵件常以虛偽的主旨偽裝成正常郵件，吸引收信人的開啟與閱

---

6 § 1201(a)(1)(A).

7 § 1201(2).

8 § 1201(b)(2)(B).

9 DMCA內容有對於侵害行為刑罰規定，增加著作權人求償管道及可能性。

10 17 U.S.C. § 512 (2000).

11 通稱為避風港（safe habor）條款（DMCA § 512(a)- (d)），如a.暫時性的電子網通訊，使用人單純分享資訊的情形；b.儲存系統，使用人居間或短暫的儲存系統資料及工作；c.由使用者控制的系統或網路儲存的資訊，當使用人作業系統，ISPs為善意第三人，完全不知情使用人從事侵害著作權的行為，且未因此行為獲取任何利益，一旦獲悉，立即終止及移除上述危害著作權之資料；d.標示資料位置的工具，ISP使用資訊位置工具的免責情形，如使用目錄、指引、網路連結、關鍵字等。

12 Jonathan I. Ezor, *Busting Blocks: Revisiting 47 U.S.C. § 230 to Adress the Lack of Effective Legal Recourse for Wrongful Inclusion in Spam Filters,* 17 Rich. J.L.&Tech. 16(2010).

讀，如果只是宣傳其中夾帶的商業訊息或廣告，至多只有花費收信人的時間，但最可怕的結果是夾帶病毒，對收信人的電腦系統造成攻擊和摧毀[13]，為了解決此項問題，美國除了各州立法並於2003年由聯邦制訂法規——全名稱為「不請自來之色情暨行銷濫送管制法」，簡稱「垃圾郵件管制法」（Controlling the Assault of Non-Solicited Pornography and Marketing Act, CAN-SPAM Act of 2003）[14]，包含傳送商業電子郵件的相關規範。

這項法案也訂定了散佈垃圾郵件者與使用垃圾郵件推銷產品之公司的違法罰則，並賦予收件者要求電子郵件寄件者停止寄發垃圾郵件的權利。此法的規範物件主要涵蓋用於廣告或推銷商業產品或服務的電子郵件，包括網站上的內容，而條文中規範所謂「交易或維持現有關係之訊息」（transactional or relationship message）[15]，乃指有助於以協定之交易或針對現有商業關係之客戶提供更新資訊的電子郵件，這種郵件不得包含不實或誤導性的路徑資訊[16]，垃圾郵件管制法共有十三條條文，此法對於大量寄送垃圾郵件，並符合本法要件的行為模式才能予以規範，而在要件之外的行為就無法防治，因而也造成了相當數量的避法行為[17]，此法是最貼近防治垃圾郵件的立法。

---

[13] [13] Bob Sullivan, New Virus Spread Through Burst of Spam, MSNBC, Aug. 9, 2004, http://www.msnbc.msn.com/id/5652313（最後瀏覽日：2011年6月18日）。

[14] Controlling the Assault of Non-Solicited Pornography and Marketing Act of 2003, Pub. L. No. 108-187, 117 Stat. 2699, 15 U.S.C. §§7701-7713 (Supp. 2004). 另參考美國參議院通過反垃圾法，CNET新聞專區：Declan McCullagh, Nov.26,2003, http://www.metamuse.net/2003_11_01_archive.html（最後瀏覽日：2011年4月4日）。

[15] 15 U.S.C. §§7702.

[16] 電子郵件行銷的秘訣，支持中心Microsoft Office，http://office.microsoft.com/zh-hk/help/HA001218944.aspx（最後瀏覽日：2011年4月4日）。

[17] Michael P. Jungman, *You've Got Libel: How the CAN-SPAM Act Delivers Defamation Liability to Spam-Fighters and Why the First Amendment Should Delete the Problem*, 58 Emory L.J. 1023(2009).

肆、小結

以下就前述「通訊端正法」、「電子千禧著作權法」及「垃圾郵件管制法」在適用上的區別進行分析。台灣草案為順應國際間專法規範趨勢，參考美國「2003年垃圾郵件管制法」為主，因「通訊端正法」規範的範圍較窄，「通訊端正法」以阻絕網路色情污染，保障網路服務提供人與使用人免除遭受不潔郵件的侵犯；「電子千禧著作權法」立法目的則為保障著作權人權益，避免違法的剽竊與複製，並與世界智慧財產權組織（the World Intellectual Property Organization，簡稱WIPO）規範的著作權條約（Copyright Treaty）精神一致，DMCA規定中的罰金高達美金50萬元或科或併科5年以下有期徒刑[18]，連續犯罰金提高至100萬美元，最高刑期提高至10年。

「垃圾郵件管制法」為台灣此次草案的主要參考對象，該法主管機關為美國聯邦貿易委員會（Federal Trade Commission ,以下簡稱「FTC」），美國法賦予主管機關廣泛多樣之具體許可權，「FTC」得透過司法部向法院訴請濫發者給付民事罰款或請求法院發出禁制令，「FTC」亦得自行發出停止命令（cease and desist orders）及請求法院發出暫時處分（temporary restraining order）、暫時禁制令（preliminary injunction）甚至永久禁制令（permanent injunction）。與台灣主管機關依草案第3條為國家通訊傳播委員會大相徑庭，但就定義與其他規範多採取「垃圾郵件管制法」的內容。

[18] 17 U.S.C. § 1204(a)(1) (2000).

第三節　美國實務

觀察美國實務發展趨勢，防治垃圾郵件面臨幾項限制，首先，考慮立法政策，是否有法律可以規範如新聞稿中出現贊助商的名稱，如將此類郵件皆歸類為垃圾郵件則範圍太過廣泛。因此，首先定義何謂垃圾郵件就考驗著立法者的智慧。其次，電子郵件往往涉及跨州及跨國界的地域問題，因此當無法取得相同標準的規制時，如何使當事人出庭與執行其資產，又形成另一種執法的障礙，加上網路散佈人的身分難以追查，變動身分和位址簡易而迅速使得查緝行動進行更加不易；再者，使用者往往使用名單封鎖（block listing）與垃圾郵件過濾（spam filters）方式封鎖垃圾郵件，經由網路及電子商務郵件使用的廣泛散播，網路社會必須思考是否成效已彰。

壹、發展趨勢

Jay Hormel為美國肉罐頭製造商，他將其製造的一種添加香料的肉罐頭（spiced pork and ham），透過命名比賽稱為SPAM[19]，spam一詞會成為垃圾郵件的代名詞，最早與由一部英國喜劇團（Monty Python）演出的「愛吃肉罐頭的維京人」（Spam-loving Vikings）有關，該劇中飾演妻子的角色在餐廳用餐時，並不想吃SPAM肉罐頭，但侍者不斷提供與SPAM肉罐頭有關的功能表[20]，周圍的人高聲稱頌SPAM肉罐頭達120次，從此，SPAM一詞成為「重複、毫無益處、喧

[19] SPAM罐頭外型見SPAM.COM，http://www.spam.com/（最後瀏覽日：2011年6月19日）；雲端運算安全趨勢Blog部落格，http://domynews.blog.ithome.com.tw/trackbacks/1252/107460（最後瀏覽日：2011年6月19日）。

[20] *Supra note* 17, Michael P. at 1018.

賓奪主、令人厭煩郵件的代名詞」[21]。另一說則是SPAM是指同步刊登廣告（Simultaneously Posted Advertising Message）的縮寫。而那些大量寄發SPAM的人就被稱為SPAMMER。SPAM，指的就是那些未經你的同意，就大量寄到你的信箱中的郵件。其內容多半為一些誇大的廣告，像是各式產品的DM、服飾、藥品、色情、直銷、交友訊息、補習班或是賺大錢……等等。近年來更有些SPAM在內容中直接夾帶惡意軟體（Malware）或是惡意軟體的連結又或是一些釣魚詐騙的網址連結[22]。

1994年4月13日一對移民律師夫妻檔Laurence Canter和Martha Siegel以「Green Card Spam」為標題展開垃圾郵件的開端[23]，使用者往往使用名單封鎖與垃圾郵件過濾方式封鎖垃圾郵件，封鎖名單乃針對最惡質的垃圾郵件散佈人做出名單，警示一般大眾封鎖其寄發的信件，最早由Paul Vixie's所做的名單開始（稱為Real-time Blackhole List）[24]，他同時也經營著一個預防郵件濫用系統（the Mail Abuse Prevention System, MAPS），由此開始的系統進展至ISPs業者以連結伺服器的方式，藉由更新封鎖名單的方式預先過濾垃圾郵件寄

[21] 雲端運算安全趨勢Blog部落格，http://domynews.blog.ithome.com.tw/trackbacks/1252/107460（最後瀏覽日：2011年6月19日）。

[22] 呂宗翰，企業的Anti-SPAM大作戰（上），網路資訊雜誌，2009年7月11日，http://news.networkmagazine.com.tw/forum/eray/2009/07/11/13929（最後瀏覽日：2011年6月21日）。

[23] Ray Everett-Church當時為美國移民律師協會（American Immigration Lawyers Association, AILA）的資訊專家（Information Specialist），幫該協會釐清與整理美國政府的移民政策和訊息，當時參與處理此事。Ray Everett-Church: "*The Spam That Started It All, Wired,* Apr. 13, 1999", available at http://www.wired.com/politics/law/news/1999/04/19098（最後瀏覽日：2011年6月20日）。

[24] Robert McMillan: " What Will Stop Spam? Paul Vixie Hopes His Realtime Blackhole List Will at Least Be a Start, SUNWORLD (Dec. 1997) ", http://sunsite.uakom.sk/sunworldonline/swol-12-1997/swol-12-vixie.html（最後瀏覽日：2011年4月7日）。介紹Paul Vixie此人在捍衛其網路使用權上對垃圾郵件所做的種種努力。

件者[25]，其後有數個封鎖名單由非營利組織主動維護[26]，如英國的Spamhaus計畫，或Julian Haight's SpamCop也是最早由義工協助，再轉售給營利性的電子郵件保全公司[27]，如Symantec廠商提供和封鎖名單相容的軟體出售，包括ISP業者管理私人郵件的伺服器 或是遠距分享服務應用的伺服器模式（application service provider, ASP）[28]，攻擊惡客往往使用稱為字典式攻擊的技術（dictionary attacks）[29]，鎖定以數位與字母串聯的所有電子郵寄地址組合，再寄發數量龐大的商業垃圾郵件，而郵件封鎖名單的技術則是在收到任何一封類似郵件時，馬上將寄件者資訊加入郵件封鎖名單中。

另一種方法是根據寄發郵件的伺服器，接受郵件時即選擇拒絕接收或直接跳過不予接收，無意間散佈的公開郵件會形成發佈垃圾郵件的溫床，散佈者經常使用此種方法隱藏不受歡迎的郵件來源[30]，而最易造成困擾的還有以開放轉發或匿名轉發（Open-Relay）方式寄發郵件的做法，即郵件伺服器忽略郵件發送者或接受者的是否是系統所設定的使用者，對所有的郵件一律開放進行轉發的功能[31]。針

---

[25] *Id.*

[26] [26] See About Spamhaus: “SPAMHAUS”, http://www.spamhaus.org/（最後瀏覽日：2011年4月8日）。

[27] [27] See SpamCop FAQ: “What is SpamCop's History?, SPAMCOP.NET”, http://www.spamcop.net/fom-serve/cache/109.html（最後瀏覽日：2011年4月8日）。

[28] [28] Symantec Brightmail AntiSpam: “Advanced Antispam and Email Security Solution for the Enterprise, SYMANTEC”, http://eval.veritas.com/mktginfo/enterprise/fact_sheets/ent-factsheet_brightmail_antispam_6.0_08-2004.en-us.pdf（最後瀏覽日：2011年4月11日）。

[29] [29] See Dictionary Attack Spam: “ONLYMYEMAIL ANTI-SPAM BLOG”, http://blog.onlymyemail.com/dictionary-attack-spam/（最後瀏覽日：2011年4月13日）。

[30] [30] See Joseph Neubauer: “Fortify Your Email Transport - Part 2, MICROSOFT(June 21, 2002)”, http://technet.microsoft.com/en-us/library/cc750375.aspx（最後瀏覽日：2011年4月15日）。.

[31] [31] 若郵件伺服器開放此功能，則稱此種郵件伺服器是Open-Relay，“Open mail relay”, http://en.wikipedia.org/wiki/Open_mail_relay（最後瀏覽日：2011年4月15日）。

對此種現象，目前做法是在系統內安裝過濾程式或使用伺服器直接排除垃圾信件，如SORBS公司（The Spam and Open Relay Blocking System, SORBS）[32]的產品及提供的服務。除此之外，很多的廣告信若不是用open relay的郵件伺服器發信，而使用獨特的廣告信發信軟體配合撥接ADSL動態IP，甚至使用郵件本身的漏洞由主機自行發信給內部帳戶；而對外部郵件也有系統可以加裝防阻功能[33]，如不對外開放的伺服器若允許其中之一的用戶寄發垃圾郵件，即使是偶發事件也有可能使得所有用戶，包括伺服器本身都被加入封鎖名單，造成極大不便。

貳、相關判決

2006年*Omega World Travel, Inc. v. Mummagraphics, Inc.*[34]*[34]*案中，Mark Mumma經營Mummagraphics公司，一家網路服務器業者公司（Internet service provider, ISP），有關網頁、功能變數名稱註冊、網頁商標設計等服務，在歷經垃圾郵件的干擾後，他建立了一個網站稱為「控告垃圾郵件寄發人」（Sue a Spammer）[35]，公告所有寄發垃圾郵件給他的公司及個人名單，同時控告所有未經其同意擅自寄發垃圾郵件的當事人。2004年12月29日Mumma收到Omega World Travel（Omega）公司寄發的電子廣告信，隨即和Omega公司聯繫並經其公司職員保證絕不再寄發郵件給Mumma，至2005年1月27日

[32] [32] SORBS: “The Spam and Open Relay Blocking System”, http://www.sorbs.net（最後瀏覽日：2011年4月15日）。

[33] [33] See XBL Advisory: “Exploits Block List, SPAMHAUS”, http://www.spamhaus.org/XBL（最後瀏覽日：2011年4月15日）。

[34] [34] *Omega World Travel, Inc. v. Mummagraphics, Inc.*, 469 F.3d 348, 352 (4th Cir. 2006).

[35] “SUEaSpammer.com, Home Page (2009) ”, http://web.archive.org/web/20050205152641/; http://www.sueaspammer.com（最後瀏覽日：2011年6月15日）。

Mumma卻繼續收到Omega的廣告信，Mumma在其網站上將Omega放入即將控訴名單（NEXT IN LINE TO BE SUED）。

在Mumma控告Omega前，Omega先採取行動控告Mumma，指稱Omega公司及職員為寄發垃圾郵件人（spammers），構成譭謗（defamation）[36]，而Mumma則反控Omega公司違反奧克拉荷馬州（Oklahoma）的反垃圾郵件法[37]與聯邦的垃圾郵件管制法（CAN-SPAM）[38]，第四巡迴法院於2006年的判決結果認為Omega公司寄給Mumma的信件，並不構成侵害CAN-SPAM法，在之後的訴訟中[39]Mumma被認定涉嫌譭謗，並須支付給Omega公司美金250萬元做為損害賠償，在維吉尼亞州東區地方法院，Leonie Brinkema法官裁定不僅在網站上散佈他人是寄發垃圾郵件人違法，指控他人侵害CAN-SPAM法亦構成譭謗；然而時至今日，當時CAN-SPAM法內容是否有模糊不清或定義不明之處，隨著時間的驗證及垃圾郵件造成的困擾，同樣的案件事實可能會有不同的解讀結果。

參、評論

美國憲法第一修正案保障人民的表達自由，但以網路活動盛行甚而多數人「以網維生」的今日，垃圾郵件所製造的困擾與窒礙，非當時立法背景可以想像，現今垃圾郵件所造成的龐大數量，藉助價廉快速的數字傳媒，成為收信人極大的噩夢，要花費極大的代價與時間刪除及清理。垃圾郵件常以虛偽的主旨偽裝成正常郵件，吸引收信人的開啟與閱讀，如果只是宣傳其中夾帶的商業訊息或廣告，至多只有

---

[36] *Supra note* 17, Michael P. at 1015.

[37] Okla. Stat. tit. 15, §776.1(A)(3) (2005).

[38] 15 U.S.C. §§7701-7713 (2006).

[39] *Omega World Travel, Inc. v. Mummagraphics, Inc.*, No. 1:05cv122 (E.D. Va. Apr. 27, 2007).

花費收信人的時間，但最可怕的結果是夾帶病毒，對收信人的電腦系統造成攻擊和摧毀[40]。垃圾郵件收件人必須承受垃圾郵件的成本，以傳統方式宣傳的一方必須付費買下廣播電視或報章雜誌的廣告，然而電子郵件佔據的使用人的網路空間，因此垃圾郵件發送人無異形成對收件人的干擾與侵權[41]，影響收件人必須過濾與刪除的時間，阻擋正常信件被讀取的機會，更甚而造成收件人在讀取信件時的不安與焦慮感。

無論是電話行銷或郵件寄發都需至少耗費成千上萬的預算，而電子郵件的寄送恰好可以避免這類成本[42]，而且恰如其反地，垃圾郵件的成本轉嫁到收件者身上，收件者必須花費時間將郵件分類與過濾，科技方法對於封鎖垃圾郵件確有實際可行的做法，如強制商業廣告郵件前皆加上「ADV」[43]字樣，如此使網路服務器業者、公司、收件人可輕易辨識，目前垃圾郵件發送人以假編拼字或嵌進信件內容的做法，矇騙篩檢程式使其無法讀取或進行刪除，垃圾郵件雖然節省大筆廣告經費。然而即使未經過篩檢程式的刪除，給收件人造成負面印象，亦即收信人可能沒有任何思考立刻刪除，同時也會形成被伺服器業者、科技部門、垃圾信篩檢程式、抵制垃圾信組織、垃圾信名單、收信人貼上「垃圾信」的標籤化[44]。但指稱他人為垃圾郵件發送人也

[40] *Supra note* 13.

[41] Jeremiah Kelmen, *E-Nuisance: Unsolicited Bulk E-mail at the Boundaries of Common Law Property Rights*, 78 S. Cal. L. Rev. 363, 387-89 (2004) .

[42] Larry Riggs: "Special Report: Costs: Telemarketing, Direct, Mar. 15, 2001", at http://www.directmag.com/mag/marketing_special_report_costs_3（最後瀏覽日：2011年10月3日）; Lily Zhang, *The CAN-SPAM Act: An Insufficient Response to the Growing Spam Problem,* 20 Berkeley Tech. L.J. 304 (2005).

[43] Jeffrey D. Sullivan & Michael B. de Leeuw, Spam After CAN-SPAM: How Inconsistent Thinking Has Made a Hash out of Unsolicited Commercial E-Mail Policy, 20 Santa Clara Computer & High Tech. L.J. 887, 896 (2004).

[44] *Supra note* 17, Michael P. at 1051(2009).

意味著被起訴的可能性，在Mumma案中抵制垃圾信件的個人或相關組織，可能面對的是大型企業及其高價聘請的律師團嚴陣以待的代價。

第四節　對相關立法之評析與建議

亞洲近鄰諸如日、韓、星、港、中國大陸等亦於近年紛紛實行立法管制。鑒於台灣網路通訊發達、資訊科技先進，自電子商務興盛以來，即已飽受商業電子郵件氾濫之苦。然國內立法仍停滯不前，非但影響廣大網路使用者權益，對台灣網路環境健全發展之公益需求亦有所戕害，本文依台灣現況及目前研擬之「濫發商業電子郵件管理條例」草案內容提出以下建議，希冀對解決未來草案實施的障礙有所貢獻。

壹、台灣現況

台灣立法院於2000年5月曾提出第一份草案版本，名為「電子廣告郵件管理條例」。惟當時立法時機未臻成熟，法案旋即擱置。而後，台灣經建會法協中心委託太穎國際法律事務所研究，並在2003年年底將研究成果提交行政院NICI[45]小組。其後由NCC籌備處主導，

[45] 過去台灣政府在資訊通信推動上有「行政院國家資訊通信基本建設專案推動小組（簡稱NII小組）」、「行政院資訊發展推動小組（簡稱院資推小組）」及「行政院產業自動化及電子化推動小組（簡稱iAeB小組）」等三小組。為提升整體性推動相關業務效率，奉院長核定三小組合併，並經行政院於2001. 04. 04第2728 次院會通過，將合併後之名稱改為「行政院國家資訊通信發展推動小組」英文名稱為Information and Communications Initiative Committee」（簡稱NICI小組）。

並得交通部電信總局之協助，召開多次工作會，邀請各方代表與專家學者等共同討論，以研擬政策內容並形成草案初稿。2004年6月NCC籌備處正式將「濫發商業電子郵件管理條例草案」函請交通部轉行政院審議，其間，交通部並陸續召開三次專案會議進行審查，NCC籌備處複再邀請學者專家及各界人士召開三次會議進行討論。隨即於2004年10月交通部將「濫發商業電子郵件管理條例草案」函請行政院審議。目前研擬之「濫發商業電子郵件管理條例」草案，已經台灣行政院審查完畢，將於立法院新會期開議時，函送立法院審議；尚待台灣立法院三讀通過後，本條例才會生效施行[46]。

貳、立法建議

本文由商業電子郵件之發送流程，依次介紹發送前階行為、行為規範、商業電子郵件到達後三階段所適用之草案內容，並提出立法建議。

一、「垃圾郵件」之定義

一般而言，對「垃圾郵件」之定義分為二類。其一，定義垃圾郵件為：在未受請求或未經同意下寄送商業廣告郵件，簡稱為「未經許可的商業電子郵件」或「不請自來的商業電子郵件」（Unsolicited commercial E-mail, UCE）。此定義認為，垃圾郵件的特點是企業者將廣告成本移轉到網路服務業者與個人，強調當涉及商業目的時，無須證明所寄送的郵件是否已達一定數量。此外，標明「商業」性質即可與政治或宗教訊息相區別。

46 立院退回「濫發商業電子郵件條例」，http://www.ithome.com.tw/itadm/article.php?c=54515（最後瀏覽日：2012年2月2日）。

其二，在未受請求或未經同意下，以高頻率方式， 在短時間內，向數量龐大之人寄送電子郵件，簡稱為「未經許可的大宗郵件」或「不請自來的大宗郵件」（Unsolicited Bulk Mail, UBE）。此種定義認為，電子郵件內容（不管是否是商業性）與它所造成的損害無關，關鍵非成本由寄送者轉嫁到接收者，而是接收者、傳遞訊息的網路服務業者，在不自願下承擔損失。因而寄送者的動機在法律上並不重要。

第一種定義強調電子郵件與商業交易、社會結構的關聯性，第二種則以強調電腦安全為主。

本文建議定義為「限於商業電子郵件之濫發電子郵件」，要件包括：

1. 以行銷商品或服務為主要目的之電子郵件。
2. 規範物件限於e-mail，不包括行動、簡訊。
3. 非既存交易相關資訊，也就是不包含：
   (1)締結經發信人、收信人雙方同意之契約所需聯繫者。
   (2)提供收信人所需商品或服務之保證、召回、回收或安全資訊者。
   (3)通知收信人交易期限、權利義務變更或繼續性契約關係之進行狀況等重要交易資訊者。
   (4)依據發信人、收信人雙方同意之交易條件，提供商品或服務，及其後續之更新者。

二、賦予主管機關可實施調查之具體依據

台灣草案採民事特別法之立法理念，希冀透過民事損害賠償制度填補收信人之損害，且為節省行政人力與公務資源，對此種私權爭執儘量不以行政手段介入，以避免拖垮行政效能，因此，草案並未賦予主管機關調查許可權。台灣「行政程序法」第36條以下雖規定行政機關得調查事實證據，然僅適用于行政機關作出行政處分或其他行

政行為之情形，若依目前草案「民事特別法」之設計，並無適用餘地，此種立法考慮與美國法賦予主管機關廣泛多樣之具體許可權，大相徑庭。

與美國法相較，在建構NCC此一通訊傳播獨立監理機關之根本大法——「通訊傳播基本法」中，亦未如同「TCACT」般賦予調查權或其他許可權，故該法並無主管機關可實施調查之具體依據，即便以2007年4月4日下達之「國家通訊傳播委員會實施違反電信法事件行政檢查作業要點」為例，性質上仍屬實施「電信法」第55條所賦予主管機關許可權之第一類行政規則，該要點所規定「行政調查」之發動，系以「電信法」為作用法之依據。

草案中明定主管機關得實行之行政行為形式，但台灣「行政程序法」僅為重要原則性規定，當行政機關欲取得所需資訊，仍須仰賴相關人民之自願配合，若人民不願配合，則須有其實體作用法之規定為依據 ，即主管機關處理具體個案時，由於並無制裁效果之規定（無罰則擔保其實現），仍無法有效取得作成行政行為所需資訊，就濫發商業電子郵件事件而言，結論並無不同，因此，本文建議主管機關應積極規範作用法上之依據。

三、應規範發送電郵之前階行爲

台灣草案就發送電郵之前階行為並無任何規範，本文以為，由於目前「電腦處理個人資料保護法」正進行修法，或許草案欲將電子郵寄地址搜集行為由該法規範之故，然現今搜集、買賣電子郵寄地址現象嚴重、各種工具程式、軟體不斷推陳出新，濫發技術亦不斷演進，且基於管制商業電子郵件之「立法整體性」，允宜將其訂入條文，以利適用，美國「垃圾郵件管制法」相關規定可資參照，此與台灣法案內容亦不致產生衝突，本文以為至少應將字典式攻擊、電子郵件搜集等行為納入管制。

參考美國相關立法「垃圾郵件管制法」（CAN-SPAM ACT）將

濫發電郵之前階行為，包括字典攻擊（dictionary attacks）、搜集電子郵寄地址（address harvesting）、自動註冊取得大量電子郵寄地址、未獲授權入侵他人電腦、冒用身份註冊電郵位址、網路帳號或功能變數名稱大量發信、冒用IP 位址大量發信等行為一併納入規範，除可強化執法效果，亦符合管制商業電子郵件立法之整體性。

本文建議台灣宜參考美國法「字典式攻擊」定義與構成要件之規定，再酌予調整，至於加重賠償之法律效果，為求管制成效，且與台灣民事法律制度亦不衝突，亦可考慮繼受。其次，美國法亦嚴禁電子郵寄地址搜集行為，明定若「電子郵寄地址系以自動化方式從網站或私營之線上服務取得，且該網站或私營線上服務之管理者已聲明其所維護之任何電子郵寄地址絕不供他人發送電子郵件之用」[47]者，其構成要件包括「自動化方式」、「違反他人同意」、「從網際網路上取得」等三項，並則明定法院得加重該濫行搜集電子郵寄地址者之賠償額度，鑒於電子郵寄地址為郵件發送之必備前提，透過自動化方式搜集電子郵寄地址更予以濫發行為極大助力，建議台灣應繼受此一禁止規定，至其法律效果則應配合其他條文內容酌情調整。

四、垃圾郵件規制的基本模式選擇

目前各國管制「商業電子郵件」之立法例可概分為「OPT-OUT」（選擇退出）及「OPT-IN」（選擇進入）兩種制度，除歐盟所屬國及澳洲等實行OPT-IN制外，美國等多個國家則采OPT-OUT機

[47] 詳見《CAN-SPAM ACT》Sec.5(b)(1)(ii) “the electronic mail address of the recipient wasobtained using an automated means from an Internet website or proprietary online serviceoperated by another person, and such website or online service included, at the time the address was obtained, a notice stating that the operator of such website or online service will not give, sell,or otherwise transfer addresses maintained by such website or online service to any other party forthe purposes of initiating, or enabling others to initiate, electronic mail messages”。

制，鑒於「OPT-OUT」立法例系允許發信人在收信人同意前得寄送商業電子郵件，待收信人明確表示拒絕接收後續來信時，始不得再行發送，此制度較不利於收信人，為保障收信人權益及兼顧發信人商業言論自由，以利電子商務發展，台灣援用折衷歐陸OPT-IN及美國OPT-OUT機制，將商業電子郵件發信機制定為「默示拒絕」機制，賦予發信人得進行「一次」合法商業電子郵件行銷行為，經實施首次商業電子郵件發送行為後，若收信人未明示願意繼續接收者，發信人不得再行發送商業電子郵件，並應於商業電子郵件中載明「默示拒絕」機制意旨，便於強調收信人對後續來信得採「默示拒絕」，除可確保收信人權益外，尚得敦促發信人注重行銷品質及商業形象。草案主要所要保護的法益為：

（一）不受干擾與遭受經濟或非經濟損害的危險

(1)由於垃圾郵件並非收信人所要求或願意收受，收信人應該有選擇是否收取或選擇收取何種資訊之權利。

(2)因此本條例將個人此種資訊自主選擇與不受他人干擾之權利具體化，而賦予個別收信人有權決定是否收取商業電子郵件，將決定權全權交由個別消費者自主決定（Opt-out政策）。

(3)此外這種信件之大量干擾，造成個人使用電子郵件上之不便，且進一步造成機會成本的損失（時間的浪費等）。

（二）相關業者財產權的侵害

此一問題的根源主要來自於網際網路電子郵件發送上，私人成本不等與社會成本，導致有經濟學上所謂的「外部性」問題發生。大量垃圾郵件的發送，將此一外部性成本，不當地轉嫁相關業者（少部分則轉嫁給個別收件人），如過濾機制將損耗ISP業者額外資源，如電腦運算能力、資料儲存空間等，間接也增加業者購買設備、頻寬之壓力等。

（三）整體社會資源的無益損耗

根據統計多數垃圾郵件內容為收信人所不欲收取之資訊，而此類資訊大量的傳輸，無疑是造成網路資源的消耗，與廣大公眾無益成本的花費。除了佔用網路空間，影響傳輸速率外（特別是在中小型的ISP 業者或電子郵件服務提供者，更為顯著），更進一步地花費在防堵、過濾、追蹤Spammer上的成本耗費更是難以估計。

從保障消費者財產權和隱私權的角度，採取用opt-in的方式為行銷，以迴避標示主旨欄的規定更為有利，惟此涉及立法者在衡量消費者和ISP業者以及主管機關等各方利益後所作出之決定立法方向。 故整體而言，強制足以辨識其為商業電子郵件之標示雖其主要目的乃賦予消費者一個方便的工具，然對於打擊詐欺性的垃圾郵件亦具有補強作用，不能輕易忽視其功用。行銷業者與ISP業者宣稱強制標示主旨欄之規定，會造成合法行銷業者因為郵件被隔離而蒙受巨額損失。本文以為消費者目前已有諸多過濾郵件之工具，則在「主旨欄強制標示」亦屬某種過濾標準，以「商業」、「廣告」字樣為準，刪除這些消費者不想要看之郵件，如此而言行銷業者同樣面臨相同的損失。然而若無「主旨欄強制標示」，則消費者將缺少了一樣防範合法行銷業者之防火牆，蓋不論是合法或非法之行銷郵件，消費者均有拒看之權利，只要是消費者不想看到的，其應有選擇刪除之權利。

權衡消費權利與商業需求二者之間的取捨，避免因過度限制而抑制了網路世界的發展，但不能因此而剝奪了消費者之權利。將台灣商業電子郵件發信機制定為「默示拒絕」機制，賦予發信人得進行「一次」合法商業電子郵件行銷行為，經實施首次商業電子郵件發送行為後，若收信人未明示願意繼續接收者，發信人不得再行發送商業電子郵件，並應於商業電子郵件中載明「默示拒絕」機制意旨，便於強調收信人對後續來信得採「默示拒絕」，除可確保收信人權益外，尚得敦促發信人注重行銷品質及商業形象。

附錄

台灣濫發商業電子郵件管理條例草案

條　文	說　明
第一條　為維護網際網路使用之便利，避免濫發商業電子郵件之干擾，提升網路環境之安全及效率，特制定本條例。	由於商業電子郵件濫發行為，嚴重妨礙網際網路使用效率，造成整體社會成本無謂損失，為保障電子郵件使用者與電子郵件服務提供者得拒絕此類行為之侵擾及危害，並順應國際間專法規範趨勢，爰參考美國「2003年垃圾郵件管制法」（CAN-SPAM Act of 2003）、日本「特定電子郵件適正發送法」等規定，制定本條例。
第二條　本條例用詞，定義如下： 一、商業電子郵件：指發信人以行銷商品或商業服務為目的，透過網際網路傳送之電子郵件。但不包括基於既存交易關係提供相關資訊者。 二、電子郵寄地址：指電子郵件使用者之電子郵件伺服器及其帳號之識別字。 三、信首信息：指附加于電子郵件之來源、路徑、目的地及發信日期等足資辨識發信人之資訊。 四、電子郵件服務提供者：指設置電子郵件伺服器提供他人發送、傳輸或接收電子郵件之服務者。 五、網際網路接取服務提供者：指提供用戶以有線、無線或其他接取連線方式連接網際網路服務之業者。 六、發信人：指發送商業電子郵件之法人、團體或個人。 七、收信人：指使用電子郵寄地址接收商業電子郵件之法人、團體或個人。 八、濫發商業電子郵件：指發信人有違反第四條或第五條規定之行為。	一、參考各國立法例所規範物件，多僅限於「商業電子郵件」，理由系因目前所稱垃圾郵件問題，絕大多數源於以行銷商品或服務為目的之電子郵件，其他類型郵件，如宣傳宗教、政治等理念之電子郵件，基於維護言論自由及個人之通訊秘密，且事實上此類電子郵件出現短時間內大量發送而嚴重佔用網路容量可能性較低，故各國法律多未加規範，本條例亦采相同之管理方式，並參考美國「2003年垃圾郵件管制法」第三條第二款定義，于第一項第一款定義「商業電子郵件」，其範圍系以發送目的在於行銷商品或服務而透過網際網路傳送之電子郵件，但不包括基於既存交易關係而發送之情形。 二、第一項第二款「電子郵寄地址」定義，系參考美國「2003年垃圾郵件管制法」第三條第五款內容，明定「電子郵寄地址」指電子郵件使用者之電子郵件伺服器及其帳號之識別字。

條　　文	說　　明
九、字典式濫發：指經由軟體或程式將字元、符號或數位隨機排列組合，自動產生電子郵寄地址，以發送電子郵件之行為。 前項第一款但書所稱基於既存交易關係提供相關資訊，指有下列各款情形之一者： 一、締結經發信人、收信人雙方同意之契約所需聯繫。 二、提供收信人所需商品或商業服務之保證、召回、回收或安全資訊。 三、通知收信人交易期限、權利義務變更或繼續性契約關係之進行狀況等重要交易資訊。 四、依據發信人及收信人雙方同意之交易條件，提供商品或商業服務，及其後續之更新。	三、第一項第三款「信首資訊」定義，系參考美國「2003年垃圾郵件管制法」第三條第八款內容，指一般附加於電子郵件之首，非屬於電子郵件內容之一部分，用以說明該郵件之來源、路徑、目的地及發信日期等一般用以辨識發信人之資訊。 四、第一項第四款「電子郵件服務提供者」，系指以架設電子郵件伺服器提供電子郵件服務之人，包括電子郵件之發送、傳輸或接收。 五、第一項第五款「網際網路接取服務提供者」，系指提供使用者連接網際網路服務之人，包括有線、無線或其他接取連線方式均屬之。 六、第一項第六款「發信人」，不限於首次寄送商業電子郵件者，私人轉寄之行為，若其系以行銷商品或商業服務為目的而為發送時，亦屬本款所稱發信人。 七、第一項第七款明定「收信人」之定義。 八、第一項第八款「濫發商業電子郵件」，明定本條例所規範之濫發商業電子郵件行為態樣。 九、發送商業電子郵件前之諸多準備行為中，以字典式攻擊（dictionary attack）危害較為嚴重，亦與濫發商業電子郵件行為具直接密切關聯性，應予禁止，為符合法律明確性，爰參照技術實務，于第一項第九款加以定義，並將技術實務上習稱之「字典式攻擊」改稱「字典式濫發」，以符合本條例管制濫發行為之旨。 十、為明確規範本條例所定之商業電子郵件範圍，爰參考美國「2003年垃圾郵件管制法」第三條第十七款對於「現有交易或一定關

條　　文	說　　明
	係（transactional or relationship message）」之定義，于第二項明定第一項第一款但書所稱「既存交易關係」之認定基準。
第三條　本條例之主管機關為國家通訊傳播委員會。	定明本條例之主管機關，以明權責。
第四條　發信人發送商業電子郵件，應符合下列規定： 一、首次發送時，應於郵件中提供收信人得選擇同意繼續接收同一發信人同類郵件之免費回傳機制或聯絡方式，並應載明如收信人未回傳者，視為拒絕繼續接收。 二、經收信人同意後續行發送者，應提供收信人得選擇不再接收同一發信人同類郵件之免費回傳機制或聯絡方式。 三、於郵件主旨欄加注「商業」、「廣告」或其他經主管機關公告足資辨識其為商業電子郵件之標示。 四、提供正確之信首資訊。 五、提供發信人及其委託人之名稱或姓名及其營業所、事務所或住居所。 發信人與收信人訂立發送商業電子郵件之契約，其約定違反前項規定者，無效。	一、目前各國管制「商業電子郵件」之立法例可概分為「OPT-OUT」（選擇退出）及「OPT-IN」（選擇進入）兩種制度，除歐盟所屬國及澳洲等實行OPT-IN制外，美國等多個國家則采OPT-OUT機制，鑒於「OPT-OUT」立法例系允許發信人在收信人同意前得寄送商業電子郵件，待收信人明確表示拒絕接收後續來信時，始不得再行發送，此制度較不利於收信人，並衡酌臺灣國情，為保障收信人權益及兼顧發信人商業言論自由，以利電子商務發展，爰折衷歐陸OPT-IN及美國OPT-OUT機制，將臺灣商業電子郵件發信機制定為「默示拒絕」機制，賦予發信人得進行「一次」合法商業電子郵件行銷行為，經實施首次商業電子郵件發送行為後，若收信人未明示願意繼續接收者，發信人不得再行發送商業電子郵件，並應於商業電子郵件中載明「默示拒絕」機制意旨，俾強調收信人對後續來信得采「默示拒絕」，除可確保收信人權益外，尚得敦促發信人注重行銷品質及商業形象。 二、依前述立法意旨，為保障收信者選擇接收後續來信與否之權利，爰于第一項第一款要求發信人發送首封商業電子郵件時，為使收信人得表

條　　文	說　　明
	示願意繼續接收之意思，應於郵件中提供回傳機制，並載明「如未回傳者，視為拒絕接收」之文字，以資明確。另為避免發信人故意提供較高費用之回傳機制，形同強迫收信人同意接收後續來信，損及收信人權益，爰參酌歐盟指令第十三條第二項及德國、英國立法例應提供無償媒介（free of charge and in any manner）之旨，規定發信人提供之回傳或聯絡機制應為免費，以免除收信人回應成本，保障其權益。 三、收信人原已同意接收商業電子郵件，若日後不願繼續接收商業電子郵件者，為使收信人得為拒絕繼續接收之表示，爰于第一項第二款規定發信人應提供回傳機制或聯絡方式，且為避免發信人將該成本轉嫁於收信人，並規定發信人應提供免費之回傳機制或聯絡方式。 四、為使電子郵件服務提供者及收信人于開啟商業電子郵件前，有辨識及過濾該電子郵件之可能，于第一項第三款明定發送商業電子郵件時，郵件主旨應加注「商業」、「廣告」字樣；此外，考慮國際間發展其他新興通用標示之可能，故就主管機關公告之其他足資識別商業電子郵件之標示，亦應加注，以有效識別。 五、為期商業電子郵件行銷引發交易糾紛或其他損害時，得有效追查發信人，參考美國「2003年垃圾郵件管制法」第五條第(a)項第一款、日本「特定電子郵件適正發送法」第三條第四款規定，于第一項第四款規定商業電子郵件發信人應提供正確之信首資訊。

條　文	說　明
	六、為有效確認商業電子郵件發信人之身分，參考美國「2003年垃圾郵件管制法」第五條第(a)項第五款、日本「特定電子郵件適正發送法」第三條第二款規定，于第一項第五款規定應表明發信人之名稱及其營業所、事務所或住居所，另為利收信人求償，亦將委託人並列之，至於委託人之意義及相關契約類型，宜依其與發信人間之私法關係定之。 七、鑒於垃圾郵件危害頗巨，且臺灣屬歐陸法系，民事請求權基礎系以契約關係為先，無契約關係者，始另行探討侵權行為成立與否。為避免發信人利用與收信人間訂立發送契約之方式排除本條例有關發送要件之適用，本條規定應解為民法第七十一條之強制規定，若當事人間發送契約內容有違反本條規定者，應屬無效，以維護收信人權益，爰于第二項明定，以資明確。
第五條　發信人不得有下列行為： 一、發送首封商業電子郵件後，未經收信人明示同意接收之意思，仍為發送者。 二、明知或可得而知收信人已為拒絕接收商業電子郵件之表示，仍為發送者。 三、明知或可得而知商業電子郵件之主旨有虛偽不實或引人錯誤之表示，仍為發送者。 四、明知或可得而知商業電子郵件之信首資訊有虛偽不實，仍為發送者。 五、以發送商業電子郵件為目的，實施字典式濫發或其他經主管機關公告之發送行為。	一、按「默示拒絕」機制，系為便於收信人在眾多商業電子郵件中，僅須針對有意續收之來信加以回應，並為避免產生意思表示不明之爭議，應以收信人之「明示」意思為續行發送之要件，未明示同意接受者，則視為收信人拒絕繼續接收，爰配合第四條第一項第一款規定，於第一款明定發送首封商業電子郵件後，未經收信人明示同意接收，均視為不同意接收後續同類來信，發信人不得再行發送商業電子郵件，以降低收信人處理及回應商業電子郵件成本，確保其權益。 二、由於收信人對是否收取商業電子郵件，具有選擇之權利，就收信人選

條　　文	說　　明
	擇拒絕接收同類信件之決定，發信人應予尊重，第二款爰明文禁止發信人于明知或可得而知收信人已為拒絕接收商業電子郵件之表示時，再發送同類郵件，以免侵害收信人之通信自由。 三、為避免收信人因虛偽不實或引人錯誤之主旨內容，而影響其開啟郵件之決定，減少商業電子郵件可能產生之干擾，參考美國「2003年垃圾郵件管制法」第五條第(a)項第二款，於第三款明定，禁止發信人明知或可得而知其商業電子郵件之主旨有虛偽不實或引人錯誤之表示仍為信件之發送，以配合第四條第一項第三款規定。 四、為敦促發信人確實履行第四條第一項第四款所定提供正確信首資訊規定，爰于第四款明文禁止明知或可得而知商業電子郵件之信首資訊有虛偽不即時，仍為發送之行為。 五、鑒於字典式濫發行為危害收信方電子郵件服務資源甚巨，參酌美國「2003年垃圾郵件管制法」第五條第(b)項、日本「特定電子郵件適正發送法」第五條、韓國「推廣資訊、通訊、網路使用及資訊保護法」第五十條第六項及新加坡「垃圾郵件控制法」第十二條規定，于第五款明文禁止該行為，另為因應濫發技術發展，對於由主管機關日後另以公告方式補充規範之其他濫發行為，亦不得為之。
第六條　主管機關得命電子郵件服務提供者及網際網路接取服務提供者實行必要措施，防止濫發商業電子郵件。 前項所定必要措施，由主管機關公告之。	一、發信人從事濫發行為之途徑有二，一為透過電子郵件服務提供者濫發，二為自行架設電子郵件伺服器透過網際網路接取服務提供者上網濫發，為有效防止濫發商業電子郵

條　　文	說　　明
電子郵件服務提供者及網際網路接取服務提供者，于發信人實施字典式濫發或其他經主管機關公告之發送行為，認為對服務之提供有發生障礙之虞者，得拒絕傳遞或接收該發信人之電子郵件，並應提供適當申訴管道，處理爭議案件。 前項服務提供者，於拒絕傳遞或接收特定發信人之電子郵件後十四日內，應將通信紀錄報主管機關備查，並保存一定期間；其應報備查之通信紀錄範圍、格式、保存期間及其他應遵行事項之辦法，由主管機關定之。	件，宜就源頭進行管理，爰並將電子郵件服務提供者及網際網路接取服務提供者列為本條例管理物件，于第一項明定主管機關得命電子郵件服務提供者及網際網路接取服務提供者實行必要措施，防止濫發商業電子郵件，並于第二項授權主管機關公告必要措施之相關事項，此必要措施性質上屬實質法規命令，並予敘明。 二、為規制對網際網路服務資源危害甚巨之字典式濫發行為及其他主管機關因應技術發展調整公告之發送行為，同時避免因該等濫發行為導致臺灣IP網段遭列黑名單，受到國際抵制，以保障民眾網路使用權利，參酌日本「特定電子郵件適正發送法」第十一條及韓國「推廣資訊、通訊、網路使用及資訊保護法」第五十條之四第一項規定，于第三項授權電子郵件服務提供者及網際網路接取服務提供者，藉由技術層面，在特定條件下得拒絕傳遞或接收濫發之電子郵件，以強化服務提供者之實務防制能量，保障大多數民眾網路通信權益。又本項規定性質上為授與服務提供者拒絕之權利，而非課予義務，故未訂有相關罰責，惟業者如有不當之拒絕傳遞或接收、未設置適當管道處理申訴案件或處理不當者，主管機關仍得依電信法或消費者保護法相關規定予以適當處置。 三、另為防杜電子郵件服務提供者及網際網路接取服務提供者，濫用第三項所定之斷訊權利，並便利主管機關日後稽查，俾供處理相關爭議時之參考，爰于第四項明定該服務提供者於實施斷訊措施後十四日內，

條　　文	說　　明
	應將相關紀錄報主管機關備查，並授權主管機關就應報備查之通信紀錄範圍、格式、保存期間及其他應遵行事項，另訂辦法，以利適用。
第七條　發信人違反第四條或第五條規定，致收信人受有損害者，負損害賠償責任。 收信人雖非財產上之損害，亦得請求賠償相當之金額。 前二項損害賠償總額，以每人每封商業電子郵件新臺幣五百元以上二千元以下計算。但能證明所受損害高於該金額者，不在此限。 基於同一原因事實致多數收信人受有損害，其合計最高損害賠償總額以新臺幣二千萬元為限。但因該原因事實所得利益逾新臺幣二千萬元者，以該所得利益為限。 第二項請求權，不得讓與或繼承。但已依契約承諾或已起訴者，不在此限。 第一項及第二項損害賠償請求權，自請求權人知有損害及賠償義務人時起，二年間不行使而消滅；自行為時起，逾五年者，亦同。	一、收信人因他人濫發商業電子郵件受有財產上及非財產上損害時，雖可依民法侵權行為之相關規定請求損害賠償，然鑒於此一侵權行為態樣特殊，爰于第一項及第二項明定收信人得請求財產上及非財產上之損害賠償，惟何種權益受侵害始得依本條例請求非財產上損害，按侵權行為得請求慰撫金者，以法有特別規定者為限，依濫發行為事件性質觀察，應以人格法益之侵害為主。 二、鑒於濫發商業電子郵件可能造成收信人使用電子郵件服務之不便，或時間損耗等不易或不能舉證其損害額之情形，為有效制止商業電子郵件之濫發行為，並便於收信人主張其權利，爰參酌著作權法第八十八條第三項體例，及美國「2003年垃圾郵件管制法」第七條法定損害賠償額之規範模式，于第三項擬制損害賠償額，俾利收信人於此一範圍內向法院請求酌定之。 三、因同一原因事實導致眾多收信人受害時，為避免發信人因損害賠償額過巨無法負擔，爰參考電腦處理個人資料保護法第二十七條第四項規定，于第四項明定行為人之最高賠償總額為新臺幣二千萬元。惟若發信人違反本條例所獲得之利益超過此一最高賠償上限時，不應使其保有超過之違法所得利益，故應以其所得利益為限。至有關「同一原因事實」之認定，原則上應以發信人於相當時間內發送相同內容之商業電子郵件為基準，並此敘明。

條　　文	說　　明
	四、非財產上之損害賠償請求權，因與被害人之人身相關，具有專屬性，不適於讓與或繼承，爰參考民法第一百九十五條第二項規定，于第五項明定之。 五、由於違反本條例所生之損害賠償請求權，性質為民法侵權行為損害賠償之特別規定，為免因長時間不行使，導致法律關係不易確定，而減損本條例賦予個別受害人求償之立意，爰為第六項短期消滅時效之特別規定。
第八條　廣告主或廣告代理商明知或可得而知發信人違反第四條或第五條規定而發送商業電子郵件者，與發信人連帶負損害賠償責任。 以提供發信人濫發商業電子郵件為目的，未經收信人同意搜集電子郵寄地址或出售者，應與發信人連帶負損害賠償責任。 以提供發信人濫發商業電子郵件為目的，交付、傳送、散佈或依其他有償或無償方式供應具備下列任一功能之電腦程式者，應與發信人連帶負損害賠償責任： 一、實施字典式濫發。 二、未經收信人同意搜集電子郵寄地址。 三、發送不實信首資訊。 四、其他經主管機關依技術發展公告之功能類型。	一、目前商業電子郵件發信人多有隱匿真實身分或來源之情事，審酌實務上追蹤發信來源需耗費相當時間、人力及物力，為有效防制濫發行為，並基於此類郵件之發送具有建立交易關係，並獲取經濟利益之本質，參考美國「2003年垃圾郵件管制法」第六條規定，于第一項明定廣告主或廣告代理商于明知或可得而知發信人有違法發送商業電子郵件情事時，應與發信人負連帶損害賠償責任，俾使廣告主或廣告代理商於委託發送廣告時，確實善盡選任監督義務，力促發信人不得有違反本條例規定之情事。又本項所定廣告主與廣告代理商系指向發信人給付對價，委由其代為發送商業電子郵件行銷商品或服務之主體，因實務上業務轉包及經營類型眾多，解釋上不以各類有名契約為限。 二、鑒於以提供發信人濫發商業電子郵件為目的，未經收信人同意搜集電子郵寄地址或出售，及供應具備實施字典式濫發、未經收信人同意搜集電子郵寄地址、發送不實信首資訊等功能之電腦程式者，，對於濫發行為具有推波助瀾之效果，同屬

條　　文	說　　明
	造成收信人損害之共同原因，實有必要使上述行為人負連帶損害賠償責任，爰參酌澳洲、香港立法例，于第二項及第三項明定其連帶賠償責任。
第九條　財團法人對於違反第四條或第五條規定造成損害之事件，由二十人以上因同一原因事實受有損害之當事人授與其訴訟實施權，並經主管機關同意者，得以自己名義，提起損害賠償訴訟。當事人得于言詞辯論終結前，撤回訴訟實施權之授與，並通知法院。 財團法人依前項規定提起訴訟後，法院得依聲請或依職權公告曉示其他因同一原因事實受有損害之當事人，得于一定期間內授與其訴訟實施權，於第一審言詞辯論終結前，擴張應受判決事項之聲明。 前二項訴訟實施權之授與，應以文書為之。 財團法人經受有損害之當事人授與其訴訟實施權者，為確認被告身分，經主管機關同意後，得向電子郵件服務提供者、網際網路接取服務提供者、廣告主或廣告代理商，請求提供發信人下列資料，被請求者無正當理由，不得拒絕： 一、發信人姓名或名稱。 二、發信人營業所、事務所、住居所或聯絡方式。 三、發信人電子郵寄地址。 四、發送郵件之網際網路地址。 五、發送郵件時間。 六、發送行為態樣或技術類型。 七、其他經主管機關指定足資辨識發信人之資訊。 財團法人依前項規定取得之資料，應專供本條訴訟之用。	一、為避免濫訴，浪費司法資源，參考證券投資人及期貨交易人保護法第二十八條第一項至第三項、消費者保護法第四十九條第一項規定，于第一項至第三項明定財團法人經受有損害之當事人授與訴訟實施權後得提起團體訴訟之要件。 二、鑒於財團法人為對發信人提起訴訟，須先請求服務提供者提供發信人資料及發信事證，始得確定訴訟當事人，為使團體訴訟制度得以順暢運作，爰參照日本「電氣通信服務提供者損害賠償責任限制及發信者資訊公開法」之例，于第四項明定服務提供者應依財團法人之要求，提供發信人資料之規定，另為擴大資料調取物件範圍，俾便收信人求償，爰亦將廣告主及廣告代理商一併納為資料提供義務主體。又本項所列各款發信人資料，雖有部分亦屬電腦處理個人資料保護法規範物件之自然人個人資料，惟因商業電子郵件之濫發行為具有特殊性，故本項系屬該法之特別規定而應優先適用，以收規範實效，並此敘明。 三、為避免財團法人不當外泄發信人資料，本條例除明文規定其請求提供資料之要件、受請求物件及所提供資料之範圍外，並于第五項限制財團法人取得之資料應專供本條訴訟之用。

條　文	說　明
前項財團法人請求提供資料之方式、電子郵件服務提供者、網際網路接取服務提供者、廣告主或廣告代理商提供資料之作業程式、收費基準、資料保存期間、應提供資訊之指定及其他應遵行事項之辦法，由主管機關定之。 各當事人于第一項及第二項之損害賠償請求權，其時效應分別計算。 當事人依第一項規定撤回訴訟實施權之授與者，該部分訴訟程式當然停止，該當事人應即聲明承受訴訟，法院亦得依職權命該當事人承受訴訟。 財團法人依本條規定起訴後，因部分當事人撤回訴訟實施權之授與，致其餘部分不足二十人者，仍得就其餘部分繼續訴訟。 依本條例規定提起訴訟之財團法人，其標的金額超過新臺幣六十萬元者，超過部分暫免徵收裁判費。	四、按發信人資料之調取，涉及人民權利，為使主管機關得保持規範彈性，以因應實務發展，爰于第六項授權由主管機關另訂辦法，以資規範。 五、因參與團體訴訟之各當事人損害賠償請求權時效未盡相同，爰參考證券投資人及期貨交易人保護法第三十條、消費者保護法第五十條第四項規定，于第七項明定其時效應分別計算，以期公平，並免爭議。 六、第八項系參考證券投資人及期貨交易人保護法第二十九條第一項規定，明定當事人撤回訴訟實施權之授與，法院應停止該部分之訴訟程式，當事人應即聲明承受訴訟，法院亦得命當事人承受訴訟，以兼顧當事人原已起訴之權益（如中斷時效）。 七、基於訴訟安定，爰參考證券投資人及期貨交易人保護法第二十九條第二項規定，于第九項明定財團法人提起本條訴訟後，縱因部分當事人撤回訴訟實施權之授與，致其人數未達二十人，仍得就其餘部分繼續進行訴訟。 八、為鼓勵民眾利用團體訴訟機制，請求損害賠償，並落實保護當事人之立法意旨，爰于第十項明定提起團體訴訟得暫免征裁判費。
第十條　本條例所定財團法人，應符合下列要件，並經主管機關審核其章程及團體訴訟執行計畫後公告之： 一、財團法人之登記財產總額達新臺幣一千萬元。 二、設立許可三年以上。 本條例所定財團法人，應委任律師代理訴訟。 主管機關依第一項規定審核之方式與程式、合格基準、撤銷或廢止提起訴訟之	一、為謀團體訴訟機制穩定、長遠之運作，加強訴訟品質，爰于第一項明定得擔任團體訴訟機構之要件，且為避免過多無明確作業規畫之機構參與團體訴訟，致使團體訴訟之執行產生不必要困擾，爰規定該等機構須經主管機關審核其章程、團體訴訟執行計畫，並予公告，以維持團體訴訟機構之作業完備度，確保收信人求償之權益。

條　　文	說　　明
資格、監督及其他相關事項之辦法，由主管機關定之。	二、財團法人依第九條規定提起團體訴訟時，為加強訴訟之品質，爰參考消費者保護法第四十九條第二項前段規定，于第二項明定應委任律師代理訴訟。 三、團體訴訟機構具有公益性質，為能謹慎審核其資格要件，並確保日後得有效監督其事務之適當執行，爰于第三項授權由主管機關另就其相關技術性、細節性事項訂定辦法。
第十一條　依第九條規定訴訟時，法院得徵求該財團法人之同意，公告曉示其他因同一原因事實受有損害之人，得於一定期間內以書狀表明其原因事實、證據及應受判決事項之聲明，併案請求。 其他因同一原因事實受有損害之人，亦得聲請法院依前項規定為公告曉示。 併案請求之書狀，應以繕本或影本送達於兩造。 第一項及第九條第二項之公告，其期間至少應有二十日，並應揭示於法院公告處、資訊網路及其他適當處所；法院認為必要時，並得命登載於公報或新聞紙，或用其他方法公告之；其費用由國庫墊付。	一、為節省司法資源，避免於團體訴訟進行時，其他因同一原因事實受有損害而未參與團體訴訟之收信人，再行向法院提起訴訟請求，爰參酌民事訴訟法第四十四條之二規定，于第一項明定法院得徵求該財團法人之同意，公告曉示其他因同一原因事實受有損害之人，併案請求；其他因同一原因事實受有損害之人，亦得聲請法院公告曉示，爰于第二項明定，俾便利於訴訟之進行；又併案請求時，其書狀應以繕本或影本送達於兩造，以使當事人有知悉之機會，爰于第三項予以明定。 二、第四項參考民事訴訟法第四十四條之二第四項規定，明定公告期間為二十日以上，惟濫發商業電子郵件損害賠償訴訟案件性質特殊，當事人及關係人常以網際網路為資訊來源，爰明定除應黏貼於法院公告處外，尚須在各類資訊網路（如主管機關網頁等處）及其他適當處所揭示之，以收廣泛周知之效。
第十二條　財團法人就當事人授與訴訟實施權之事件，有為一切訴訟行為之權。但當事人得限制其為捨棄、撤回或和解。	財團法人經被害人授與訴訟實施權，而為當事人提起團體訴訟時，原則上有為一切訴訟行為之權，但有關捨棄、撤回或和解事項，影響當事人權益甚巨，當

條　　文	說　　明
前項當事人中一人所為之限制，其效力不及于其他當事人。 第一項之限制，應於第九條第三項之文書內表明，或以書狀提出於法院。	事人自得限制之。另當事人中一人所為之限制效力及其方式，亦有規範必要，爰參考證券投資人及期貨交易人保護法第三十一條規定，為本條規定，以資明確。
第十三條　當事人對於第九條第一項訴訟之判決不服者，得于財團法人上訴期間屆滿前，撤回訴訟實施權之授與，依法提起上訴。 財團法人于收受判決書正本後，應即將其結果通知當事人，並應於三日內將是否提起上訴之意旨，以書面通知當事人。	一、第一項參考證券投資人及期貨交易人保護法第三十二條規定，明定當事人得自行提起上訴之要件及時期。 二、第二項明定財團法人應于收受判決書正本後，三日內將訴訟結果及是否提起上訴之意旨，以書面方式通知當事人，俾利當事人及早實行因應措施，以保障其權益。
第十四條　財團法人應將第九條訴訟結果所得之賠償，扣除訴訟必要費用後，分別交付授與訴訟實施權之當事人，並得預先收取必要費用。 前項必要費用之專案、收取及其他相關事項之辦法，由主管機關定之。 提起第九條第一項訴訟之財團法人，不得向當事人請求報酬。	一、鑒於財團法人獲授與訴訟實施權後，為對發信人提起訴訟，須先調查相關事實，由服務提供者確認濫發事證及取得發信人資料後，再依案件資料進行彙整，至累積二十人以上因同一原因事實受有損害之收信人授與其訴訟實施權，達提起團體訴訟之門檻後，方得提起訴訟，實務運作上需耗費大量人力及物力，爰于第一項明定財團法人得預收必要費用，以維持其運作，並于第二項授權由主管機關另定收取費用相關事項之辦法。 二、財團法人系為收信人利益提起團體訴訟，而非為其自身利益，是以訴訟結果所得之賠償，扣除訴訟必要費用後，自應分別交付授與訴訟實施權之收信人，且不得請求報酬，以避免趁機圖利之情事，爰參考證券投資人及期貨交易人保護法第三十三條及消費者保護法第五十條第六項規定，于第三項明定之。

條　文	說　明
第十五條　依本條例規定提起損害賠償訴訟者，專屬該發信人主事務所、主營業所或住所地之地方法院管轄。 發信人為自然人，而在中華民國現無住所或住所不明者，以其在中華民國之居所，視為其住所；無居所或居所不明者，以其在中華民國最後之住所，視為其住所；無最後住所者，專屬中央政府所在地之地方法院管轄。 發信人為法人或團體，而其在中華民國現無主事務所、主營業所，或主事務所、主營業所不明者，專屬中央政府所在地之地方法院管轄。	一、為使訴訟救濟迅速有效，于第一項明定專屬管轄之規定。 二、發信人若有住所、居所、主事務所或主營業所不明之情形，為免專屬管轄之目的無法達成，爰于第二項及第三項一併明定專屬管轄法院之補充認定方式。
第十六條　電子郵件服務提供者及網際網路接取服務提供者未依第六條第一項規定實行必要措施，經命其限期改善，屆期未改善者，處新臺幣三萬元以上三十萬元以下罰鍰，並得按次處罰至改善時止。	按濫發商業電子郵件之管制以源頭管制最為有效，故本條例第六條第一項明定主管機關得命服務提供者實行必要措施，防止濫發商業電子郵件，惟如服務提供者未依主管機關所命實行必要措施，為有效督促服務提供者配合執行，爰於本條明定其罰責。
第十七條　財團法人依第九條第四項規定向電子郵件服務提供者、網際網路接取服務提供者、廣告主或廣告代理商請求提供發信人資料，被請求者無正當理由拒絕提供或提供不實數據，經主管機關命其限期提供，屆期不提供者，處新臺幣三萬元以上三十萬元以下罰鍰，並得按次處罰至其提供為止。	服務提供者、廣告主或廣告代理商依第九條第四項規定，有協助提供發信人資料之義務，其不履行義務時，經財團法人檢舉，由主管機關命其限期提供，屆期仍不提供者，得處以行政罰。
第十八條　財團法人違反第九條第五項規定者，主管機關得處新臺幣三萬元以上三十萬元以下罰鍰，並命其限期改善，屆期未改善者，得按次處罰；其情節重大者，並得廢止其提起訴訟之資格。	財團法人依本條例所取得發信人資料，應專供訴訟之用，為避免其濫用滋生流弊，爰明定違反者由主管機關處以罰鍰，其情節重大者，並得廢止其實施團體訴訟業務之資格。

條　文	說　明
第十九條　主管機關為執行本條例所定事項，得與國際相關組織進行商業電子郵件來源、追蹤方式及其他相關資訊之交流。	有鑒於電子郵件之傳送，具跨國界及匿名之特質，故防制濫發商業電子郵件，有賴於國際合作與技術交流，諸如「經濟合作暨發展組織」（OECD）於二〇〇四年二月即召開會議，呼籲會員國透過立法及國際合作，共同打擊垃圾郵件（spam），而各國透過簽署雙邊或多邊備忘錄之形式進行聯合防制，甚或倫敦行動計畫（London Action Plan，LAP）會員國之定期交流，均獲致一定成果，臺灣目前業已加入LAP為正式會員，並分別與加拿大、澳洲簽署雙邊合作備忘錄，另亦加入首爾－墨爾本多邊合作備忘錄，國際合作正方興未艾。爰仿韓國「推廣資訊、通訊、網路使用及資訊保護法」第五十三條，授權主管機關得積極參與相關國際合作，共同管制商業電子郵件之濫發行為。
第二十條　本條例所定公告事項，除第十一條第四項規定者外，應刊登於政府公報。	為使本條例所公告事項得對外周知，便於人民明瞭規範內容，爰明定主管機關，除第十一條第四項規定者外，應將公告內容刊登於政府公報。
第二十一條　本條例施行細則，由主管機關定之。	本條例施行之相關事項，由主管機關另以施行細則定之，以臻明確。
第二十二條　本條例自公佈後六個月施行。	為避免本條例施行初期，多數商業電子郵件使用者不瞭解本條例規定而有觸法之虞，並考慮主管機關須增派人力以為因應，團體訴訟機構亦須進行受理團體訴訟事務之籌畫事項，故宜有一宣導及緩衝期間，爰明定本條例自公佈後六個月施行。

第七章　角色權之探討

第一節　前言

多年研究工作，常常埋首振筆揮灑於電腦螢幕和鍵盤裡，雖倘佯智財天地神遊其中，然獨學而無友不免悵然，直至研究同伴——Duke先生加入，相伴而行的歲月，我為牠寫下日記，學商業設計的大兒子為牠設計肖像圖及商標，小兒子為牠製作寫真集[1]，引我研究角色權之動機，亦是本文濫觴。假想未來各方邀約，以牠為主角的電影或小說問世，單論專屬於Duke的角色，設計人擁有哪些權利？

2007年，義大利設計品牌ALESSI與台灣故宮博物院跨界合作，設計師Stefano Giovannoni以清朝乾隆皇帝年輕時的畫像為發想，設計「清宮家族The Chin Family」（如下圖）的家用精品，十分詼諧有趣，如椒鹽罐、蛋杯等[2]；公仔造型頗受好評，推出後大為暢銷，繼而開發一系列關聯性商品，衍生出清宮二代。可謂，著名角色背後其經濟發展空間甚大，相似案例掮拾即是，然如何定位角色權之範疇，甚或營造角色特質形成後，龐大商機之保護？皆值得本文一究。

---

* 本文特別感謝嶺東科技大學財經法律研究生嚴惠妙同學，利用其教職之餘協助調整格式、圖表及潤稿，並陪同作者一窺角色權之旨趣。

1 如以牠照片設計為獨客啤酒（DUKE BEER），設計人Jordan Lai；或做成相片作品集，設計人Ryan Lai。

2 ALESSI是全球首屈一指的家用品領導品牌，每件作品的結構皆分別鑄模成型，再輔以手工繪製，需經31道手續才能製作完成，做工精緻，引起全球ALESSI粉絲爭相購買，http://www.alessi-funclub.com.tw/designer_info.php?id=30（最後瀏覽日：2013年3月16日）。

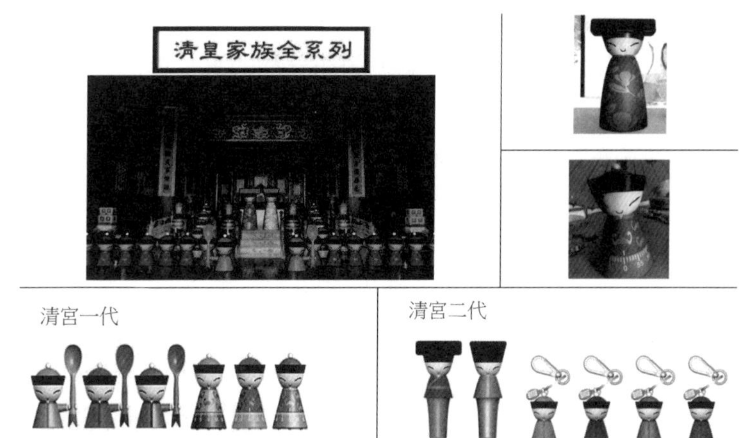

第二節　何謂角色權

角色權並非我國著作權法中之法定名詞，虛擬角色是否受到著作權法保障，角色權如何定位與定義，甚或如何營造角色的特質形成商機，一向是較具爭議性話題。角色，普遍存在於漫畫、小說、戲劇、電影等作品中，對其著作成品往往扮演著舉足輕重的關鍵地位，亦屬創作中不可或缺之原素；本文認為既在著作權法上具有正當法益，理應受到合理之保護。接續，試圖藉由各國案例探討，嘗試對角色權做出較明確之定位。

壹、獨立存在

角色是作品的靈魂，角色的締造乃透過人類智慧的創造，其價值往往並非創作者所能預估，為避免減損其作品層次之目的，有利於文化延續之發展，賦予角色權充分保障，無庸置疑；倚靠著作權制度的保護下，購買角色權在好萊塢是司空見慣的事。然而，水能載舟亦能覆舟，倘若該角色只是在講述故事情節中，是個可有可無的配角，甚對於整體故事張力毫無影響，此時，著作權人打著濫施保護角色權之旗幟，亦會影響後續創作者之使用。

如果沒有明示在雙方契約中，原作者仍保留所有權利，除非契約中明示新穎的使用範圍，否則仍認為被授權人無法擁有角色權，如1933年的*Rey v. Lafferty*案[3]，1954年第九巡迴上訴法院的判決中，也對角色權的定位做出些許看法與指引。*Warner Bros. Pictures v. Columbia Broadcasting System*[4]一案中，此案有關作者Dashiell Hammett將其小說以獨家授權給Warner Brothers電影製作成影片，之後，Dashiell Hammett又繼續以原小說中的主角（Sam Spade）撰寫系列作品，Warner Brothers提起訴訟[5]；本案判決原告敗訴，原告主張當時買下小說版權改編成電影時，應已包含小說中角色的權利；法院的判決主張原作者不因將著作授權給電影公司拍成電影「*The Maltese Falcon*—馬耳他之鷹」，喪失對主角「Sam Spade」或其他劇中角色的權利，除非該角色成為該故事的主軸，角色是為故事而特別編寫的主軸，角色不見得會隨著故事的授權而被轉讓[6]，否則原告只擁有該小說改編的權利，不及於小說中的人物權，即原作者Hammett不因將著作授權給電影公司拍成電影，進而喪失對主角「Sam Spade」或其他劇中角色的權利，該案判決原作者仍保有對其創作人物的權利，可以繼續創作系列作品也可以單獨將該角色授

[3] *Rey v. Lafferty,* 990 F.2d 1379, 26 U.S.P.Q.2d 1339 (1st Cir. 1993).

[4] *Warner Bros. Pictures v. Columbia Broadcasting System*, 216 F.2d 945, 104 U.S.P.Q. 103 (9th Cir. 1954).

[5] *Id*. at 948.

[6] *Id*. at 950.

權[7]。藉此推敲，虛擬角色有別於整體原著作外，欲單獨受到著作權法之保障，並非空談，首要條件在其獨立存在性。

表達和概念間的界線正是角色權容易引起爭議的地方，而涉嫌抄襲該角色的被告，是否抄襲的是原告「原始概念的表達」（original expression of ideas）[8]，美國著作權法明文規定著作權人的專屬權[9]，如出版、複製、散佈、禁止他人剽竊侵害等權利，但限於著作權人創作概念而來的原始創作，而非概念本身，著作人最重要的是證明原創性與獨立性，然而判斷角色權是否構成侵害時，使用了多少他人的原創角色，維持本身多少的創作比例都是重點[10]，著作權法保護原創作人的精神，除非特別有約定給被授權人或買受人，原則上創作人仍保留對創作角色的權利。

2008年*Siegel v. Warner Bros. Entertainment Inc.*[11]一案，法院亦判決第一本超人漫畫的著作權，並未擴及到對「超人」的角色權限，即超人這個角色所被賦予的人格，專屬於超人的作者；2011年*Warner Bros. Entertainment, Inc. v. X One X Productions*[12]案中，廣為公眾所知的動畫片—綠野仙蹤（The Wizard of Oz），自1939年上映

---

7 The Maltese Falcon的作者Dashiell Hammett，先將該作品的權利轉讓給原告Warner Bros.；之後，Hammett又以Falcon中的主角「Sam Spade」為題材進行小說的創作，等Sam Spade的新故事完成後，Hammett再次將製作電影、廣播節目和電視節目等權利售出。

8 Leslie A. Kurtz, *The Independent Legal Lives of Fictional Characters,* 1986 Wis. L. Rev. 429, 438 (1986).

9 17 U.S.C. §106 (2006).

10 Feist Publ'ns, Inc. v. Rural Tel. Serv. Co., 499 U.S. 345 (1991).Also see Samuel J. Coe, *The Story of A Character: Establishing the Limits of Independent Copyright Protection for Literary Characters*, 86 Chi.-Kent L. Rev. 1314(2011).

11 *Siegel v. Warner Bros. Entertainment Inc.*, 542 F. Supp. 2d 1098, 86 U.S.P.Q.2d 1899 (C.D. Cal. 2008).

12 *Warner Bros. Entertainment, Inc. v. X One X Productions*, 644 F.3d 584, 598-99, 99 U.S.P.Q.2d 1153 (8th Cir. 2011).

至今，版本眾多，皆仍舊保留原著作的角色，角色權並未隨著影片的公開上映而消失，其他電影僅就角色的延伸鋪陳出有關連的故事[13]，也都不是從原著作中，使用相同的角色演繹劇情，故原著作人仍保留對人物角色的權利。

著作與角色間之關係密不可分，角色是否可自成角色權之概念，從案件中可歸納出，法院主要判斷依據是——「角色參與故事主軸」（the story being told）的程度，也就是即使相似的人物但搭配不同的故事，就能發展另一種人物故事，必須和原故事相同的內容下引用該角色才構成侵害[14]，此方法著眼於保障著作全體而非部分，有學者認為此理論較能維持智慧財產權的真意[15]，即無法獨立存在的卡通人物，如同配角般，只是建構完整故事情節中的微小棋子（chessman），不應在著作權保護範圍內；再者，角色來自於著作，一旦作品公開就使該角色也同樣進入被公開之命運，倘若著作人要維持該角色的權利，以便將來從事衍生性創作，本文建議，為避免該角色與著作被視為一體[16]，採行以特別註記或其提醒之方式，正式宣告該人物角色的整體性，二來可杜絕模糊地帶，降低日後發生爭議

[13] Chris Owens, *List of 8 "Wizard of OZ" Movies,* http://voices.yahoo.com/list-8-wizard-oz-movies-11911540.html（最後瀏覽日：2013年3月10日）。

[14] Kathryn M. Foley, *Protecting Fictional Characters: Defining the Elusive Trademark-Copyright Divide*, 41 Conn. L. Review 921, 929-32 (2009).

[15] 此文作者採用此理論，Supra note 10. Coe, at 1307。

[16] Mark S. Lee, *(Publication) and character rights,*, ENT-IP § 14:7, 2012, http://web2.westlaw.com/result/default.wl?origin=Search&cfid=1&tf=507&eq=Welcome%2fLawSchool&rlti=1&nstartlistitem=11&tc=6&rp=%2fWelcome%2fLawSchool%2fdefault.wl&method=TNC&rltdb=CLID_DB329457481499&db=AMJUR%2cABAJ%2cALR%2cTP-ALL%2cJLR&utid=2&sri=46%2c53%2c45%2c52%2c51&fn=_top&fmqv=c&service=Search&query=%22CHARACTER+RIGHT%22&sskey=CLID_SSSA7731057481499&sv=Split&fcl=True&scxt=WL&rlt=CLID_QRYRLT1832458481499&cxt=RL&rs=WLW12.07&ss=CXT&vr=2.0&mt=LawSchool（最後瀏覽日：2013年4月7日）。

之機率。

1978年*Walt Disney Productions v. Air Pirates*[17],案，第九巡迴法院判決肯定卡通角色值得受到獨立的著作權保障，因為形體化的圖案表達比單純的文字敘述更容易被辨識，因此，卡通人物更應獲得單獨的保護[18]，當著作權法嘗試保障作品之外的獨立角色權，產生數項適用上的疑義，將原作品中的場景轉換或人物調換，是否仍能維持原人物特性，卡通及漫畫人物通常較亦被辨識，因為其人物特性明確，但小說人物則不然，往往與其故事情節環環相扣，如原告主張角色被抄襲時，則必須扣除小說情節單純比較人物特質，而從人物的相似度比例舉證證明[19]，「角色參與故事主軸」的理論在此後的判決中仍被維持[20]，即影片中角色的建立與電影本身息息相關，角色著作權和影片的關係相輔相成而不可分割。1988年*Cohen v. Paramount Pictures Corp.*案[21]則認為，除了授權範圍中的錄音、重製、廣播等行為外，不包含錄影帶錄製的行為，2007年*Welles v. Turner Entertainment Co.*案[22]亦同。

貳、顯著特徵

人類之文化精神上創造，例如文學、科學、藝術或其他學術範圍，都是現代人常見之創作，無形之智慧資產愈形重要，希望達到保

---

17 *Walt Disney Productions v. Air Pirates,* 581 F.2d 751 (9th Cir.1978).

18 *Id.* at 755.

19 *Walt Disney Prods. v. Air Pirates*, 581 F.2d 751, 755 (9th Cir. 1978).

20 1988年*Olson v. Nat'l Broad. Co.*, 855 F.2d 1446, 1451-52 (9th Cir. 1988)也繼續適用此原則。

21 *Cohen v. Paramount Pictures Corp.*, 845 F.2d 851, 7 U.S.P.Q.2d 1570 (9th Cir. 1988), as amended, (July 22, 1988)

22 *Welles v. Turner Entertainment Co.*, 503 F.3d 728 (9th Cir. 2007).

障創作人著作成果並能維護其聲譽，避免減損其作品層次之目的。角色的締造乃透過人類智慧的創造，往往其價值並非創作者能預估的，給予角色權充分保障，如著作人格權可以給予著作人對其作品擁有完整的、獨占的、公開展示及演出、更改或刪除的專屬權，對於利用著作人所創作之作品，如不能尊重其著作人格權，則不利文化之延續發展，也影響後續創作者之利用。

1930年*Nichols v. Universal Pictures Corp.*[23]案首度談論到角色權的保護，原告主張被告抄襲其戲劇情節，有關一對年輕配偶與他們原生愛爾蘭一天主教及猶太家庭間的故事，美國聯邦第二巡迴法院判決原告敗訴，因為並未發現有太多雷同處，法官（Judge Learned Hand）認為文學作品中的角色，是有可能成為著作權受保護的客體，然而，角色是否能得到著作權保障，要將角色脫離情境與劇情，單獨判斷角色本身，著作人原本就應承擔該角色足以識別與其他角色區別的責任[24]，此案中的角色特質不足以尋求這樣的保障，即角色特質模糊（vague qualities）且缺乏意象的呈現，只是概念（ideas）的集合[25]；此一見解，與我國著作權法中堅守的「思想表達二元論」，即只保護思想觀念原創性的表達，不及於思想本身，不謀而合。

本案法官建立「清晰地描述檢測」的標準，缺點是過於重視角

---

[23] *Nichols v. Universal Pictures Corporation*, 45 F.2d 119, 120-23, 7 U.S.P.Q. 84 (C.C.A. 2d Cir. 1930).

[24] *Id.* at 120-21.

[25] Mark S. Lee, *Character protectability—Literary characters*, ENT-IP § 14:5, 2012, http://web2.westlaw.com/result/default.wl?origin=Search&cfid=1&tf=507&eq=Welcome%2fLawSchool&rlti=1&nstartlistitem=9&tc=6&rp=%2fWelcome%2fLawSchool%2fdefault.wl&method=TNC&rltdb=CLID_DB329457481499&db=AMJUR%2cABAJ%2cALR%2cTP-ALL%2cJLR&utid=2&sri=46%2c53%2c45%2c52%2c51&fn=_top&fmqv=c&service=Search&query=%22CHARACTER+RIGHT%22&sskey=CLID_SSSA7731057481499&sv=Split&fcl=True&scxt=WL&rlt=CLID_QRYRLT1832458481499&cxt=RL&rs=WLW12.07&ss=CXT&vr=2.0&mt=LawSchool（最後瀏覽日：2013年4月7日）。

色本身而疏忽與整體故事情節的關聯，也會使審判的法官往往將角色抽離故事，也就是只著重在角色本身，要談論角色「權」之前提，須明確界定出角色是否符合「清晰地描述檢測」（distinctly delineated test）的標準，探討該角色是否有被獨立保護的價值，此理論因為對角色的權利獨立採取比較嚴苛，也就是採取此種標準較不容易主張角色權，換言之，也能留給他人對該角色利用與發揮的機會[26]。

著作權保護的客體是著作本身，如漫畫圖案、小說文章內等，而非直接保障虛擬角色；僅以文字或其他抽象方式描繪的故事角色，欲取得著作權保障，即須達到顯著的門檻（distinct），而非抽象的輪廓（outline）。

1982年*Burroughs v. Metro-Goldwyn-Mayer,Inc.*[27]案中，法院亦引用*Nichols*案，是否有顯著特徵等描繪而做出判決；以泰山為主題的文字作品，故事情節受到著作權法保護，尚無爭議，主角「Tarzan（泰山）」之形象，雖然早於1894年的著作「The Jungle Book」中就曾出現雷同的人物描述[28]，然而本案判決透過角色特徵如猿猴養大、能與動物溝通，生活在叢林等，皆可清楚描繪出欲傳達給社會大眾之旨意，已達具體對其聯想，或清楚辨別差異性之功效，即多項特徵已符合著作權法中，保護原創性表達之核心理念。

電影或動畫影片通常根據原有的書籍、故事、漫畫等作品，創造出引人入勝的角色，進而營造出有別於原作品中的人物特色價值；雖動畫角色的創作人，可否因而取得該角色之所有權限，動畫的角色創作人是否可因而獲得角色權值得探討，若是肯定則可因據此項特色

[26] Jasmina Zecevic, *Distinctly Delineated Fictional Characters that Constitute the Story Being Told: Who Are They and Do They Deserve Independent Copyright Protection?*, 8 Vand. J. Ent. & Tech. L. 365, 370 (2006).

[27] *Burroughs v. Metro-Goldwyn-Mayer,Inc.*,519 F.Supp.(S.D.N.Y.1981)

[28] Coe, supra note 8, at 1314.

人物，再繼續製作更多影片或相關作品，但絲毫不應影響角色權所能得到的法律保護。如一提到「梳著油頭、胸前S字母緊身衣、紅色內褲穿在外頭，再加上披風可遨翔天際」，普羅大眾皆已熟知這是超人的特徵；「Superman（超人）」這個來自於美國DC Comics出版社的漫畫角色，經出版社數年經營下，已成為家喻戶曉、全世界知名的人物。即使DC與作者遺族間，誰真正擁有超人的角色權，一直存在著爭議性[29]。

反證，1990年*Jones v. CBS, Inc.*[30]一案，有關CBS拍攝的電視影集系列（*Frank's Place*）未侵害原告著作中的角色，因原告著作中對角色的形容是幾句單句與形容，遠不及發展成某特定角色特質；1994年Williams v. Crichton[31]案中，法院判決作者並未侵害原告著作（*Dinosaur World*）叢書中的角色權，因原告的四本書裡，並未詳盡描繪其角色特質，不足以主張權利。據此可知，角色權的定位，不單單要能夠與原作品抽離，更必須自成一樹、獨具特色，才能主張享有著作權法之保障。

第三節　著作保護

富比士雜誌公佈2012年最富有的15位虛擬富豪（如下圖），總

---

29 *"When I am working for Marvel, I am loyal to Marvel." - John Byrne Under Oath* ,20th Century Boy, 9/2/2012, http://ohdannyboy.blogspot.ca/2012/09/when-i-am-working-for-marvel-i-am-loyal.html（最後瀏覽日：2013年4月5日）。

30 *Jones v. CBS, Inc.*, 733 F. Supp. 748, 749-53, 15 U.S.P.Q.2d 1380 (S.D. N.Y. 1990).

31 *Williams v. Crichton*, 860 F. Supp. 158, 168-69, 32 U.S.P.Q.2d 1097 (S.D. N.Y. 1994), aff'd, 84 F.3d 581, 38 U.S.P.Q.2d 1810 (2d Cir. 1996).

淨資產高達2,095億美元，比2011年高出59%，這些財富足以給地球上每個（真）人發放30美元[32]；角色權所能創造的商機與財富，遠遠超乎你我想像。這些具有高度經濟利益的著作財產，究竟可以如何保護之？

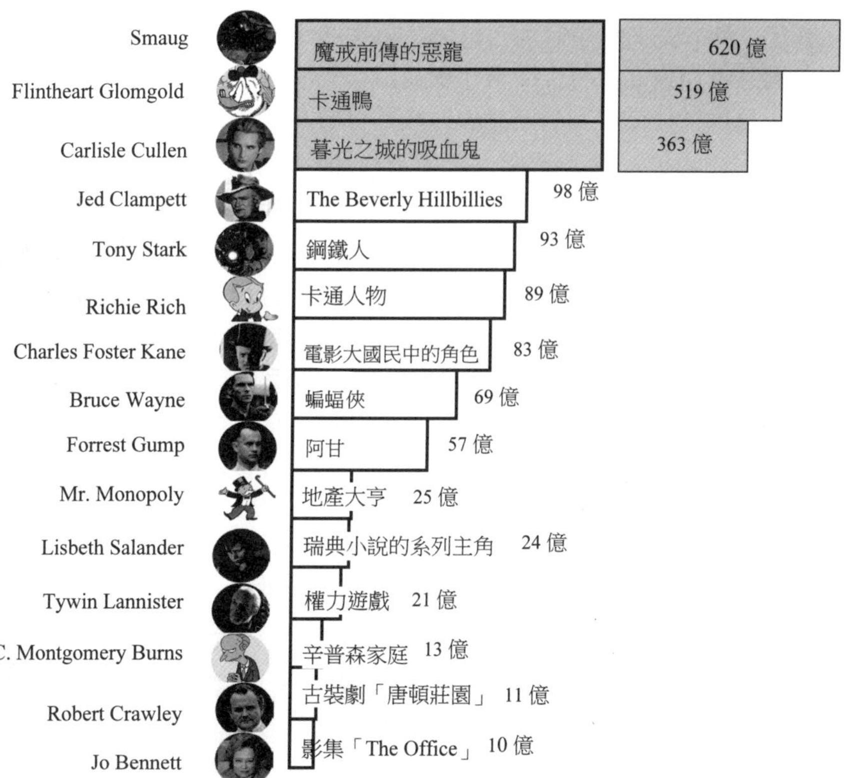

[32] Michael Noer and David M. Ewalt, *Fictional 15,the Forbes, April 23,2012* http://www.forbes.com/special-report/2012/fictional-15-12/flintheart-glomgold.html（最後瀏覽日：2013年4月6日）。

壹、公開發表

角色要成為權利內涵，且要能夠形成無可取代性，並經過大眾的認同與接受，公開發表與註冊是保障著作權的不二法門。我國對著作權之保護，採創作主義[33]而非形式主義，故著作權於創作完成當下即發生，與有無著作權註冊、登記，或須否經主管機關審查均無關，不影響其著作權之取得；即著作權並沒有強制註冊這道程序，是故，要捍衛角色權之價值，公開發表即成為首要關鍵。

公開發表權，專指著作人有權自行決定是否發表，何時何地發表，甚至採用何種方式發表。當角色的著作權被創造時，角色權理當依附於第一個發表的著作成品，倘若從未發表，則很難證明該角色被市場的接受度；因此，解釋「首次公開發表」會直接且關鍵性影響該角色的權利保障，再適宜不過。如漫畫書上市或影片傳播，大多藉由記者會或首映會，以公開方式介紹或呈現，讓民眾認知該角色特質，完整顯示出虛擬人物的外表體態，甚至獨特的個性內涵，塑造民眾有一深刻且特定之印象；不但可達宣示角色獨創性之功能，更可增強區別及識別之目的。

角色要成為權利內涵要能夠形成無可取代性，並經過大眾的認同與接受，公開發表與註冊是保障著作權的不二法門，然而，著作權並沒有註冊這道門檻，要證明角色權的價值重在於角色首次被公開時，與角色所繫的著作間的關係，因為著作一旦公開就使該角色也同樣進入被公開，如果著作人要維持該角色的權利，必須特別標示，藉以維護自身權益[34]。換言之，當該角色被開發的程度越高，即說明它

---

[33] 我國對於著作權之保護，自1928年著作權法頒行以來，至1985年著作權法修正之前，均於第1條條文中明定「……依本法註冊專有重製之利益者，為有著作權……」，即採註冊主義。

[34] Mark S. Lee, *"Publication" and character rights,*, ENT-IP § 14:7, 2012, http://web2.

的表達性越強；表達性越強之角色，越是能防止並阻止他人有損害其權益的使用，進而達到著作權之保障。

貳、權利歸屬

著作權，指因著作完成所生之著作人格權及著作財產權，原則上，由著作人享有著作人格權及著作財產權；有關出資聘請他人完成著作者，原則上，受僱人享有著作人格權，其著作財產權歸雇用人所有，如遇特別約定時，基於契約自由原則依其規定，即雇用人可依契約約定為著作人，同時享有著作人格權及著作財產權[35]。

一、原始取得

著作人單獨創作下之人物角色，權利屬歸較為單純；除此之外，探究實際完成者是誰？角色權利又應如何歸屬？實為複雜。本文認為，受僱人與雇用人雙方締約地位並不平等，受僱人憑靠契約模式，可同時取得著作人格權與著作財產權，雖著作權法並無規定不

westlaw.com/result/default.wl?origin=Search&cfid=1&tf=507&eq=Welcome%2fLawSchool&rlti=1&nstartlistitem=11&tc=6&rp=%2fWelcome%2fLawSchool%2fdefault.wl&method=TNC&rltdb=CLID_DB329457481499&db=AMJUR%2cABAJ%2cALR%2cTP-ALL%2cJLR&utid=2&sri=46%2c53%2c45%2c52%2c51&fn=_top&fmqv=c&service=Search&query=%22CHARACTER+RIGHT%22&sskey=CLID_SSSA7731057481499&sv=Split&fcl=True&scxt=WL&rlt=CLID_QRYRLT1832458481499&cxt=RL&rs=WLW12.07&ss=CXT&vr=2.0&mt=LawSchool（最後瀏覽日：2013年4月7日）。

35 我國有關出資聘請他人完成之著作，依著作權法第12條之規定，除係受僱人於職務上完成之著作適用同法第11條規定外，以該受聘人為著作人；但契約約定以出資人為著作人者，從其約定。而如以受聘人為著作人者，其著作財產權須依契約約定，始歸受聘人或出資人享有；否則如未約定著作財產權之歸屬者，其著作財產權仍歸受聘人享有，而出資人得利用該著作。但是，如約定著作財產權歸於出資人享有時，著作權法並未賦予受聘人利用該著作之權利。

可，但遵循此模式將會造成雇用人一無所有，先不論有無雇用人願意訂立此種契約，其早已違背調和社會公共利益，促進國家文化發展，著作權立法之旨意。

其次，當創作人在欣喜作品遇到伯樂或可被量化出版時，也許會忽略限縮授權公司對自身著作人格權之使用範圍，往往被指控侵害著作權的爭議發生時，被告常以合理使用（fair use）作為抗辯理由，造成訴訟資源及救濟成本增加；本文認為創作人可在事前的協調條件中，若能將其創作可被修改的部分，設定範圍及條件，對雙方日後的權益保障更加有利。再探，角色創作過程中，最易涉及營業秘密及競業禁止[36]之相關爭議；德州法院先後於不同案例中，有關判斷營業祕密案件之標準[37]，本文認以亦適用於設計人創作角色權益歸屬時，探討之爭點：

1. 條文中有保密協定[38]。
2. 雙方有一定的關係存在[39]。
3. 有必需公開的目的及可以保到雙方皆有的利益[40]。
4. 沒有保密合約存在[41]。
5. 祕密保持人有預先的防護措施[42]。

[36] 規範設計人利用原公司的技術、情報、客戶名單，甚至因為業務關係上之種種機密內容，在對外從事相同於原公司或類似原公司性質之業務時，與原公司產生競爭的行為：競業禁止的條款除了在職期間的規定，包括員工離職後也可為競業禁止的約定。

[37] Ann S. Jennings and Suzanne E. Tomkies, *An Overlooked Site of Trade Secret and Other Intellectual Property Leaks: Academia*, Tex. Intell Prop. L. J. 250 (2000)

[38] *Weed Eater v. Dowling*, 562 S.W.2d 898, 901, 203 U.S.P.Q. (BNA) 635, 636, 1978.

[39] *Hyde Corp. v. Huffines*, 314 S.W.2d 763, 776, 117 U.S.P.Q. (BNA) 44, 48 (Tex. 1958)

[40] *Id,* at 48.

[41] *Furr's Inc. v. United Specialty Advertising Co.*, 385 S.W.2d 456, 460, 144 U.S.P.Q. (BNA) 513, 515, 1964.

[42] *Id.*

6. 經過雙方合意可以公開[43]。
7. 存在或缺乏把祕密公開的合約[44]。
8. 一方對另一方有信賴利益[45]。
9. 雙方認識彼此或互動往來的時間長短[46]。
10. 資訊保密的限度[47]。

二、繼受取得

（一）框架爭議

當事人藉由簽訂契約方式，來規範雙方權利義務，進而達到交易角色權之目的，乃為社會上最常見之模式；然而，原作者與被授權人間簡單模式背後，往往牽涉極為複雜的締約內容，如著作人及其受讓人所談論之授權範圍是否一致？是全部或部分讓與他人或與他人共有；又如針對各項授權內容[48]間之權限，有無特定或衍生性之約定。綜觀美國案例，1968年*Bartsch v. Metro-Goldwyn-Mayer, Inc.* [49]案，原劇作的創作人曾於1930年授與被授權人以戲劇或類似型態呈現劇作，之後該劇的續作卻以電視型態播出；1973年到1976年的英國影集*Man About The House*，美國於1977年重拍*Three's Company*（譯為三人行）的電視影集，倚賴原劇再製（reproduction）與續集，帶動另一波的流行與風潮；真人實境節目*Big Brother*（譯為老大哥），也

---

[43] *J.C. Kinley, Co. v. Haynie Wire Service*, 705 S.W.2d 193, 197, 1985.

[44] Furr's Inc., 385 S.W.2d at 459-60, 144 U.S.P.Q. at 515

[45] *Tuck v. Miller*, 483 S.W.2d 898, 905-06 (Tex. 1972)

[46] *Id.*

[47] Furr's Inc., 385 S.W.2d at 460, 144 U.S.P.Q. at 515.

[48] 著作財產權之主要內容包括：重製權、公開口述權、公開播送權、公開上映權、公開演出權、公開傳輸權、公開展示權、出租權、改作權、編輯權、散布權。

[49] *Bartsch v. Metro-Goldwyn-Mayer, Inc.*, 391 F.2d 150, 157 U.S.P.Q. 65 (2d Cir. 1968).

是接續英國原著後重製[50]。

上述影劇案例最大的特點均在於延續，並呈現原劇中的人物特色，然而，由原劇衍生後繼續衍生的角色，是否仍需依據原契約給付原創作人權利金，法院判斷的基準，仍以原作者與被授權人間的締約內容為主。1995年 *Bourne v. Walt Disney Co.*案[51]，迪士尼公司與歌曲創作人 Irving Berlin[52]的授權契約中，約定迪士尼可以使用Irving Berlin的歌曲，當然包括締約時未明定的錄影帶錄製權[53]。1998年 *Boosey & Hawkes Music Publishers, Ltd. v. Walt Disney Co.*[54]案，權利

---

[50] Robert Lind, Mel Simensky, Tom Selz, Patricia Acton, *Trading on established goodwill—Remakes, sequels, and prequels—Television branch*, ENTERTAIN § 4:20, 2012, http://web2.westlaw.com/result/default.wl?origin=Search&cfid=1&tf=507&eq=Welcome%2fLawSchool&rlti=1&nstartlistitem=13&tc=6&rp=%2fWelcome%2fLawSchool%2fdefault.wl&method=TNC&rltdb=CLID_DB329457481499&db=AMJUR%2cABAJ%2cALR%2cTP-ALL%2cJLR&utid=2&sri=46%2c53%2c45%2c52%2c51&fn=_top&fmqv=c&service=Search&query=%22CHARACTER+RIGHT%22&sskey=CLID_SSSA7731057481499&sv=Split&fcl=True&scxt=WL&rlt=CLID_QRYRLT1832458481499&cxt=RL&rs=WLW12.07&ss=CXT&vr=2.0&mt=LawSchool（最後瀏覽日：2012年9月9日）。

[51] *Bourne v. Walt Disney Co.*, 68 F.3d 621, 36 U.S.P.Q.2d 1449 (2d Cir. 1995).

[52] Irving Berlin(1888-1989)是美國著名的詞曲創作家，其作品如膾炙人口的「銀色聖誕(white Christmas)」十分優美動人，他一生創作超過1500首歌曲，19部百老匯戲劇及18部好萊塢電影。Irving Berlin, Wikipedia, http://en.wikipedia.org/wiki/Irving_Berlin（最後瀏覽日：2013年9月11日）。

[53] Mark S. Lee, *Contract issues— Contracts and "new uses"*, ENT-IP § 12:41, 2012, http://web2.westlaw.com/result/default.wl?origin=Search&cfid=1&tf=507&eq=Welcome%2fLawSchool&rlti=1&vr=2.0&tc=6&method=TNC&rltdb=CLID_DB329457481499&db=AMJUR%2cABAJ%2cALR%2cTP-ALL%2cJLR&utid=2&sri=46%2c53%2c45%2c52%2c51&fn=_top&fmqv=s&service=Search&query=%22CHARACTER+RIGHT%22&sskey=CLID_SSSA7731057481499&sv=Split&fcl=True&nstartlistitem=1&scxt=WL&rlt=CLID_QRYRLT1832458481499&cxt=RL&rs=WLW12.07&ss=CXT&rp=%2fWelcome%2fLawSchool%2fdefault.wl&mt=LawSchool（最後瀏覽日：2012年9月9日）。

[54] *Boosey & Hawkes Music Publishers, Ltd. v. Walt Disney Co.*, 145 F.3d 481, 46 U.S.P.Q.2d 1577 (2d Cir. 1998).

人授權被授權人可以以任何方式、媒介、型態將此音樂作品呈現於動畫中，法院判決當然也授與將動畫中的歌曲轉錄為影帶的權利。

（二）期間爭議

1978年美國著作權法對著作權授權契約的終止有所改變，之前存續期間為56年[55]，其後修改為35或40年[56]，在這漫長的時間中，原作者或其繼承人對角色權的授權時限，或許極可能會產生變動的想法，即授權多久才屬合情理之期限，亦是個值得當事人溝通且思量之議題。1982年*Burroughs v. Metro-Goldwyn-Mayer, Inc.* [57]一案，原著作者Edgar Rice Burroughs的繼承人，欲終止被告持有「Tarzan（泰山）」的角色權進而提告；2008年*Siegel v. Warner Bros. Entertainment Inc.*[58]案，「Superman（超人）」的角色權；法院皆肯定著作人能終止與受讓人間的授權契約，認為維護原創作者的權利，才能貫徹1976年國會修改著作權法的意旨[59]。凡事一體二面，也有法院呈現不同的見解，如2005年Milne v. Slesinger, Inc. [60]案，「Winnie

[55] 17 U.S.C. § 304(c).

[56] 17 U.S.C. § 203(a).

[57] *Burroughs v. Metro-Goldwyn-Mayer, Inc.*, 683 F.2d 610, 215 U.S.P.Q. 495 (2d Cir. 1982).

[58] *Siegel v. Warner Bros. Entertainment Inc.*, 542 F. Supp. 2d 1098, 86 U.S.P.Q.2d 1899 (C.D. Cal. 2008).

[59] Mark S. Lee, *Termination rights and characters,*, ENT-IP § 14:8, 2012, http://web2.westlaw.com/result/default.wl?origin=Search&cfid=1&tf=507&eq=Welcome%2fLawSchool&rlti=1&nstartlistitem=12&tc=6&rp=%2fWelcome%2fLawSchool%2fdefault.wl&method=TNC&rltdb=CLID_DB329457481499&db=AMJUR%2cABAJ%2cALR%2cTP-ALL%2cJLR&utid=2&sri=46%2c53%2c45%2c52%2c51&fn=_top&fmqv=c&service=Search&query=%22CHARACTER+RIGHT%22&sskey=CLID_SSSA7731057481499&sv=Split&fcl=True&scxt=WL&rlt=CLID_QRYRLT1832458481499&cxt=RL&rs=WLW12.07&ss=CXT&vr=2.0&mt=LawSchool（最後瀏覽日：2012年9月9日）。

[60] *Milne ex rel. Coyne v. Stephen Slesinger, Inc.*, 430 F.3d 1036, 77 U.S.P.Q.2d 1281 (9th Cir. 2005).

the Pooh（小熊維尼）」的角色權；2008年Milne. Classic Media, Inc. v. Winifred Knight Mewborn案[61]及Penguin Group （USA） Inc. v. Steinbeck案[62]，法院判決均持否定的看法，駁回中止授權契約期限的請求。

未經授權而擅自更改他人著作者，該衍生著作不應受著作權法保護，為避免合法繼受取得之著作財產權日後有所爭議，本文認為授權契約若能於制定當下，簽約雙方都能更審慎的評估，有效降低因首次授權的內容或範圍不滿意，避免再度將授權成本反映於製作成本中，造成整體經濟資源的浪費。因此，反思並調整授權方式：1.針對著作人格權的維護，最好能將概括性的字眼，改以更清楚的明文條列方式呈現；2.創作人或其著作買受人在授權他人行使散佈及發表權時，應強調對其作品中創作人之個人特色，大眾反而極易辨識創作人之作品特質；長遠觀之，兼顧創作人個人利益與社會大眾福利。

參、人格保護

著作人係指創作著作之人，其為著作權之主體。由於著作人格權專屬於著作人本身，不得讓與或繼承，因此其主體不會改變，恆為著作人所享有。而著作財產權係得任意轉讓，亦即著作人及其受讓人得將著作財產權之全部或部分讓與他人或與他人共有；且著作財產權之受讓人，在其受讓範圍內即取得著作財產權，亦即著作財產權係隨其轉讓而改變其主體。

著作人格權給予著作人對其作品擁有完整的、獨占的、公開展示及演出、更改或刪除的專屬權，其原因在於著作人透過其著作之風

[61] *Classic Media, Inc. v. Mewborn*, 532 F.3d 978, 87 U.S.P.Q.2d 1321 (9th Cir. 2008).

[62] *Penguin Group (USA) Inc. v. Steinbeck*, 537 F.3d 193, 87 U.S.P.Q.2d 1611 (2d Cir. 2008).

格、手法、形式，展現個人在創作上之能力與價值，著作人此一價值之高低，通常是經由其著作之品質，及其著作所展現之內涵，透過市場選擇淘汰機制而定奪其位階。換言之，倘第三人冒用原著作人之風格、筆觸、手法，佐以其他使人混淆、誤判為原著作人所創作之作品時，其結果將造成原著作人無法控制「形式上為其著作」之品質與內涵，卻須承擔對其名譽所造成之損害。

隨時代環境之演變，著作人格權內涵之多樣化。在網際網路環境裡，著作中的角色權所呈現之人格特性，除著作人本人之人格（如以本名或別名表示其身分）外，尚有虛擬角色人物性格之呈現，如著作人在卡通影片、漫畫或小說內創造的各種人物，櫻桃小丸子、怪醫黑傑克、蝙蝠俠、楚留香、令狐沖等虛構人物。試圖再進一步思考，虛擬與真實間之關係，綜觀當下，角色除了擁有真實的個人資訊，被賦予真實的人物性格，往往亦可創造真實的商機；即真實與虛擬間的界線，似乎已面臨漸漸模糊且不存在。

創作人將衍生著作授權給不值得信任的公司，且未限制其改編的內容與型態時，創作人在無法接受被授權公司對其著作所做的改變時，只能依據授權契約內容之期限終止才能撤銷或撤回[63]，除非被修改之部分使作品呈現無意義，或增刪過多使讀者產生混淆的重大改變[64]，否則創作人無法主張實際的保護。創作人將其著作授權或出售給被授權人或買方，當被授權公司破壞其該作品之完整性或著作人之聲譽時，創作人維護其人格權之做法，另可依據普通法（common

[63] 美國著作權法有除外規定，如17 U.S.C. § 203(a)(1), (3)條文中允許作者無論簽署獨家或非獨家授權契約，可以在同意後35年的最後5年終止契約。

[64] *Choe v. Fordham Univ. Sch.of Law*, 920 F. Supp. 44, 48-49 (S.D.N.Y. 1995); *Playboy Enters. v. Dumas*, 831 F. Supp. 295, 316-17 (S.D.N.Y. 1993); *Lish v. Harper's Magazine Found.*, 807 F. Supp. 1090, 1107-08 (S.D.N.Y. 1992); *Jaeger v. Am. Int'l Picture, Inc.*, 330 F.Supp. 274, 280 (S.D.N.Y. 1971).

law）之不公平競爭（unfair competition）原則提出請求[65]，然而事後的爭執或異議遠不及事前的預防。

本文認為，專論人格權之保護，與著作本人之人格越離越遠，卻與著作之關係越形緊密，故其本質與傳統專屬於自然人之人格不同，即著作人格權已漸脫離著作人一般人格權之外，其在法律規範或解釋上，或許不須完全再遵循民法所有的原理原則，而應配合時代需要，並以社會功能與目的為重；再者，每位響叮噹的角色明星，都是著作人發揮其想像能力，構思人物身分特徵，賦予外觀、形象與人格內涵的著作成果，這些角色人物都是創作者 感真實化的呈現，即虛擬角色視同真實的人一樣，如竄改或扭曲這些人物特性，實有侵害著作人格權完整性（同一性保持權）之疑慮。

第四節　角色商品化

商標使用於服務，是指為他人提供勞務，將商標用在所提供服務營業上的相關物件或文書，或利用平面圖像、數位影音、電子媒體或其他媒介物等方式，以促銷其服務；與角色結合之商標，即等同於將角色商品化。例如某部暢銷的動畫中主角人物，經過設計與授權，可以和餐廳業者搭配促銷其提供的餐飲服務，如將人物標示在營業招牌、餐廳員工制服、餐盤、菜單、價目表、名片等與餐飲服務相關的物件或文書上，或在網路、電視、廣播、新聞紙類、電子看板刊登播映廣告或參加美食展。又例如和百貨公司或量販店等業者搭配，將人物標示在營業招牌、各樓層賣場的介紹板、指示銷售區的招牌、店員

[65] *Gilliam v. Am. Broad. Cos.*, 538 F.2d 14, 24-25 (2d Cir. 1976); *Dastar Corp. v. Twentieth Century Fox Film Corp.*, 539 U.S. 23, 32-37 (2003).

制服、櫥窗、陳列架、購物推車、購物籃、購物袋、結帳用收銀機、收據、商品型錄等與零售服務相關的物件或文書上，或在網路、電視、廣播、新聞紙類、電子看板刊登播映廣告，或舉辦周年慶、折扣活動等，以促銷其提供的零售服務。

與角色結合的商標除具有表彰商品或服務的來源或出處之功能外，亦有下列作用：

（一）表彰品質功能

表彰品質功能係消費者一看到該角色，即會產生該產品具有定品質之期待。於現今科技進步社會，消費者與生產者間的距離越來越遠，消費者所購買之物品，其製造商可能在數以千里之外；商標具有表明商標所有人之產品以與他人產品相區別之功能。蓋商標足以作為消費者選擇自己所希望購買之物的媒介，以避免購買自己所喜歡以外商品。因此，其在確保消費者自由選擇權而不受到相同或近似之商標所混淆或欺騙，商標非僅指明製造者的來源，且亦為商標權人對大眾保證其商品具有相當水準品質的表徵。

（二）保障消費者利益

商標或標章必須經過被使用才能產生商譽，而消費者會不會因為不確定商標的正確性而影響消費意願，為了達到這種目的，商標法必須以相關消費者或相關公眾，不會發生混淆的疑慮，作為權利取得或存續的要件，藉以保障消費者利益。消費者有賴於商標作為選購商品之媒介，自可避免受到相同或近似商品所混淆、誤認或詐欺之權利。因此商標具有保障消費者，正確選擇其所欲購買之商品。

（三）營業信譽之表徵

商標足以使自己之產品與他人產品相區別，然而消費者並不因此產生消費慾望，必須經由使消費者對其商品的好感度增加，方能有重複購買之慾望或推薦他人使用，使該商標的好名聲遠播。

（四）促進工商企業正常發展

現今國際交通迅捷，網路交易活躍，為避免抄襲及搶註他人商標之行為，促進工商企業正視品牌經營之正常發展，企業經營者為所生產、製造、加工、揀選、批售的商品或服務，量身打造適合的商標，除可提供識別之目的外，更可以設計具有易記、美觀、獨創、別緻等效果的商標加強印象，並吸引消費者選購。商標法賦給商標與標章權人專屬及排他的權利，並且以該權利為中心，防止並阻止他人有損害其權益的使用或註冊，以達促進工商企業正常發展之宗旨。

如迪士尼公司的官方吉祥物「米老鼠」就是由米奇老鼠（Mickey Mouse）[66]，是一個於1928年由Walter Elias Disney（1901.12.5～1966.12.15）和Ub Iwerks（1901.3.24～1971.7.7）在華特迪士尼工作室創作的卡通人物。一隻擬人化的黑色老鼠，且通常穿著紅色短褲、黃色大鞋和白色手套，作為華特迪士尼公司的官方吉祥物，米奇老鼠是世界上最知名的卡通人物之一，凡有米奇老鼠出現

66    

米奇系列中米老鼠不時會與其女朋友米妮老鼠、寵物狗布魯托，以及朋友賀斯馬、唐老鴨和高飛一起出現。資料來源：Google 圖片搜尋，https://www.google.ca/search?hl=zh-TW&site=imghp&tbm=isch&source=hp&biw=1680&bih=935&q=%E7%B1%B3%E8%80%81%E9%BC%A0&oq=%E7%B1%B3%E8%80%81%E9%BC%A0&gs_l=img.12...0.0.0.2099.0.0.0.0.0.0.0.0..0.0...0.0...1ac..8.img.xxe7vEjav1s#imgrc=UERazfkkRzS1mM%3A%3B9aN1GRCW7WR8SM%3Bhttp%253A%252F%252Fpic.yesky.com%252Fimagelist%252F09%252F01%252F11278623_3278.jpg%3Bhttp%253A%252F%252Fpic.yesky.com%252Fpic%252Fysjz%252F74%252F619574_4.shtml%3B500%3B375（最後瀏覽日：2013年4月5日）。

的漫畫書或相關產品，肯定帶起一股消費熱潮。真實人物形象商品化權中關於姓名與形象，商標法已有明文保護之規定[67]；而虛擬角色商品化的權限，是否會因客體之差異而產生疏漏，或根本就疊床架屋重複保護？本文接續試圖從案例中說明。

壹、Betty Boop

2011年第九巡迴法院就Fleischer Studios, Inc.控告被告A.V.E.L.A., Inc., Art-Nostalgia.com, Inc., X One X Movie Archive, Inc., 及 Leo Valencia（統稱被告為「A.V.E.L.A.」）一案[68]，有關Betty Boop[69]商品授權的爭議，判決原告敗訴。

案由：1929年，Max Fleischer成立Original Fleischer工作室，並於隔年1930年公開發表「Betty Boop（貝蒂）」的角色權；1941年，原創作人所擁有的Original Fleischer工作室，礙於貸款壓力不得不被Paramount電影公司收購；1950年，Paramount電影公司將擁有的卡通電影及卡通人物角色（cartoon library），再轉讓給UM&M電

[67] 商標法第23條中列舉了十八款不得註冊之商標，其中第15款：「有他人肖像或著名之姓名、藝名、筆名、字號者。但得同意申請註冊者，不在此限。」其修正理由為：人格權之保護因現行條文將自然人之人格權與法人、商號等商業團體並列，使保障商業秩序與保護人格權不分，保護法益混淆，爰分為兩款規定。就商標有他人肖像或著名之姓名、藝名、筆名、字號時，倘未得該他人之承認，即不得註冊。由此可知，真實人物之形象與姓名，如已註冊，可獲得商標法之保護。

[68] *Fleischer Studios, Inc.v. A.V.E.L.A., INC.*, 654 F. 3d 958 (9th Cir. 2011).

[69] Betty Boop是Max Fleischer於1930年代創作的卡通人物，維基百科，http://en.wikipedia.org/wiki/Betty_Boop（最後瀏覽日：2013年4月1日）。

視公司[70]，然而，在此次的買賣契約中，明文將Betty Boop角色的著作權排除在外[71]。1970年代Max Fleischer親屬遺眷們成立了Fleischer Studios, Inc.，宣稱擁有Betty Boop角色的獨家著作權與商標權，進而提告。

判決：地院一審判決決定原告敗訴，因其無法舉證擁有該角色的權利，雖然是原創者的繼承人，但該角色早已售出，原告不服隨即上訴。上訴法院根據下述兩點做為判決依據，維持原地院的判決，駁回原告上訴，1、原告必須擁有獨家且有效的著作權，才有立場提出訴訟；2、原告對Betty Boop擁有商標權，才能主張其商標受侵害。本案中著作權買賣契約只有移轉影片的著作權，並未移轉影片中角色的角色權，特別是該案契約明文排除角色權益的移轉。

小結：原告在訴訟過程中，主張「不可切割理論」（doctrine of indivisibility），即原告認為被告並未取得完整的著作權。上訴法院駁斥此論述，判決中引述 Betty Boop的人物角色權可單獨存在，故不影響UM&M公司所取得的Betty Boop電影影片著作權，亦即該角色權並未隨同移轉，原告主張並不成立；其次，Paramount電影公司將屬於Betty Boop角色的著作權，移轉給Harvey Films公司，與Betty Boop卡通故事情節的著作權，是分別取得著作權保護之客體，故不影響和UM&M公司的買賣契約。

貳、芭比餐廳

芭比娃娃（Barbie）是20世紀最廣為人知及最暢銷的玩偶，

---

[70] Fleischer Studios的歷史，維基百科，http://en.wikipedia.org/wiki/Fleischer_Studios（最後瀏覽日：2013年4月10日）。

[71] Jake True, *Fleischer Studios, Inc. V. A.V.E.L.A., Inc.* 654 F. 3D 958 (9th Cir. 2011),16 Intell. Prop. L. Bull. 181(2012).

由Ruth Handler發明，於1959年3月9日舉辦的美國國際玩具展覽會（American International Toy Fair）上首次曝光。芭比玩偶由美泰兒公司擁有及生產。2006年加拿大聯邦最高法院判決Mattel Inc. v. 3894207 Canada Inc.[72]案，有關角色權結合商標後，針對不同產業間之爭議做出裁決，判決原告敗訴。

案由：原告Mattel是一家經營洋娃娃、玩偶等商品的公司，聲譽聞名加拿大，擁有及生產芭比（Barbie）玩偶[73]，已向加拿大智慧財產局（Canadian Intellectual Property Office）用「Barbie」申請註冊商標權；被告1992年於蒙特婁（Montreal）開設第一家芭比餐廳（Barbie's restaurant），提供複合式的餐飲，如牛排、海鮮、披薩……等中價位的菜單，經營有善，其後增至三家以上的分店，該餐廳在蒙特婁地區也頗具知名度，當然，無法與原告相提並論。訴訟起因在於，被告以BARBIE申請商標，原告認為被告之名稱會影響其享譽國際之商譽，因此要求撤銷被告之商標。

判決：原告經營洋娃娃、玩偶等商品聲譽聞名加拿大 ，被告之餐廳在蒙特婁地區也有相當知名度（但無法和原告相比），以商標的使用，偏向肯定原告，雙方的商標無明顯差異，但二者的業務範圍無衝突（雖然客戶群一為孩童及收集家的大人，一為成年人），也不會造成消費者認知的混淆，因此駁回原告請求，仍准許被告之商標註冊。本案系爭商標名稱非獨創字眼（如「Kodak」或「Kleenex」）[74]，來自一個通俗名字Barbara的簡稱「BARBIE」。

[72] *Mattel Inc. v. 3894207 Canada Inc.,* Supreme Court of Canada. [2006] 1 S.C.R 772, 268 D.L.R. (4th) 424, 2006 SCC22.

[73] 芭比娃娃是20世紀最廣為人知及最暢銷的玩偶，由Ruth Handler發明，於1959年3月9日舉辦的美國國際玩具展覽會（American International Toy Fair）上首次曝光。

[74] 見最高法院判決理由書，Mattel Inc. v. 3894207 Canada Inc. (S.C.C.2006)。

地院法官在判決中特別提到[75]，不能因為原告之芭比娃娃為著名商標，就不承認被告之商標使用權；本案重點在於二者之商標所分別代表的商品，是否因相似而造成消費者之混淆。被告在蒙特婁經營已達十年，未見原、被告之市場有形成消費者任何混淆不明的灰色地帶，因此，判決原告敗訴。原告隨即上訴，聯邦上訴法院贊同地院判決見解，認為被告營業已超過十年，並無造成消費者混淆之情事，因此，維持與下級法院相同見解[76]。

小結：商標法保障公共利益，即消費者必須確保在相同商標下的產品或服務品質不變；單論商標的使用功能，肯定偏向原告，因雙方的商標無明顯之差異。然而，法院考量的基礎點在於兩者業務範圍間有無衝突；娃娃商品的消費者主要集中在孩童及收集玩家，餐廳則主攻外食消費族群，當然，也包括喜愛芭比的顧客，雖然客戶群有些許重疊，應不會也不致於造成消費者認知的混淆，因此駁回原告請求，仍准許被告之商標註冊。

第五節　結論

現行法規架構下，確實可為角色之爭議，提供適度的解套說法；但細究開來，仍會發現有所存疑或其模糊地帶。所有法律糾紛涉及到事後的救濟，往往窒礙難行，就事前防範機制，本文擬建議事項有：

---

[75] *Mattel Inc. v. 3894207 Canada Inc.*,Federal Cowrt (2004), 248 F.T.R. 228, 2004 FC 361 (Rouleau J.)

[76] 同樣的理由，可參考*Mr. Submarine Ltd. v. Amandista Investments Ltd.* (1987), 19 C.P.R. (3d) 3 (F.C.A.)。

壹、明訂權限

虛擬人物從無到有，全依靠著作權人的智慧結晶，一般著作人可經由公開發表方式，宣示主權；公司行號透過契約取得者，在其僱傭契約成立時，即要求員工簽署相關內容之契約，如權利歸屬或禁止條款等，以利達到最有效之規範。亦即受僱人於職務上完成之著作，以該受僱人為著作人，若只享有著作人格權，而其著作財產權歸雇用人享有。雖然可以契約約定其著作財產權歸受僱人享有，但以受僱人與雇用人雙方締約地位之不平等，且受僱人如同時取得著作人格權與著作財產權，而雇用人一無所有，可能沒有雇用人願意訂立此種契約。

授權契約要仔細斟酌內容細目，創作人將衍生著作授權給不值得信任的公司，且未限制其改編的內容與型態時，創作人在無法接受被授權公司對其著作所做的改變時，只能依據授權契約內容之期限終止才能撤銷或撤回[77]，除非被修改之部分使作品呈現無意義，或增刪過多使讀者產生混淆的重大改變[78]，否則創作人無法主張實際的保護；凡事清楚明白，以避免捲入紛爭。

貳、保密協定

當事人雙方都願意遵守約定，還須在產品被公開前保持保密

---

[77] 美國著作權法有除外規定，如17 U.S.C. §203(a)(1), (3)條文中允許作者無論簽署獨家或非獨家授權契約，可以在同意後35年的最後5年終止契約。

[78] *Choe v. Fordham Univ. Sch.of Law*, 920 F. Supp. 44, 48-49 (S.D.N.Y. 1995); *Playboy Enters. v. Dumas*, 831 F. Supp. 295, 316-17 (S.D.N.Y. 1993); *Lish v. Harper's Magazine Found.*, 807 F. Supp. 1090, 1107-08 (S.D.N.Y. 1992); *Jaeger v. Am. Int'l Picture, Inc.*, 330 F.Supp. 274, 280 (S.D.N.Y. 1971).

性，避免商品化的過程若不如預期時，恐怕會影響公司商譽；買賣雙方對保密義務的遵行，實能維護角色權的交易。本文建議賣方至最後成交階段，才對買方提供核心資訊，或聘請第三人撰寫契約，徹底防範秘密資訊被外洩的可能，否則形同虛設，無法產生任何實質上的保護與意義，對於日後的糾紛，無法達到預防及防治的目的。規範設計人利用原公司的技術、情報、客戶名單，甚至因為業務關係上之種種機密內容，在對外從事相同於原公司或類似原公司性質之業務時，與原公司產生競爭的行為。

所有法律糾紛涉及事後的救濟，往往窒礙難行，在僱傭契約成立時，即要求員工簽署保密契約或是在一般的僱傭契約當中加上禁止條款的制作達到有效的規範，並且使當事人雙方都願意遵守，還須在產品被公開前保持保密性，避免商品化的過程不如預期影響公司商譽，買賣雙方對保密義務的遵行能維護角色權的交易，建議賣方至最後成交階段才對買方提供核心資訊，或聘請第三人撰寫契約，徹底防範秘密資訊被外洩的可能，否則形同虛設，無法產生任何實質上的保護與意義，對於日後的糾紛，無法達到預防及防治的目的。

參、商標保護

商標是商品最好的代言人，經由廣告效能，使消費者對於商品的好感度增加，產生購買的慾望。許多商標乃來自於神話及寓言裡的角色人物[79]，基於保護善意之廠商，凡首先使用某一商標於其所製造

79 VERSACE 創始人Gianni Versace 1946年12月2日出生於義大利，1978年創立自己的公司，1989年開設「Atelier Versace」高級時裝店並進入法國巴黎時尚界。Versace, http://www.versace.com/en/the-group（最後瀏覽日：2013年4月4日）；Gianni Versace的作

或販賣之商品以與他人之物品相區別者，即具有排他的財產權，任何人不得再使用足以使消費者對同一物品之來源或出處發生混淆之商標。由於商標所有權人不必如同著作權人或專利權人，必須對公眾證明其原始性或新穎性，僅以申請註冊即可獲得獨占權；或許日後著作權人在捍衛及保護角色權時，亦可針對產業別項目多加著墨，思量是否銜接商標保護，築起多層保障。

市場上競爭者繁多，其為使消費者購買其商品，商品除了一定品質外，尚須讓消費者對於該產品有深刻的印象。因此商標為商品最好的代言人，經由廣告之效能，使消費者對於商品的好感度增加，產生購買的慾望。例如，在全世界都有銷售據點的麥當勞，其藉由廣告的大量曝光，吸引消費者的注意，並建立起強烈的印象，當消費者欲選購此類商品，使消費者在最快的時間聯想到該品牌； 而廣告代言人更強化該商品的識別性。許多商標乃來自於神話及寓言裡的角色人物[80]，係為表彰自己的商品與服務，而與他人之商品或服務相區別之標識，商標係用以標明其所附麗之商品或服務的來源或出處，法院亦基於此理由用以保護善意之廠商；凡首先使用某一商標於其所製造或販賣之商品以與他人之物品相區別者，即具有排他的財產權，任何人不得再使用足以使消費者對同一物品之來源或出處發生混淆之商標。

品以以希臘神話裡的「蛇髮女妖美杜莎」作為精神象徵，服飾上的鮮豔色彩，靈感則是來自於希臘、埃及、印度等古文明。維基百科，https://zh.wikipedia.org/zh-hant/%E8%8C%83%E6%80%9D%E5%93%B2（最後瀏覽日：2013年4月4日）。

[80] 創始人Gianni Versace 1946年12月2日出生於義大利，1978年創立自己的公司，1989年開設"Atelier Versace"高級時裝店並進入法國巴黎時尚界。Versace, http://www.versace.com/en/the-group（最後瀏覽日：2013年4月4日）。Gianni Versace的作品以以希臘神話裡的「蛇髮女妖美杜莎」作為精神象徵，服飾上的鮮豔色彩，靈感則是來自於希臘、埃及、印度等古文明。維基百科，https://zh.wikipedia.org/zh-hant/%E8%8C%83%E6%80%9D%E5%93%B2（最後瀏覽日：2013年4月4日）。

肆、捍衛權利

目前國內司法針對「角色」這一客體之保護，大多採行著作權法，或以著作權法為主搭配其他相關法律，如民法、商標權、專利法、營業秘密法、公平交易法[81]等；事後爭執或異議遠不及事前的預防，但是，法律是生活的最後一道防線，理應據以力爭取得應有的權益。著作財產權與著作人格權為著作權之一體兩面，以保護著作人財產上之利益與精神上之利益；而著作人格權給予著作人對其作品擁有完整的、獨占的、公開展示及演出、更改或刪除的專屬權，如著作遭人任意發行，或以他人姓名替換著作人姓名，或恣意變更，有如在維納斯雕像上加上耳環，不僅格格不入破壞美感，同時也侵害著作人格權，減損其作品層次，影響著作財產權之經濟價值。

[81] 美國依據普通法（common law）之不公平競爭（unfair competition）原則提出請求。請參閱*Gilliam v. Am. Broad. Cos.*, 538 F.2d 14, 24-25 (2d Cir. 1976); *Dastar Corp. v. Twentieth Century Fox Film Corp.*, 539 U.S. 23, 32-37 (2003).

第八章　著作權集體管理新面向

第一節　前言

隨音樂產業興盛，著作權集體管理團體[1]相關議題更形重要；如各費率無一致標準，或分屬不同管理團體[2]等現狀，衍生層出不窮的問題，形成莫衷一是的解決方案，不但令使用端有所困惑，甚主管機關亦十分困擾。我國現今雖已有判決，即著作權替代侵害責任，然，其效力是真正杜絕侵害著作權之行為人，或適得其反，變相驅趕合法使用者，令人不得不審慎考量。

綜觀我國著作權授權制度，2009年4月21日通過修正「著作權法」，主要針對網路服務提供者（Internet Service Provider，以下簡稱ISPs），因使用者利用其所提供之服務侵害他人著作權或製版權，得主張不負責任之範圍及要件，即避風港條款，著作權人得通知網路服務提供者移除網路流通之侵權資料，而網路服務提供者若遵循法律所定之程序，亦得就使用者侵害著作權及製版權之行為，主張不負損害賠償責任[3]；同年11月17日公佈ISP業者民事免責事由實施辦法；隨

[1] 著作權集體管理團體相關資料，見智慧財產局網站，http://www.tipo.gov.tw/ch/NodeTree.aspx?path=75（最後瀏覽日：2013年4月18日）。

[2] 目前有1、社團法人台灣音樂著作權人聯合總會（MCAT），2、社團法人中華音樂著作權協會（MUST），3、社團法人台灣音樂著作權協會（TMCS），4、社團法人台灣錄音著作權人協會（ARCO），5、社團法人中華有聲出版錄音著作權管理協會（RPAT），6、社團法人中華語文著作權集體管理協會（COLCCMA）等六家。經許可之「著作權集體管理團體之相關資料」，見智慧財產局網站，http://www.tipo.gov.tw/ch/AllInOne_Show.aspx?path=4143&guid=b023b882-4024-4862-8e05-145faf60225f&lang=zh-tw（最後瀏覽日：2013年4月18日）。

[3] 我國於2008年3月28日經總統公布智慧財產法院組織法，並於2008年7月1日施行，為保障智慧財產權，妥適處理智慧財產案件，促進國家科技與經濟發展，故凡有關智慧財產之案件，無論係民事、刑事或行政訴訟，將由智慧財產法院集中管轄，增進智財訴訟之效率，目前世界網路使用者的數目迅速累積，比較網路人口及其使用態樣，常有感觸若未實體操作或親身經歷，不但無法瞭解網路活動及使用特性，更無從體認電腦技術多樣化，連帶使相關法規或紛爭複雜化。

後2010年1月12日立法院三讀通過，「著作權法部分條文修正草案」及「著作權仲介團體條例修正草案」，將「著作權仲介團體」修正為「著作權集體管理團體」；再再說明，探討著作權侵害規制與ISP責任歸屬認定，乃為網路世界中已不可迴避之議題[4]。

預先擬定規避與防範侵害著作權相關措施，如檢視ISP業者侵害賠償之責，也許是另一有效做法；一事定有兩面，勢然也會提高網路使用人相關費用。本文以美國及加拿大法制、實務經驗，說明網路著作權的種種規制，希冀本文對網路著作權管理之分析，能為我國在處理相關案件上，提供適用法律之依據，參酌美加在著作權集體管理經驗，嘗試提供學理及政策上不同的思維。

第二節　著作權集體管理機制

壹、何謂集體管理

著作權制度在於賦予著作權人，就其著作擁有專屬利用及禁止之權利（exclusive right），藉此權利之賦予，提供著作人繼續創作的誘因。然而，隨網際網路使用與興盛，已對著作權管理造成嚴重之衝擊與影響；著作利用人數短期內以倍數增長並迅速散布各地，著作權人最初行使之個別管理機制，已無法確保著作權人之權利，如個別著作權人無法分別與各利用人訂定授權契約、收取報酬；又如，怎要求各使用者直接去尋找並協議著作權人取得授權；甚或從著作權侵害角度來看，如何對侵權之人提出損害賠償請求或適當救濟等

[4] Ke Steven Wan, *Internet Service Providers' Vicarious Liability Versus Regulation of Copyright Infringement in China*, 2011 U. Ill. J.L. Tech. & Pol'y 376 (2011).

措施，實務上皆有其困難之處。因此，著作權集體管理的概念與機制（collective management；collective administration）油然而生，簡言之，組成一著作財產權人團體，藉由集體管理方式，替會員管理且爭取著作相關權利之事宜。

早自2004年歐盟社會，即嘗試建立一套跨地域的授權管理系統，針對網路付費使用者與網路伺服器業者間，兩者利潤之考量，擬訂出使用者尋求授權使用時，不需再與不同會員國的管理機構協調費用[5]；雖未有所成，著作權集體管理儼然已是全世界共同的問題。以線上音樂著作為例，2009年7月，歐盟國家中百分之24的人口，從網路購買音樂著作，2010年網路音樂的收益只比實體影音產品減少20%，顯示出線上購買音樂已成為趨勢；但是，觀察另一數據，2004年到2010年網路音樂市場規模成長1000倍以上，收益卻相對衰退，原因不乎外是與P2P技術下載檔案分享有關[6]。簡言之，在這網路經濟勢在必行的年代，如何有效捍衛著作權人的權利，並兼顧使用者善用影音資源之利基，已成為著作權集體管理機制之挑戰。

貳、著作權仲介團體

國際四大音樂唱片集團（Universal Music Publishing Group; EMI Music Publishing; Warner Chappell; Sony/ATV Music Publishing）掌握全世界七成的產值[7]，多採取指定某個國際管理機構處理有關

---

[5] Giuseppe Mazziotti, *New Licensimg Models for Online Music Services the European Union : From Collective to Customized Management*, 34 Colum. J.L.& Arts 762 (2011).

[6] IFPI, *IFPI Digital Music Report 2011: Music at the Touch of a Button* 14 (2011), available at http:// http://www.ifpi.org/content/library/DMR2011.pdf（最後瀏覽日：2012年2月10日）。

[7] See Case 4404, Universal/BMG Music Publishing, Eur. Comm'n Competition, at 14-15, http://www.ebu.ch/CMSimages/en/BRUDOC_INFO_EN_383 _tcm6-55244.pdf（最後瀏覽日：2012年12月20日）。

授權金事宜[8]；英國音樂詞曲重製及表演權，早期由兩大音樂版權協會PRS（the Performing Right Society）和MCPS（the Mechanical-Copyright Protection Society）處理，直至1997年二者更結合成英國音樂版權聯盟（MCPS-PRS Alliance）[9]，負起5萬名註冊的版權所有人，及近1,000萬首曲目的資料庫管理，且績效良好[10]。

我國於1997年11月5日公布施行「著作權仲介團體條例」，規範集管團體組織、運作及權利義務關係等事項；自著作權仲介團體條例施行以來，登記在案之相關團體共有六個（一個已申請廢止），就其成立取得許可日期、法人登記日期、管理類型、管理權能、會員數量、管理數量等類別整理如下：

表8-1　著作權集體管理團體管理著作資訊（含會員數量、管理數量）[11]

管理類型	音樂著作			視聽	錄音	語文
團體名稱	MCAT	MÜST	TMCS	ARCO	RPAT	COLCCMA
許可日期	88/01/20	88/01/20	91/02/27	88/01/20	90/10/22	95/08/08
登記日期	88/06/22	88/05/17	91/04/30	88/05/31	91/02/07	95/11/20

[8] Mazziotti, *supra note 5*. at 771.

[9] *Id.*, at 778.

[10] Mazziotti, *supra note* 5, FN81. 2008年在公共表演權利金的管理是世界排名第一。

[11] 本圖表資料來源，請參見智慧財產局網站，http://www.tipo.gov.tw/ct.asp?xItem=202448&ctNode=7001&mp=1（最後瀏覽日：2013/06/16）。

管理類型		音樂著作			視聽	錄音		語文
管理權能		公開播送 公開演出 公開傳輸			公開播送權 公開上映權 公開傳輸權 為公開傳輸之必要重製權	公開播送權 公開演出報酬請求權 為公開演出目的之必要重製權 公開傳輸權及為公開傳輸之必要重製權		重製權（尚無執行收費情形）
會員數量	個人	209位	962位	104位	10位	11位	9位	
	團體	28位	86位	7位	20位	30位	37位	
管理數量		32,770首歌曲	1,700萬首以上（含受託）	25,013首歌曲	686個label	自行管理965個label總管理數2049個label	約55,000首歌曲	
備註		1. ARCO所管理之視聽著作屬音樂性MV；於99年12月24日許可併入社團法人中華音樂視聽著作仲介協會。 2. label：所屬會員或簽約授權團體旗下之製作公司數量。 3. COLCCMA已由101年9月26日廢止許可。						

著作權仲介團體中，扣除已申請廢止的COLCCMA，管理著作類別無非是音樂著作、錄音著作及音樂視聽著作為主，通通屬音樂領域；礙篇幅有限，接續僅以會員數及歌曲量最為龐大之MUST為代表。中華音樂著作權仲介協會（Music Copyright Intermediary Society of Chinese Taipei；簡稱MUST），個人會員有音樂詞曲作家、或享有著作財產權之人或繼承人，團體會員則是指，擁有音樂著作財產權之出版人或法人；會員皆需與MUST簽定音樂著作權管理契

約，「專屬授權」予MUST統一管理，而授權型態區分為，概括授權及個別授權二種，主要以演唱會或劇場演出為主；雖訂有使用報酬費率表，但費率及金額得視使用對象及情形不同，經商議後得視使用情形酌減。

由此推之，集體管理是指權利管理集中化（centralized），利用人僅需與集體管理團體交涉，且依據事先已確定的費率表，支付使用報酬即可；即團體收取使用報酬、分配予著作財產權人，無涉及對利用人之授權行為。故，實務運作下有其三大特色：1.事前無須得到著作人授權；2.支付適當權利金；3.報酬須回饋給著作財產權人；至於使用報酬率應如何計算，則尊重集管團體與利用人，依市場協商機制，自行公告且訂定。此一機制隱含著，為落實使用者付費的理念，著作財產權人在著作權法上，請求權已減弱成「報酬請求權」（right to remuneration）。

參、修正重點

著作權集體管理機制，已於先進國家實施甚久，我國1997年首次引用，實施幾年後，實務上爭議頻生，如多家團體授權關係複雜、使用報酬率審議制度存廢等，有加以全面檢討修正之必要；故智慧局即開始著手進行修法工作，修正草案於2010年2月10日由總統公布施行。立法院三讀通過之「著作權法部分條文修正草案」及「著作權仲介團體條例修正草案」，雖為第一次修正，然修正幅度之大，全文原46條修正41條，刪除5條，新增8條，對我國著作權授權制度[12]影響深遠。

---

12 「二次公播」、「廣告音樂」及著作權仲介團體授權制度之重大變革，經立法院三讀通過。智慧財產權電子報 44期，2010年2月5日。http://www.tipo.gov.tw/ ch/EPaper_HistoryEPaper.aspx?path=2860&Department=1&Class=1（最後瀏覽日：2010年2月6日）。

立法理由說明，由於旅館、醫療院所、餐廳、咖啡店、百貨公司、賣場、便利商店、客運車、遊覽車……等營業場所播放電視、廣播供客人觀賞，是社會上常見的利用行為，但因事先無法得知及控制播放之內容，且不易取得完全之授權，因此面臨刑事訴追之風險；另廣告中所用到的音樂係由廣告製作公司所選擇，電台、電視台無法決定，導致廣告在電視台播出時，電視台與個別權利人洽商授權時常面臨刑事訴追之風險。[13]針對上述問題，此次修法係立法部門、廣大利用人、各家仲介團體及行政機關長期的努力所達成，希望未來在新法之下，利用「使用者付費」之精神，仲團本「促進市場和諧」之原則，創造權利人與利用人雙贏之局面。

本次修正最重大之突破在於增設「共同使用報酬率」及「單一窗口」之制度。目前已成立且仍運作之仲介團體共有5家，實務上常發生，利用人需同時與多家洽商取得授權，不但疊床架屋也造成團體個別收費之困難；為使授權更為簡便，爰增訂多家團體就專責機關指定之利用型態有訂定「共同使用報酬率」之義務，並應由其中一個團體向利用人收取。可能會被指定的利用型態包括：旅館、美容業等公開場所二次利用行為、KTV、卡拉OK及伴唱機之利用等大量利用著作之利用型態；再者，共同使用報酬率之訂定有其複雜性，故於修正條文中規定有兩年之過渡期。我國經濟部智慧財產局積極協助各種團實施此一新制度，並為使收費標準及共同使用報酬率之內部分配更為客觀合理，研擬著作權集體管理團體條例相關之辦法，以促使未來集管團體之申請，及使用報酬率審議之新制得順利施行。

另著作權仲介團體及利用人雙方均對本條例提出修正之建議，如使用報酬率之審議制度、著作財產權目錄及使用清單製作之義務、

[13] 此段說明詳見智慧財產局網站，可參考同前註之電子報內容。亦可參見曾勝珍，智慧財產權法專論─科技時代新思維，五南圖書，2011年8月，頁100-101。

會員退會後之權利義務關係等問題；修法後[14]將「著作權仲介團體」修正為「著作權集體管理團體」（以下簡稱「集管團體」），修法特色使前述利用人將不必再擔心遭受個別權利人刑事訴追，但仍有依法支付使用報酬之義務，不支付者，則仍須負擔民事侵權法律責任。另有關集管團體管理之著作部分不受本次修法之影響。

第三節　外國經驗

2005年歐盟曾針對著作權集體管理機制做深入的研究，書面報告[15]中提到，美國音樂產業為何會如此盛行，主因在於Apple's iTunes、Microsoft's Zune、Rhapsody、Beatport或Pandora等提供者，以低技術、低成本、省時間的門檻，造成線上音樂的普遍性與方便性，瞬間網路音樂已成為不可抵擋的一股風潮；然而在歐盟國家中，如LastFm, Spotify, iTunes等皆未能形成潮流，除了網路音樂和影片的盜版與侵害問題未解決外，最大的關鍵仍在於相關權益及收費的複雜度與難度[16]。

中國大陸的著作權集體管理於2005年3月1日正式立法，立法過程卻未見著作權人或使用人之參與，全程由政府主導[17]，忽略市場需

[14] 著作權集體管理團體條例說明，http://www.tipo.gov.tw/ch/NodeTree.aspx?path=3656（最後瀏覽日：2013年4月18日）。

[15] Commission Study on a Community Initiative on the Cross-border Collective Management of Copyright (July 7, 2005), http://ec.europa.eu/internal_market/copyright/docs/management/study-collectivemgmt_en.pdf [hereinafter Commission Study of July 7, 2005].（最後瀏覽日：2012年4月1日）。

[16] Mazziotti, *supra note* 5, at 757.

[17] Wan, *supra note* 3. at 390.

求會導致授權金費率出現不公正的現象，進而衍生更多問題發生[18]。綜觀反思，集管機制即透過集管團體追求著作權人與使用者間之平衡。

壹、加拿大

追溯1997年所修正之著作權法，當時網域發展、社會媒體化、MP3播放器尚未盛行，即未發展出如此之技術一彈指間傳送數以千計的歌曲；時空轉換，促使加拿大立法當局必須重新思考，現應如何兼顧著作權人的福祉，及一般大眾使用便利性的目標。

一、修法過程

2010年第四十屆國會第三會期提出C-32草案[19]，稱為「著作權現代化法—Copyright Modernization Act」[20]，修法主要目的係為配合

---

[18] 2012年1月26日第十年度的表達自由排行榜(Press Freedom Index)顯示，芬蘭及挪威是全世界最自由的國家，北韓是倒數第二的第178名，中國大陸則為174名 。The Press Freedom Index Jason Miks, The Press Freedom Index, January 26, 2012, http://the-diplomat.com/the-editor/2012/01/26/the-press-freedom-index（最後瀏覽日：2012年1月27日）。

[19] An Act to amend the Copyright Act, 40th Parliament-3rd Session (March 3, 2010). 加拿大著作權法自1985年制定(Copyright Act, R.S. 1985, c.42)，於1997年修正(An Act to Amend the Copyright Act, S.C. 1997, c. 24)，雖曾有數次修正案的提出，如2005年第三十八屆國會第一會期提出C-60草案（An Act to amend the Copyright Act, 38th Parliament - 1st Session Oct. 4, 2004 - Nov. 29, 2005），2008年第三十九屆國會第二會期提出C-61草案，惟最終皆未獲通過。

[20] 這是由Tony Clement，加拿大工業局局長（Minister of Industry）及James Moore，加拿大古蹟與語文局局長（Minister of Canadian Heritage and Official Languages）共同提案於2010年6月2日國會進行一讀的版本，Government of Canada Introduces Proposals to Modernize the Copyright Act，可由以下網站參考立法背景及相關資料：Parliament of Canada, *Second Reading in the House of Commons and Referred to Committee (November 5, 2010),* http://www2.parl.gc.ca/Sites/LOP/LEGISINFO/index.asp?Language=E&List=list&Type=0&Chamber=C&StartList=2&EndList=200&Session=23（最後瀏覽日：2012年4月11日）。

數位化時代中全球經濟脈動；2010年6月2日開始在國會進行法案審查程序，整份草案多達62頁；由於加拿大早在1995年加入「WTO協定」[21]，卻遲未修法加入相關規定，因此令人格外期待此次的修法經過。後於2011年第四十一屆國會第一會期再提出C-11草案，隔年6月29日終於通過[22]，內容主要有關著作權電子化議題，網際網路使用人在文件搜尋及引用上之權利，以因應網路點對點傳輸技術（Peer-to-Peer；簡稱P2P）的盛行等。

網站、大眾傳播、MP3、電子書等盛行，改變傳統對著作權的應用方式，唯有通過修法與世界各國立足於數位平台，才是鞏固整體經濟，維持國際競爭力的良策；法案立法目的主要有八項：1.更新對著作權人的權益內容與保護，滿足網際網路平台使用的挑戰與機會，並能符合國際標準。2.明確訂定網路伺服器業者的責任及防止其成為網路侵權的客體。3.允許商業、教育、圖書館等方面廣泛使用著作權的數位化型態。4.擴大授權教育工作者及學生對著作權的使用範圍。5.允許消費者對著作的某些特定使用。6.授予攝影師和其他著作人相同的權利範圍。7.確保科技技術中立的立場；及8.回應國會每五年重

---

21 「WTO協定」包括WTO設立協定及十九項附屬協定，眾所矚目的關於智慧財產權保護，為「與貿易有關之智慧財產權協定（Trade Related Aspect of Intellectual Property Rights, including Trade in Counterfeit Goods；簡稱TRIPS）」。WTO正式成立於1995年1月1日，在GATT與WTO並存一年後，於1995年12月中旬宣告結束，至2002年1月1日為止，WTO共有144個會員，台灣於2002年1月1日正式成為WTO的會員。全世界約有95%的貿易在WTO規範下進行，規範範圍由傳統貨品貿易擴展至農產品等，最近又擴展至環保、競爭政策、電子商務等與貿易有關之新議題。WTO協定之架構：1.貨品貿易多邊協定（共十三項）。2.服務業貿易總協定。3.與貿易有關之智慧財產權協定。4.爭端解決規則與程序瞭解書。5.貿易政策檢討機制。6.複邊貿易協定。台灣加入WTO之現況，中華經貿科技網，http://www.icet.org.tw/discussion_3_1.htm（最後瀏覽日：2010年6月11日）。

22 Bill C-11, An Act to amend the Copyright Act, http://www.parl.gc.ca/HousePublications/Publication.aspx?Language=E&Mode=1&DocId=5697419&File=4&Col=1（最後瀏覽日：2013年4月18日）。

新檢視本法之要求[23]。

二、實務爭議

（一）侵權爭議

2004年Society of Composers, Authors and Music Publishers of Canada v. Canadian Assn. of Internet Providers[24]一案，最高法院最終判決ISP業者對於客戶網路行為無須負責；起因在於加拿大著作權仲介團體SOCAN（Society of Composers, Authors and Music Publishers of Canada）控告CAIP（Canadian Assn. of Internet Providers；加拿大網路伺服器提供者─ISPs聯盟）針對網友音樂檔案交換行為，對著作權人所造成的損失，應支付權利金以示補償。主要爭點在於ISPs業者僅提供網路介面服務，不知且無法管制用戶內容，不應負有網路侵權之責任，不過SOCAN認為ISPs是主動而非被動參與；此一著作權之侵害案例，堪稱ISPs與集管團體在網路侵權爭議中，最具代表性的判決，也可藉此案觀察出加拿大著作權委員會，看待網路著作權點對點（peer-to-peer）侵害時，些許立場上之端倪[25]。

2005年7月28日加拿大最高法院針對Canadian Private Copyright Collective v. Canadian Storage Media Alliance[26]一案中，判決駁回加拿大私人著作權管理團體CPCC（Canadian Private Copying

[23] 依加拿大現行著作權法第92條規定，主管部長應在本法實施5年內將實施的結果及原欲定目標達成的情形，向眾議院或參、眾兩院報告，並就報告提出後1年內（短期）或未來任何時間（長期）國會可以授權的事項提出建議。

[24] Society of Composers, Authors and Music Publishers of Canada v. Canadian Assn. of Internet Providers, Supreme Court of Canada, [2004] 2 S.C.R. 427, 2004 S.C.C. 45.

[25] Craig McTaggart, *A Layered Approach to Internet Legal Analysis*, 48 McGill L.J. 600 (2003).

[26] *Canadian Private Copyright Collective v. Canadian Storage Media Alliance*, 2004 F.C.A. 424.

Collective）的上訴，即聯邦上訴法院認為CPCC不得再對MP3播放器加收費用。起因在於CPCC可強制向空白DVD、CD和錄音帶，加收一筆稅額，隨後轉交給著作財產權者，藉以保護唱片行業，而這些唱片公司想把這個做法延伸到MP3上，即下載者利用MP3裝置下載音樂時，皆對使用人收取權利金；不過CSMA（Canadian Storage Media Alliance）反訴MP3播放器的稅，早已納入產品價格中，且違法強制對每一個空白錄音裝置收費，此舉已超過法規範圍並造成違憲，並主張經過著作人同意下載而侵害著作權，不在著作權法s.80(c)的除外規定內，如使用人主張為個人目的之使用[27]。由於最高法院裁決不再對傳統的音樂徵稅法案做出修改，故那些用空白DVD、CD、錄音帶來錄製音樂的樂迷，仍需繼續繳稅，而稅收也會續由CPCC轉交給音樂著作權人。

實務上，加拿大在計算著作權侵害賠償或應支付相關仲介團體補償金，依據個案情況不同，而給予不同的計算方式，因此，自不同的案例可整理出大致的規則，如2005年Canadian Private Copying Collective v. Computer Warehouse Outlet Inc. [28]案涉及補償金計算問題，被告涉嫌自行進口空白光碟（CD-ROMs），未向加拿大仲介團體CPCC申請，亦未支付授權金，法院經由關稅部門要求，認為被告應支付83,664加幣（即398,400片×0.21加幣／張罰金）及其利息，並要求被告未來必須遵守進口報關之種種要求；如Entral Group International Inc. v. 1438762 Ontario Inc.（2005）[29]，訴訟費用及遲延並不能成為著作權法規範中合理理由，著作權人無法主張在加拿大

---

[27] 曾勝珍，論網路著作權之侵害，元照出版，2010年11月，再版，頁95。

[28] *Canadian Private Copying Collective v. Computer Warehouse Outlet Inc.* (2005), 41 C.P.R. (4th) 481 (F.C.) .

[29] *Entral Group International Inc. v. 1438762 Ontario Inc.* (2005),139 A.C. W.S. (3d) 932 (Ont. S.C.J.) .

的專有權[30]。

（二）費用爭議

比起其他國家，加拿大擁有更完整的集體管理系統與組織，約有36個運作中的團體，受到政府部門直接或間接的管控[31]，如果再將其他有收取授權金的私人機構與公司也算入（如出版商、錄音公司、動畫工作室等），數目更多[32]。著作權集體管理系統，通常包含商業組織或團體之使用，如有線電視公司、無線衛星電視、廣播電臺、學校、戲院、連鎖商店、酒吧、餐廳、診所等等；管理則存在多種不同的態樣及經營基礎，如以概約授權方式，將涵蓋特定權利的授權金統合收取者，此方式傾向於代理商或經紀人之做法[33]。加拿大著作權代理機構（Access Copyright，正式名稱CANCOPY；簡稱AC），正具備此項功能，保障付費的使用人避免因使用未具名的作品而受罰；以AC某年年收入為3,400萬元為例，該集體管理機構扣除管理行政費用後，支出為800萬約佔收入的23%，才將款項分播至著作權人帳戶，換言之，管理費用可能佔收益的20%以上。

當費率或使用條件有所爭議時，著作權委員會可介入處理，如SOCAN的所有活動，都必須經由著作權委員會同意才能舉辦。SOCAN的歷史可追溯到1925年，每年營收超過2億加幣[34]，管理超過10萬個創作人其授權金之收取與分配[35]，堪稱是著名的集管團體；此外較醒目者，如CPCC加拿大私人著作權管理團體，與空白CD光碟

30 曾勝珍，前揭註27，頁142。

31 Howard P. Knopf, *Canadian Copyright Collectives and the Copyright Board: A Snapshot in 2008*〔2008〕I.P.J. 122.

32 Bita Amani, *Access Copyright and the Proposed Model Copyright Licence Agreement: A Shakespearean Tragedy*, 24 I.P.J. 234-5(2012)

33 *Id.*

34 *Id*

35 SOCAN，http://www.socan.ca/jsp/en/pub/index.jsp（最後瀏覽日：2013年4月18日）。

片的授權金有關，一年約有4,000萬的收入，2011年底加拿大著作權委員會決定未來2012至2013年，每片光碟仍收取加幣29分的授權費用[36]；加拿大鄰接權聯盟（Neighbouring Rights Coalition of Canada，簡稱NRCC），主掌有關如錄音、表演等著作鄰接權授權金的部分；加拿大音樂重製權代理機構（Canadian Musical Reproduction Rights Agency，簡稱CMRRA），則管理與音樂發行人有關的相關授權事項[37]。加拿大詞曲作家協會（the Songwriters' Association of Canada）曾提出每月網路授權金5元的提議，倘若果真執行，協會每年將增加5億到9億的加幣收益[38]。

（三）合理使用爭議

集體管理的意義在於無法對使用人逐一收取費用，並用在補償著作人因作品被使用的收益上，亦即將原本著作人的財產收益透過集體管理團體轉換為補償收益，且兼顧集體團體因而承擔的行政費用和成本；當無法和使用人達成前述的使用授權協議時，是否可以直接由加拿大著作權委員會（the Copyright Board）決定使用費率，並以稅賦的方式向人民收取[39]。加拿大著作權法規定任何原創作品，不論文學、戲劇、音樂或藝術作品，皆擁有其著作權[40]，但經由著作權人同意或主張合理使用範圍的複製都是合法的，決非任何複製行為都視為當然侵害著作權[41]；簡言之，是否應使用者付費取決於合理使用之爭議。

[36] News, Dec.19, 2011, CPCC網站，http://www.cpcc.ca./en（最後瀏覽日：2012年1月16日）。

[37] CMRRA, http://www.cmrra.ca./What_is_CMRRA_3/what_is_cmrra_3.html（最後瀏覽日：2012年1月16日）。

[38] Knopf, *supra note* 31, at 120.

[39] *K-12* at para. 2. 此案判決書中法官（Justice Abella）的看法。

[40] R.S.C. 1985, c. C-42, s. 5(1).

[41] Amani, *supra note* 32, at 224. 這裡乃採用此文作者的見解。

加拿大著作權代理機構（AC），1991到1997年間和加拿大的中小學都有簽約，1999年又續約五年至2004年，因為AC費用調高，許多中小學決定不繼續簽約，旋即向著作權委員會建議用官方的稅賦方式徵收，這便是後來一路上訴到最高法院的「K-12」判決[42]；此案審判期間，AC又提出另一份適用於大專院校的使用稅賦提案，然而遭到大學專校聯盟（The Association of Universities and Colleges of Canada，簡稱AUCC）與社區大學聯盟（the Association of Community Colleges of Canada，簡稱ACCC）同時抵制；2011年光是「加拿大研究知識網（Canadian Research Knowledge Network）」就讓加拿大共75所大學，約9,000名學生與研究人員，付出加幣9,600萬支付著作使用的權利金。

加拿大在2012年6月29日通過修法，最高法院則在2週後的7月12日通過五件判決，判決書中[43]法官（Justice Abella）認為「加拿大的各級學校教師複製他人著作做為上課教材或行政工具是常有的事」，使用者付費的道理自古皆然，雖然使用人主張在教學或研究的合理使用範圍內；然而，當地的教育工作者普遍認為[44]，加入AC的提案，一來不符合修正後的新法，如擴大保障合理使用和教育機構為研究目

---

[42] 加拿大中小學系統有1-12年級，如溫哥華小學是1-7，中學8-12，所以稱為K-12—泛指中小學。

[43] *Alberta (Minister of Education) v. Canadian Copyright Licensing Agency*, 2012 SCC 37 at para. 23 [*K-12*].

[44] Amani, *supra note* 32, at 224-26.

的使用網路資料[45]；新法第29條擴大對合理使用的範圍[46]，由原規範的「為研究或私人閱讀的目的」，擴大到「為研究、私人閱讀、教育、以譏諷時事或以幽默方式利用的目的」，並保留原條文的「為評論或新聞報導目的」的合理使用，非商業性的使用和維護科技中立的使用也不構成侵害[47]。二來長期更不符合教育成本，也不利利用人。

新法正好在6月29日通過[48]，AC對各大學提出的簽約期限是2012年6月30日，忽略各大學學期結束正逢暑假期間，各大學當然缺乏簽約意願；至2012年7月為止，加拿大魁北克省之外的大學，約有三分之一不簽署AC推出的集體授權契約，仍選擇電子化的使用契約、研究機構的除外規定、自由軟體、著作權集體管理機構的付費模式，或依據使用狀況每件個別處理等方式運作[49]。新法的制定與相關案

[45] 30.04 (1) Subject to subsections (2) to (5), it is not an infringement of copyright for an educational institution, or a person acting under the authority of one, to do any of the following acts for educational or training purposes in respect of a work or other subject-matter that is available through the Internet:(a) reproduce it;(b) communicate it to the public by telecommunication, if that public primarily consists of students of the educational institution or other persons acting under its authority;(c) perform it in public, if that public primarily consists of students of the educational institution or other persons acting under its authority; or (d) do any other act that is necessary for the purpose of the acts referred to in paragraphs (a) to (c).

[46] Bill C-11, s. 21.修正前原條文-for the purpose of research or private study修正為-Fair dealing for the purpose of research, private study, education, parody。

[47] It is not an infringement of copyright for an educational institution or a person acting under its authority for the purposes of education or training on its premises to reproduce a work, or do any other necessary act, in order to display it. Also see Michael Geist, *Why Universities Should Not Sign the Access Copyright - AUCC Model Licence,* May 24, 2012, http://www.michaelgeist.ca/content/view/6507/125（最後瀏覽日：2013年4月16日）。

[48] 先前法案c-32在上一會期未獲通過。Lgislative Committee on Bill C-11 (CC11)。

[49] Peggy Berkowitz ,*Majority of Canadian universities sign licence with Access Copyright Significant minority decide to go it alone*, July 9, 2012, University Affairs, http://www.universityaffairs.ca/majority-of-canadian-universities-sign-licence-with-access-copyright.aspx（最後瀏覽日：2013年4月16日）。

例決判，已直接影響大學是否簽立「著作權使用的定型授權書」（*Proposed Model Licence with Access Copyright*）乙事；AC希望能代表權利人團體，除在魁北克省[50]之外的大學，向每位學生收取一年加幣26元的使用費，期間至2015年12月31日，且願意提供2012年6月30日前簽署的學校，擁有獨特的優惠折扣。

三、本文見解

經過數月前最高法院作出對AC的不利判決後，加上新法擴大對合理使用的範圍，集體管理團體宣布開戰[51]，與2012年集管團體強勢要求簽署授權契約與收取權利金一事看來，集管團體必須放手一搏，藉以繼續維護其自身權益，4月8日準備對約克大學（York University）校方網頁上的「合理使用指南（Fair Dealing guidelines）[52]提起訴訟[53]，AC認為約克大學的使用指南內容武斷且變相鼓勵非法的複製行為，即使AC先前的很多主張已被最高法院駁回，AC仍堅持採取其授權契約及授權金，才是補償著作人的最佳途徑。

此次新法在集體管理涉及合理使用部分[54]，擴大對合理使用的範

---

[50] 魁北克省（Quebec）一直希望獨立於加拿大聯邦政府之外，因此無論教育、稅制等方面都有自行的制度與看法。

[51] Michael Geist, *Access Copyright's Desperate Declaration of War Against Fair Dealing*, April 09, 2013, http://www.michaelgeist.ca/content/view/6818/125/（最後瀏覽日：2013年4月16日）。依據該文，集管團體2013年4月8日宣布將面對政府、教育機構、圖書館及合理使用等法規的挑戰。

[52] Fair Dealing Guidelines for York Faculty and Staff, York University, Nov.13,2012 , http://copyright.info.yorku.ca/fair-dealing-requirements-for-york-faculty-and-staff/（最後瀏覽日：2013年4月17日）。

[53] Michael Geist, *supra note* 51.

[54] Balanced Copyright, http://www.ic.gc.ca/eic/site/crp-prda.nsf/eng/h_rp01153.html#amend（最後瀏覽日：2013年4月18日）。

圍，以達到教育目的且促進在課堂教學所需的創意和創新方法；對合理使用（fair dealing）[55]規範更為明確，避免新興科技發展迅速中，使用人誤蹈法網，特別是為了教育、嘲諷、幽默目的部分的規定[56]，重點如下：

教師和學生可根據教學目的使用網路資料，除課堂使用還包括遠距教學的需要，或特殊性質的學習，如音樂系的學生利用網路做歌曲的混音或搭配。

教師依據教學需要，可將教材利用網路傳送給學生使用，而每位學生依法可以印下一份當成課堂講義；師生可以使用網路上，經由著作權人同意無償提供的內容，並且可以當成教材複製數份給其他同學使用。

更確保科技中立的原則，可用複製方式顯示著作內容，使學生直接在螢幕上觀看，而不需用掛圖或架設投影機；另以往規範只能在課堂中觀賞如戲劇之類的演出，現在則擴及至教學目的，當師生有需要時，可以合法觀賞影片或其他視聽著作；過去，學校必須付費才能取得傳播節目的授權播送，此次立法明確涵蓋教育目的的使用，亦即學校不須再支付授權金。

圖書館運用與保存著作更具彈性，本法允許圖書館員可以將紙本著作數位化，並經由館際合作提供給提出需求的消費者，消費者可在線上觀看或列印下來；當圖書館所保存的原件有可能成為僅存原件的疑慮時，圖書館員可以將原件複製保存。

渥太華大學法學院Michael Geist教授[57]就堅信，為教育或研究目

---

55 加拿大著作權法使用的原文是fair dealing，和一般美國法的fair use意義相同。

56 Bill C-32, *An Act to Amend Copyright Act*, 3rd Sess., 40th Parl., 2010, cl.29. Also see Balanced Copyright, http://www.ic.gc.ca/eic/site/crp-prda.nsf/eng/h_rp01153.html#amend（最後瀏覽日：2013年4月18日）。

57 Michael Geist著作甚多且長期耕耘智財法領域，經常發表見解在其個人網站。Michael Geist's Blog ,http://www.michaelgeist.ca/content/blogsection/0/126/（最後瀏覽日：2013年4月17日）。

的的複製（即使整篇論文）也屬於合理使用[58]；本文亦表同意，若確信為個人目的、非營利性質的複製，無論是從電視、廣播、網路的轉錄應皆屬合法，也不限制所使用的裝置或方式，以達到科技中立的立場。新法對於合理使用採取的是明列法，也就是不在列舉範圍的，就不能適用合理使用之除外規定，如此反而是限縮了藝術家使用現有著作的自由，其實只要在條文中加上「諸如此類」（such as）的字樣，便可改進此項限縮。

貳、美國

1996年Robert Merges教授的大作中[59]，對智慧財產權案例適用的理據，做了一番探討，一向所有權人引用財產權理論及禁制令，藉以維護其財產，這對法定權的權利界定有極大的衝擊；原本法定權理論（entitlement theory）著重在最初的權利分配，Merges教授認為重複的買家或賣家適用更有效率的集體管理組織制度（collective rights organizations）更好，當法官或法律計算損害賠償金額有誤時，責任歸屬原則（liability rules）不如財產權規則（property rules）。Merges教授提出的理論成為這方面的重要學說[60]，亦即他著重在財產權規則所能解決的範圍與內涵，尤其是在專利共享交互授權（patent pools）及著作權集體管理（copyright collectives）上得到的經驗，更讓他深信無疑。

Merges教授提出的財產權理論，認為由權利人與使用人溝通協調的費率，節省百萬計的著作權人、成千上萬商家間，和上百來家傳

---

58 Michael Geist, *supra note* 51.

59 Robert P. Merges, *Contracting into Liability Rules: Intellectual Property Rights and Collective Rights Organizations*, 84 Calif. L. Rev. 1293 (1996).

60 Mark A. Lemley, *Contracting Around Liability Rules*, 100 Cal. L. Rev. 464 (2012).

播媒體間的費用[61]，遠比經由法院判決智財案件後，所決定的責任歸屬有實益，正是責任歸屬原則導致如反資源共享的問題產生，公權力也不應介入制定如強制授權等規定，應該交由私人團體自行協商[62]。

一、以往實務經驗

以美國而言，著作權人擁有完整的法定權益[63]，除非有除外的情形，如主張合理使用[64]，將網際網路視為檔案自由交換的境地，與認為侵害其財產權的所有人間，在未來仍存在相當多的爭議，因此聯邦與州立法的增訂或修改，是解決紛爭的方向之一；目前已有「家用影視錄音法（Audio Home Recording Act，簡稱AHRA）」[65]，1995年「錄音著作數位化表演權法（the Digital Performance Right in Sound Recordings Act，簡稱DPRA）」[66]，1998年針對網路侵權制訂相關法規訂定之「數位千禧年著作權法」（Digital Millennium Copyright Act of 1998；簡稱DMCA）」[67]，「著作權引誘侵害法（The Inducing Infringement of Copyright Act of 2004，簡稱Induce Act）」[68]，「家庭娛樂著作權法（The Family Entertainment and Copyright Act of 2004）」[69] 等既存法規。電子業者在忙於研發新產

---

[61] Robert P. Merges, *supra note* 59, at 1329- 35.

[62] Merges, *supra note* 59 , at 1300.

[63] 17 U.S.C § 106 (2012).

[64] *Id.* § 107.

[65] Pub. L. No. 102-563, 106 Stat. 4237 (1994) (codified at 17 U.S.C. §§ 1001-1010),

[66] Pub. L. No. 104-39, 109 Stat. 336 (1995) (codified as amended at 17 U.S.C. §§ 101, 106, 111, 114, 115, 119, 801-803.

[67] Pub. L. No. 105-304,112 Stat. 2860 (1998).

[68] S. 2560, 108th Cong. (2004).

[69] 18 U.S.C.S. § 2379B. Digital Media Consumers' Rights Act of 2005, H. R.1201, 109th Cong. (2005)。共和黨議員Rep. Rick Boucher 提案2005年電子影音消費者法—Digital Media Consumers, Rights Act of 2005, H.R. 1201, 109th Cong. (2005)。

品及程式，並著力維持市場的競爭力，及提高國際消費市場的同時，也不應忽略在提案及立法上的努力；唯有完善的法規及制度，才能更有益於公平市場的競爭，並使消費者擁有更多權限與餘裕度做選擇，因此電子業者應增加與聯邦政府的互動，使公部門更瞭解私人企業的需求。

（一）法規制度爭議

2011年SOPA[70]及PIPA[71]二提案，在廣大使用者的杯葛下，引起軒然大波的示威活動，其後這兩提案皆未獲美國國會通過。深受國際社會爭議的「停止網路盜版法（Stop Online Piracy Act）」與「保護知識產權法案（Preventing Real Online Threats to Economic Creativity and Theft of Intellectual Property Act）」，兩法案是美國針對網路智慧財產權盜版，與仿冒品議題的法案；贊成者認為此法可以保護智慧財產權市場及相關產業就業市場，尤其是針對外國網站的侵權行為，此法一通過將使某些搜尋引擎形成違法狀況，並且立即面臨關站的危機，條文中包含可請求法院發出禁制令，限制廣告商及付款機構的營業行為涉及侵權網頁，或者是與這些網頁有關的搜尋引擎，法院可以要求ISP業者立即封鎖入口途徑，因其觸犯的罰則亦為驚人，例：5年的刑期；反對者則認為此法一出，勢必影響所有網域生態，凡只要放置在網頁或部落格上的某張圖片有侵權態樣，整個網站便面臨被關閉的結果[72]。

繼而被提出討論[73]的是——針對規範智慧財產權的國際協議

[70] the Stop Online Piracy Act, H.R. 3261, 112th Cong. (2011).

[71] the Protect IP Act, or The Preventing Real Online Threats to Economic Creativity and Theft of Intellectual Property Act of 2011, S. 968, 112th Cong. (2011).

[72] Stop Online Piracy Act, Wikipedia, http://en.wikipedia.org/wiki/Stop_Online_Piracy_Act（最後瀏覽日：2012年1月22日）。

[73] Dan Mitchell, *Meet SOPA's evil twin, ACTA,* January 26, 2012,http://tech.fortune.cnn.com/2012/01/26/meet-sopas-evil-twin-acta/（最後瀏覽日：2012年1月27日）。

「反仿冒貿易協定（the Anti-Counterfeiting Trade Agreement，簡稱ACTA）」造成更大的反對聲浪。ACTA最早由日本及美國在2006年提出，乃由電影與音樂產業為主而推動的條約，此協定乃因應全球仿冒品及盜版品日益增加而訂定，在法令上完全符合著作權規範，如要求ISP「通知／取下」機制、命ISP提供侵權人資訊、不得規避科技保護措施等；直到2008年維基洩密（Wikileaks）發表相關訊息，將嘗試用國際性條約，ACTA鼓勵服務供應商對使用者的監控，約束使用人的行動曝光，引發全球社會關注，意即這項協定可能對公民權利、言論自由、與隱私權產生的影響表示擔憂。已簽署通過ACTA的波蘭，民眾更為此在街頭示威抗議[74]；除擔心ACTA造成網路審查、專利壟斷外，另一爭議重點是ACTA制定並未經過民主程序，由大型商業公司自組委員會修訂，即要求人民遵守的法律。

世界各國表達自由度排行榜（Press Freedom Index），排名順序和各國的網路及媒體管制息息相關，2012年1月26日第十年度的報告顯示[75]，美國因為先前佔領華爾街活動（Occupy Wall Street）中逮捕多名記者，導致排名由20名下降至47名。2013年春天「網路智識分享與保障法（Cyber Intelligence Sharing and Protection Act；簡稱CISPA）」又在美國國會展開立法辯論[76]，擁護此法案者如IBM與Intel等公司，認為對駭客入侵所造成的智慧財產等損失，由此等立法加強保障再好不過；反對者如網際網路組織（the Electronic Frontier

[74] *Id.*

[75] 芬蘭及挪威是全世界最自由的國家，紐西蘭第13名，日本是22名，澳大利亞是30名，中國大陸為174名，伊朗為175名，北韓是排名倒數第二為178名，最後一名是Eritrea（厄立特里亞為非洲的一個國家）。Jason Miks, *The Press Freedom Index*, January 26, 2012, http://the-diplomat.com/the-editor/2012/01/26/the-press-freedom-index/（最後瀏覽日：2012年4月21日）。

[76] CISPA: What You Need To Know, SOURCE FED.com, http://sourcefednews.com/cispa-what-you-need-to-know/（最後瀏覽日：2013年4月22日）。

Foundation）則以為此法十足摧毀與破壞網路隱私[77]，即使4月下旬未能通過，相信未來一定仍有繼續提出法案的可能。

（二）侵權爭議

2001年Napster[78]案中第九巡迴上訴法院認為，網路世界中若有鼓勵或協助侵害行為的事實存在，則構成間接侵害責任中的輔助侵害責任，根據被告是否知悉第三人的侵害行為與被告是否引誘、幫助或導致第三人的侵害行為，進而判斷被告是否符合輔助侵害責任[79]。2007年Perfect 10, Inc. v. Amazon.com, Inc.案中[80]標準提高至被告須明知其採取的做法，乃實質導致第三人侵害行為的產生。另外，Perfect 10, Inc. v. Visa Int'l Serv. Ass'n案，有關Norman Zada博士創辦Perfect 10雜誌及網站[81]，他控告因銷售照片因而獲利的機構—信用卡公司[82]，交易網站及提供免費載管道的搜尋引擎[83]、微軟公司[84]。聯邦

[77] From SOPA to CISPA, A controversial cyber-bill sparks a heated debate about online privacy, Cyber-security, The Economist, http://www.economist.com/news/united-states/21576425-controversial-cyber-bill-sparks-heated-debate-about-online-privacy-sopa-cispa（最後瀏覽日：2013年4月22日）。

[78] *A & M Records, Inc. v. Napster, Inc.*, 239 F.3d 1004, 1019 (9th Cir. 2001).

[79] *Visa*, 494 F.3d. at 795.

[80] *Perfect 10, Inc. v. Amazon.com, Inc.*, 487 F.3d 727 (9th Cir. 2007).

[81] Norman Zada博士為此離開大學教職並投入畢生積蓄，自1988年雜誌及網站設立後，Zada博士發現他投注相當經費所取得的著作，要防阻第三人擅自使用其網站圖片卻是十分困難的事情，尤其是擅自移置或翻拍、修改Perfect 10專屬模特兒的照片，他原本想控告每一個侵害人，然而數目眾多又分散四處甚至其他國家，要追蹤違法的網站也非易事，為維護其網站權益，他轉向有出售Perfect 10相片的網站求償且提起訴訟。

[82] *Perfect 10, Inc. v. Visa Int'l Serv. Ass'n*, 494 F.3d 788 (9th Cir. 2007), cert. denied, 128 S. Ct. 2871 (2008).

[83] *Perfect 10, Inc. v. Amazon.com, Inc.*, 487 F.3d 701, 710 (9th Cir. 2007). 此案原告一審時分別針對Amazon網站及Google搜尋引擎提出訴訟，後原告上訴時將兩案併一案（此案亦被稱為Google案）。

[84] *Perfect 10, Inc. v. Microsoft, Inc., Complaint, 2007 U.S. Dist. Ct. Pleadings 268103 (2007).*

第九巡迴上訴法院則維持加州北區地方法院的見解，認為原告無法證明被告無論依美國著作權法或加州州法，應承擔間接侵害責任[85]，即使原告最後上訴至聯邦最高法院，2008年6月2日仍維持原判決結果，Perfect 10仍是敗訴。

被告提供的服務的確使侵害行為更方便進行，被告亦從中獲得利潤，然而與原告網站圖片是否被非法下載無關[86]，Visa公司未曾協助任何散佈、下載原告圖片的情事，即使沒有經由Visa公司，對第三人侵害Perfect 10的情況並無差別；簡言之，Visa的存在只是使經濟活動更容易進行，即使Visa不介入也會由其他金融機構取代。當一方有權利及能力掌控侵害行為，並因此侵害而獲利時，則科予其替代責任[87]；然而，意指獲利和侵害行為間有直接或間接的關係，如收取侵害活動所在地的固定租金即不能構成替代責任的「利益要件[88]」，如Visa的情形亦同，若收取行政管理費用、表演場地架設攤位販售商品的金額、停車費用及來自贊助人的經費……等，則符合此要件[89]。

2011年7月27日聯邦第七巡迴法院判決*Flava Works, Inc v. Gunter*案[90]中判決被告敗訴，被告Marques Gunter是MyVidster’s網站所有人，必須受到永久禁制令的限制，即使被告認為本身應該受到電子千禧著作權法（DMCA）[91]中避風港條款的保障，且在收到原告要求移除侵權影片後立即遵守並照做。然而，本案被告誤解DMCA條文規範，以為只有移除侵權內容即可，事實上，要主張DMCA避風港條

[85] *Visa*, 494 F.3d. at 792.

[86] *Visa*, 494 F.3d. at 796, 798.

[87] 此種責任可能基於契約關係，即使實際未運作的權利，然而必須為「直接」的獲利。

[88] *Deutsch v. Arnold*, 98 F.2d 686, 688 (2d Cir. 1938; Shapiro, Bernstein & Co. v. H.L. Green Co., 316 F.2d 304, 307 (2d Cir. 1963).

[89] *Fonovisa, Inc. v. Cherry Auction, Inc.*, 76 F.3d 259, 263 (9th Cir. 1996).

[90] 先前Flava Works, Inc v. Gunter, 2011 WL 1791557 (N.D.Ill.), May 10, 2011。

[91] Pub. L. No. 105-304,112 Stat. 2860 (1998).

款的保障，必須關閉整個侵權帳戶，包括標註或附加他人影片的使用者帳戶也構成侵權而需被關閉；本案法官判決認定myVidster網站既然存在侵權影片，當然必須承擔侵權責任，無論影片是依照何種技術上傳到其網站，第九巡迴上訴法院認定只有提供侵權影片的網站要負責，而非提供連結的網站也要負責。

二、未來建議

現今社會不僅專業人士包括業餘愛好者，都可以利用電子技術與使用人網路平台，製作內容豐富的錄影帶作品，然而這些作品的內容可能和著作權有所衝突，業餘的愛好者根本沒有足夠的力量和音樂唱片公司或仲介團體等協調著作權授權事宜。*Bridgeport Music, Inc. v. Dimension Films*[92]及*Grand Upright Music Ltd. v. Warner Bros. Records, Inc.*[93]兩案中，針對混合應用程式—將許多音樂抽取部分（mashup）及重編-將某首歌曲重新編輯（remix）的著作權爭議做了嚴苛註解；即使作品中引用極短秒速也需要取得授權，不僅增加製作成本也將製作時間延長許多。

時至如今，不可能如之前判決適用此種見解，值得思考的應是下述議題：1.如何區別專業和業餘者使用著作權的費率差別？2.如何將可能構成著作權侵害的作品轉變成可以合理收費的客體？3.如何在滿足權利人與使用人間取得平衡，都是值得探討解決爭議的主題。

（一）專業v.s.業餘

像YouTube使得許多人嘗試創作的夢想成真，原本只能當欣賞者的普羅大眾也能藉由新興科技的輔助，成為影片的製作人、詞曲創作

[92] *Bridgeport Music, Inc. v. Dimension Films*, 410 F.3d 792, 801 (6th Cir. 2005).

[93] *Grand Upright Music Ltd. v. Warner Bros. Records, Inc.*, 780 F. Supp. 182, 183 (S.D.N.Y. 1991).

人、導演、演員、歌星、幕後製作等多種角色，只要有興趣嘗試，人人平等都有機會[94]，如著名歌手Justin Bieber的發跡，這也使得自製影片成為十分暢銷的方式，影片內容包羅萬象無奇不有。但最特別的是，著作權的權利內涵相同，都必須取得原始權利人的同意才不會構成侵權，如何滿足及解決業餘者在這方面的議題，如果嘗試用一種統包授權的方式（a compulsory-licensing system），解決目前對重製或再製他人作品而不致於侵害他人著作權的問題。即便使用人主張著作權合理使用也無法脫身；其建議有二，首先，是著作權人一致同意在點對點（peer-to-peer）模式的傳輸上，建構共享機制（sharing economy），其次，是用統包式的授權（a compulsory-licensing system）方法，但以不同費率區別專業與業餘者使用他人著作的計費標準；這兩種方式都可以減少業餘者取得授權的時間，並可化繁為簡完成必要的程序。

（二）合理收費客體

媒體電子化的迅速發展，使得網路複製及散佈文件檔案快速且廣泛；相對地，提高侵害網路著作權的機率，也對相關產業造成損害。有學者提出「公平交易著作權系統（Fair Trade Copyright system）」的建議[95]，除了給權利人合法的使用費用外，還可以對權利人補償非法的使用費；不僅不影響目前既存的體制和救濟管道，還可以做大整個音樂市場的收益。也就是，適用在音樂產業上一由使用人捐獻其利用網路音樂作品的費用，使權利人可以獲得其創作應獲得對價關係。其目的有四：(1)擴大音樂產業的收益；(2)增加創作者創作動機，提升其創作動機與保障；(3)減少違法下載行為，降低查緝成本；(4)最

[94] Joanna E. Collins, *User-Friendly Licensing for A User-Generated World: The Future of the Video-Content Market*, 15 Vand. J. Ent. & Tech. L. 409 (2013).

[95] Lital Helman, *Fair Trade Copyright*, 36 Colum. J.L. & Arts 157(2013).

大的誘因是能將獲益回歸創作者，而非仲介機構或唱片公司從中獲利。

Lital Helman教授提出一種理論，即使用人螢幕都有一個按鍵，當希望聆聽或下載歌曲時，可以按下按鍵並選擇希望捐出的金額，而這些金額會被移轉到創作人（原始著作權人），捐獻的方式當然包含線上付款、信用卡、手機付費等[96]，這個系統運作的方式必須十分簡單且費用低廉，才容易被社會大眾接受。建立此一系統，首先必須讓創作者註冊加入，如「選擇個別加入（opt-in system）」，即創作者主動加入以取得使用人的捐獻，困難在於：(1)依據之前的使用經驗，創作人是否有主動加入此系統的習慣；(2)這系統的運作也是必須經由大眾長期參與後，加上廣多藝術家投入才能有成效；因此如「選擇個別除外（opt-out system）」，使用人捐獻的金額集中在一個共同帳戶，除非個別的創作人選擇要被排除，本身另外收取，這種做法的好處是會使創作人較大的誘因鼓勵使用人加入，因為整個網路音樂產業的成效大家休戚與共[97]。

（三）權利人v.s.使用人

本文認為此系統牽涉甚廣，除了取得權利人和使用人間的同意外，整個系統的架設還要協調硬體與軟體的互相搭配，尤其是統合費率的收取與分配茲事體大。管理相關費率及收取使用費的機構，以美國為例，主要有美國作曲人、作者及出版商協會（the American Society of Composers, Authors, and Publishers，簡稱ASCAP）[98]，廣播音樂公司（Broadcast Music, Inc.；簡稱BMI）[99]，歐洲舞台作者與詞曲創作人協會（the Society of European Stage Authors &

---

[96] *Id*, at 173.

[97] Helman, *supra note* 95 ,at 173-74.

[98] ASCAP, http://www.ascap.com（最後瀏覽日：2013年4月22日）。

[99] BMI, http://www.bmi.com（最後瀏覽日：2013年4月22日）。

Composers；簡稱SESAC）[100]三家。決定費率乃依據正式的行政命令而來，當對費率的計算產生疑義時，即使經由法院判決也很難得到一定的標準，亦即依以前的模式無法滿足著作權人的要求時，會經由申請禁制令阻絕使用人的使用，而費率的決定最終仍由法院定奪[101]。

本文建議透過私人的團體管理方式運作，統籌成共同管理暨管制的集體合作模式；最後，不採用預先規範而採用事後繳納授權金的方式，並以私人管理的型式達成各企業間的合作。如此，可以預見在未來會使網際網路的運用與活絡更上層樓，使用的彈性與限度也會更加寬廣。網站、使用人、系統服務提供者摒棄私益為整體創作環境考量，才會打造使用人、著作權人雙贏的局面，亦即使彼此間脫離敵對立場，同心時整體文化提昇，技術共享，嘉惠社會大眾的利益面出發，才是最佳對策。網路跨國界、跨地域使用的特色，使用人享受免費或低廉的服務時，亦應維護安全與合理的使用秩序與空間。

第四節　結論

探討我國藉由集體管理規避著作權侵害的可行性。集體管理的成立與功能的表彰，端賴數種運作機制的協調和互相搭配、互為應用，首先，集管團體能吸收到權利人的加入，其次，能得到使用人的信任，其間二者的協調與運作才是集體管理運作的成敗關鍵；按「著作權集體管理團體條例」[102]第25條第1項規定，利用人對於集管團體

[100] SESAC, http://www.sesac.com/（最後瀏覽日：2013年4月22日）。

[101] *Buffalo Broadcasting v. ASCAP*, 774 F.2d 917 at 923 (1984); see also *U.S. v. ASCAP*, 1995 WL 491047 (S.D.N.Y. 1995).

[102] 2010年2月10日總統令將著作權仲介團體條例名稱修正為著作權集體管理團體條例並修正全文。

訂定之使用報酬率有異議時，應備妥書面理由及相關資料向智慧財產局申請審議。但主管機關往往只能根據雙方提出的書面資料做出判斷，著作權集體管理對網路著作授權與使用扮演多種角色，是創作人與使用人間的仲介人，也是給予使用人利用著作的授權者，居間協調使用條件及內容，並且負責計算使用率以計算利潤，最終將利潤分配給著作人[103]。

著作權集體管理組織必須發展新穎與有效的管理策略，除能幫助組織的運作與調和更有彈性，並足以因應日新月異的科技發展；國際間的集體管理組織，也形成互相依賴之關係，構成一個經濟共生的體制，共同謀取更大的全球化經濟利益。無論是電子化或非電子化的著作利用，皆能對創作人與著作權人間營造最大的實質利益。本文結論以參考加拿大經驗，集體管理可以產生的優點有以下幾項[104]：

使用人可藉由繳交費用於集管機構，進而取得使用大量音樂作品的途徑，不需掛心取得授權或授權金額之合理性。集體管理使創作人更能確保其權益及尋求法律途徑的保障，並透過集體管理機構和其他國家建立互動管道。

集體管理制度使創作人獲得應得之利益，進而促進創作的動機與誘因促進創作的動機與誘因，相對地，造成音樂市場更加活絡，使授權收益積沙成塔，積少成多，創作人因而取得鉅額的對價。

集體管理機構可能包含數以千計的授權契約，在計算授權金額與分配上工程不謂不大，若能維持20%的管理費用，其餘收益皆能平均分配給創作人及其合作團隊，就能發揮更有效率的應用。

制度設計的本身隨著時間的考驗，當然也會有需要改進的地方，本文提出以下論點，希冀我國實務運作時能事前防範弊端，雖然

---

[103] C. Paul Spurgeon, *Digital Networks and Copyright: Licensing and Accounting for Use — The Role of Copyright Collectives Evolution or Revolution?* 12 I.P.J. 240(1997).

[104] Knopf, *supra note* 31, at 124-5. *Id.*

這也是加拿大經驗中的缺失，但仍不失為我國參考與修正的依據，集體管理值得改進的部分則有以下幾項：

使用人認為使用費往往過高及收取範圍過寬，而且收費機關不只一個，當雙方對使用費用有疑問或爭執時，雖可藉由著作權委員會作出裁決；然而敗訴的一方要負擔相當昂貴的訴訟費用。加拿大由於管理機構的激增及根據著作權法對權益的保障規定，加上著作權委員會十分重視集體管理的運作，造成對使用人而言，也許只是一個使用行為，卻須負擔好幾層費用。

集體管理是反托拉斯法與競爭法的例外情形，即使加拿大競爭局[105]一再希望介入著作權委員會的事務，卻不得其門而入[106]，目前加拿大集體管理費用的金額成長速度驚人，雖然授權金金額巨大，但以傳統方式從事創作的著作人，能獲得的實質收益仍然受到限制，如果每年領到的授權金從1,000元加幣提高到2,000元加幣，對其生活改變不大，如哈利波特作者羅琳（J.K. Rowlings）即與大型公司結合，進行包裝與行銷才有鉅額的收入。

對未成名或名氣不夠的創作者，集體管理並不能對其造成經濟上的改善，這個制度對已經商業化的創作者最有利益，對於貧困或年邁的創作者是否有相對應的補助措施，或者是設置相關的救濟金制度[107]，或是提出固定的受益比例作為公基金等，都更能擴大集體管理的優質內涵，並使其效益極大化。

近年來，專利共享（patent pools）的模式，使專利持有人間交叉許可授權（cross-licensing），彼此可以互相享有使用對方專利的

[105] Competition Bureau, http://www.competitionbureau.gc.ca/eic/site/cb-bc.nsf/eng/h_00109.html（最後瀏覽日：2012年1月22日）。

[106] Knopf, *supra note* 31, at 126.

[107] SOCAN有設置類似基金會（The SOCAN Foundation），但金額不大。Knopf, *supra note* 31, at 127, & FN26。

權利，但目的不能是遏止競爭或形成壟斷，否則將違反反托拉斯法，如專利授權公司（non-practicing entities, NPEs），也能以種種名目向大型公司收取使用費用；以2009年為例，超過225個項目的收取費用高達美金30億[108]。操作此種資產的除了鎖定特定買賣標的的企業、仲介團體外，還包括基金經理人、投資客等，智慧財產權被視為有別於傳統金融產品的投資利器[109]。美國司法院自1997年開始核准了幾個專利聯盟[110]，如mpeg-la 聯盟[111]專門處理錄影帶壓縮及DVD專利相關授權使用事項，加入的使用戶必須簽署同意書，著作權管理是否可以參考此種模式值得深思。

---

[108] John Amster, CEO, RPX Corp., IP Aggregators and Intermediaries, Monetization 2009 PLI Presentation, May 13, 2009 (San Francisco); NPE指自己不生產產品，但是藉由控告其他公司侵權而取得損害賠償金，或是透過授權取得權利金之公司為專利流氓（Patent Troll）主要以購買或取得重要專利控告大公司而取得利益，將本屬於無形資產的智慧財產權或是專利，轉換成現金，皆為NPE的營運模式。David，誰是Patent Troll眼中大肥羊？科技產業資訊室，財團法人國家實驗研究院科技政策與資訊中心，2008年12月5日，http://iknow.stpi.org.tw/Post/Read.aspx?PostID=3361（最後瀏覽日：2010年9月12日）。

[109] Jennifer Hughes, *Morgan Stanley Unveils $250 million Securitization*, Financial Times, July 13 2009.

[110] Ariel Katz, *A Network Effects Perspective on Software Piracy*, 55 U.Toronto L.J. 212-13(2005).

[111] MPEG LA為世界領先的一站式代理專利許可公司，MPEG LA 是一站式技術平臺專利許可證的世界領軍企業，它可使用戶只辦理一個簡單的手續就可從多個專利擁有者手中獲得對於一個特殊技術標準或平臺所需的專利權。無論在什麼情況下，一個獨立控制的一站式專利許可證幫助他們，為他們技術選擇的執行提供一個方便的市場選擇，MPEG LA率先推出和使用的許可證模式都可提供一個解決方案。參考MPEG LA以違反MPEG-2和394許可協議為由起訴Opta和Opta，2007年9月20日，http://bbs.innoing.com/viewthread.php?tid=9668（最後瀏覽日：2012年4月1日）。MPEGLA網站，http://www.mpegla.com。

第九章　營業秘密案例新探討

第一節　前言

科技日新月異，人們的行為模式也不斷地在改變，對於營業秘密保護與侵害的認知，我們究竟應預防或是容許？另在自由主義思潮下，往往會有不當權力侵害私人領域之隱憂，法律是一種可以適切防衛的手段。營業秘密法將資訊視同財產權[1]，營造出「私密空間」，它是有限且有價值的資產（information value），理當值得政府明定例律，企業投入資源擁護，及個人確切守法自治。

激烈的商業競爭中，唯有洞燭先機掌握資訊者，方能在市場戰役中無往不利。法律保護營業秘密儼然已成為各國共識[2]；我國自1996年實施至今，企業對營業秘密重視有增無減。然，現況卻是商業間諜案件頻傳，如2013年光學元件龍頭大立光案[3]、宏達電商業間

---

1 贊成財產權說法者，主要理由有三：首先，公平交易法第30條與第31條規定，有不作為請求權與損害賠償請求權，已具備權利性質；其次，所得稅法第8條第6款之規定，營業秘密轉讓或授權所得，按財產所得為課稅標的，而非勞務所得；第三，西元1994年多邊貿易談判中通過「與貿易有關之智慧財產權協定」（Agreement on Trade-Related Aspect of Intellectual Property Rights，簡稱TRIPs協定），明定營業秘密屬智慧財產權。細探我國營業秘密法，財產權概念已具體落實在各條文規範中，如第2條營業秘密之定義與要件、第6條讓與或共有、第7條得為授權、第11條侵權行為樣態與第12條損害賠償等，皆以權利為前提，從而確立其為財產權之法律地位。曾勝珍，我國有關營業秘密立法之評析，智慧財產權論叢，第貳輯，五南圖書，初版，2009年6月，頁4-5。

2 TRIPs協定第二篇第7節第39條，在該協議中要求各會員國對未公開之資訊（Protection of Undisclosed Information）應予以保護；美國及加拿大已單獨立法，德國及日本則附於不正競爭防止法中。同上註，頁7。

3 該事件起因於四位任職於大立光的工程師，2011年5月離職後，陸續轉至先進光任職（現已離職），任職期間申請兩項專利獲准；大立光認為，這四位工程師涉嫌竊取商業機密，以申請這兩項專利，侵犯其著作權及營業秘密，目前由智慧財產法院審理中。聯合理財網，大立光聲請假扣押 先進光：將提抗告，http://www.udn.com/2013/9/25/NEWS/FINANCE/FIN3/8183830.shtml?ch=rss_endpopular（最後瀏覽日：2013年10月6日）。

諜案[4]、面板廠華映遭控告洩密案[5]等，判決雖尚未明朗，惟不論公司之營運本質或品牌形象，卻皆因此而傷。顯示實務上對本法所定義之營業秘密，其要件認知有所出入，抑或條文中未能制定有效防護，致使糾紛不斷上演。

營業秘密的規範與制定，乃遵循各國立法及判例[6]；保護營業秘密早已不能僅循傳統法學型態，應思考如何在現行法律機制下，獲得更周延保障，儼然形成一種新的挑戰。2013年新通過的修正案中，除增訂侵害營業秘密的刑責，並針對意圖域外使用情形，大幅加重刑事責任與民事賠償；論法規制度層面改善，真能符合最適刑罰設計，以達防堵機密外洩之效。本文著重探討台美司法實例，重新檢視營業秘密內涵，期更精準界定營業秘密權益，供業界解讀或機關修法時所借鑒。

4 驚傳高層主管集體竊取將推出的手機介面程式商業機密，攜往中國研發，還向公司詐取機殼設計費並收回扣；設計部副總經理及處長因罪嫌重大，遭台北地檢署聲押，地院裁定收押禁見。自由時報電子報，宏達電內賊案 兩高層收押，http://www.libertytimes.com.tw/2013/new/sep/1/today-e2.htm（最後瀏覽日：2013年10月6日）。

5 面板光阻溶解液是杜邦公司的專利技術，台灣許多面板廠每年都要向杜邦採購；華映是杜邦的老客戶，雙方簽約採購長達五年，2013年4月華映疑不滿杜邦將面板光阻溶解液價格調高，涉嫌意圖破解關鍵技術，委由台灣廠商自行生產。檢調追查，華映涉嫌違反保密條款，私下將面板光阻溶解液交給鴻揚公司分析研發，若能成功開發產品，未來華映將以低價向鴻揚採購，不必再受制杜邦公司。聯合影音網，涉破解杜邦專利 華映遭檢調搜索，http://video.udn.com/video/Item/ItemPage.do?sno=344-233-2B4-2334333-2F3b30304-233-2B3-2F3-2F30（最後瀏覽日：2013年10月6日）。

6 台灣智慧財產權法為因應國際潮流，並對於營業秘密法制規範之重視，其制定乃遵循著西元1992年12月17日美國、加拿大及墨西哥發展之「北美自由貿易區協定」與「與貿易有關之智慧財產權協定」。並參考美國統一營業秘密法、加拿大統一營業秘密法、日本不正競爭防止法、德國不正競爭防止法、韓國不正競爭防止法；且對於侵害營業秘密刑事責任部分，一直以來亦有借引美國經濟間諜法之探討。曾勝珍、陳武鍵，間諜攻防—論美國新近營業秘密案例，全國律師，第16卷，2012年12月，頁70。

第二節　我國修法重點

壹、立法緣由

回顧營業秘密保護制度，略分三階段，第一階段，早期營業秘密尋求民刑法保護，如侵害營業秘密民事上損害賠償，主張民法第184條為其請求依據，然舉證甚為困難，且計算損害賠償額度亦不容易，實質上能獲得保障十分有限；直至1995年2月4日公平交易法正式施行，我國如同其他大陸法系國家般，以防止不正當競爭方式來規範營業秘密，進一步將營業秘密列為保護市場競爭之構成要件，如依公平法第19條第5款規定，事業不得有「以脅迫、利誘或其他不正當方法，獲取他事業之產銷機密、交易相對人資料或其他有關技術秘密」，以致有妨礙公平競爭之虞。

第三階段專法保護，堪稱智財權保護輝煌時期，為躋身高度開發國之林，政府最終政策決定採取單獨立法方式，1995年提出草案，隔年公布施行營業秘密法，共計16條條文；繼瑞典1990年5月31日公布施行專法後，成為全世界第2個單獨立法國家[7]。草案中明確指出立法源由[8]，首重智慧財產權保障，在國際貿易及國內產業發展環境上，均成為重要課題。而我國現行刑法、民法及公平交易法，卻無法針對營業秘密做周延保護，法律效果不明確狀態下，使得法院判決往往引起廣泛討論；再者，與貿易相關之智慧財產權協定（TRIPs），明確要求會員國對營業秘密應予以法律保護；且中美諮商談判時，已

---

[7] 張靜，營業秘密法及相關智權問題，經濟部智慧財產局，三版1刷，2009月1日，頁93。

[8] 行政院1995年1月21日台84經字第02627號函。立法院法律系統，營業秘密法立法記錄，http://lis.ly.gov.tw/lgcgi/lgmeetimage?cfcdcfcacfcecfcec5cdcacfd2cdc8ca（最後瀏覽日：2013年8月6日）。

承諾制定本法。

立法當時，營業秘密法定位為民法之特別法，考量刑事責任上已有竊盜、侵占、背信、洩露業務上工商秘密等罪，可分別適用論處，行政責任上公平交易法第36條，亦有處罰規定，惟獨民事責任，因無明確規定可供適用，導致爭訟時易引發異議[9]。隨國際商業活動日趨複雜，營業秘密法已無法有效防堵不當洩露之行為，如企業惡性競爭相互挖腳，或商業間諜行為等問題一一浮現，法規適用性正面臨一個變換迅速的時代[10]；為回應產業界的呼籲[11]，2013年1月11日三讀通過營業秘密法修正條文，增訂刑責第13條之1至13條之4，同年1月30日公告，2月1日施行，力求有效遏阻台灣產業重要資訊不法流向境外並危及我國產業競爭力。

---

[9] 請參閱立法院公報，第84卷第20期委員會記錄，頁168，http://lis.ly.gov.tw/ttscgi/lgimg?@842000;0167;0183（最後瀏覽日：2013年8月6日）。

[10] 各國營業秘密保護法制近年多所調整，增訂侵害行為3年到15年不等之刑事責任，或加重其刑責為主要趨勢；產業界陸續發生離職員工盜用或外洩原任職公司營業秘密，或以不法手段竊取我國產業營業秘密之嚴重案件，不但侵害產業重要研發成果，更嚴重影響產業之公平競爭。此外，來自其他第三國之經濟間諜案件亦時有所聞，這些不法竊取營業秘密之行為已經重挫我國產業之國際競爭力，戕害產業創新之果實，乃至可能威脅我國之國家安全。立法院公報，第101卷第81期委員會紀錄，頁131，http://lis.ly.gov.tw/ lgcgi/lypdftxt?10108102;0131;0177（最後瀏覽日：2013年8月6日）。

[11] 產業界看到的是有組織的犯罪，透過人員的流動來取得營業秘密，尤其是對岸競爭者，藉由高薪挖角技術人員，來知悉營業秘密提升自己的的技術，導致對岸在面板製造技術上突破快速的關鍵；希望強化營業秘密保護的三大方向：1.增加侵害行為態樣的規範。2.解決蒐證上的困難。3.量身訂製刑事的處罰與構成要件。同上註，頁155。

貳、修法重點

一、增訂刑責

刑事制裁中，固有洩漏工商秘密罪、竊盜罪、侵占罪、背信罪、無故取得刪除變更電磁紀錄罪等，惟行為主體、客體及侵害方法改變，對營業秘密保護已有所不足（如表9-1）；是故，2013年修法增訂刑事責任，第13條之1，凡意圖為自己或第三人不法之利益，或損害營業秘密所有人之利益，而有該條所列之行為態樣者，處五年以下有期徒刑或拘役，得併科新臺幣一百萬元以上一千萬元以下罰金；同條第3項，犯罪行為人所得之利益超過罰金最多額時，得於所得利益三倍範圍內，酌量加重；第2項，未遂犯亦同。

表9-1　刑法與營業秘密關係表

罪刑	主要規範	缺失（不適用）
洩漏業務上知悉工商秘密罪	法令或契約之守密義務人	契約上無守密義務者 非利用電腦或設備犯罪者
洩漏職務上工商秘密罪	公務員或曾任公務員	
洩密之處罰	電腦或其他設備	
普通竊盜罪	附著有體物且自己持有	未將該物占為己有 擅自使用後歸還 電磁紀錄不構成竊盜、侵占罪
普通侵占罪	持有為所有	
業務侵占罪	公務或公益之物	
普通詐欺罪	使用詐術陷於錯誤	未必有財產損失
背信罪	違背信任關係致生損害	保密範圍的爭議
破壞電磁紀錄罪	電磁紀錄致生損害	限電磁紀錄於電腦中

資料來源：整理自相關法條。

在犯罪主觀上，行為人須有故意：1.為自己不法利益；2.為第三人不法利益；3.損害營業秘密所有人利益[12]。客觀行為態樣可分：1.不法取得：以竊取、侵占、詐術、脅迫、擅自重製或其他不正方法而取得營業秘密，或取得後進而使用、洩漏者；2.合法取得違法利用：即未經授權或逾越授權範圍，重製、使用或洩漏該營業秘密者，或是經營業秘密所有人告知應刪除、銷毀後，不為刪除、銷毀或隱匿該營業秘密者；3.惡意轉得：明知他人營業秘密為不當持有，卻仍取得、使用或洩漏，即為惡意轉得人。

營業秘密之法定刑，並非任何侵害皆可依營業秘密法提出告訴，即侵害資訊行為是否構成犯罪要件；如刑法工商秘密罪，構成要件需有法令規定或契約約定，具保密義務行為人「無故洩漏」方構成該罪；又如公平交易法規定，以脅迫、利誘或其他不正當方法而「獲取」他事業之產銷機密或技術秘密，且有「妨礙公平競爭」之虞時，方屬構成該罪。是故，營業秘密遭受侵害時，應先檢視其資訊歸屬範疇，再針對犯罪事實是否類屬所列行為態樣，才可依適用法律主張其權利。

二、境外加重

行為人違反上述條款，且意圖在臺灣領域外使用，如外國、大陸地區、香港或澳門，勢必嚴重影響臺灣產業之國際競爭力，參酌德國及韓國不正競爭防止法[13]，增訂第13條之2，加重處罰為一年以上十年以下有期徒刑，得併科新臺幣三百萬元以上五千萬元以下之罰

---

[12] 章忠信，新法增訂侵害刑責，營業秘密更有保障，科技法律透析，第25卷第3期，2013年3月，頁4-9。

[13] 如德國不正競爭防止法第17條第4項原文，對情節特別嚴重者，處五年以下有期徒刑或併科罰金。情節特別嚴重者，指行為人：A、職業慣犯；B、為洩露行為時明知該秘密會在國外使用；或C、第2項第2款之行為人自己在國外使用該秘密。張靜，前揭註7，頁24-25。

金；同條第3項，犯罪行為人所得之利益超過罰金最多額時，得於所得利益二至十倍範圍內，酌量加重；第2項，未遂犯亦同。罰金如此之重，主要針對預備侵害營業秘密人所設，藉由重罰杜絕其根源，讓侵害人考量犯罪被查獲後，不但須面對被害人所要求之民事賠償，同時須接受高額之罰金刑，迫使將所有不法利益所得，完全歸入國庫，大幅降低侵害誘因。

刑罰產生之要因，以往與宗教道德或社會風俗等關聯性較強，時至今日，著重威嚇與預防犯罪成效[14]。刑罰過重或過輕，實為二難，往往導致立法政策上，面臨數字或數量上選擇問題；本次修法時增訂刑事責任，營業秘密法第13條之3最高可處十年有期徒刑，罰金高達五千萬元，若所得利益超過五千萬者，罰金甚至可能超過五億。嚴刑峻罰的文攻武赫下，產生預期性心理導致不敢輕易觸法，最具經濟效益；即營業秘密保護，事前防範重於事後救濟，或對侵害者之刑事追訴。

三、訴追條件

營業秘密本質上仍屬私權，認定有無侵害之虞，理應回歸權利人協助及配合，故第13條之3第1項規定，第13條之1之罪，須告訴乃論，即一般侵害行為屬告訴乃論之罪，使被害人與行為人有私下和解

14 刑罰的使用主要區分為二：1.罪責的衡平與應報理論：以罪責為基礎，刑罰不再是以實現社會目的為手段，而是為了回應正義的要求，抵償已發生的違法行為責任，故又稱之為應報理論；其刑罰的目不在預防，為平衡罪責而透過國家取代私人復仇，進而建立刑罰權，此種公平實現正義的方式，隱藏著很大的爭議，如：過失洩密被判處一年有期徒刑，雖二人皆被判處監禁，但完全責任能力與無責任能力之人，其背後所隱含之意義大不相同；2.透過影響公眾，以犯罪預防為目的：此一主要在關心刑罰如何發揮社會規範之影響力，藉由法律制裁的威嚇與執行，對於潛在犯罪者產生心理上的間接作用，得到預防犯罪之功效。謝哲勝主編，謝哲勝、莊春發、黃健彰、邵慶平、張心悌、楊智傑，法律經濟學，五南圖書，2007年5月，頁245。

之機會而得以息訟，並節省司法資源。其二，第13條之2事關領域外使用之加重處罰，考量不法竊取營業秘密行為，將重挫產業國際競爭力，戕害產業創新果實，乃至威脅我國國家安全，影響範疇甚鉅[15]，且法定刑已提高至十年以下，參照一般體例，維持非告訴乃論之罪。其三，公務員或曾任公務員之人，因職務知悉或持有他人之營業秘密，而故意犯前二條之罪者，惡性尤重，第3項乃加重其刑至二分之一。

我國刑事訴訟法第239條前段規定，告訴乃論之罪，對於共犯之一人告訴或撤回告訴者，其效力及於其他共犯；即刑事訴訟採行告訴不可分原則。基於，被侵害營業秘密事業，舉證及蒐證上皆相當不易，為鼓勵共犯配合司法偵辦，第13條之3第2項規定，對於共犯之一人告訴或撤回告訴者，效力不及於其他共犯；主要參考國外立法及判例，給予自白或自首者某程度寬恕條件，將蒐證極其不易或跨國複雜侵害案件，能在罪證確鑿之下，做一有效率審判。

四、法人併罰

為避免受僱人侵害營業秘密有罪，雇主實際獲利卻可置身事外，此次修法增訂兩罰規定；就邏輯而言，行為人受處罰，主因是違法行為，對企業組織而言，受罰則是因為監督不周；就法理而言，對受罰之企業組織，處罰具有從屬性，即必須以行為人受處罰為前提。第13條之4規定，法人之代表人、法人或自然人之代理人、受僱人或其他從業人員，因執行業務觸犯第13條之1及第13條之2，所列之行為態樣者，除依規定處罰其行為人外，對該法人或自然人亦科該條之罰金。

就同一犯罪行為，同時處罰行為人及其企業組織，能有效讓企業負起管控職工之責；一來，既可免於企業被員工個人違法行為毀掉

---

[15] 立法院公報，前揭註10，頁131。

企業形象，二來，也可善盡社會責任，盡力防止侵害營業秘密情事之發生，有預防犯罪功能。倘雇主確實已對受僱人完成遵守營業秘密法之教育與督導檢核工作，受僱人仍有侵害行為，即不可歸責於雇主者，乃有免除責任必要；同條但書規定，法人之代表人或自然人對於犯罪之發生，已盡力防止行為者，不在此限。

第三節　我國案例

相較其他智財權之訴，營業秘密訴訟甚為艱難。秘密性及經濟價值為不確定概念，兩造訴訟勢必得先界定並證實營業秘密之存在與範圍，然證據多為技術性文件，大量資訊進行複雜比對結果，主觀評價上易各說各話，傾向第三人鑑定以解決技術性及中立性難題，國內具有能力且公信力之鑑定機關有限；再者，鑑定僅是一種調查證據的方法，法院得依自由心證判斷事實真偽[16]，即鑑定報告可做為論斷侵權行為之參考，非判決唯一依據。續究，我國最新案例中，營業秘密侵害之類別與其差異，試圖歸納其佐證要件。

壹、競業禁止適法性

劉○祺自2009年5月18日至2010年2月12日止，擔任廣○電通（限）公司業務二部專案經理乙職，兩造簽訂聘僱合約中，第15條

[16] 最高法院79年台上字第540號民事判例。法院固得就鑑定人依其特別知識觀察事實，加以判斷而陳述之鑑定意見，依自由心證判斷事實之真偽。然就鑑定人之鑑定意見可採與否，則應踐行調查證據之程序而後定其取捨。倘法院不問鑑定意見所由生之理由如何，遽採為裁判之依據，不啻將法院採證認事之職權委諸鑑定人，與鑑定僅為一種調查證據之方法之趣旨，殊有違背。

為競業禁止約定，如其違反，無條件給付十八個月之月薪為懲罰性違約金，並得請求損害賠償；劉離職後，2010年3月1日至KINGMAX集團之勝〇國際（股）公司任職，於2010年6月4日離職。廣〇電通隨即控訴劉〇祺，任職勝〇所從事之業務，與公司營業項目相同，顯然有違反合約事實，應給付違約金。

一、雙方爭點

營業秘密要件：原告主張，業務計畫摘錄、銷售資訊系統操作流程、客戶名單、價格資訊及產品資訊，皆屬合約中第14條，保密義務約定保護之營業秘密等情事。被告辯稱，DRAM/FLASH產品之專業技能，乃任職於原告公司前即已具備，非因原告所為之教育培訓所養成；且原告之教育訓練僅為公司內部對一般員工及業務人員之產品介紹，非屬營業秘密；再者，為業務部基層之業務人員，非負責管理、決策之高階職位，亦非技術研發部門，實無法獲悉公司之營業秘密，故原告無競業禁止之值得保護之利益。

競業禁止約定：原告主張，被告離職後，遂從事相關業務乙職，已違反定型化契約第15條，被告於合約終止或解除後，十八個月於中華民國境內「不得利用原告之營業秘密」為自己或他人從事或經營與原告直接競爭之行為。被告辯稱，限制就業對象，已逾合理限制，違反工作權、生存權保護；且離職後並未洩漏原公司機密，無違反誠信原則；轉業若造成公司損害，應舉證說明，資為抗辯。

二、法院判決

一審判決，原告依競業禁止條款請求被告給付捌拾壹萬元違約金，為無理由，應予駁回；其假執行之請求亦失其附麗，併予駁回。判決理由如下：

1. 非一般涉及該類資訊之人所知者，秘密性而具有實際或潛在之經濟價值者，所有人已採取合理之保密措施者，即符合上述要件才具競業禁止約定所保護之營業秘密或其他利益。原告所提供證據，無實質內容足供判斷有何特殊性或秘密性，並未具體說明此有何實際或潛在之經濟價值，無法構成營業秘密要件，自難認應受競業禁止約定所保護之利益；且被告於公司任職期間之職務及地位，亦無知悉應受競業禁止約定保護之營業秘密或正當利益可言。

2. 受僱人有忠於職責之義務，即雇用期間非得雇用人允許，固不得為自己或第三人辦理同類之營業事務，為免受僱人因知悉前雇用人營業資料而作不公平之競爭，雙方得事先約定於受僱人離職後，在特定期間內不得從事與雇用人相同或類似行業，以免有不公平競爭情形，若此競業禁止約定期間、內容為合理時，尚與憲法工作權保障無違[17]。合約中限制員工就業之對象、區域、職業活動之範圍為何，均不具體明確，顯以空泛且漫無標準地限制員工工作權，自難謂屬於合理之範疇。

3. 競業禁止，除限制範圍明確、內容為合理且屬必要外，因對員工權益影響甚大，為兼顧勞雇雙方權益，受僱人因此項限制所生之損害，受有合理代償措施填補為要件，始應認為競業禁止之約定有效[18]。競業禁止約款之補償金，使員工受競業禁止限制在先，無法取得補償金風險在後，實無法達到補償勞工因競業禁止損失之目的，非合理補償措施。

廣○電通不服前開判決結果，提起上訴；臺灣高等法院民事判決，競業禁止約定並不具備合理性，應屬無效，上訴駁回。

[17] 最高法院94年度台上字第1688號判決。

[18] 最高法院99年度台上字第599號判決意旨。

三、案件評析

競業禁止特約保護之特定利益，判斷基礎有二[19]，有無洩漏企業經營或生產技術上之秘密，或影響其固定客戶或供應商之虞；如僅單純避免造成競爭、避免勞工搶走其未來客戶，甚或僅為使勞工較不易離職等，皆不構成雇主有值得保護之正當利益。是故，保護範圍應如何規範？勞資雙方於勞動契約中，除依民法第247條之1的規定，契約條款內容之約定，其情形如顯失公平者，該部分無效；另可參酌行政院勞工委員會所歸納出衡量原則：(1)勞工在原雇主之事業應有一定之職務或地位；(2)對勞工就業之對象、期間、區域或職業活動範圍，應有合理範疇；(3)應有補償勞工因競業禁止損失之措施；(4)離職勞工之競業行為，是否具有背信或違反誠信原則之事實[20]。

補償金目的在提供受僱人競業禁止限制期間，以該筆金額保障日後短暫生活無虞；若雇主不必給予任何補償，即可要求勞工競業禁止，雙方權益將顯失均衡。受僱人受競業禁止限制在先，若還須承擔無法取得補償金之風險，或須承受金額不足以負擔基礎日常開銷時，實無法達到競業禁止補償之目的。承上所述，若雇主在合約中明定，須待競業禁止期間經過，因遵守該條款而衍生之損失始得請求補償，或另外謀得職務時，其基本月薪尚須低於公司任職時之基本月薪，亦或未謀得工作時，需提出競業禁止期間不斷求職之證明；並皆須於一定期限內，始得向雇主提出補償金申請。此不合理之規定，受僱人自

---

[19] 高等法院100年度勞上易字第51號民事判決，特定利益包括：(1)企業或雇主有依競業禁止特約保護之利益存在，即雇主之固有知識、營業祕密確有保護之必要；(2)勞工或員工在原雇主或公司之職務及地位，若勞工或員工不具特別技能、技術且職位較低者，即無以競業禁止約定限之必要；(3)限制勞工就業之對象、期間、區域、職業活動之範圍，須不超逾合理之範疇；(4)需有填補勞工或員工因競業禁止所受損害之代償措施，且屬合理補償。

[20] 行政院勞工委員會，89.08..21（89）勞資二字第0036255號函，http://www.cla.gov.tw/cgi-bin/siteMaker/SM_theme?page=417f586f（最後瀏覽日：2013年9月4日）。

不受競業禁止條款所拘束。

貳、舊員工攜秘跳槽[21]

楊○祺自2005年11月28日起，任職聯○科技（股）公司數位電視事業部行銷業務處並擔任行銷副理乙職，雙方簽訂聘僱契約書中，明定保密條款，明文員工須遵守公司對前開晶片相關秘密資訊之保密規定，並訂有「資訊資源使用管理規範」、「智權資訊管理規範」等工作規則；2007年4月9日因個人生涯規畫請辭，同年5月，至同屬IC設計產業之晨○半導體（股）公司擔任資深業務經理乙職。

聯○科進行內部稽核時，發現異常，並查出楊○祺下列行為，涉嫌洩漏公司機密資訊且造成公司重大損害：(1)離職前夕，擅自將含有原公司工商秘密之電磁紀錄，以電子郵件轉寄至其私人使用電子信箱；(2)以電子郵件方式洩漏原公司晶片型號；(3)多次將公司工商秘密之電磁紀錄，複製儲存於家中桌上型電腦內；(4)至晨○公司任職後，將上開取得之電磁紀錄，複製儲存於新公司配發使用筆記型電腦內，並為工作時使用；(5)將原公司晶片之設計資訊提供予新公司其他員工使用。聯○科認為有洩密予競爭對手之虞，乃向內政部刑事警察局依洩漏業務持有之工商秘密、背信、無故取得電磁紀錄等，提起刑事附帶民事訴訟損害賠償之主張。

一、雙方爭點

營業秘密要件：原告主張，公司所有任何關於晶片研發、設計、製造之資訊及相關產品行銷資料，均屬公司秘密資訊，且該等電磁紀錄不僅具產業利用性，並具有一定財產價值，對營運及產業

---

21 智財法院刑事附帶民事訴訟判決101年度重附民字第1號。

競爭力至關重要；且於相關資料均標有「機密」字樣。被告辯稱，MT8201ALE晶片上會標記晶片之生產日期，量產時程資訊並無經濟價值，再者，出貨時因對方公司並未要求磨去晶片型號，未有證據證明該公司不願讓人知悉，故該資訊有何經濟價值可言。

保密條款：原告主張，聘僱契約書明文員工須遵守公司對前開晶片相關秘密資訊之保密規定，並訂有「資訊資源使用管理規範」、「智權資訊管理規範」等工作規則，實屬有效。被告辯稱，資訊資源使用管理規範，分發時尚未到職，任職期間從未取得、見過；自不得以該文件作不利被告認定依據。

背信及洩密罪：原告主張，任職期間曾陸續將儲存於公司所有電腦內有關研發、設計及製造晶片等資訊攜出，並複製儲存於其家中桌上型電腦內，且於任職期間亦曾分別將其因業務所持有之資訊，以電子郵件轉寄至自己所使用之私人信箱內，轉寄予第三人。被告辯稱，機密資訊為工作業務關係合法取得，而資訊寄送至私人信箱，用意是隨時可協助客戶處理問題，無不法意圖，更未造成公司財產上損害；且檔案存入家中PC是為備份資料，離職已刪除，並無背信、無故取得電磁記錄之行為，亦未生財產上之損害。

二、法院判決

一審判決，利用電腦犯洩漏業務持有的工商秘密罪，處拘役五十日；犯洩漏利用電腦持有他人的秘密罪，處刑六個月；又犯洩漏利用電腦持有他人的秘密罪，處刑五個月；三罪合併應執行有期徒刑九個月，如易科罰金，合約新台幣二十七萬元罰金。判決理由如下：

1. 聯○科公司晶片出貨予特定客戶之時程，如為競爭者所知悉，即可提前接觸該客戶遊說改單，進而影響晶片經營與銷售，且客戶亦不願其所採用之晶片型號為他人所知，以免影響其市場競爭力；且於相關資料皆標有「機密」字樣，即不論聯○科公司或IC設計業界均認為，特定客戶量產及出貨時程，屬工商秘密。

2. 與公司簽訂「聘僱契約書」及「資訊資源使用管理規範」，其中規範任職中及離職後皆應遵守之業務保密契約義務，且該等約定屬高科技公司維護自身工商秘密之必要行為，並無違反公序良俗或相關憲法原理原則，即應對公司負業務保密之契約義務。被告確有利用電腦於電子郵件洩漏公司機密（即為特定客戶量產晶片時程），已違背其義務；且任職晨○公司期間，將前公司之工商秘密檔案提供其他員工使用及搜尋，接續違背前公司所應負之契約保密義務，該當刑法第317條、第318條之2利用電腦洩漏業務上知悉工商秘密罪，暨刑法第318條之1之洩漏電腦秘密罪。

3. 被告平時基於工作需要，將電磁紀錄複製儲存於家中，並於離職前將電子檔案資料轉寄至私人信箱等行為，固有違反聯○科公司資訊安全保密之作業規範，然並未證明被告有為自己或第三人之利益，或損壞本人利益之不法意圖，此即與刑法第342條背信罪、同法第359條之無故取得電磁紀錄罪之犯罪構成要件有異。

聯○科公司不服前開判決結果，並認為無足彌補其損失之營業秘密價值，乃聲請檢察官提起上訴，並附帶提起民事訴訟訴請新台幣二千萬元之損害賠償，同時主張晨○公司應就被告執行職務而不法侵害聯○科公司之行為，依侵權行為及債務不履行之相關規定，負連帶損害賠償責任。經智慧財產法院審理，刑事部分仍維持前述一審判決，至於民事部分，關於侵權行為損害賠償請求之部分，法院以其請求權已罹於二年時效，否准。

三、案件評析

實務上，九成以上的營業秘密訴訟案件，皆公司內部人員離職時，將原公司機密資料以「帶槍投靠」方式洩漏給新公司，或自行利用相關技術創業，甚對手公司有計畫地進行挖角竊密行為。侵害行為通常是蓄意隱密進行，證據難以蒐集；修法前，營業秘密受損而欲尋求刑事救濟途徑者，鑑於罪刑法定主義以及刑罰謙抑原則，往往造成重罪輕判之結果[22]，如同本案例；修法後，將落入「合法取得營業秘密後之不法使用」、「不法取得營業秘密後之不法洩漏」甚「不法取得營業秘密後之不法使用」之行為態樣，將面臨最重可處十年以下刑事責任，併科新台幣五千萬元罰金，有效嚇阻商業間諜，維護我產業科研成果。

法人（雇主）之代表人、代理人、受僱人或其他從業人員，因執行業務犯本法之罪者，除非雇主對於犯罪之發生，能於事後舉證其已盡力為防止行為，否則雇主將連帶併同科該條之罰金。本案中，晨○公司與聯○科公司既無聘僱契約或其他契約關係，自無須對聯○科公司負債務不履行之損害賠償責任；修法後，晨○公司可能被依第13條之4刑事罰併同處罰規定，以行為人受處罰為前提，因監督不周被科處該條之罰金。然雇主公司雖予併罰，但非謂其與行為人即必然處於共犯之關係。

聯○科公司提起刑事附帶民事訴訟損害賠償之主張，雖因請求權罹於時效而未受法院實質審理，卻初步反映出訴請損害賠償計算問題。營業秘密被揭露之損害難以估計[23]；本案中，聯○科初步舉證，

---

[22] 舊營業秘密法下，無刑事責任規定，欲藉刑事手段對侵害行為人產生警示效果，具體個案仍需實際檢索是否符合刑法構成要件；如公司的營業秘密若遭受侵害，營業秘密權人僅能援引刑法相關規定尋求救濟，一來，刑法規範無法囊括所有侵害營業秘密之行為，二來，刑責方面，法院常讓侵害人可以易科罰金，或科予緩刑。

[23] 台灣三星去年委託耕興公司新竹實驗室，測試當時還未上市的Galaxy S III原型機，洪姓工程師將手機拍照上傳臉書，不但被革職還被判刑半年，並賠償違約金250萬；耕興以他洩密造成商譽、營運受損，求償4億1300多萬，新竹地院安排3次調解，雙方沒有共識。聯合知識庫，洩密索賠4億3度調解無共識，http://udndata.com/ndapp/Story2007?no=2&page=1&udndbid=udndata&SearchString=wOe3fq%2B1sUsgvd8rpOm0wT49MjAwNzEwMTcrpOm0wTw9MjAxMzEwMTA%3D&sharepage=10&select=1&kind=2&ar

該公司於被告任職期間投入晶片研發之相關費用高達四十餘億，並請求法院衡量前開鉅額研發費用，訴請象徵性賠償二千萬元之洩漏秘密利得；實際上並未提出任何損害計算標準，雖營業秘密法第13條對損害賠償額之計算有明文規定，然前述舉證不易，司法實務上亦罕見獲准判賠鉅額賠償金之案例。

參、防止侵害之訴

梁○松自1992年7月任職台○電（股）公司，其後深受重用至研發部資深處長，熟悉每一個世代製程所運用之機台配置策略、行銷策略、主要客戶代工策略以及成本藍圖等最敏感之機密資訊；任職十七年間，台○電發放薪資暨股票及現金紅利，高達六億二千多萬。2009年2月離職時，雙方簽有「離職兩年內不得至競爭者任職」書面約定；且早於1998年簽署「員工利潤分享計畫」中，亦有競業禁止條款之約定，即同意將每年領取「利潤分享股票」之50%，交由台○電關係公司（BVI Co.）保管，並同意如辭職後二年內，直接或間接由台○電競爭者雇用，視為放棄領取未分發股票之權利。

離職後先至清大教書半年，隨後轉赴韓國，至三○公司主要贊助對象暨重要關係人，成均館大學授課；為取回BVI Co.所保管之股

---

ticle_date=2013-09-02&news_id=6982870&showUserSearch=+%3Cstrong%3E%3Cfont+color%3D%23333333+class%3Dtitle03%3E%B1%7A%A5%48%3C%2Ffont%3E+%3Cfont+color%3D%23FF6600+class%3Dtitle04%3E%C0%E7%B7%7E%AF%B5%B1%4B+%BD%DF%2B%A4%E9%B4%C1%3E%3D20071017%2B%A4%E9%B4%C1%3C%3D20131010%3C%2Ffont%3E+%3Cfont+color%3D%23333333+class%3Dtitle03%3E%A6%40%B7%6A%B4%4D%A8%EC%3C%2Ffont%3E+%3Cfont+color%3D%23FF6600+class%3Dtitle04%3E44%3C%2Ffont%3E+%3Cfont+color%3D%23333333+class%3Dtitle03%3E%B5%A7%B8%EA%AE%C6%3C%2Ffont%3E%3C%2Fstrong%3E&firstFatherCateID=&collectCateNewsPage=1（最後瀏覽日：2013年10月10日）。

票，先後多次以口頭或書面確認承諾，「其於當時及未來均不會任職於三〇公司或其他競爭公司」，待領完確保競業禁止履行之等值四千六百萬元股票後，2011年7月13日隨即正式擔任三〇公司研發部副總。台〇電發現，梁〇松掩人耳目為三〇公司提供服務，以規避競業禁止條款；隨即向智慧財產法院聲請定暫時狀態之處分，提起訴訟。

一、雙方爭點

營業秘密要件：原告主張，任職期間於聘僱契約中，承諾所知悉、接觸或取得之機密資訊，負有保密義務；且要求每位員工應嚴格遵守「專屬資訊保護政策」，即機密資訊符合營業秘密要件。被告辯稱，此等資訊已為一般涉及該類資訊之人所知悉；四年後對其他半導體公司皆不具經濟價值；保密措施附表僅為標題，無法藉以特定原告之營業秘密範圍。

禁止請求權：原告主張，以奉養雙親為由，旋至三〇公司重要關係人成均館大學兼課，藉以隱藏工作事實，企圖規避二年競業條款，顯然欠缺誠信，尚難期待其遵守對原告保密義務，故為防止洩漏唯一方法，即禁止被告至三〇公司任職。被告辯稱，離職書面約定，可知離職當時未將三〇公司列為競爭公司；三〇公司為「整合元件製造商」與「專門從事晶圓代工」，並非相同經營型態，不具競爭關係；且原告主張禁止至其他公司任職，實已侵害工作權。其二，禁止惡性挖角行為：原告主張，被告離職後研發部門員工即陸續接到三〇公司電話探詢，已有六位研發部門之中高階主管前往三〇公司任職，其中五位隸屬被告直接領導部門。被告辯稱，研發部門人員資訊，非「方法、技術、製程、配方、程式、設計或其他可用於生產、銷售或經營之資訊」，未採取合理保密措施，不具經濟價值，非屬營業秘密；且從未協助或誘使人員離職至三〇公司服務。

競業禁止之延長：原告主張，半導體製程技術具長期性及延續性，該營業秘密深具競爭優勢，請求禁止「2015年底前」，任職或以其他方式為三○公司服務。被告辯稱，既以遵守簽署二年競業禁止條款，即原告營業秘密已透過競業禁止約定獲得保障，斷無可再援引，強行延長被告之競業禁止義務。

二、法院判決

一審判決，被告不得以不正當方法使用或洩漏其於任職原告期間所知悉、接觸或取得而與原告產品、製程、客戶或供應商等有關之營業秘密，並不得以不正當方法自原告之員工、供應商或客戶等第三人處取得原告之營業秘密。其次，被告不得以不正當方法使用或洩漏原告研發部門人員之相關資訊予韓國三○電子公司。原告不服，上訴中。

1. 為保護機密資訊乃制訂推行「專屬資訊保護政策」，且將機密資訊分為三個等級，就其保護事宜詳細規定於其「機密資訊保護程序」及「資訊安全控管規範」，依實際情況盡合理努力，使他人客觀上足以認為，是屬秘密；即原告所稱之機密資訊，為其營業秘密，且已明定其種類、範圍及採取之保密措施。
2. 被告依離職前書面約定，並不爭執且同意應負保密義務；附表所示之技術與藍圖，因其秘密性而具有實際或潛在之經濟價值，屬原告之營業秘密，被告既曾擔任研發平台主管，因法律行為而取得知悉之營業秘密，竟其否認內容，堪認已違反保密義務；即有使用或洩漏之高度可能性，營業秘密有受侵害之虞。
3. 被告任職三○公司期間，曾與原告設備供應商聯繫，要求該供應商提供原告20奈米製程機器設備清單，雖未得手，卻已有以引誘該設備供應商，違反保密義務之不正當方法洩漏原告營業秘密；再者，有相關媒體報導及網頁資料可參，三○

公司近年來積極發展半導體晶圓代工領域，倘可自被告處得知原告技術內容，縱未加以使用，仍對其有所助益。

4. 原告主張被告離職前大量讀取原告營業秘密；被告離職後六個月內，其任職原告期間直接管理之五位研發人員離職至三〇公司；被告已協助三〇公司解決銅製程難題等細節。既不影響上開判斷，即無逐一審究之必要。
5. 請求排除侵害或防止侵害之手段、方法是否適當且有必要，法院仍須調和社會公共利益、權衡兩造利益，審酌具體個案情節依比例原則判斷。原告聲明無異變相延長已約定競業禁止期間，如認為有延長競業禁止之必要，理應再與被告就此部分另行約定，以茲明確，而非二年競業禁止期滿後，再行主張。

三、案件評析

營業秘密法之保護，不以侵害者對權利人存有「競爭關係」為必要條件，只須被告有洩漏原告營業秘密疑慮，即有防止其侵害之必要。本案件中探討二大重點，其一，不作為請求權依據為何？其二，變相延長競業禁止是否合宜？

排除侵害或防止侵害是一種不作為請求權，權利所有人之權利內容實現上，如遭到某種事由妨害或有妨害之虞，權利所有人理當有權請求排除，力保權利之完整性。然，應如何佐證其證據力？鑑於取得侵害營業秘密行為之證據不易，其證明度應可降低，即原告大多以情況證據居多，此時應注意被告之說明，以平衡兩造間之舉證責任[24]。案件中，法院准許原告聲明，顯然，法官依自由心證判斷[25]，

---

[24] 最高法院97年度台上字第968號判決意旨。

[25] 最高法院99年度台上字第1231號判決意旨。傳聞證據，民事訴訟法並無明文禁止之規定，即尚不能排除其證據能力；其證明力（證據力或證據價值），則參酌其他佐證及是否賦予對造當事人程序保障之情形，依自由心證判斷之。

因法律行為取得知悉原告之營業秘密內容（含人事資料）；且確有引誘設備供應商違反保密義務，以不正當方法洩漏原告營業秘密，取得原告營業秘密之高度可能性，判定原告之營業秘密自有受侵害之虞。

再者，以法律侷限人民權利，可達公益目的時，其手段始具有適當性；雇主倘欲與離職員工所訂競業禁止期間屆滿後，復以其營業秘密受侵害或有侵害之虞，請求禁止離職員工至競爭對手之公司任職，無異變相延長競業禁止期間，是否適當且有必要？判決中提到，理應依契約原則另行處置；且最新修正之營業秘密法第13條之1、第13條之2規定，知悉或持有營業秘密，未經授權或逾越授權範圍而重製、使用或洩漏該營業秘密者，可處一年以上十年以下有期徒刑，並處罰未遂犯，屬有效之手段；即我國競業禁止審查標準十分嚴謹[26]，側重制裁必要性之考量[27]，不得以防止侵害之虞，將此條款無限上綱。

肆、小結

首先，對於「營業秘密」之概念，應澄清其保護範圍為何？實

---

[26] 智慧財產法院101年度民營訴字第2號。德國商法對競業禁止約款亦設有原則性規定，規定競業禁止約款須以書面為之；員工離職後競業禁止期間每一年之補償，雇主應支付之補償數額，不得低於員工離職時所能取得報酬之一半，否則該競業禁止之約定無效；雇主需有值得保護之合法正當營業秘密存在；於斟酌雇主補償數額下，競業禁止約款所限制之地域、期間、內容應合理相當，不得對勞工之未來發展構成不正當之障礙；競業禁止期間不得逾二年等。美國法院針對競業禁止約款之效力，除上開與我國實務相同者外，另將兩造利益權衡與公共政策（public policy）、公共利益納入考量。換言之，競業禁止約款之審查標準極為嚴格，若未符合上開要件，即可能依民法第72條規定，認該競業禁止條款違反公序良俗而無效。

[27] 正當性要求限制的手段，必須合乎公益目的；必要性則是要求，在符合前者的限制手段中，選擇限制最小者，故又稱為最小侵害原則或不得已原則。

務上，營業秘密要件之審核，經常優先審查「合理保密措施與否」，其次「秘密性」，最後則為「價值性之認定」；對採取之態度而言，合理保密措施審查之密度普遍最高，而對價值性之審查，往往虎頭蛇尾，或甚至乾脆不認定；即普遍採行寬鬆之二要件標準[28]，至於是否須由客觀或主觀方面去檢視，則尚未定論。

再者，營業秘密常有賴於簽定高規格保密契約或競業禁止條款予以保護，在不平等的勞資關係中，弱勢員工往往不自覺被迫放棄自身基本權利，甚或離職後，面臨無法立即就業的困境；若員工因簽定工作契約，導致影響日後生計，即有違憲之虞。綜觀法院判例可得，兩造合約中應具體明確規範，並針對保密期間，防止洩密的資訊種類及範圍、限制員工就業對象、區域、職業活動之範圍，以及補償金給付方式與補償金額等，其限制條件越嚴謹，相對補償條件應越寬鬆；這些都是法院在判決時考量的重要關鍵因素。

法律制裁是手段，有效防止技術外流才是目的；不法剽竊營業秘密之手段日新月異，若以傳統財產犯罪態樣規範營業秘密之侵害，似不足以確保法律更先於科技與智慧。我國政府與立法者，在制定法令規範及制裁經濟間諜時，專門取締該定義下之各種行為，透過營業秘密法內另訂刑罰。第13條之1與第13條之2、第13條之3條專責規範「經濟間諜活動」之犯罪行為態樣且冀予重懲，並參酌美國經濟間諜法之立法及判例，增訂「竊取營業秘密罪」，維持法制完整性及一體性；即致力於嚴防產業間，甚至跨國經濟間諜之防治措施，以貫徹國家經濟安全。

[28] 智慧財產法院99年度民專訴字第65號、臺北地方法院99年度勞訴字第370號判決、板橋地方法院100年度勞訴字第21號、板橋地方法院 99年度重訴字第206號，皆僅羅列營業秘密法第2條之要件，並以心證即認定具有經濟價值之與否，且未公布該經濟價值採取心證之理由。然，也有採取較密集審查標準者，如臺中地方法院97年度訴字第2897號判決。

第四節　美國案例

根據美國聯邦調查局（FBI）估計，美國蓬勃發展的產業與技術，因遭國內外競爭對手惡意的經濟間諜行為，並藉著公司的營業機密與公開原始碼資訊，獲取有利於己的商業情報，致使美國每年約有高達數十億美金的慘重損失。另美國聯邦調查局局長Robert Mueller明確指出，防範經濟間諜的情報工作，僅次於反間諜任務之反恐項目[29]。2012年營業秘密被竊取而導致的經濟損失超過三兆美金，其他如造成產業競爭、經濟成長受損或引發電腦駭客等影響，負面邊際效應更難以估計；又侵害營業秘密不單僅有經濟間諜類型而已，尚有可能為違反競業禁止而遭到營業秘密因故意或無意間被揭露。

壹、U.S. v. Aleynikov案[30]

Goldman Sachs是一家世界知名的證券投資理財公司，在紐約證券交易市場（the New York Stock Exchange, NYSE）與NASDAQ證券交易市場（the NASDAQ Stock Market, NASDAQ）占有一席之地；為業居證券領導地位，公司投注於電子交易設備和人力所費不貲[31]，致力研發一套高效率的證券交易系統（high frequency stock trading systems），且對此獨占鰲頭之資訊機密，更視之加以維護。

[29] About the economic espionage,see Economic Espionage Introduction , FBI.gov, http://www.fbi.gov/about-us/investigate/counterintelligence/economic-espionage（最後瀏覽日：2011年12月11日）。

[30] United States v. Aleynikov, 10 Cr. 96 (DLC), 2011 WL 939754 (S.D.N.Y. Mar. 16, 2011).

[31] 如該公司在2008及2009年以平均年薪美金27萬5000元聘請了25位電腦程式工程師。United States v. Aleynikov, 10 Cr. 96 (DLC), 2011 WL 939754 at *1 (S.D.N.Y. Mar. 16, 2011).

被告Aleynikov為研發此套作業系統之成員，離職後轉向該競爭廠商工作，並帶走該證券交易系統之重要部份資料，因而於2010年2月11日被指控偷竊營業秘密。

兩造爭點，交易系統是否能被視為營業秘密[32]？2011年3月16日紐約南區地方法院判決，被告於2007年5月7日至2009年6月5日受僱期間，簽署一份全球性的保密契約，其內容為不能洩漏或不當使用任何被告因職務而知的資訊，然被告不但離職跳槽，甚違背保密義務，確實侵害原告之營業秘密；認定依據，其一，由專家證人對該交易系統，是否符合營業秘密的定義做出判斷，認為被告確實違反保密義務；其二，被告得每年領取年薪約美金十五萬與十二萬之紅利，得視相當之報酬；其三，被告藉由竊取原雇用人的營業秘密，進而圖利新雇主。

一、何謂營業秘密

2012年*FORMFACTOR, INC., v. MICRO-PROBE*案[33]，原告控訴前員工Browne下載或備份至自己電腦中的公司文件，屬侵害營業秘密之行為，因該資訊符合CUTSA要求，具獨立「經濟價值」，並盡合理之努力以維持其秘密性；被告主張，FormFactor沒有任何具體證明其營業秘密具有特殊經濟價值，且未顯現其所謂的營業秘密之經

[32] United States v. Aleynikov, 2010 U.S. Dist. LEXIS 92101 at *4 (S.D.N.Y. Sept. 3, 2010).

[33] FORMFACTOR, INC., v. MICRO-PROBE, INC., et al., No. C 10-3095 PJH. June 7, 2012, 2012 WL 2061520 (N.D.Cal.)。有關原告FormFactor設計、製造、銷售並支援高性能的「先進晶圓探針卡組件，用於測試切開半導體晶圓成為特殊的『積體電路片』。晶圓探針卡組件產品可以是三種類型：DRAM（動態隨機存取記憶體）、SoC（系統晶片）非記憶體，或閃存（快閃）記憶體。FormFactor的業務主要集中在DRAM，70%的收入來自DRAM相關產品，其次是快閃記憶體產品（大約15%的收入）。被告Micro-Probe公司也開發、製造，支援晶圓探針卡組件產品，主要業務為非記憶體的SoC市場。Micro -Probe公司聘請的被告大衛Browne先前任職於FormFactor，2000年加入成為DRAM業務部副總，直到2010年離職。

濟價值未被他人知悉，亦即原告未盡合理努力以保持其秘密性[34]；根據CUTSA[35]定義「營業秘密」為「資訊包含了配方、模式、編輯物、程式、裝置、方法、技巧或流程，且其實質或潛在之經濟價值，來自於非他人所公知且他人無法以正當方法輕易確知，而其洩漏或使用可使他人或得經濟上之價值。」法院判決，被告並未侵權；且原告上訴不成立。換言之，營業秘密應具獨特價值[36]，原告必須證明「聲稱的營業秘密是什麼」，且「能夠清楚說明為何屬於法律定義下之營業秘密」[37]。

具秘密且價值者，理當可被視為營業秘密；如2013年*AirWatch LLC v. Mobile Iron, Inc.*案[38]，承審法院認為，秘密所有人不應使大眾有輕易接觸該秘密之途徑，該軟體實屬營業秘密；2007年*American Radiographics, Inc. v. Eastern Diagnostic Imaging, Inc.*案[39]，因該資訊在相關產業中極易獲取[40]，未構成營業秘密要件；1993年聯邦第

---

34 *See O2 Micro Int'l Ltd. v. Monolithic Power Sys., Inc.,* 399 F.Supp.2d 1064, 1072-75 (N.D.Cal.2005).

35 the California Uniform Trade Secrets Act, Cal. Civ.Code § 3426.1.

36 Yield Dynamics, Inc. v. TEA Sys. Corp., 154 Cal.App.4th 547, 564, 66 Cal.Rptr.3d 1 (2007); Religious Tech. Center v. Netcom On-Line Commc'n Servs., Inc., 923 F.Supp. 1231, 1252-53 (N.D.Cal.1995).

37 *MAI Sys. Corp. v. Peak Computer, Inc.,* 991 F.2d 511, 522 (9th Cir.1993)；亦見*Agency Solutions.Com, LLC v. The TriZetto Group, Inc.*, 819 F.Supp.2d 1001, 1015 (E.D.Cal.2011)。

38 AirWatch LLC v. Mobile Iron, Inc., Slip Copy, 2013 WL 4757491, N.D.Ga., September 04, 2013 (NO. 1:12-CV-3571-JEC).

39 American Radiographics, Inc. v. Eastern Diagnostic Imaging, Inc., Slip Copy, 2011 WL 2163545 (Mass.App.Ct.), June 3,2011.

40 原告所指稱有關其公司的交易者名單（dealer list）及引用系統軟體（quote system software）、引用歷史（quote history），法院接受前述內容並未構成營業秘密，因該資訊在相關產業中極易獲取，且原告尚未確切提出被告攜出與營業秘密有關之引用系統軟體等證據。

四巡迴法院*Trandes Corp. v. Guy F. Atkinson Co.*案[41]，認同即使原告以軟體系統做為宣傳並推行試用版（僅限使用人），仍應被視為是原告的營業秘密，因權利人盡力維護其秘密性；1991年聯邦第十一巡迴法庭*Roboserve, Ltd. v. Tom's Foods, Inc.*案[42]，公開陳列於公共場合的機器販售，不屬於受保護的營業秘密，即使原告指明EULAs（End User Licensing Agreement）中清楚載明使用人的保密義務；甚更早期1974年聯邦第五巡迴法院，*Univ. Computing Co. v. Lykes-Youngstown Corp.*案[43]認定，凡對具備特殊功能的電腦系統，若有盡力維護秘密性的證明，權利人即可主張其為營業秘密。

二、要件評析

試尋條列式衡量指標，進而判定是否為其營業秘密。*TXCO Resources, Inc. v. Peregrine Petroleum*案[44]，針對營業秘密定義進行六項指標性檢測：1.企業外部的人得知的程度；2.受僱人及企業內部人士牽涉的程度；3.企業投注在維護資訊秘密的成本；4.資訊價值及對競爭對手產生的價值；5.研發資訊所投注的成本與努力；6.他人複製資訊的困難或簡易度[45]；同時，德州法律還規定，所謂營業秘密除保密性外，尚須符合不能為他人輕易得知及廣為週知，或經由獨立研究後能得知的資訊，並具備新穎性、獨特性、原創性等特質。統整得知，營業秘密判斷基準，可透過產業屬性、重置成本，或相對投入資源等，將其資訊做客觀性量化解析與判讀，以利確認該訴訟標的。

論及營業秘密範疇，就司法實務審查模式，針對營業秘密訴訟

41 Trandes Corp. v. Guy F. Atkinson Co., 996 F.2d 655, 663-64 (4th Cir.1993).

42 Roboserve, Ltd. v. Tom's Foods, Inc., 940 F.2d 1441, 1454 (11th Cir.1991).

43 Univ. Computing Co. v. Lykes-Youngstown Corp., 504 F.2d 518, 535 (5th Cir.1974)

44 TXCO Resources, Inc.v.Peregrine Petroleum, L.L.C., 457 B.R. 781 (July 26, 2012).

45 Restatement of Torts § 757 comment; Restatement (Third) of Unfair Competition § 39.

文件，一律限縮爭議範圍中；2013年*Cooper Tire & Rubber Co. v. Cabrera*案[46]，有關車禍喪生後死者遺屬向車廠提起設計不良導致意外的訴訟，原告要求提供所有資料，被告隨即提出保密命令的申請，認為設計圖檔是該公司的營業秘密，拒絕提出；佛羅里達州上訴法院同意被告請求，被告利益應受保障並允許被告的保密令，將被告的文件限縮在訴訟範圍中公開。

最後，談及聯邦優先權；2011年*Healthcare Appraisers, Inc. v. Healthcare FMV Advisors*案[47]，原告主張資訊是營業秘密，被告不當使用該資訊侵害其權益，違反FUTSA（Florida's Uniform Trade Secrets Act Secrets），被告則提出聯邦法應優先州法的適用（doctrine of preemption），即法律優先適用原則；法院判決認為被告的抗辯言之過早，必須先確認是否有營業秘密存在，再談優先適用法的問題。又如2003年聯邦第十一巡迴法院在*Penalty Kick Mgmt. Ltd. v. Coca Cola Co.*案[48]中，原告先成功舉證被告不當使用其資訊，且該資訊是營業秘密，才能適用preemption原則。

貳、Tradesmen v. Labor案[49]

2011年*Tradesmen International, Inc., v. Professional Labor Support, LLC, et al*案，原告Tradesmen是一家位於俄亥俄州，並於

---

[46] Cooper Tire & Rubber Co. v. Cabrera, 2013 WL 1891283, Fla.App. 3 Dist., May 08, 2013 (NO. 3D12-2922).

[47] Healthcare Appraisers, Inc. v. Healthcare FMV Advisors, LLC, 2011 WL 4591960 (S.D. Fla. Sept. 30, 2011).

[48] Penalty Kick Mgmt. Ltd. v. Coca Cola Co., 318 F.3d 1284 (11th Cir. 2003).

[49] Tradesmen International, Inc., v. Professional Labor Support, LLC, et al., 2011 WL 2214755 (C.D.Ill.), June7, 2011.

美國三十四州內有八十六個辦公室的建築勞工供應公司，針對各類工程、軍事、商業與工業需要，提供經過訓練技術有成的技工。被告Professional Labor Support, LLC, John Black, Todd Walker, Ryan Ellis及Ryan Boyer等人，不遵守與原告間之約定（Non-Compete Agreements），即違反不為競業之規定。

被告簽定的競業禁止合約中，對限制的地域、條件、期間等，皆有明確要求。惟本案所適用之俄亥俄州法規定，除非有下列原因，則該競業禁止約定始為無效[50]，1.該約定保護的範圍遠超過雇用人需要受保障的區域；2.強加予受僱人過重的負擔；3.對公眾不造成傷害；4.最重要的是判斷此合約之合理性[51]，如對競業禁止時間與地域的限制，受僱人是否是與顧客接觸的獨家代理身分，受僱人知悉的營業秘密與機密資訊有多少，競業禁止的內容對雇用人是否公平，是否箝制受僱人的技能與就業機會，保障雇用人的同時是否損害受僱人的權益，是否純粹造成對受僱人的就業障礙等；即私法自治原則下，合理規範之競業禁止條約，一般皆屬合法性。

一、競業禁止條款之適法性

離職後，競業禁止條款的簽訂，一般皆須對競業禁止的範圍限制合理。美國離職後競業禁止制度，其發展受英國早期普通法影響，在普通法原則下（common law），如果對競業禁止的範圍及內容，是為保護雇用人的商業利益而為之合理規範者，此類約定始得被接受；前提，必須建立避免雇用人之營業秘密外洩，並針對保密期間、防止洩密的資訊種類，及範圍上不超過合理限度[52]。如同Nasco, Inc.

---

[50] 本案援引此案Raimonde v. Van Vlerah, 325 N.E.2d 544, 547 (Ohio 1975).

[51] Chi. Title Ins. Corp. v. Magnuson, 487 F.3d 985, 990 (6th Cir.2007).

[52] 曾勝珍，競業禁止條款法制暨實務之探討，智慧財產權論叢—第貳輯，五南圖書，初版，2009年6月，頁229。

v. Gimbert一案[53]認為，禁止洩密契約若總括對任何與雇用人之事業相關或有影響的知識或任何事項，如此範圍過於廣泛，亦為無效；又如Raimonde案[54]，判決理由一再指出，如果禁止的內涵，單單只為保障雇用人的商業利益，甚侷限受僱者之權利，理當不被允許。

根據美國各州法院衍伸出之審查基準：1.離職後競業禁止契約不得「單獨」存在，必須附屬某一合法有效之勞動契約始可成立，若未曾有僱傭關係，則原企業或雇主不得與無關係之人簽定；2.本於保護合法商業利益之必要，同時禁止限制競業之營業種類、工作事項範圍、時間、地域過於嚴苛；3.代償措施應考量其權利及義務，原企業或雇主是否有提供相當之誘因；4.執行契約內容違反該州公共益利時，屬不可執行[55]。此外，如條款中有部份合理，部分不合理時，應如何處理？法院亦發展出三種不同處理方式，全有或全無原則（all or nothing approach）藍鉛筆原則（blue pencil rule）、合理化原則（rule of reasonableness）[56]。競業禁止之約定內容相當多樣，勞資所欲取得之保護往往是對立兩面，如何在雙方取得保障弱勢勞工與避免惡行跳槽的平衡點，應有勞於審判者於個案中細心檢視。

另，除當事人自行約定僱傭契約外，亦有政府基於保護立場，制定州法予以保護該營業秘密。德州法規定，天然氣開採與生產相關資料，皆符合營業秘密保護要件，企業在持有或保有這類型有價資訊時，完全不能被外界所知悉，且受僱人必須在權限範圍內才得以接觸；即公司文件與電腦軟硬體，皆在受管制範圍內，並嚴格規範員工的保密義務，即使在離職後仍須遵守。2012年*TXCO Resources, Inc.*

---

53 Nasco, Inc. v. Gimbert, 238 S.E.2d 368, 369-70 (Ga. 1977)

54 Raimonde, 325 N.E.2d at 547.

55 前揭註52，頁234-235。

56 全有或全無原則，必須「全部」競業禁止條款，皆被法院認為合理，法院才承認有效；藍鉛筆原則，可由法院予以區隔是否合理，只承認合理的部份條款，有效；合理化原則，法院有權認定的「合理範圍」內，賦予有效的執行力。

*v. Peregrine Petroleum*案[57]，因州法規定，不能對外透漏任何與該公司石油、天然氣等相關訊息，不論是離職員工或關係企業甚潛在買家，皆應遵守該保密約定，依此前提，訴訟時原告必須證明被告使用不正當方法，洩漏及使用該秘密內容，構成對機密資訊的不當處置，進而讓公司潛在買家獲知公司營業秘密，乃為讓其評估出價。簡言之，此一州法，亦有競業禁止條款之效。

二、責任歸屬

營業秘密既為法律所明文保護，若遭受侵害時，自然可依法救濟；然，侵害態樣僅著重行為模式，如何探究當事人間法律關係，判定逾越行為之責任歸屬，更慎為重要。2013年Vestergaard Frandsen S/A v. Bestnet Europe Ltd案，原告是家製造蚊帳殺蟲織物的公司（V），控訴Bestnet Europe公司雇員（S）涉嫌開發新產品時，利用V公司資料庫裡的機密數據，侵害其營業秘密，及控訴Bestnet Europe公司創辦人，同時也是離職員工（G），依與前公司之僱傭契約負有保密義務，故應負侵權之責。

2009年法院判決[58]，S有罪，因不可使用V公司的保密資訊；2010年法院判決[59]，G無罪，因未意識或無意間濫用保密訊息，不知情就須貿然肩負侵權責任，因此，判決她無需負責。V公司針對一審判決結果[60]提出上訴，對G不需承擔違反洩漏秘密資訊責任不服；上訴法院皆裁定G不能濫用機密訊息，但與她是否應為員工侵權之事負責，有待商議。經最高法院判決說明[61]，法律必須保持現實和公平間

---

[57] See *supra note* 44.

[58] Vestergaard Frandsen A/S v Bestnet Europe Ltd [2009] EWHC 657 (Ch).

[59] *Vestergaard Frandsen A/S v BestNet Europe Ltd* [2009] EWHC 1456 (Ch), [2010] F.S.R. 2.

[60] [2011] EWCA Civ 424.

[61] Vestergaard Frandsen S/A (now called MVF3 APS) v Bestnet Europe Ltd, Supreme Court, 22 May 2013; [2013] 1 W.L.R. 1556; [2013] I.C.R. 981; 2013WL 2110656.

之平衡，才能有效地保護營業秘密及其他智慧財產權；即智財權法除保障企業主權益外，法律亦應讓僱傭關係惠及社會，給予適度空間促進員工嘗試與他們的前雇主競爭，兼顧保護前雇主營業秘密及員工離職後之工作自由權[62]。

又如1992年*IMED Corp. v. Systems Engineering Associates Corp.*案[63]，被告Jan Lewis是IMED公司區域經理，主要負責產品市場行銷，當收到第三人所傳送的資訊內容時，未負起確認其合法性之責，而遭控訴侵害原告之營業秘密[64]；此案爭議，倘若被告並不知悉違反保密協定，卻在知悉後使用，是否應負責任?若此推論為真，那通知來自原告及其他被告，對被告而言又有何差別？即是否故意越權造成侵害？或僅不慎使用造成損失？此該如何論斷其承擔責任。

原告主張，被告首次洩漏或使用營業秘密後，已獲告知仍繼續使用該秘密，依此情形，據該州營業秘密法[65]或其他判決[66]，被告理應有罪；美國阿拉巴馬州北區地方法院法官Robert B. Propst, J.針對營業秘密法之責任歸屬提出，1.當個人知悉或應得而知其使用或公開的營業秘密，乃經由第三人不當洩漏時，需承擔責任；2.個人是否知情與其責任無關時，營業秘密法加諸使用人之責任，必須確保資訊來源合法性後，再行使用。又如1983年*Drill Parts & Service Co. v. Joy Manufacturing Co.*案[67]，也是適用習慣法理論（common law doctrine），最終判決被告不當使用資訊，應承擔侵害責任。

再者，應負損害賠償額度之計算，除填補債權人所受損害及所失利益外，另可將訴訟費用納入；2013年9月10日*TECHNOLOGIES,*

[62] *Id.*

[63] *IMED Corp. v. Systems Engineering Associates Corp.* 602 So.2d 344 Ala. (1992).

[64] *Id.*345.

[65] Ala.Code 1975, § 8-27-1.

[66] *Drill Parts & Service Co. v. Joy Manufacturing Co.,* 439 So.2d 43 (Ala.1983).

[67] *Drill Parts [& Service Co.] v. Joy Manufacturing [Co.],* 439 So.2d 43.

*INC., v. Michael BERGE*案[68]，適用加州統一營業秘密法（the California Uniform Trade Secrets Act），事關地方法院審理時，損害賠償金額計算有誤；本案為上訴審法院審理一審法院對律師費用的計算有誤。即若不當使用營業秘密的一方，不但須賠償秘密所有人的損失，也須概括承受對方因而負擔的律師費用。

參、U.S. v. Huang（USAO S.D. Ind. & CCIPS; FBI）[69]

1897年Dow Chemical公司成立，隨著經營模式不斷成長擴大；1989年後，更因全心投入有機產品的病蟲害防治研究，有了些突破性的研究成果；1997年正式更名為Dow AgroSciences LLC，此時的Dow公司已是一家生化及農產方面的業界龍頭。被告Kexue Huang原居住於美國印地安納州，持有綠卡的中國籍男子，2003年任職於Dow公司至2008年2月29日，並應公司要求簽署保密契約遵守保密義務，即對其業務上所知悉之秘密資訊，未經Dow公司同意，不得為任何洩漏情事；離職後，同年3月遂轉任職於Cargill公司，擔任該公司的生物工程師，直至2009年7月，亦同樣對該公司簽有保密契約協定。

一、定讞首例

2010年7月13日Huang遭美國當局逮捕，涉嫌將其之前為Dow公司工作時，所獲知秘密資訊，不當洩漏給中國大陸的大學研究機

[68] TECHNOLOGIES, INC., v. Michael BERGE, 2013 WL 5563757(Cal. App. 2 Dist.).

[69] U.S. Department of Justice, Chinese National Charged with Economic Espionage Involving Theft of Trade Secrets from Leading Agricultural Company Based in Indianapolis, August 31, 2010, http://www.fbi.gov/indianapolis/press-releases/2010/ip083110a.htm（最後瀏覽日：2011年6月6日）。

構，藉以研發類似的研究成果，並因此得到一筆研究基金[70]，且圖利該所中國大陸的大學，被控違反美國經濟間諜法（the Economic Espionage Act, EEA）；全案由美國印第安那州南區地方法院管轄（the Southern District of Indiana），電腦犯罪與智慧財產權部刑事處（the Criminal Division's Computer Crime and Intellectual Property Section, CCIPS）與美國國家安全處（The National Security Division）聯合偵辦，被科處十年有期徒刑與超過250萬美元的罰金。

偵辦過程中亦發現，被告繼偷竊Dow公司後，轉任Cargill公司期間，採行相同手法，竊取生產新食品的關鍵技術，約估造成700至2,000萬美元間的損害。2011年10月18日Huang被以偷竊營業秘密而定罪，法院判決中提到，被告自即使他對該公司簽有保密契約，仍趁位處美國最大農業公司任職之便，偷竊產業界視為命脈的機密資訊，不但營利其他國家，更帶給美國重大的經濟傷害；這也是該州依據1996年制定的美國經濟間諜法，定讞的首例，全美至今依據EEA定刑的八個案件之一。

二、經濟間諜

一般竊取營業秘密案件，美國聯邦調查局（Federal Bureau of Investigation，簡稱FBI）調查時，若發現並無外國政府支持，則可適用EEA（Economic Espionage Act）規定之一般國內的商業機密竊取行為而加以偵查[71]；如故意或意圖侵占相關或包括州際或外國貿易

[70] 2008年12月被告擅自在中國大陸的湖南師範大學出版論文，公開有關Dow公司的營業秘密，該論文是被告帶領的研究團隊，接受中國國家自然科學基金會的贊助，即使被告宣稱該研究始自2008年3月離職後才開始；然而事實上，2007年9月被告已在中國大陸開始該項研究，研究內容與其積極找尋開發的市場，都與任職於Dow公司所知悉的機密資訊完全相同。

[71] 18 U.S.C. §1832.

所製造或儲存之營業秘密商品，企業間營業秘密竊盜行為動機，皆以經濟利益為主，該犯罪行為雖不容於法制，唯並不若外國經濟間諜般影響國家安全，是以，美國國會之立法政策上，即特別要求檢察官對於國內營業秘密竊盜案件，須賦予較高的舉證責任；即應證明被告不但有獲取經濟利益的企圖，且因此能實際獲利者，使得論以犯罪行為[72]。是故，EEA通過後，聯邦法規更能有效保障美國經濟間諜相關行為之內涵，以及保障任何為所有人以外其他人之經濟利益。

（一）國內竊秘案件

2010年Complaint, E.I. DuPont de Nemours & Co. v. Kolon Indus.案[73]，DuPont公司指控Michael不當竊取他人之營業秘密，被因判處十八個月有期徒刑；即竊取一種強韌與極其輕盈特性之綜合性纖維原料之「製造的過程」，且該「製造過程」被公司加以保護為營業秘密。起因事由，2006年2月6日前，被告主要是負責DuPont公司該項纖維的市場銷售工作，終止僱傭契約日後，並未返還屬於公司的機密文件與資料[74]，2007年遂至競爭廠商Kolon公司工作，並將先前職務所知悉之營業秘密資訊告知新雇主；當DuPont公司獲知上述訊息，隨即向美國聯邦調查局（FBI）舉報，FBI在被告家中查獲相關文件與數台電腦，並發現與原告公司有關的數百頁資訊文件與電子郵件。被告其後同意配合調查並且成為誘陷證人，協助及扮演引誘Kolon公司竊取營業秘密的角色，進而成為本案的破案關鍵。

---

[72] 曾勝珍，美國經濟間諜法初探，論我國經濟間諜法立法之必要性—以美國法制為中心，元照出版，初版第1刷，2007年12月，頁83。

[73] Complaint, E.I. DuPont de Nemours & Co. v. Kolon Indus., 688 F.Supp. 2d 443 (February 3, 2009) (No. 3:09 CV 58).

[74] U.S. Department of Justice, Chesterfield Man Sentenced to 18 Months in Prison for Theft of DuPont Trade Secrets, March 18, 2010, http://www.bis.doc.gov/news/2010/doj03182010.htm（最後瀏覽日：2011年5月31日）。

（二）涉外國際案件

1996年自EEA制定以來，已有相當篇幅的新聞報導[75]及實務案例[76]，皆與中國大陸有關，即中國大陸經濟間諜案件，造成美國極大困擾；如*U.S. v. Yu*案，2006年Yu時任美國福特汽車員工，使用外接硬碟複製近四千個文件檔案，並將其帶至中國大陸，給福特的競爭廠商—北京汽車公司，搜索被告公司筆記型電腦時發現，近四十一個福特的營業秘密，被告坦承此舉將造成福特公司五千萬到一億美元的損

---

[75] A report released by the Obama administration found that 「Foreign economic collection and industrial espionage against the United States represent significant and growing threats to the nation' s prosperity and security. The report further states that Chinese actors are the most active and persistent perpetrators of economic espionage. See AftermarketNews, Report Finds Threat of Trade Secret Theft by Foreign Countries Likely to Grow, November 9, 2011,http://www.aftermarketnews.com/Item/93651/report_finds_threat_of_trade_secret_theft_by_foreign_countries_likely_to_grow.aspx（最後瀏覽日：2011年11月12日）；或請參見新聞，蔡佳敏，竊取商業機密—華裔科學家定罪，法新社，2011年2月8日，http://tw.news.yaho o.com/article/url/d/a/110208/19/2m1fi.html（最後瀏覽日：2011年10月17日）。

[76] 如United States v. Fei Ye and Ming Zhong一案中，兩位矽谷工程師，葉費（Fei Ye）及鐘明（Ming Zhong）於2001年11月23日，在舊金山國際機場被逮捕時，正準備前往中國大陸，行李中裝滿了從Sun Microsystems Inc., Transmeta Corp., NEC Electronics Corp.及Trident Microsystems Inc.四家公司所竊取的營業秘密，被告二人之前曾任職於Transmeta、Trident 公司，Fei Ye亦曾工作於Sun及NEC此二家公司，本案是EEA制定後第二個被定罪的案件；此外2009年4月31歲居住於北紐澤西的中國人民，Yan Zhu被控偷竊前雇主之電腦軟體—原始碼資料 ，這些原始碼資料乃專供該被竊公司之內部買賣，屬於十分機密的原始材料，被告持工作簽證自2006年4月至2008年7月，以資深環境工程師的身分任職於該公司，FBI經由調查證實被告出售上述物件到中國，以改善空氣傳訊與水的品質，在與中國—居住於河北及山西的兩名共犯從事犯罪行為時，被告扮演主導角色，而價值美金150萬元的軟體僅以十分之一的價格賣出；另一則位著名之潛艇靜音技術案，被告Chi Mak（中文譯為麥大志）出生於中國大陸，1978年移民香港，隨後來美國，1985年入籍為美國公民。從1983年起為中國工作，直到2005年10月被捕之前被控偷竊上百份的軍事機密文件給中國，其中包括武器、核子反應堆以及美國潛水艇上推進系統。

失，故，2010年11月17日被宣判有罪；又如*U.S. v. Roberts et al*案，2010年12月9日法院判決2名任職於Wyko Tire Technology公司的工程師竊取營業秘密，即被告因為不能滿足中國大陸輪胎公司針對設備的要求，竟到Goodyear輪胎公司竊取其相關設施的營業秘密並將其拍照留存[77]。是以，台灣政府對於跨國經濟間諜之法律制裁，應更有積極的作為，以保障國內企業者之經濟利益與國家競爭力。

肆、Starwood Hotel v. Hilton Hotel案[78]

2008年Starwood Hotel v. Hilton Hotel案，Starwood飯店集團指控Hilton飯店，以及先前任職Starwood後離職至Hilton飯店之研發團隊的2名行政，涉嫌竊取原告飯店成功營運之W飯店連鎖系統（Denizen）經營方式之營業秘密，並藉此發展Hilton本身的經營模式。

經一連串訴訟後，至2010年底雙方達成協議：1.聯邦法院給予禁制命令，即2013年1月以前，被告飯店內必須加設聯邦政府所監控之監視系統，以確保Starwood飯店不會再次發生先前Hilton飯店之行為；即被告以所竊取之營業秘密發展不公平競爭之行為；2.有關Hilton飯店因涉嫌使用Starwood飯店的營業秘密情況下，被告Hilton飯店必須在2013年1月前，限制發展與Starwood飯店Denizen系列，形成競爭關係之W-style系列計畫；3.被告須付給原告相關的賠償金

[77] 其他相關的案例，請參閱資料來源，Enforcement Coordinator Annual Report on Intellectual Property Enforcement 4,February 2011, available at http://www.whitehouse.gov/sites/default/files/omb/IPEC/ipec_annual_report_feb2011.pdf（最後瀏覽日：2011年12月1日）（hereinafter「Enforcement Coordinator Report」）。

[78] Starwood Hotels & Resorts Worldwide, Inc. v. Hilton Hotels Corp., et al., 2010 U.S. Dist. LEXIS 71346, 09 Civ. 3862 (S.D.N.Y. June 16, 2010).

額，惟確實數額則不公開；亦即，Hilton飯店等同於退出二年的精品酒店市場，且讓外部機關監察其交易情況。

一、預防機制

公開披露是「營業秘密存在的致命傷」[79]；即「公共知識或一般行業已知的資訊，不為營業秘密」[80]；如以出版形式向公眾提供的資訊不符合營業秘密的保護[81]。「合理的努力」，可能包括告知員工營業秘密存在，「需知」限制使用的營業秘密，要求員工簽署保密協議，並用鎖和鑰匙隱藏秘密文件[82]，再再說明預防機制的重要性。

本案協議重要之關鍵在於Hilton飯店願意受聯邦政府的監視；蓋營業秘密為智慧財產權者，對企業者而言，是無形之資產或財產，並因其多樣化與不可回復性，仍無法由確定之條款恪以被告應遵守之事項。因此，僅能從營業秘密不再被侵害之餘著手，若能從政府監視管制，始能由具體行為與情勢觀察，被告是否有再次使用其不當取得之營業秘密，且儘速防止損害之擴大。

再者，雙方所協議須加裝監視系統而受機關監視，其當事人一方願意放棄特定權利、並無背於善良風俗與法律所禁止者，於適法上固無疑義；然而，若由法院判決該監視之管制令，基於台灣憲法保障隱私權，並依據大法官釋字第631號解釋認為，國家採取限制手段時，除應有法律依據外，限制之要件應具體、明確，不得逾越必要之範圍，所踐行之程序並應合理、正當，方符憲法保護人民秘密通訊自由之意旨。又依「通訊保障及監察法」、「刑事訴訟法」之保障與限

[79] *Apple, Inc. v. Psystar Corp.*, 2012 WL 10852 at *1 (N.D.Cal. Jan. 3, 2012).

[80] *Ruckelshaus v. Monsanto Co.*, 467 U.S. 986, 1002, 104 S.Ct. 2862, 81 L.Ed.2d 815 (1984).

[81] Computer Economics, Inc. v. Gartner Group, Inc., 1999 WL 33178020 at *6 (S.D.Cal. Dec. 14, 1999).

[82] *Art of Living Foundation v. Does,* 2012 WL 1565281 at *21 (N.D.Cal. May 1, 2012) ; *SkinMedica, Inc. v. Histogen Inc.,* 2012 WL 1409560 at *12 (S.D.Cal. Apr. 23, 2012).

制，尚無具體法律可為監視營業秘密侵害預防之管制令。且所謂監察機構應為何者？若為法務部調查局所應具有之管轄權者，其人力調配、人員之智慧財產權法治訓練等配套措施，確仍有審慎探究之餘地。

二、搜證新方法

英美法系的訴訟時間都較冗長，起因於傳統蒐尋資料方式，仰賴肉眼逐篇閱讀搜證，案牘成山時，緩不濟急且成本極高。鑑於21世紀的民事訴訟程序，證據發現常常著重在電子儲存資訊（electronically stored information, ESI）中，即電子搜尋系統仰賴正確的關鍵字（keyword searching）；是故，2011年有公司宣稱，在資料蒐尋部分已取得新發明專利[83]，即預測編碼技術（Predictive coding），運用科技減少搜索時間與機會成本之耗損，並讓搜尋成果更加準確詳盡。

2012年四件與預測性編碼相關的案件，聯邦的*In Da Silva Moore v. Publicis Groupe*案[84]；維吉尼亞州的*Global Aerospace,Inc. v. Landow Aviation, L.P.*案[85]，法官同意被告使用該技術來提供證據；*Kleen Products, LLC v. Packaging Corporation of America*案[86]，原告要求法官命令被告，依該技術方法重新提出蒐集證據；另一案是

---

[83] Dera J. Nevin, What is predictive coding and can it help me? Canadian Lawyer, http://www.canadianlawyermag.com/3988/What-is-predictive-coding-and-can-it-help-me.html（最後瀏覽日：2013年10月28日）。

[84] *In Da Silva Moore v. Publicis Groupe*, 2012 U.S. Dist. LEXIS 23350 (S.D.N.Y. Feb. 24, 2012).

[85] *Global Aerospace, Inc. v. Landow Aviation, L.P.*, Consolidated Case No. CL61040 (Loudoun Cnty., Va. Apr. 23, 2012).

[86] *Kleen Products, LLC v. Packaging Corporation of America*, Civil Case No. 1:10-cv-05711 (N.D. Ill. filed Sept. 9, 2010).

*EORHB, Inc. v. HOA Holdings, LLC*案[87]，法官直接要求雙方使用預測性編碼，做為搜證方法。據美國聯邦民事訴訟程序（the Federal Rules of Civil Procedure, FRCP），法官已漸漸願意採用此方式[88]；然，舉證所在敗訴所在，新搜證方式對當事人間之攻防，抑或營業秘密保護是利是弊，皆值得再探入探究。

第五節　願景暨建議

壹、擬定要件認定準則

關於營業秘密之保障，實務上企業者大抵著重於建立營業秘密之管理機制，如人員分層分工管理、保密契約之簽訂、門禁管理、機密文件等級之標示、文件或電磁記錄之存取權限、建立稽核制度、網際網路與區域網路之監視。惟縱使企業者設置多重的保密防範，該防範措施未保護要件範圍內，或未能準確的切中法院之判斷基準，該管理制度仍可能因之而枉然，而無濟於事。因此，營業秘密之保護，在於事前防範，亦在於事後之侵害救濟，對於營業秘密的保護範圍為何？本文以為，司法者應擬定「營業秘密要件認定準則」，申言之，從現行實務為出發點，權衡法院之審查密度與營業秘密保護之運作，並對法院營業秘密之認定基礎為公開化，以一定之原則供法院營業秘密之認定，亦使兩造對於營業秘密之判斷有一定之認識，使保護上有一定之標準為據。

87 *Transcript of Record at 66, EORHB, Inc. v. HOA Holdings, LLC*, Civil Action No. 7409-VCL (Del. Ch. Oct. 15, 2012).

88 Tonia Hap Murphy, *Mandating Use of Predictive Coding in Electronic Discovery: An Ill-Advised Judicial Intrusion*, 50 AMBLJ 610(2013).

一、本質認定

保護營業秘密對內之構成本質，在於秘密所有人對於該「秘密」是否具有保護價值之認知，若一個人對其本身所研發之技術、創制之管理模式，毫無認為有秘密保存之必要，或主觀的認為世人對於該「秘密」已普遍認知或不具有秘密的價值或可能，充其量只得適用著作權保護，而不得適用營業秘密之保護。是以在特定案件之審查上，仍須檢視該秘密所有人對於秘密之主觀認知為何，若不具有該主觀認知之因素者，仍得認定不具備該法定要件。

反論，保護營業秘密對外之構成本質，則必須具備在客觀上可界定其為營業秘密的可能包括範圍，以及給與營業秘密保護程序對外作為之合理性與具體性。換言之，我們必須審查營業秘密所有人在主觀上對於保護該秘密之出發點與認知，且欲保護之「營業秘密」在客觀上的範圍為何？居於何種程度始需要保護？是否有保護的必要性？營業秘密保護的保密措施行為，是否合乎普世以上之標準？並排除因技術或商業模式急速發展，所造成的營業秘密範圍變異，如此在界定是否符合營業秘密之要件，有通盤與全面性的考量。

二、審查程序

按我國實務對於要件之審查，尚依序優先審查合理保密措施、秘密性及價值性。分述如下：

（一）合理保密措施

合理保密措施之要件審查上，應屬營業秘密成立與否之程序審視，其判斷準則應優先探討該秘密尚符合本要件與否，再行檢視秘密非公知性與秘密具有經濟價值之實體檢視。且法院須依個案觀察，所有人具體措施即足以判斷「所有人已採取合理之保密措施」之要件時，則無須再擴張審查主觀保密意識或秘密認知之有無，否則對於雙方當事人舉證上皆有不利之礙難，於訴訟程序上亦難解其必要性。然而，對於特定事件就客觀事項，無法判定是否為營業秘密時，則仍須審查主觀要素以判斷所有人之保護意願，並於該特定事件於實務判決已達一定之認定基礎時，於修法論上仍應列明文之考量。

（二）秘密性

秘密非公知性，即須有「非大眾所知」、「反面界定秘密性」、「正面界定秘密性」、「一般性原則」始符合秘密非公知性。初階審查，在於要件仍須具備客觀上「資訊非為一般大眾所知悉」之要素，並排除該客觀上對於資訊之取得方法；一般從事此業務者，具有任意或是一般而不用透過特殊之方法或技巧，即可取得或查得之要素。另對於具超過一般涉及該類資訊之人能知，應據該資訊之取得，是否應為透過一般以上之方式，使能達成客觀上具有秘密性之獲取，始為營業秘密。

審查順序應以上述之「資訊非為一般大眾所知悉」為優先，後則以技術分析相關對應資訊或技術是否相同，並應優先過濾「營業秘密」可能性較低者後，始對較具爭議之技術或資訊加以鑑定，以避免延滯鑑定時程或進行不必要之鑑定程序，而導致訴訟之延宕與司法資源之浪費。其次，應為判斷一般社會或文化或科技之劇變，導致營業秘密之破解，而非秘密所有人自行洩漏或受他人侵害而外洩，則該營業秘密仍應具有秘密性。

（三）實際或潛在經濟價值

本款是立法者特地賦予營業秘密之特殊價值權利，若為普通之秘密者，即不具備該價值，須達營業秘密之要件者，始有因其價值權利而有保護之必要。是以，在於經濟價值之認定，實務上普遍採行寬鬆標準，因此，若將準則擬定為秘密非公知性與合理保密措施為嚴格審查模式，則價值性即不宜再由嚴格標準檢視，否則營業秘密即應要件範圍過於狹隘，導致營業秘密保護無由成立。

貳、調和勞資雙方權益

勞動基準法為規定勞動條件最低標準之法律，唯自1984年7月30日公布施行以來，經過二十餘年的社會變遷，當初立法時為準之社會背景、產業結構及勞動市場皆已劇變，須修正法規以符合社會現況；為促進就業機會及保障定期受僱勞工之前提，於2010年1月11日起，勞委會提出尚未正式公布之初步研擬「勞動基準法」部分條文修正草案，彙整各部會意見，廣邀勞資團體及各方學者等，召開多場勞動基準法修正草案座談會議，希冀進一步的說明修法內容和溝通，並參酌各界共識，俾利修法之參考。

一、明文限制離職後競業禁止條款

2011年6月13日三讀通過「勞動基準法部分條文修正草案」關於童工、女工、休假、工時、工資、職業災害補償等議題[89]，完全忽略與勞資爭議所涉重大的離職後競業禁止約定之議論，對於營業秘密法關於企業者與勞動者之間調和社會公共利益方面，似乎是一番波折。本文以為，政府若有意使勞工離職後競業禁止之約定，進入到勞動準則之法制規範，應對於該法案採取更積極之作為，並依據該法規之立法宗旨於實務適用上，探討是否有相互衝突或不適宜之處。因此，關於營業秘密定義之部分，若採行工業總會之建議，僅引用營業秘密法第2條前段規定[90]，即可判別為營業秘密者，將可能導致營業秘密法

[89] 請參閱行政院勞工委員會網站新聞訊息，立法院三讀通過勞動基準法部分條文修正案─提高罰則並得公布違法事業單位或事業主之名稱及負責人姓名，2011年6月13日，http://www.cla.gov.tw/cgi-bin/Message/MM_msg_control?mode=viewnews&ts=4df628a8:1883（最後瀏覽日：2013年11月18日）。

[90] 勞工在原雇主之職位，足可獲悉雇主之方法、技術、製程、配方、程式、設計或其他可用於生產、銷售或經營之資訊。請參閱行政院勞委會勞資關係處，研擬2010年1月11日版勞動基準法修正草案第18條之3第1項規定。http://www.cla.gov.tw/cgi-bin/

與勞動基準法，兩法間關於營業秘密之概念徒生歧異，進而造成兩者陷入更混亂之泥沼。是以，對於有關營業秘密之部分，須檢視各法規之立法目的，以釐清離職後競業禁止條款之明文限制，究宜列為營業秘密法或勞動基準法規範為妥，並依據該目的所延伸者，始具保障該客體之最大利益。

勞動基準法係為保障勞工權益，加強勞雇關係，促進社會與經濟發展，並以雇主與勞工所訂勞動條件，不得低於法規範之最低標準所制定者[91]。其本質上，尚以保障勞動條件最低標準為核心價值，若行政機關意於羈束競業禁止之約定並防其無限擴張，與勞動基準法立法本意有所衝突者，方無法真正調和營業秘密所欲保護之維護產業倫理與競爭秩序，及社會公共利益，並達到兩者間之衡平。又關於公司法競業禁止規定與離職後競業禁止條款契約所涉範圍尚有不同，前者為法定義務，即公司法為了維護公共利益，所制定對於權利人如董事、經理人賦予法定義務。

公司經理人若違反公司法第32條競業禁止之規定，其所為之競業行為並非無效，僅公司得依民法第563條之規定行使介入權，請求經理人將因其競業行為所得之利益，作為損害賠償；而後者則為擬制義務行為，以當事人雙方合意為基礎，惟此項合意，雖亦有經雙方就競業禁止之內容磋商後為之者，但多以雇主預先擬定之契約條款表現之[92]，為了保障勞工條件，衡平雙方義務，自應對該契約有所限制。

立法者擬於明文離職後競業禁止之限制者，仍應審酌兩者法規保障不同之立法基礎，若認為離職後競業禁止條款旨在保障營業秘密者，自應將該條款之限制規範以明文列入營業秘密法；若主張競業禁

---

download/AP_Data/Message/rela/rela02/.message/20101/11/4b4a9c76:568e/4b4aa0ca.pdf（最後瀏覽日：2013年11月18日）。

91 參照勞動基準法第1條，關於勞動基準法之立法目的暨法律之適用規定。

92 詹森林，競業禁止與保密條款實務，經濟部智慧財產局，3版1刷，2009年，頁27。

止條款並非全然侷限營業秘密者，則宜將離職後競業禁止條款之限制，限縮至保護營業秘密之基礎上，如明文規定「簽訂離職後競業禁止之契約者，不得逾營業秘密之保護。」為是，而非僅在於論及營業秘密無法涵蓋所有競業禁止態樣，即認為離職後競業禁止條款之限制不宜明文列入營業秘密法。

二、代償措施

為積極規範勞工之保護，本文以為應採法律制定離職後競業禁止條款之限制，並明文規範「代償措施」以保障勞工權益。申言之，離職後競業禁止條款是前雇主利用其優勢地位，在特定期間內約定雇用人不得從事與相同或類似之行業，有效的確保原雇主之競爭優勢不致遭侵奪。然而，對於受僱勞工利益及公共利益皆造成損害；為維持法律乃正義公平之最高指導原則，以調和社會生活上相對立之各種利益，應制訂代償措施列入此類契約之效力要件或成立要件。

明文增修與受僱員工於簽訂離職後競業禁止條款時，雇主應提供明確之代償措施，否則上開離職後競業禁止契約，將牴觸法律而不生效力或無效。又代償措施之明文，其目的並非為削弱營業秘密之保護，而是適當予以受僱人獲得合理之補償，增進勞雇雙方之信賴關係，避免受僱人居於不平等地位，僅為己身之利益，而有侵害營業秘密之行為。

簽訂離職後競業禁止條款者，於職務關係上，並非一律皆為勞雇關係所組成。其中，勞資雙方尚有以委任契約而約定受償方式者，屬非典型勞雇關係，如無基本底薪之房仲業務，其與雇主間尚以委任契約簽訂，並繫於銷售成果時，僅領取績效獎金或以買賣佣金之名義抽取工資；或是多層次傳銷業務與傳銷公司間，皆亦以委任關係代以勞雇關係者。為避免雇主以脫法行為，與較弱勢之勞工簽訂不利當事人之契約，並基於維護公共利益與公平正義，委任契約自應包括在內。

綜上，本文建議將離職後競業禁止契約列入營業秘密法之規範，並由該基礎權利導引司法有一致性的運作標準，方使保護雇主營業秘密之餘，更能保障弱勢勞工基本權利，以茲衡平雙方所需之權利。惟於實務上，另有考量離職後競業禁止條款定義禁止之期間、區域、職業活動之範圍、就業對象，是否逾合理之範疇者[93]。

參、未來修法建議

對於立法程序上，首應說明我國營業秘密法之制定，係基於為換取三〇一條款之撤除與關稅報復雙重壓力下，而造成在立法研議與審查上，以趕鴨子上架的方式，是以導致許多規定未具周延或立法不當。且探討現行實務暨法規之「秘密」一詞用法十分雜亂，為求法律用語之一致性及文意之明確，並避免實務適用及法規解釋上之困擾，以保障人民對法制之信賴，於相同「秘密」之意義上，應為統一解釋或為修法。再以民法、公司法、勞動基準法、公平交易法及刑法、專利法所設營業秘密部分一併檢討，導引出相關規範對於營業秘密保護不足之處，以辨析營業秘密法在於私法體制、刑事責任、行政管制確實有不足之處。

關於我國營業秘密性質部分，定義雜亂，導致權利與利益之學理與實務爭端不休，倘立法者認定營業秘密為權利，其在制定法規時，仍須審慎研議法規之「營業秘密」究是營業秘密權之客體或為營業秘密權，而非僅以匆促之立法程序或模稜兩可之立法技術，以致造成現行法規適用之窒礙。因此，立法者應對於屬於「營業秘密權」之部分，有再修正之必要。

再者，關於營業秘密法要件之認定，雖我國立法係採列舉方式

[93] 臺灣高等法院100年度勞上字第56號判決。

規定，然而司法實務對於營業秘密之要件認定寬鬆不一，而未有常態性之理論基礎。申言之，不同法院於審查營業秘密案件時，所採取之證據法則、心證認定差異甚大，尤其是普通法院或智慧財產法院之不同時，為更甚。如A法院在認定一營業秘密案件時，該法院採行寬鬆審查，即各要件僅以心證論斷；相對而言，另一相似之營業秘密案件，B法院卻採嚴格之審查模式，即依據先前判決之立論或上位法院、或以學理立論而組織之認定基礎，並逐一作要件之檢視，前開審查標準不一，遂使營業秘密之範圍認定不明，造成營業秘密保護之不確定性。適於此處，立法者應有參酌外國先進之立法技術，酌以修正現行陳舊營業秘密法之必要。

總括而言，立法者應建立一套足以保障智慧財產權之營業秘密法，以確保人民有效的支配、順利的行使、防禦及救濟其權利；且得於實體法與程序法之中，提供完善及必要之保護規定，並維繫營業秘密「私」的使用權與交易安全相互間之信賴制度建立，與「公」的社會公益之調和，使之維繫科技產業發展價值、公平競爭秩序與勞工權益三者間，衡平之發展。

第十章　記憶中的味道─氣味商標之研究

第一節 前言

商標的存在主要為彰顯商品或服務的識別性，傳統商標以形體、樣式或設計包裝的新穎度，吸引消費者的注意以增加其購買慾，然而現今社會多元迅速的變遷，為達到刺激社會大眾感官的目的性，業者無不嘗試以顏色、氣味甚至動畫、觸覺、味道等等，突出商品或服務的獨特性，促使消費者產生強烈的消費誘因與其影響。1995年美國*Qualitex*一案[1]中，法院的判決意見深深影響商標註冊要件與商標應用，今後非傳統性商標（nontraditional marks）的爭議從未停歇，尤其是檢驗氣味商標的識別性要件時，再再考驗著審查機關的衡量基準。

台灣為順應國際已開放各種非傳統商標得作為註冊保護之態樣潮流，並保障業者營業上之努力成果，亦自2003年修改以列舉方式規定由文字、圖形、記號、顏色、聲音、立體形狀或其聯合式所組成之商標為註冊保護之範圍，開放任何足以識別商品或服務來源之標識，皆能成為本法保護之客體，並例示商標得由文字、圖形、記號、顏色、立體形狀、動態（motion marks）、全像圖（hologram marks）、聲音等之標識，或其聯合式標識所組成，即商標保護之客體不限於所例示之情形[2]。

2011年6月29日通過的商標法，乃參酌「新加坡商標法條約」（the Singapore Treaty on the Law of Trademarks，簡稱STLT），凡具有識別性之標識，均得成為商標法保護客體。新修正的商標法施行後，非傳統商標申請案件必須符合─商標圖樣需以清楚、明確、完整、客觀、持久及易於理解方式呈現，且提出具有識別性之證據資料

[1] Qualitex Co. v. Jacobson Prods. Co., Inc., 514 U.S. 159 (1995).

[2] 2011年5月31日台灣立法院院會三讀通過版「商標法修正草案條文對照表」。

者均可申請，即除了氣味商標暫時不能受理以外，其他動態商標目前已經開始受理申請。

同年7月1日台灣智慧局開放氣味商標申請註冊[3]，雖有受理氣味商標註冊申請案，惟迄今實際件數並不多，引發本文探討氣味商標申請註冊的審查基準的動機。本文首先說明傳統的商標法理論，其次分析歐盟與其他國家有關氣味商標註冊申請案的法院判決，再探討美國氣味商標構成要件中，關於書面文字敘述、功能性理論、氣味耗盡、氣味混淆等內容，最後，建議一套有系統的註冊流程，以利於判斷商標侵害與氣味商標間的關聯。

第二節　外國經驗

關稅暨貿易總協定（General Agreement on Tariffs and Trades，簡稱GATT）乃為世界貿易組織（World Trade Organization，簡稱WTO）的前身[4]，直至1994年的第八次（烏拉圭）回合，在美國主導下於摩洛哥簽署同意「與貿易有關之智慧財產權協定」（Agreement

[3] 氣味、觸覺、味覺等非視覺可感知的商標，其商標圖樣如何能以清楚、明確、完整、客觀、持久及易於理解之方式呈現，或如何藉由文字說明或輔以商標樣本，使商標權範圍得以確定，並使第三人（尤其是競爭同業）得藉由註冊公告，明確地認識該註冊商標及其權利範圍，目前尚有技術問題待克服，且國際間取得註冊保護之案例甚少，本基準僅就本法例示的非傳統商標型態加以說明。參見非傳統商標審查基準，2012年5月31日經濟部經授智字第10120030950號令修正發布，2012年7月1日生效，經濟部智慧財產局，http://www.tipo.gov.tw/ct.asp?xItem=285299&ctNode=7048&mp=1（最後瀏覽日：2013年7月3日）。

[4] ATT是一項世界多邊國際協定，未具備法律上獨立的法人人格，GATT主要處理關稅問題，1947年至1994年歷經八回合的談判，在第八回以前均未論及智慧財產權議題，皆是以關稅為重心。WIPO，http://www.wipo.int/portal/index.html.en（最後瀏覽日：2013年7月2日）。

on Trade-Related Aspect of Intellectual Property Rights，簡稱TRIPS），旨在消弭國際貿易障礙，增進智慧財產權有效及適當保護之一部多邊協議[5]。智慧財產權組織（World Intellectual Property Organization，簡稱WIPO）[6]，WIPO賦予成員國的任務乃經由各國間的合作，與國際組織配合促進世界智慧財產權的保護[7]，1994年於日內瓦通過的商標法條約（Trademark Law Treaty）[8]規定：本條約適用於視覺標誌構成的商標，但唯有接受立體商標註冊的締約方才有義務將本條約也適用於立體商標；本條約不適用於雷射標識和非視覺可感知之商標，尤其是聲音商標和氣味商標。

2006年3月28日世界智慧財產權組織通過「新加坡商標法條約」（the Singapore Treaty on the Law of Trademarks），世界首例承認非傳統商標的公約，更將3D雷射商標、動態商標、位置商標、氣味商標、顏色及聲音商標納入商標保護範圍[9]。新加坡商標法條約列入新型商標保護，包含雷射商標、動畫商標、位置商標、聲音商標、氣味商標等型態，由締約國依其國內法自行決定商標之保護種類；新加坡商標法條約施行細則第3條第5款規定：「任何締約方均可以要求，申請書中聲明商標為雷射商標、動態商標、顏色商標或位置商標，需按其法律規定提交該商標的一份或多樣圖樣，以及有關該商標的細

---

5 前揭註4。

6 聯合國中的一個獨立組織，總部設於瑞士日內瓦，在美國設有16個分支機構，依據1967年在斯德哥爾摩簽訂的公約設立，WIPO之主要工作係致力於發展與兼顧會員國各方利益，便於使用國際智慧財產權（Intellectual Property，簡稱IP）制度，獎勵創造，促進創新，為經濟發展同時也維護公共利益。

7 截至目前會員國總計有185個國家。WIPO，http://www.wipo.int/members/en（最後瀏覽日：2013年1月21日）。

8 商標法條約第2條第1項，從本條觀之動態商標非商標法條約要保護的類型之一。

9 Singapore Treaty on the Law of Trademarks, R. 3(5), WIPO, http://www.wipo.int/edocs/mdocs/mdocs/en/tlt_r_dc/tlt_t_dc_30.pdf（最後瀏覽日：2013年1月21日）。

節」[10]。有關雷射商標、動態商標、顏色商標或位置商標要求提供的圖樣數量和形式，由各會員國觀察國內發展情形再自行決定[11]。

國際社會間對非傳統商標不一致的見解，導致各國適用商標法很難有並行的標準。以2003年為例，已經同意氣味申請商標註冊的國家有歐盟、英國、美國、澳洲，不同意的有巴西、中國、墨西哥，持觀望態度的有日本及加拿大[12]；日征月邁，經時間的粹練，至今呈現接受的國家越來越多，在可預見的未來，採納氣味商標申請註冊是必然之趨勢。以下就全球較知名三大經濟體中，各國商標發展概況做一分析敘述：

壹、歐盟區域

一、制度沿革

淺談歐盟統一商標的制度，源於1958年所成立的歐洲經濟共同體[13]，隔年始為6國間經濟整合做了初步的協定；歷經三十年後，隨

[10] WIPO, Diplomatic Conference, Singapore Treaty on the Law of Trademarks, Regulations under the Singapore Treaty on the Law of Trademarks and Resolution by the Diplomatic Conference Supplementary to the Singapore Treaty on the Law of Trademarks and the Regulations thereunder, Diplomatic Conference for the adoption of a Revised Trademark Law Treaty, on March, 2006, WIPO Doc. TLT/R/DC/30 (Mar. 28, 2006), at 6, 35.

[11] WIPO Secretariat, Notes on the Basic Proposal for a Revised Trademark Law Treaty and Regulations thereunder, Diplomatic Conference Diplomatic Conference for the adoption of a Revised Trademark Law Treaty, WIPO Doc. TLT/R/DC/5 (Oct. 5, 2005), at 27.

[12] Lorraine M. Fleck, What Makes Sense in One Country May Not in Another: A Survey of Select Jurisdictions re Scent Mark Registration, and a Critique of Scents as Trade-marks, A paper submitted in consideration for the Centre for Innovation Law and Policy’s Student Publication Grant Program 2003, http://www.copat.de/markenformen/eugh-kom/fleck.pdf（最後瀏覽日：2013年1月14日）。

[13] 法國、聯邦德國、義大利、荷蘭、比利時和盧森堡六國於1957年3月在羅馬簽訂了

著歐洲經濟一體化發展進程的加快，歐盟的前身歐共體於1984年6月擬定商標條例草案（European Community Trademark Regulation，以下簡稱CTMR），但因存在過大的爭議，儘管經過多次的修改和討論，草案仍然遲遲未能通過；取而代之的是1988年底，歐體理事會發佈的會員國商標法整合指令（First Council Directive 89/104/EEC of 21 December 1988 to approximate the laws the Member States relating to trade marks，簡稱商標指令[14]）。指令（Directive）是歐盟法律淵源之一，需要轉化為成員國國內法才具有法律效力，針對統整各國商標的功能性雖不滿意，但單就減少商品在各會員國間的流通障礙，有助建立單一市場的階段性任務，尚屬可接受之範疇[15]。

1993年經歐盟理事會通過CTMR後，等同宣告歐盟商標（Community Trade Mark，CTM）正式邁入統一的里程碑；同年並於西班牙阿利坎特市（Alicante），成立歐洲內部市場協調局（The Office of Harmonization for the Internal Market，以下簡稱OHIM）為CTMR的主管機關，也是歐盟市場中商標註冊的專責機構。1996年1月2日起OHIM依據歐盟商標條例（Council Regulation (EC) No 40/94 of 20 December 1993 on the Community trade mark）開始受理歐盟商標申請註冊案件；根據CTMR第4條規定，歐盟商標形式可以為文字

《建立歐洲經濟共同體條約》，1958年1月1日成立，總部設在布魯塞爾。The history of the European Union, EUROPEAN UNION, http://europa.eu/about-eu/eu-history/index_en.htm (last visited Mar. 19, 2014). *See* A peaceful Europe - the beginnings of cooperation, EUROPEAN UNION, http://europa.eu/about-eu/eu-history/1945-1959/index_en.htm（最後瀏覽日：2014年3月19日）。

14 商標指令：要求成員國按指令設定的政策目標修改其國內的法律、條例以及行政規章，使其與指令相符，並將轉化為國內法的指令內容付諸實施，以求各成員國商標法的趨同和一致。

15 謝銘洋，智慧財產權之制度與實務，自版（1995），頁184；謝銘洋，歐洲商標制度的新里程碑—共同體商標的實現，智慧財產權與國際私法—曾陳明汝教授六秩誕辰祝壽論文集，新學林，頁698-699（1997）。

及人名、圖像、字母、數字、甚至商品形狀及包裝等，均可以由任何圖示表示之標識，足以使事業之商品或服務與他人商品或服務相區別，就可申請為商標。由此規定，可知CTMR對商標保護種類是相當寬鬆，條文內所舉之文字、人名……等只是例示規定，並不以條文中所列態樣為限。因此立體商標、聲音商標、甚至顏色、氣味、動態，或其聯合式，均得以申請註冊為歐盟商標[16]。

歐盟內建立統一的商標制度，主要目的使商品或服務在共同市場內自由流通，不因各會員國有不同的商標制度，阻礙商品或服務的流通性，是以，歐盟商標最大特徵是具有「單一性」；換言之，經由受理機關—OHIM為申請商標註冊後，在歐盟全部領域內即具有效力，申請人取得的商標權，是單一商標權，非歐盟之27個商標權，商標權效力包含歐盟之27個國家，相同地，商標讓與及撤銷之效力亦及歐盟之27個國家[17]。

二、實務見解

英國為歐洲會員國之一，1994年英國修正商標法（Trade-marks Act），採用歐洲經濟共同體（European Economic Community）的規範，擴大對商標的定義—任何符號只要能具體的表彰其所代表的商品或服務即可被視為是商標[18]。英國商標局於1996年始承認玫瑰花香的汽車輪胎[19] 與苦澀啤酒味的射鏢遊戲[20]，此為氣味商標申請註

16 前揭註，謝銘洋，歐洲商標制度的新里程碑—共同體商標的實現，頁704。商標指令第二條對於商標構成與CTMR內容相同，不再詳述；前揭註，謝銘洋，智慧財產權之制度與實務，頁186。

17 截至目前共有27個國家加入歐盟共同體。歐洲經貿辦事處，http://eeas.europa.eu/delegations/taiwan/what_eu/eu_memberstates/index_zt.htm（最後瀏覽日：2012年8月24日）。

18 EEC Directive 89/104/EEC (Dec. 21, 1988). Art. 2.

19 U.K. Reg. No. 2001416 (registered Apr. 9, 1996).

20 U.K. Reg. No. 2000234 (registered May 3, 1996).

冊成功之先例[21]；同年，卻駁回香奈兒公司對「5號香水」（Chanel No. 5）的註冊申請案，駁回理由認為該公司的書面申請文字只有著重描述該產品本身。接續，也曾拒絕尤佳利樹與肉桂香味的家具申請案[22]。

歐盟採行讓各國自行決定對氣味商標的採納權。單一國家（英國）針對氣味商標申請案之認定，雖有其困難性但乃准予商標註冊之保護；反觀，在歐盟單一市場架構下，行政單位的OHIM和司法部門的歐洲法院（European Court of Justice，以下簡稱ECJ）[23]間意見相歧時，將困擾著氣味商標申請的認定基準。此話怎逓，在特定類型的案件中，不服行政機關的行政處分時，最後一步的權利救濟往往採行訴訟程序；ECJ乃根據歐盟法律為歐洲聯盟的最高法院，做為歐盟法院的一部分，其負有解釋歐盟法律和確保其在各歐盟會員國間能被平等適用的任務；簡言之，ECJ自1952年設立至今，為歐洲國家間法律解釋與適用的最高機構。據此OHIM和ECJ間之關係，媲美等同於美國商標局和美國法院[24]。以案件來說明：

（一）見解相同

2005年ECJ拒絕熟透草莓味道的皮革製品[25]，理由是因為不同品種的草莓會散發出不同的香味，再者因國際上並沒有針對氣味這項目做普遍性分類的參考依據，如國際顏色代碼般，透過代碼的歸屬即可

21 Erin M. Reimer, *A Semiotic Analysis: Developing a New Standard for Scent Marks*, 14 Vand. J. Ent. & Tech. L. 693, 709 (2012).

22 U.K. App. No. 2000169 (filed Oct. 31, 1994, refused Feb. 27, 2001).

23 歐洲法院的法官是由各個歐盟會員國所推派的法官組成（目前為28名法官，另外尚有9名佐審官），通常一個案件的審理，可能由3個、5個或13個法官加以審理。Court of Justice，CVRIA，http://curia.europa.eu/jcms/jcms/Jo2_7024/（最後瀏覽日：2014年3月19日）。

24 Reimer, *supra* note 21, at 707.

25 Eden SARL v. OHIM, CFI T-305/04 (2005).

準確地描述該顏色之定位，故當OHIM駁回申請案時，ECJ亦維持原判。從OHIM歷史資料中觀察到，曾存在7件氣味申請案，5件被拒、1件撤回，通過註冊率僅維持14%左右[26]，如1999年否決檸檬香味鞋底的申請案[27]，及2000年亦拒絕香草味包括香皂、珠寶、衣服、髮飾與紙張的各式產品申請案[28]。簡言之，行政機關所駁回之氣味商標申請案，並未因司法程序而產生不同的見解。

（二）見解相異

德國專利商標局所受理Sieckmann的一件氣味商標申請案，德國法院採納OHIM的看法，即申請人採取的充滿果香味的肉桂香，不僅附上香味配方及樣本，也足以區別申請人將表彰的商品與服務，因此，傾向同意該件氣味商標之註冊；然而，ECJ卻採反對意見，ECJ引用澳洲與英國的見解，表彰氣味來源的生動描述必須符合該商標所表彰的產品出處，而且這種表達是直接明確不需隱喻或暗藏其中的，化學配方方法不足以表示氣味本身，唯顯示構成成份的說明，還未能成為滿足商標的構成要件[29]。

如上所述，歐盟區主管商標認定之兩大單位（OHIM與ECJ），其見解將深切地影響著氣味商標發展之趨勢？既此，何者採取較為開放的立場，有探討之必要。筆者擬借用在1999年*Vennootschap onder Firma Senta Aromatic Marketing v. Markgraaf B.V.*案[30]中，核准具有新鮮綠草香的網球商標註冊申請，主因乃此種香味極易被大眾辨識，且申請的書面文件裡對該等氣味有生動且鮮明的文字描述，符合商

[26] The Office of Harmonization for the Internal Market, http://oami.europa.eu/CTMOnline/RequestManager/en_Result_NoReg#（最後瀏覽日：2013年3月26日）。

[27] CTM App. No. 001254861 (filed Sep. 10, 1999, refused May 10, 2006).

[28] CTM App. No. 001807353 (filed Aug. 14, 2000, refused Aug. 19, 2003).

[29] Reimer, *supra* note 21, at 708.

[30] Case R 156/98-2, Vennootschap onder Firma Senta Aromatic Mktg. v. Markgraaf B.V. (1999).

標要件所要求的精準明確；2002年ECJ在審理*Sieckmann v. German Patent Office*案時，提高了對氣味商標註冊的要求[31]，法院明確在判決中表示，商標要能夠通過文字或圖形來清楚地、準確地描述，且這種描述必須具備獨特、易於被理解接受、持久性、清晰性和客觀性等要素，單論氣味或氣味組合商標的描述，不太可能達到上述的要求[32]。據此觀察，OHIM有別於ECJ的立場，行政單位針對氣味商標採行較為肯定之看法，司法部門則採取較為保守的立場。

貳、北美區域

一、美國現況

美國商標法（Lanham Act，以下稱之蘭姆法）[33]明文定義商標為一任何名稱、符號、圖形、裝置或其聯合、混合式，可以表彰商標權人之貨品或服務[34]，對於該定義內容可以達到如何特殊或新穎的程度，端視法院在個案解釋中的觀點。1995年極負盛名的*Qualitex Co. v. Jacobson Products Co.*一案[35]，法院判決更擴大解釋對商標的定義範圍，在此案之後，無論法院或USPTO皆承認非傳統商標的註冊申請，如2000年*Wal-Mart Stores, Inc. v. Samara Bros., Inc.*案[36]肯定營業包裝（trade dress）也是商標；2006年*In re N.V. Organon*案[37]認為

[31] The Office of Harmonization for the Internal Market, *supra* note 26.

[32] Mark Devaney, The future for non-traditional trade marks in Europe, Europe Patent and Trade Mark Attorneys, http://www.gje.com/News-Non-traditional-trade-marks.html（最後瀏覽日：2013年3月25日）。

[33] Lanham Act, 15 U.S.C. §§1051-1142 (2006).

[34] 15 U.S.C. §1127.

[35] Qualitex Co. v. Jacobson Prods. Co., 514 U.S. 159, 162 (1995); *see* also S. Rep. No. 79-1333, pt. 3 (1946), reprinted in 1946 U.S.C.C.A.N. 1274.

[36] Wal-Mart Stores, Inc. v. Samara Bros., Inc., 529 U.S. 205, 209 (2000).

[37] In re N.V. Organon, 79 U.S.P.Q.2d (BNA) 1639 (T.T.A.B. 2006).

味道（taste）若能滿足商標功能性的要件，也能成為商標；2009年*Nextel Commc'ns, Inc. v. Motorola, Inc.*案[38]及*In re Vertex Grp*案[39]，皆針對聲音（sound）也可能成為商標加以探討。

美國專利商標局（The US Patent and Trademark Office，以下簡稱USPTO）首度核准的氣味商標是飽含櫻桃香味，用於汽車引擎的燃料用油（CHERRY SCENT, Registration No. 2463044）[40]；1990年首例核准氣味商標的*In re Clarke*案[41]中，Clarke小姐於1988提出申請，商標審查暨上訴委員會（the Trademark Trial and Appeal Board）擴大解釋，添加於針線的香味能提供該商品更顯著的識別性[42]。藉此，考量到氣味能成為潛在的商標可能性，此案開啟氣味商標申請註冊的可行性[43]，歷經十年的時間，至2001年為止，美國僅有4人提出10件申請案[44]。

在人的感官中嗅覺有微妙的記憶力，比起聽覺、視覺、觸覺、味覺等，氣味可以更鮮明的被留存在回憶中[45]；相對地，藉以表達所代表的商品或服務，是具備可實踐商標識別性的功能[46]。USPTO針對氣味商標註冊要件中，凡書面說明與樣品均可證明該商標被使用，及

---

38 Nextel Commc'ns, Inc. v. Motorola, Inc., 91 U.S.P.Q.2d (BNA) 1393 (T.T.A.B. 2009).

39 In re Vertex Grp., 89 U.S.P.Q.2d (BNA) 1694 (T.T.A.B. 2009).

40 Manhattan Oil "Cherry Bomb" SouthBay Fuel Injectors.

41 In re Clarke, 17 U.S.P.Q.2d 1238, 1239 (T.T.A.B. 1990).

42 *Id.* at 1240.

43 Malcolm Gladwell, *Trademark Picks Up the Scent; Tread's Smell Gets Legal Registration*, Washington Post, Dec. 4, 1990, at Al5.

44 Douglas D. Churovich, *Scents, Sense or Cents?; Something Stinks in the Lanham Act Scientific Obstacles to Scent Marks*, 20 St. Louis U. Pub. L. Rev. 293, 298 (2001).

45 Reimer, *supra* note 21, at 718.

46 Singapore, Singapore-Israel Industrial R&D Foundation invests $2.8m in four new projects, Singapore Business Review (July 20, 2011), http://sbr.com.sg/information-technology/more-news/singapore-israel-industrial-rd-foundation-invests-28m-in-four-new-p（最後瀏覽日：2012年11月1日）。

形成第二意義之事實者，准予註冊成功，即具備識別性及不具功能性的特質。實務上美國本土已承認之氣味商標案件，如有關醫藥用薄荷香味的硝化甘油申請案[47]、有關連鎖店販售有椰子香味的涼鞋、海灘球、飛盤及其他產品等的申請案[48]、櫻桃香味的綜合潤滑劑申請案[49]、注入草莓味的牙膏、牙刷申請案[50]、桃子香味的文件夾申請案[51]、零售店的椰子味申請案[52]，為數眾多，不勝列舉。

美國商標之保護是採行聯邦法及州法雙管齊下之雙軌制度，除了所適用之現行聯邦商標法，即為1947年施行之蘭姆法，另在州法部分，則適用各州制定之法律（Statutory Law）及普通法（Common Law）。換言之，USPTO主要是受理聯邦商標等事務，其他非美國本土內的州政府，擁有認同氣味商標保護的自決權，如夏威夷商務及消費者事務部（the Hawaii Department of Commerce and Consumer Affairs），至2011年仍未接受氣味商標的申請註冊，雖然夏威夷是以觀光產業為主的州，也有餐飲業者主張以各式非傳統商標申請註冊，保障如餐廳擺設（營業包裝trade dress）、大廚配方（味道flavor）等，當局堅持必須能以圖形與文字表達出商標的內涵才能申請。

二、加拿大現況

加拿大是早期通過商標法立法的國家之一，西元1860年早在加拿大成立邦聯（Confederation）前，加拿大立法委員會（Legislative Council and Assembly of Canada）就已通過商標的相關法案，其後的

---

47 U.S. Ser. No. 85008626 (filed Apr. 7, 2010).

48 U.S. Ser. No. 85063625 (filed June 15, 2010).

49 U.S. Reg. No. 2463044 (filed June 26, 2001).

50 U.S. Reg. No. 3332910 (filed Nov. 22, 2004).

51 U.S. Reg. No. 3140694 (registered Sep. 5, 2006).

52 *Supra* note 48.

成文法則是1953年的商標法（Trade-marks Act）[53]，加拿大商標法至今並無重大變化，仍採用1985年版本[54]。加拿大智慧財產權局（the Canadian Intellectual Property Office，以下簡稱CIPO）主掌加國商標註冊事項，CIPO於2005年2月16日發表有關文學、圖形組合或其聯合式的規定，並採納各界建言決定擴大商標註冊範圍，尤其是非傳統商標的內容[55]，包括聲音、動作、動畫、全像圖、氣味、味覺、顏色（sound, motion, animation, hologram, scent, taste, color）等等，經過多年的建議案討論，2010年經由立法討論通過對非傳統商標的保護。

2010年10月8日CIPO展開對非傳統商標的保護，到當年11月終於確立討論經年的建議案（Proposals for Comment Relating to the Modernization of the Trade-marks Act），包括氣味商標是否列入考慮[56]。二十多年來自1987年*Playboy Enterprises Inc. v. Germaine*（*No. 1*）[57]，該案判決法官Justice Pinard認為，要申請商標必須在申請文件上能產生視覺效果，光憑藉字句敘述商標態樣實不足取，有關此案的判決理由成為往後加拿大否決非傳統商標的主要依據[58]。

---

53 Trade-marks Act, R.S.C. 1985, c. T-13.

54 The Trade-marks Act, R.S.C. 1985, T-13 (the "Act") or the Trade-marks Regulations.

55 Smart & Biggar, Response to CIPO Request for Comments re: Proposed Modernization of Trade-Marks Act, Smart & Biggar/ Fetherstonhaugh (June 2005), http://www.smart-biggar.ca/assets/CIPOResponse.pdf (last visited Sep. 23, 2011). *See* also Smart & Biggar, Possible Modernization of Canadian Trade-marks Act (June 27, 2005), http://smart-biggar.ca/en/articles_detail.cfm?news_id=148（最後瀏覽日：2011年9月23日）。

56 Susan J Keri, Jonathan Burkinshaw, Non-traditional marks in Canada, Intellectual Property Magazine (March 2011), http://www.copat.de/markenformen/eugh-kom/fleck.pdf（最後瀏覽日：2013年1月14日）。

57 Playboy Enterprises Inc. v. Germaine (No. 1) (1987), 16 C.P.R. (3d) 517 (F.C.T.D.) (Can.).

58 Nguyen Hung & Adam Lis, *Canada Opens Up to Registration of Nontraditional Trademarks*, 5 No. 2 Landslide 42, 42 (2012).

甫於2月加拿大剛通過對動態（motion marks）、全像圖（hologram marks）、聲音商標等之補充條文，2012年3月加拿大聯邦法院更首度核准MGM公司（米高梅製片廠）向CIPO申請代表其公司的獅吼聲音做為註冊聲音商標，這是加國20年來在非傳統商標上的重大里程碑。加拿大並未如美國放寬對非傳統商標的標準，迄今（至2013年2月）加拿大仍未承認任何氣味商標[59]的註冊案，對於申請表件要求不能與表徵商品或服務有描述性或功能性的內容，實際上要達到這樣的標準並不容易。加拿大商標法對商標的定義為：某種符號能表彰個人製造、買賣、租賃、僱傭或承攬的商品或服務，藉以區別與他人製造、買賣、租賃、僱傭或承攬的商品或服務[60]。未來若有申請者仍想挑戰氣味商標，爭點仍在如何在申請表上表達出視覺可見的識別性。先前於2月該局亦提出商標法的修正草案建議，針對全像圖（hologram）、聲音及動態商標，若該草案能順利通過，將使加國在採納非傳統商標上趕上國際腳步。

參、亞太區域

除了歐盟、美加等地外，其他國家對氣味商標持有同意與反對兩種看法；亞太地區中尚未將氣味商標納入保護態樣的國家有中國、馬來西亞、日本、泰國；已接受申請註冊案的有香港、台灣及新加坡；已有成功註冊案的國家有澳洲。探究各國現況，中華人民共和國現行商標法自2001年實施至今，保護商標專用權態樣已漸漸和國際脫軌，國務院法制辦公室決定近期內廣徵各界意見，以利進行修法的前置作業[61]；日本亦同，起因於日本本國企業久光製藥株式會社

59 In re Clarke, *supra* note 41, at 1240.

60 Trade-marks Act, R.S.C. 1985, c. T-13, s. 2 (Can.).

61 中華人民共和國商標法（修訂草案徵求意見稿），中華人民共和國中央政府官網，

（Hisamitsu Pharmaceutical Co., Inc.）積極地將自家產品—複方水楊酸甲酯薄荷醇貼劑的香氣，向已接受氣味商標的國家申請註冊，如台灣、美國等，並在USPTO取得氣味商標註冊成功[62]，日本特許廳為因應日本國內企業強烈的要求，準備透過修法擴大商標態樣，商標保護法修正案預計將在2013年的國會上被正式提出[63]；泰國商業部智慧財產廳也正打算準備提案，賦予聲音及氣味商標權[64]；除馬來西亞智慧財產局（MyIPO）依仍實施著2001年版的商標法，無特別修法動向外[65]，其他未承認氣味商標的各國無一不採取正面態度，迎視非傳統性商標態樣的議題。

1995年澳洲即已承認氣味可加入商標的註冊內容中[66]，成為亞太地區各國間引領氣味商標的先驅，然而，直至2008年始承認有關尤佳利樹香味的高爾夫球發球座之氣味商標[67]。綜觀香港知識產權署[68]、台灣經濟部智慧財產局、新加坡智慧財產局（The Intellectual

---

http://big5.gov.cn/gate/big5/www.gov.cn/gzdt/2011-09/02/content_1939013.htm（最後瀏覽日：2013年3月26日）。

62 U.S. Reg. No. 3589348 (Mar. 9, 2009).

63 日本擬修改《商標法》將聲音和色彩等納入商標範疇，環球網，http://finance.huanqiu.com/world/2013-03/3692287.html（最後瀏覽日：2013年3月1日）。

64 駐泰國代表處經濟組，泰國將修正商標法，保護產品之聲音及氣味，經濟部智慧財產局，http://pcm.tipo.gov.tw/pcm2010/pcm/news2_detail.aspx?id=87（最後瀏覽日：2013年3月25日）。

65 馬來西亞智慧財產局，http://www.myipo.gov.my/web/guest/cap-borang（最後瀏覽日：2013年3月25日）。

66 John Prezioso, *Making Scents of Canadian Trade-Mark Law: The Case Against Trade-Mark Protection for Fragrances*, 16 Intell. Prop. J. 195, 202 (2003).

67 Australian Reg. No. 1241420 (registered Aug. 11, 2008), http://www.aromatee.com.au/index.html（最後瀏覽日：2011年9月12日）。

68 商標法是參照英國商標法制定的，與英國同屬於英美法系。香港商標的註冊基於使用在先原則為主，申請在先原則為輔；新的香港知識產權法在2003年4月4日開始實施，有商品商標、服務商標、系列商標、防禦商標、證明商標、形狀商標、氣味商標在中國香港都可以註冊；欲申請氣味商標需填寫商標表格第T2A號。香港特別行政區政府，http://www.ipd.gov.hk/chi/trademarks.htm（最後瀏覽日：2013年3月25日）。

Property Office of Singapore，簡稱IPOS），雖已完成修法步驟，接受氣味商標之申請案[69]；但單論程序而言，准許案件申請未必等同於准予註冊完成。至今亞太地區各國中尚無指標性案例，這種種疑問一直被探究著，合理推測，在這些開放受理的國家中，或許仍為了如何制定一套標準流程、如何統一審查機制基準，不斷地考驗著行政單位的能耐與權限。

摒除澳洲單一國家，放眼亞洲就屬新加坡最為積極。2011年7月20日新加坡發布消息，有關以色列與當地兩家公司的合作投資案，共有4件計畫金額為美金280萬以上；其中最引人注目的是研發與氣味有關的電子技術產業，Scentcom Ltd.是一家在以色列發跡的數位氣味科技（Digital Scent Technology）公司，Lynxemi Pte Ltd.則是新加坡當地半導體工業製造與供應商管理公司，兩家公司尋求合作發展低成本的微電子氣味零件（Miniature Digital Scent Module），這些零件可被放置於電動遊戲、家庭劇院、手機、電腦裡，進而產生結合氣味的4D（4-dimensional）效果[70]，可謂劃時代的創作。

肆、小結

目前以氣味商標申請註冊的國家情形整理如下：

1. 世界智慧財產權組織，通過世界首例承認非傳統商標的「新加坡商標法條約」，將氣味商標納入商標保護範圍，並由各

[69] 2013年1月本文針對「氣味商標」的關鍵字進入香港特別行政區政府知識產權署商標檢索系統進行檢索，出現氣味商標登記申請案共有3件，有蘋果、梨子、玫瑰、小蒼蘭以及睡蓮（302408607）、海洋、森林、柑橘以及鈴蘭（302408616）、覆盆子、保加利亞玫瑰以及伊蘭（302408625）。香港特別行政區政府知識產權署網上檢索系統，http://ipsearch.ipd.gov.hk/index.html（最後瀏覽日：2013年3月25日）。

[70] Singapore, *supra* note 46.

締約國依其國內法自行決定商標之保護種類。

2. 歐盟，根據CTMR第4條規定，歐盟商標形式可以為文字及人名、圖像、字母、數字、甚至商品形狀及包裝等，足以使事業之商品或服務與他人商品或服務相區別，就可申請為商標，氣味商標自然包含在內。
3. 英國，任何符號只要能具體的表彰其所代表的商品或服務即可被視為是商標，反之，若認為書面申請文字只有著重描述該產品本身，而未凸顯氣味與產品間的識別性，就可能成為駁回的理由。
4. 美國USPTO針對氣味商標註冊要件中，凡書面說明與樣品均可證明該商標被使用，及形成第二意義之事實者，准予註冊成功，即具備識別性及不具功能性的特質。反之則不然。
5. 澳洲、香港、台灣及新加坡已接受申請註冊案。
6. 尚未將氣味商標納入保護態樣的國家有中國、馬來西亞、日本、泰國。

第三節　美國規定與實務

2011年時代週刊曾刊出美國紐約布魯克林區的一家超市，利用機器放出巧克力與烤麵包的迷迭香味，Net Cost超市在走道牆上懸掛5台香味機器（scent machines），會自動噴出各式味道，如蔬果區是葡萄柚味，糖果區是巧克力味，麵包區是迷迭香味，該超市認為月付1台機器99美元是很好的投資，使營業額至少上升7%[71]，ScentAir

[71] N.Y. grocery turns to scent marketing, CBS News (July 18, 2011), http://www.cbsnews.com/2100-500202-162-20080320.html（最後瀏覽日：2012年11月10日）。

公司提供至少350種氣味機器之出借，如要自創香味則須付美金5000元[72]；目前約有5家氣味公司主控全世界80%的市場，Nike公司就發現增加賣場香味至少提升80%的營業額，再如肉桂香味極易引起喜歡吃肉桂卷甜品的顧客食慾，因此在販賣區增添肉桂香味同樣會刺激肉桂卷的銷售量，加油站的小超市增加咖啡香味，提高飲料區3倍的銷售量[73]。

人類的腦部對視覺與聽覺有極大的記憶體（見圖10-1），但嗅覺極易受濕度和溫度所影響，能長期有記憶的嗅覺僅有16種[74]，氣味不容易受保障，除了受周遭環境還包括人體嗅覺功能因為感冒等症狀而受影響。氣味商標難以判定最困難的地方在於：如何判斷兩種類似氣味的差異性，並且使消費者能將該氣味視為表徵商品的商標，而非僅是裝飾或單純吸引人的味道，達到消費者能聯想到該氣味所代表的商品或服務，這才是氣味商標的意義；如通用汽車（General Motors）使用名為色調（Nuance）的香味，自2003年開始在其出廠的凱迪拉克汽車座椅上，使車子聞起來隨時都有清新的新車氣味，當氣味具備識別性且不是該商品的成分或功能時，可以主張其氣味商標的所有權。

---

[72] *Id.*

[73] The Smell of Commerce: How Companies Use Scents to Sell Their Products, Independent (Aug. 16, 2011), http://www.independent.co.uk/news/media/advertising/the-smell-of-commerce-how-companies-use-scents-to-sell-their-products-2338142.html（最後瀏覽日：2012年10月13日）。

[74] Churovich, *supra* note 44, at 301.

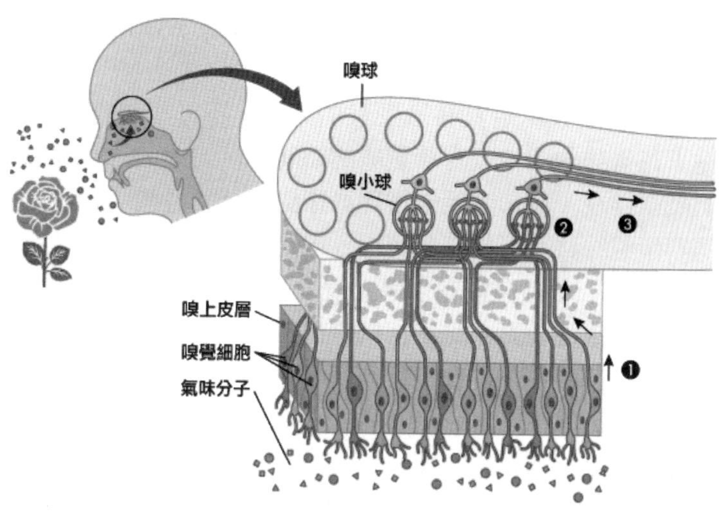

圖10-1　人類大腦掌管知覺圖

資料來源：圖博館，http://mypaper.pchome.com.tw/souj/post/1285202905（最後瀏覽日：2014年3月19日）。

壹、現行審查基準

在美國專利商標局（United States Patent and Trademark Office，以下簡稱USPTO）[75]的網站上，有申請的表格與程序可供參考（見圖10-3）。時至今日，2013年1月本文使用「scent marks」當關鍵字進入USPTO查詢系統（Trademark Electronic Search System，簡稱TESS），出現41筆資料[76]，其中17筆已經失效，而其他24筆中有商

[75] USPTO, http://portal.uspto.gov/external/portal/tow（最後瀏覽日：2011年9月18日）。

[76] Trademark Electronic Search System, USPTO, http://tess2.uspto.gov/bin/showfield?f=toc&state=4009%3A2l155q.1.1&p_search=searchss&p_L=50&BackReference=&p_plural=yes&p_s_PARA1=&p_tagrepl~%3A=PARA1%24LD&expr=PARA1+AND+PARA2

標名稱與氣味有關，但非氣味商標[77]；美國雖然早開肯定氣味商標大門，但實務運作仍待驗證註冊與審查要件基準。

國際間少數被認定具有識別性的案例，不外乎屬櫻桃氣味的機油、梔子花氣味的繡線及青草氣味的網球，目前這三個商標中，僅第一個還繼續存在，後二者因未辦理商標權延展而消滅；這麼稀少的註冊案例顯示氣味雖有可能作為商標，但是要使消費者能認識商品附著的氣味是商標，而且持續在市場上使用，並不是一件容易的事[78]。非傳統性商標最大的特點，是如何制定出符合不同態樣的註冊要件與審查基準，以說明商標的識別性與新穎性。以下就美國氣味商標申請要件做一概述：

1. 首先探討識別性

   如同商標審理與上訴委員會（the Trademark Trial and Appeal Board，簡稱TTAB）對聲音商標的要件規範，必須能證明裝置符合識別性的要求[79]，事實上，形狀、顏色、氣味、味覺及某些聲音商標，皆不易達到識別性（distinctiveness）的要件標準。

2. 再檢視功能性（functionality）的要件

   若是根據物品本質的功能，便不能據此申請商標。

3. 最後，探討是否造成消費者混淆及商標淡化（confusion and

&p_s_PARA2=scent+marks&p_tagrepl~%3A=PARA2%24COMB&p_op_ALL=AND&a_default=search&a_search=Submit+Query&a_search=Submit+Query（最後瀏覽日：2013年1月21日）。

77 如2011年3月31日註冊標號85025223的「永香記」（WING HONG KEE）及「天香牌」（Tian Xiang Pa）商標中出現香字（scent）。

78 智慧財產局，申請註冊非傳統商標，停、看、聽！，經濟部官網，http://www.moea.gov.tw/Mns/populace/news/News.aspx?kind=1&menu_id=40&news_id=26128（最後瀏覽日：2013年7月3日）。

79 Nextel Comme'ns, Inc. v. Motorola, Inc., 91 U.S.P.Q.2d 1393 (T.T.A.B. 2009); In re Vertex Grp. LLC, 89 U.S.P.Q.2d 1694 (T.T.A.B. 2009).

dilution）

如薰衣草是否與雪松（Cedar）氣味類似[80]，而判斷的標準又取決於消費者的認定，因此消費者問卷調查也成為重要參考依據。

一、氣味必須構成識別性才能申請商標

商標主要功能在於識別商品或服務來源，故識別性為商標取得註冊之積極要件；即商標註冊主管機關對商標註冊申請的實質審查，首先就是針對商標顯著性做審核，此一檢驗步驟放諸世界多數國家皆同。1988年美國商標法增修條文的立法解釋，認為商標不能預先排除顏色、形狀、味道、聲音、結構等種類的申請，只要實質有達到商標的功能即可申請[81]，感官上無論是看到、聽到、聞到、摸到、吃到的認知，都能深刻的被記憶，加深消費者的記憶確實是品牌宣傳與廣告的好方法，尤其是氣味商標能突顯出產品特色，直接刺激消費者嗅覺且增加產品識別性[82]。

美國商標法（Lanham Act，以下稱之蘭姆法）明定[83]，並非所有文字符號均為法律保護的對象，其必須具有識別性才得向USPTO

[80] 此處為以下文章作者所提出之例子，本文作者並不認為二者味道相似。Anne Gilson LaLonde & Jerome Gilson, *Getting Real with Nontraditional Trademarks: What's next after Red Oven Knobs, the Sound of Burning Methamphetamine, and Goats on a Grass Roof?* 101 Trademark Rep. 186, 191 (2011).

[81] 15 U.S.C. §1127, S. Rep. No. 515, 100th Cong., 2d Sess. 44 (1988).

[82] 但關於辨識基準的探討將於後介紹。

[83] Lanham Act §45: The term "trademark" includes any word, name, symbol, or device, or any combination thereof- (1) used by a person, or (2) which a person has a bona fide intention to use in commerce and applies to register on the principal register established by this Act, to identify and distinguish his or her goods, including a unique product, from those manufactured or sold by others and to indicate the source of the goods, even if that source is unknown.

申請註冊。單論法條條文內容，美國商標法並未對「識別性」做出明確之定義；美國聯邦第二巡迴上訴法院Friendly法官在1976年*Abercrombie & Fitch Co. v. Hunting World, Inc.*一案[84]中，將商標依其識別性大致區分為先天及後天之差別，前者指標識本身所固有，無須經由使用取得的識別能力，再依其識別性之強弱，細分為獨創性（fanciful）、任意性（arbitrary）及暗示性（suggestive）商標；後天識別性商標則指標識原不具有識別性，但經由在市場上之使用，其結果使相關消費者得以認識其為商品或服務來源的標識，即具有商標識別性，即俗稱之第二意義（Secondary Meaning）[85]。因此，氣味商標申請人在申請商標註冊時，必須要十分詳盡明確的敘述該氣味，強調該氣味具識別性。

二、氣味能表徵所代表的商品或服務

美國蘭姆法定義商標包含任何文字、名稱、符號、設計或其結合式[86]，*Qualitex*案中美國最高法院擴大商標的定義，只要能表彰所代表商品或服務的意義，就可以申請商標的註冊保護，如氣味商標十分容易吸引大眾的注意力，但有顯示其原料來源的功能嗎？例如歌手Katy Perry的唱片有棉花糖香味[87]；2010年5月的Sactown雙月刊封面

[84] Abercrombie & Fitch Co. v. Hunting World, Inc., 537 F.2d 4, 9 (2d Cir. 1976).

[85] 美國法院採納第二意義之原則可歸納為下列五點：(1)係商標之名稱已喪失其原始意義；(2)它為原告首先使用，且獨家使用；(3)消費大眾已公認其為表彰某商品之標誌；(4)給予原告以救濟，俾使阻止被告之不誠實交易及搭便車（free ride）之行為；(5)使用期間悠久，廣告效能強，銷售量廣，且已由非識別性變成具有識別性，並繼續而排他之使用者。參見曾陳明汝、蔡明誠，商標法原理，新學林，修訂三版，2007年，頁168。

[86] 15 U.S.C. §1127.

[87] Katy Perry為美國著名創作歌手，2010年8月發行的專輯「Teenage Dream」。Martin Lindstrom, Brand Sense: Build Powerful Brands Through Touch, Taste, Smell, Sight, and Sound 217 (2005)。

有橘子香味[88]；有肉桂香味的伏特加酒，則陳列在酒商噴灑肉桂香的架上[89]等，這些例子是否能使消費者得知產品來源，才能表彰商標意義，若只構成吸引性無法彰顯產品內容，則不致成立氣味商標。換言之，如果該氣味能表彰其功能性（functionality），如美國商標上訴法院（TTAB）認為抗憂鬱藥丸的橘子口味[90]，能使病人更加配合而促進療效，因此認定該口味是該藥丸的重要成分，而不允許以此口味申請味道商標（flavor mark）。

在Lindstrom 的書中[91]有針對十三世紀開始的研究，對全球十大品牌以氣味造成顧客忠實度，包括蒐集來自美國、英國、日本等國超過2000個消費者網路意見調查，如氣味對購買動機的影響[92]，並以：

1. 該品牌是否使用所有適合的嗅覺點刺激消費者？
2. 該品牌氣味強烈突出、持久且易於辨識嗎？
3. 何種情況下消費者會因該種氣味而聯想到該品牌，並信賴因此氣味而散發的品牌能量。

Lindstrom認為，人的情緒有75%是由嗅覺產生，人對照片的記憶，在三個月後只剩下50%，但回憶氣味的準確度高達65%；當視覺行銷彈性疲乏，嗅覺就是廠商競逐的新利基。人們對氣味的敏感程度僅次於視覺，在這個視覺衝擊的世界裡，五花雜亂的視覺語言所帶動的購買衝動，正逐漸式微中；相反，氣味的作用正巧被凸顯出來。好

[88] Sactown Magazine (22nd issue, May 2010), http://www.sactownmag.com/inside22.php（最後瀏覽日：2011年9月15日）；Joseph Plambeck, *A Magazine That Smells Orange*, New York Times (June 7, 2010), http://mediadecoder.blogs.nytimes.com/2010/06/07/a-magazine-that-smells-orang（最後瀏覽日：2011年9月15日）。

[89] Vodka manufacturer to use scent marketing, CEDC, http://www.cedc.com/news/brand/vodka-manufacturer-to-use-scent-marketing（最後瀏覽日：2011年9月15日）。

[90] In re N.V. Organon, 79 U.S.P.Q.2d 1639 (T.T.A.B. 2006).

[91] Lindstrom, *supra* note 88, at 219-220.

[92] *Id*. at 110-122.

聞的香氣常與人們美好的記憶產生聯結，就好比像聞到青草的香味就會想起戶外的綠地，心情自然而然地會放輕鬆，甚至產生愉悅的感覺，這對當下做出購買決定，其影響力最立竿見影。顏色只有紅、黃和藍三種基本色；而香味則有4,000種基本氣味，即要尋找一個對的香味並非那麼簡單，除外還必須要能夠與顧客產生文化上的實際聯繫，才具備氣味商標的核心概念。

三、氣味不具功能性的要件

商標既希望加強商品或服務的品質，也希望促進其競爭並滿足消費者的期待，若商標表彰的是該產品的功能，為保障公平競爭，商標法並不排除其他業者的使用，如*TrafFix Devices, Inc. v. Mktg. Displays, Inc.*一案，法院對一個雙彈簧裝置設備的路邊號誌燈商標，其設計為右上方亮燈裝置，使風雪氣候中仍清晰可見[93]，而雙彈簧裝置是此設備的基本功能，因此，法院允許其他道路號誌燈標誌的業者也可以使用雙彈簧裝置符號以表彰其功能；再如*Brunswick Corp. v. British Seagull Ltd.*案[94]中，表彰船舶引擎以黑色表示，因為黑色是該等產品最常被使用的顏色，因此不能排除使其他業者使用黑色於相似產品的商標中。

再者，最常被議論功能性與否的指標性商品—香水；對於香味本身構成商品的全部或部分功能者，不能據此申請氣味商標，因其主要功能就是氣味。商標審理暨上訴委員會曾在1990年於*In re Clarke*一案[95]中，認為申請者以有李子花香味的針及線，可使消費者明瞭其

[93] TrafFix Devices, Inc. v. Mktg. Displays, Inc., 532 U.S. 31 (2001).

[94] Brunswick Corp. v. British Seagull Ltd., 35 F.3d 1527, 1532 (Fed. Cir. 1994).

[95] In re Clarke,17 U.S.P.Q.2d 1238 (T.T.A.B. 1990)。其後於1997年9月29日，因當事人怠於提出使用說明，導致此註冊被取消。無論商標是在美國或其他國家取得註冊，首要之務是商標權人必須證明商標有被使用的事實，Lanham Act §1(d), 15 U.S.C. §1051(d)。在商標註冊後的第五至第六年間，若商標權人怠於提出繼續使用的申請，該商標註冊會被取消。Lanham Act §§8-9, 15 U.S.C. §1059。

產品出處，因而允許其氣味申請註冊商標；然而，當申請人嘗試申請氣味商標時，對該產業中其他具有類似氣味的商品，必須深入調查以彰顯其識別性，並且說明不致構成消費者混淆誤認之虞[96]。氣味商標的權利執行有其困難度，且已經取得商標的權利人也必須留意。

以往關於香水的訴訟有幾起案例，而且都是在彼此的香味類似度上形成法律爭點，如*Calvin Klein Cosmetics Corp. v. Lenox Labs., Inc.*一案[97]中，最高法院駁回地院的判決並取消原本所做的禁制令，即原告Calvin Klein化妝品公司不能禁止被告展示其香水與販售的行為，因為原告無法成功舉證原告一定會複製相同的香味；*Smith v. Chanel, Inc.*案[98]中，上訴法庭亦同，駁回一審法院核發的禁制令，即原告（被上訴人）控告被告（上訴人）複製其產品香味，且蓄意使消費者相信與其產品相當，禁止被告繼續販售其產品的禁制令；*Charles of the Ritz Group, Ltd. v. Quality King Distributors, Inc.*案[99]，法院則針對被告模仿原告香水味道與包裝，做出永久禁制令的判決；*Saxony Prods., Inc. v. Guerlain, Inc.*案[100]，被告惡意複製原告的香水味道，原告請專家做出味道及成分分析，法院其後也在法庭上做出嗅覺測試，證明被告的行為不當。

基於公共政策之考量，一個具有功能性、實用性的商品或營業表徵之特徵，不能成為商標或營業表徵而受到保護，即使該表徵已取得第二意義，也不能成為註冊商標，所謂的識別性要讓消費者與商標所代表的商品相連結，才有意義；但不能具有該商品的功能性，否則

[96] 曾勝珍，智慧財產權論叢一第壹輯，五南圖書，頁241-243。

[97] Calvin Klein Cosmetics Corp. v. Lenox Labs., Inc., 815 F.2d 500, 2 U.S.P.Q.2d 1285 (8th Cir. 1987).

[98] Smith v. Chanel, Inc., 402 F.2d 562, 159 U.S.P.Q. 388 (9th Cir. 1968).

[99] Charles of the Ritz Group, Ltd. v. Quality King Distributors, Inc., 832 F.2d 1317, 4 U.S.P.Q.2d 1778 (2d Cir. 1987).

[100] Saxony Prods., Inc. v. Guerlain, Inc., 513 F.2d 716, 185 U.S.P.Q. 474 (9th Cir. 1975).

會造成對社會一般交易公平性的阻礙，如何使氣味商標在這樣的權衡中取得和諧，以下將就實務分析進行探討。

貳、實務分析與案件探討

米歇爾研究的商標訴訟案例研究（The Mitchell Study on Trademark Litigation）是一項自1947年7月5日美國商標法（Lanham Act）開始施行，到2007年12月31日[101]為止，對超過2,000件（總件2,762件）的案例所做的研究，其中與非傳統商標有關的案例有35件，原告勝訴的比例只有37%[102]，遠較一般案件原告勝訴比例為平均50%為低[103]。2011年僅有28件申請案和12個已得到註冊的氣味商標，28件申請案中有9件不是放棄就是因未使用而取消，從申請到取得商標註冊通常需要二十六個月[104]。

上述案例皆顯示出氣味商標的申請，無論是以全部或部分氣味構成的商品中，皆有執行商標權利的困難度，而如何彰顯氣味之識別性，使消費者做一區分，也是困難點之一。綜上所述，氣味商標必須具備識別性且不能具有功能性，而消費者陳述其對該商標的認識，也就是消費者能否將商品或服務與該商標作連結，最直接的證據莫過於

---

101 Methodology, Mitchell Study on Trademark Litigation, William Mitchell College of Law, http://web.wmitchell.edu/intellectual-property/the-mitchell-study-on-trademark-litigation/methodology/（最後瀏覽日：2013年1月21日）。

102 Mitchell Study on Trademark Litigation, William Mitchell College of Law, http://web.wmitchell.edu/intellectual-property/the-mitchell-study-on-trademark-litigation/（最後瀏覽日：2013年1月24日）。

103 Mitchell Study on Trademark Litigation, Graph B: Total Infringement Claims Established/Not Established, William Mitchell College of Law (2007), http://app.wmitchell.edu/Trademark/home/GraphBWrap（最後瀏覽日：2013年1月24日）。

104 Kenneth L. Port, *On Nontraditional Trademarks*, 38 N. Ky. L. Rev. 1, 25 (2011).

消費者的調查報告，除了可以實現商標保護的公共利益乃為確保消費者和促進有效競爭，還可以透過區別產品或服務的來源保護消費者的利益，判斷標準可以依據一般人，在合理情況下對市場商品的需求，抱持的期待與態度，而落實在真正商品的購買後，是否相符或有落差，本文以為顧及消費者嗅覺上的感受認知與社會通用性，是基於社會大眾的觀點以採納氣味商標的落實申請，因此，考量消費者問卷調查及是否容易造成消費者混淆誤認之虞等，有其必要性。接續，將逐一探討美國實務上有關消費者問卷調查、「混淆誤認之虞」之認定基準與規定。

一、消費者問卷調查

在美國第二意義取得的訴訟中常提出消費者問卷調查（Consumer Survey）為證據方法，如*King-Seeley Thermos Co. v. Aladdin Industries, Inc.*一案[105]中對「Thermos」是否已成為真空保溫瓶的同義字，且上訴人是否盡全力使一般大眾了解其所代表的商標專用權，是一種排他性的權利或是如承辦法官在本案中所說明經過「消費者調查」確有75%的美國人認為熱水瓶即是Thermos，12%的人知道其為「商標」名稱，以消費者調查來驗證是否取得第二意義的實例，消費者已把Thermos一詞當成熱水瓶的代名詞，如同阿斯匹靈成為止痛藥的代名詞，因此原本的商標專用名稱成為一般大眾所用的名詞，無法得到第二意義，也喪失其識別性。

法院會考量問卷內容[106]：

1. 問卷對象是否為隨機抽樣。
2. 問卷內容是否採多樣性的情境設計，而非單一狀況。
3. 問卷是否呈現商標的全貌。

---

[105] 321 F.2d 577 (2d Cir. 1963).

[106] Reimer, *supra* note 21, at 724.

4. 是否有主觀的偏向哪種商標做設計。

氣味商標的問卷還需留意環境、溫度、風力、受測人的身體狀態是否影響對氣味的敏銳度，同時實境的當面問卷也遠比電話問卷更為準確，當受訪者可以準確的確認商品與其氣味，該氣味商標就排除造成消費者混淆誤認之虞的可能。反之，若受訪者將氣味誤認為其他商品，如此，就容易造成消費者混淆誤認之虞，也有可能侵害他人的氣味商標。

表10-1　商品與氣味是否構成消費者混淆誤認之虞的對照表[107]

	商品A	商品B
氣味A	A=A	A=B
侵害的可能性	無	A可能侵害B
氣味B	B=A	B=B
侵害的可能性	B可能侵害A	無

美國法院審理中常引用科學證據與資料，以確保案件判決的理由正當性，然而法律與科學證據最大的差別，在於法律必須做出決定，即使在證據不足或無證據存在的情形下，仍必須做出判決結果，科學證據則不然，有足夠影響判決結果的可能性，相對地，科學研究可提供給承審法官更多裁量的依據與自由心證的空間，有可能繼之而來的科學研究結果背離當時的預設答案，甚至呈現全然不同的結果[108]，因此，觀察各個案例事實中的判決依據與其結果有其必要性，

107 本文作者自行整理並參考自Reimer, *supra* note 21.

108 David L. Faigman, *Mapping the Labyrinth of Scientific Evidence,* 46 Hastings L.J. 555, 566-567 (1995)。此份文章探討法庭使用科學證據力的問題，常為後輩學者引用，在本文偏重研究「消費者問卷調查」的證據力時，亦見美國其他學者多所引用此份文章中，對科學證據的資料，本文希望藉由如此鋪陳，逐步劃分在辨別「混淆誤認」的商標案件時，應由何種方式設計及採信一份呈現法庭證據力的問卷。

目前我國著重在由一般商業營利的問卷調查公司進行統計，或自行委派人員進行。

不論何種型式，本文建議為避免浪費人力及財力，應在設計問卷內容及方向時，考量一般較易接受的客觀性問句或意見調查，嘗試說明法院能接受問卷調查的結果，最重要的乃為遵循實例上一再產生的個案及個案所衍生的標準，如透過有公信力的機構或專家證人彙整問卷結果，或取樣調查時一定要注意是否能代表「一般性消費者」的評價，切勿畫地自限，或先入為主防礙問卷的可行度。最重要的，設計問卷題目時，勿預設立場，投入主觀成份，使問卷內容偏頗，如此，白白浪費問卷設計的費用與人力的付出，無法達到預期的目標，十分可惜。

二、「混淆誤認之虞」之認定基準

著名的非傳統商標可以受到淡化理論的保護，美國法上為避免商標被淡化（dilution）以是否對產品之來源發生混淆或誤認之虞為標準，若是蓄意搭便車的情況（free-ride）亦可基於不正競爭（unfair competition）來保護著名之商標。美國於1996年1月16日增訂聯邦商標淡化條文，保護著名商標被濫用而造成品牌淡化的情形，而影響到商標所表彰的識別性[109]。商標法第45條[110]也對淡化再加以定義，只要使用者對著名商標的使用，影響其表彰商品或服務來源的識別性，不管使用者有無對著名商標或其他人造成競爭的情形或是否有造成公眾混淆誤認之虞的情形，皆形成淡化。以下幾個案例將進一步說明商標

[109] 聯邦沖淡法於1996年1月16日生效。

[110] The amendments also added a new definition to section 45, 15 U.S.C. §1127: " The term 'dilution' means the lessening of the capacity of a famous mark to identify and distinguish goods or services, regardless of the presence or absence of - (1) competition between the owner of the famous mark and other parties, (2) likelihood of confusion, mistake, or deception."

的使用是否造成消費者的混淆：

（一）案例一：Sykes Laboratory Inc. v. Kalvin

1985年美國*Sykes Laboratory Inc. v. Kalvin*案[111]中，引用*Smith v. Chanel*一案的判決理由，仿冒者利用商標權人的商譽及長期投注的心力，施行搭便車的事實，如未造成消費者混淆或誤認，則枉費商標權人為維護其商標所投注的資本，「混淆誤認之虞」之認定基準，以*General Motors Corp. v. Keystone Automotive Industries, Inc.*案說明，原告主張被告Tong Yang（一家台灣的零件製造商）及Keystone（Tong Yang的經銷商），侵害其註冊之商標並造成不公平競爭的結果；地院的判決結果皆判定被告之販售行為，並未造成購買者在購買時的「混淆誤認之虞」（likelihood of confusion at the point of sale）。

本案自八項要件檢視是否造成消費者混淆，不僅以消費者購買的情狀，也觀察消費者購買後的混淆（"post-sale" confusion），因為是在*Ferrari S.P.A. Esercizio v. Roberts*案中判決認為國會立法不僅保障製造商的商譽，也應保障購買者的權益，以下說明本案採取的標準（見圖10-2）：

(1)原告商標的強度。本案中GM公司的「GMC」設計符合此項要件。

(2)產品之相關性。本案中原告及被告的零件皆可使用於GM汽車上，因此，此零件亦對原告之主張有利。

(3)商標的相似度。本案被告產品構成與原告產品視覺上的相似處。

(4)實際上造成混淆的證據。此項要件之判斷本案爭點的重點，而原告GM無法證明購買者被被告矇騙或詐欺，以為被告提供

[111] Sykes Laboratory Inc. v. Kalvin, 610 F. Supp. 849 (C.D. Cal. 1985).

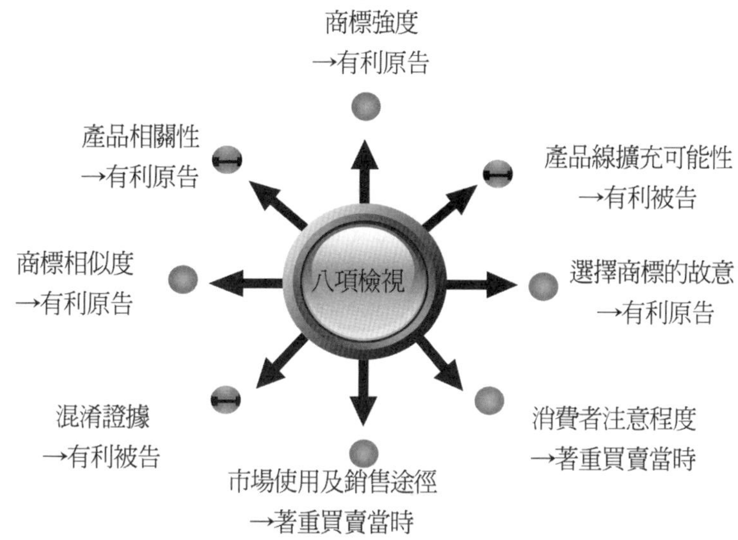

圖10-2　消費者混淆八因素檢驗圖[112]

資料來源：作者自行繪製。

的零件來自被告，事實上，被告還在其販售之零件上特別標註非自原廠產生，乃在台灣原始設備製造（OEM），再銷往北美地區，因此，此項零件偏向被告。

(5)市場使用及銷售途徑。探討原、被告是否使用相同方法近似產品之銷售及主要購買者，即消費族群是否相同，若一方使用不同管道及方式進行商品的銷售，自然較不容易造成消費者混淆。

(6)消費者可能的注意程度。通常特殊性或售價較高的商品，消費者購買時會花較大的注意力，並且比較不容易造成混淆誤認之虞。

---

[112] 作者自行繪製，並參考自Sykes Laboratory Inc. v. Kalvin案中八項要件檢視標準。

(7) 被告選擇商標的故意。若被告乃蓄意選擇造成消費者混淆的商標，試圖吸引及吸收先前知名商標的使用者，本案自被告的商標設計顯見抄襲原告商標的意圖。

(8) 產品線擴充的可能性。若使用類似商標使消費者造成混淆的目的，及為吸引既有著名商標的顧客群，侵害當然存在，然而本案並未見被告Keystone或Tong Yang有此企圖。

統整前述法院見解，第五及第六點著重於在買賣當時，對消費者造成的影響，而其餘六點中第一、二、三、七點有利於原告，第四及第八點皆有利於被告。高等法院最終判決被告商標不致造成消費者購買當時的混淆誤認，但被告商標設計，尤其是所放置的位置會使人誤以為是原告的零件，因此，造成消費者買受後的混淆，因此判決駁回地院判決，上訴人（原告）勝訴。

另*Montres Rolex, S.A. v. Snyder*案探討商標是否易使人混淆誤認，甚或產生「仿冒品」的質疑，及採用專家證人（expert）或一般購買者（average purchaser）的標準認定，其後判決採用一般購買者的標準。

（二）案例二：Scarves by Vera, Inc. v. Todo Imports Ltd.

Scarves by Vera, Inc. v. Todo Imports Ltd.[113]本案中原告認為其係高級設計包裝之名牌，而被告同樣使用「Vera」之商標於其所販售之香水、化妝品上，因此被告之行為使原告商標之品牌有被淡化之虞，因此對被告要求損害賠償，原告舉證其銷售之點乃各精品店、百貨公司並有一年達千萬之銷售收入，而廣告花費也達數十萬甚至上百萬美金，雖然被告舉證Vera使用在說明製造商的功能，而非商標部份。上訴法院的看法採行原告的指控，認為商標法乃保護先使用者在未來可能跨領域經營的利益與先使用者的商譽，本案被告乃利用原告品牌之

[113] Scarves by Vera, Inc. v. Todo Imports Ltd., 544 F.2d 1167, 192 U.S.P.Q. 289 (2d. Cir. 1976).

功能，不但未自己去發展商標，且明顯的為搭便車行為。本案中雖然被告辯稱所使用商標乃使用於與原告不同領域之商品範圍，但法院仍認為後使用者的使用，會使先使用者的商標功能失去識別性，即使在不相關的商品販售上，仍然會使消費者誤認其商品來源，而產生不公平競爭的情況。

對消費者造成的困擾是不易辨識著名的氣味商標，進而造成商標淡化的情形，美國聯邦第二巡迴法院認為，只有商標本質具備識別性，才能受到淡化理論的保護[114]，然而2005年4月19日國會增修條文對此規定[115]，只要其他人的商標有可能對其造成淡化或減損商譽，著名商標所有人即可請求禁制令的保護，然而非傳統商標的保護上要證明識別性[116] 實屬不易，如美國聯邦最高法院在*Moseley v. V Secret Catalogue, Inc.*案[117] 中，間接說明非傳統商標應該受到淡化理論更大的保障，非傳統商標權人必須證明被告之行為使其商標品牌有被淡化之虞，進而造成消費者混淆誤認的事實[118]。

參、小結

美國的商標申請案中，幾乎可包含「任何」意義[119]。在*Clarke*案後USPTO改變對非傳統商標註冊要件的要求[120]，針對解釋與適用非

[114] TCPIP Holding Co. v. Haar Communications, Inc., 244 F.3d 88, 93, 57 U.S.P.Q.2d 1969 (2d Cir. 2001).

[115] H.R. 683, 109th Cong. §2 (2005).

[116] 15 U.S.C. §1125(c)(1).

[117] Moseley v. V Secret Catalogue, Inc., 537 U.S. 418, 429 n.10 (2003).

[118] Syndicate Sales, Inc. v. Hampshire Paper Corp., 192 F.3d 633, 639, 52 U.S.P.Q.2d 1035 (7th Cir. 1999).

[119] Port, *supra* note 105, at 31.

[120] U.S. Patent & Trademark Office, Trademark Manual of Examining Procedure, TEMP, http://

傳統商標上採用寬廣見解，任何構成商標文字、圖形、符號、標誌或聲音等，只要符合商標構成要件，滿足識別性與非構成功能性，即使是販售策略也可尋求商標保護，如洋娃娃包裝（Cabbage Patch Dolls）或太陽眼鏡的廣告[121]，甚至申請人Sally Ramage使用臉孔做為線上教育的服務標章，也在2008年申請註冊成功[122]。

商標如經申請人使用且在交易上已成為申請人營業上商品之識別標識者，即原本不具識別性的圖樣，經過申請人反覆使用，因此而有識別功能時，辨識圖樣已取得「第二意義」，具有識別性。第二意義在美國法的定義下認為，它使敘述性或形容性的名詞經過使用後，讓一般大眾對所形容的製造商或產品有一定的認識，而因此使得對本來不受保護的商標可取得保護[123]，以立體觀念看商標保護，縱面是一要符合商標要件的實質吻合性，橫面是一符合商標要件後，有無造成消費大眾混淆誤認之虞的可能性，並且使消費者能信任該商標所表彰的商品，擁有有別於他人的品質。

Beebe教授在其著作中將商標構成要件分為三部分[124]（見表10-2與圖10-3）：一為象徵性的符號（signifier），即消費者所看到的有

tmep.uspto.gov/RDMS/detail/manual/TMEP/Oct2013/d1e2.xml（最後瀏覽日：2013年11月28日）。

[121] Jerome Gilson & Anne Gilson LaLonde, *Cinnamon Buns, Marching Ducks and Cherry-Scented Racecar Exhaust: Protecting Nontraditional Trademarks*, 95 Trademark Rep. 773, 816-817 (2005).

[122] 見附件一。資料來源：United States Patent and Trademark Office, Trademarks, Trademark Electronic Search System (TESS) (79035414), http://tmsearch.uspto.gov/bin/gate.exe?f=searchstr&state=4808:8ihyan.1.1（最後瀏覽日：2014年3月24日）。

[123] 曾勝珍，前揭註97，頁174。

[124] *See* Barton Beebe, *The Semiotic Analysis of Trademark Law*, 51 UCLA L. Rev. 621, 636 (2004).

形的符號，如乳酪通心粉的包裝盒上「Kraft」字樣[125]；二為製造商所使用的符號，即前述象徵符號所指示的對象（referent），如乳酪通心粉[126]；三為此符號對消費大眾造成的影像，並能因而連結的實物（signified），也就是購買者會因此品牌而信任其出產的產品品質[127]，經過相當時日而形成商譽（goodwill）。

表10-2　要件與保護對照表[128]

商標要件的保護	平行保護		
垂直保護	要件一	象徵性的符號（signifier）如「Kraft」字樣	第二意義
	要件二	製造商所使用的符號，象徵符號所指示的對象（referent），如乳酪通心粉	是否造成消費者混淆
	要件三	符號使消費大眾能因而連結的實物（signified），如商譽（goodwill）	商標形成識別性

資料來源：作者自行整理。

125 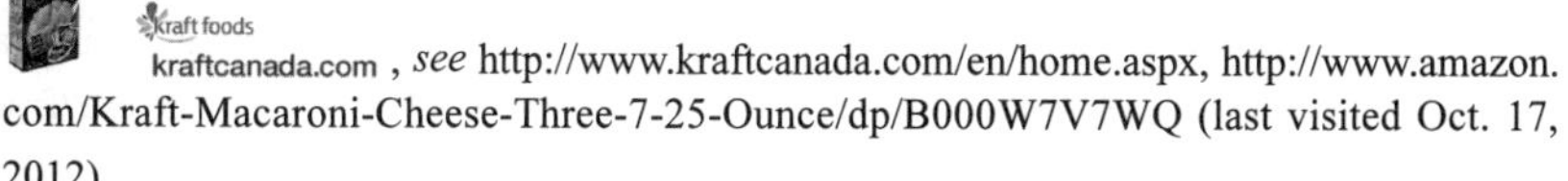

kraftcanada.com, *see* http://www.kraftcanada.com/en/home.aspx, http://www.amazon.com/Kraft-Macaroni-Cheese-Three-7-25-Ounce/dp/B000W7V7WQ (last visited Oct. 17, 2012).

126 Reimer, *supra* note 21, at 701.

127 Beebe, *supra* note 125, at 636.

128 作者自行整理，並參考自Beebe, *supra* note 125。

圖10-3　商標要件與保護圖[129]

資料來源：作者自行繪製。

商標檢測程序手冊（The Trademark Manual of Examination Procedures，簡稱TMEP）規定氣味商標必須符合傳統商標的要件[130]，雖然不須具備一般商標的描繪要求，取而代之是要具備詳盡的書面敘述[131]；然而，卻未明文記載需要多詳盡的敘述與何種語文的要求，以及香味的種類與成分等，這與送件到USPTO時的要件要求明顯不吻合[132]，商標界定範圍上是否過於鬆散、廣義，是否仍陷於漫無邊際的探討中，亦有值得思考之處。筆者認為，雖然在案例與經驗傳承上，我們可以從中學習到嶄新的知識與方向；仍冀望未來在更多氣味商標的申請案審理時，勢必還需制定更明確的準則，以彰公信。

[129] 作者自行繪製，並參考自Beebe, *supra* note 125。

[130] TMEP § 1202.13.

[131] *Id.* § 807.09.

[132] *Id.* § 903.03(m).

第四節　台灣立法沿革

台灣重視商標的重要性始於1840年鴉片戰爭後，帝國主義列強紛紛強迫滿清政府對外通商條約中訂立保護外國商標的條款，如1902年的中英續訂商約、1903年的中美商約。1904年滿清政府頒布第一部商標法—「商標註冊試辦章程」，由當時擔任中國海關總稅務司的英籍赫德起草，1923年北洋政府以該法為基礎，參照英國駐使國代譯條款，公布商標法及其施行細則[133]。民國成立後，北京政府頒布商標法，將商標種類分為文字、圖形、記號或其聯合式，且須指定顏色，台灣現行商標法為1930年公布，1931年施行，最近一次修正為2011年。

壹、法條規範

一、現行法

台灣2003年[134]增列非傳統型態商標保護，有別於過去使用文字、圖形、記號等構成的傳統型態商標[135]，開放單一顏色、聲音商標以及立體商標註冊；4月29日修正施行之商標法第5條規定，商標得以文字、圖形、記號、顏色、聲音、立體形狀或其聯合式所組成，且足以使商品或服務之相關消費者認識其為表彰商品或服務之標識，並得藉

[133] 吳漢東主編，知識產權法學，北京大學出版社，2001年，頁330；陳文吟，商標法論，三民書局，2005年，頁3-5。

[134] 此次修正乃參酌新加坡商標法條約（STLT）。

[135] 傳統商標主要以平面圖樣的方式來呈現該商標，如文字、圖形、記號等構成類型。非傳統型態商標則以單一顏色、顏色組合、立體商標、全圖像（雷射）商標、動態商標、位置商標、手勢商標、聲音商標、觸覺商標、味覺商標以及氣味商標等類型。

以與他人之商品或服務相區別。此次開放任何足以識別商品或服務來源之標識，皆能成為本法保護之客體，並例示商標得由文字、圖形、記號、顏色、立體形狀、動態（motion marks）、全像圖（hologram marks）、聲音等之標識，或其聯合式標識所組成，即商標保護之客體不限於所例示之情形。截至2012年5月底，單一顏色商標的註冊申請量為308件，聲音商標的註冊申請量為98件以及立體商標的註冊申請量為1,186件（見圖10-4）[136]。

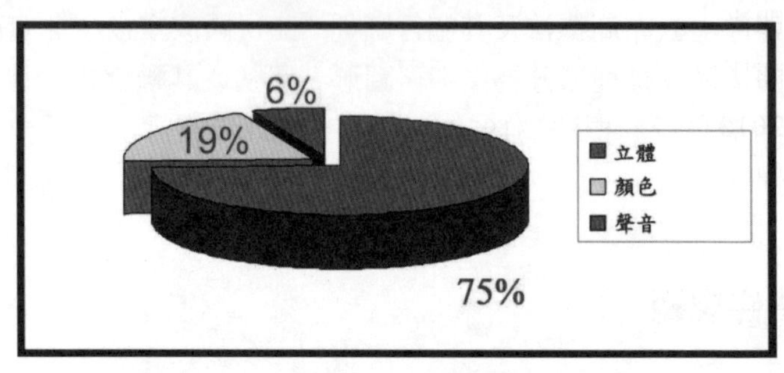

圖10-4　台灣非傳統型態商標比例圖[137]

資料來源：作者自行繪製。

2011年為順應國際潮流，並保障業者營業上之努力成果，6月29日修正最新版之商標法，本次修法擴大商標之保護客體，開放任何足以識別商品／服務來源的標識，皆可以申請註冊商標加以保護，不以法條所例示的顏色、立體形狀、動態、全像圖、聲音商標為限，故氣味、觸覺、味覺等商標在符合商標法識別性等相關規定時，亦可提出申請註冊，即商標保護之客體不再以列舉者為限[138]；換言之，2012年

[136] 智慧財產局，前揭註79。

[137] 作者自行繪製，數據來自2012年5月底前所登記的特殊型態商標件數。智慧財產局查詢系統，http://tmsearch.tipo.gov.tw/RAVS/wfm20200.html（最後瀏覽日：2014年3月19日）。

[138] 商標法第18條中，指任何具有識別性之標幟，得以文字、圖形、記號、顏色、立體形

7月1日[139]只要能讓消費者產生特定品牌印象的標識，如以視覺感知的動態影像、全像圖（雷射）商標或者以非視覺感知的觸覺商標以及氣味商標，都能向智慧財產局申請商標註冊取得商標權。

非傳統商標審查基準中，非視覺可感知的商標（如全像圖、動態、氣味……）申請人可擇用「其他非傳統商標註冊申請書」，應檢附的商標圖樣應以圖文方式呈現，並提供商標描述，審查時若認有參考樣本的必要，亦得通知申請人檢附（商標法施行細則第13條第1項）；即尚未公告審理程序之細節規定前，申請個案中所檢送的商標圖樣、商標描述及商標樣本等相關資料，準用本基準之相關規定進行審查。2013年7月本文進入智慧局特殊型態商標查詢系統中，查詢非傳統商標申請案件數（見表10-3），可從中窺知一二。

表10-3　非傳統性商標申請案件表[140]

商標型態	聲音	立體	顏色	全像圖	動態	其他
申請件數	48	721	121	1	5	10

資料來源：作者自行統計。

其一，論申請案件數，2012年7月1日接受擴大商標樣態申請後，全像圖、動態商標申請件數僅各1件，其他商標型態類別中有10件申請案，1件偏向顏色或立體商標、1件觸覺商標，其餘8件氣味商標申請案分屬於5家公司；非視覺可感知商標的審查基準，並未如聲

狀、動態、全像圖、聲音等，或其聯合式所組成。前項所稱識別性，指足以使商品或服務之相關消費者認識為指示商品或服務來源，並得與他人之商品或服務相區別者。

[139] 民國100年6月29日修正擴大商標保護客體，為商標制度之重大變革，因應實務作業上，須有足夠時間準備及因應，各界更需要充分時間適應及瞭解修正後之制度運作，故明定本法施行日期由行政院定之。

[140] 作者自行統計，數據來自2013年7月所登記的非傳統商標申請案件數。智慧財產局查詢系統，http://tmsearch.tipo.gov.tw/RAVS/wfm20200.html（最後瀏覽日：2014年3月19日）。

音商標、立體商標等規範那麼明確，沒有類似顏色或聲音有國際的分類標準能客觀且精準的認定，想取得註冊的困難度也比其他類型的商標要高許多，故在非傳統性商標申請案件中，數量仍寥寥無幾且尚未有註冊成功之案例。

其二，論文件撰寫內容，以氣味商標為例，目前可單純以文字描述氣味的文字說明做為商標圖樣，下圖為久光製藥股份有限公司的申請內容，標示內容為「薄荷味」加上氣味的化學公式（見圖10-5），此表達方式能否滿足商標圖樣的要求，如何能以清楚、明確、完整、客觀、持久且容易理解的方式呈現，實務認定上有其困難性。

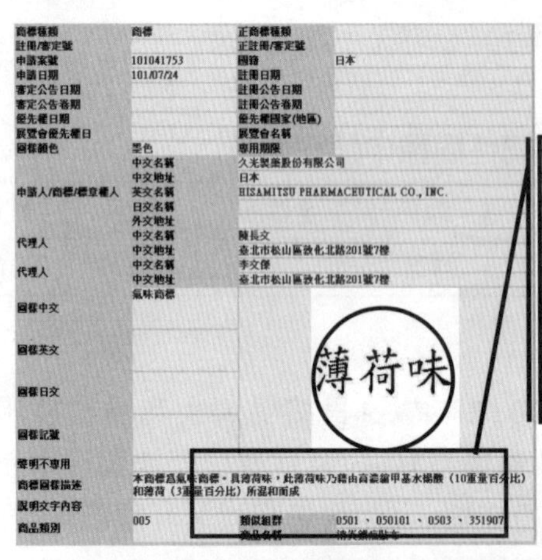

商標種類	商標	正商標種類	
註冊/審定號		正註冊/審定號	
申請案號	101041753	國籍	日本
申請日期	101/07/24	註冊日期	
審定公告日期		註冊公告日期	
審定公告卷期		註冊公告卷期	
優先權日期		優先權國家(地區)	
展覽會優先權日		展覽會名稱	
圖樣顏色	墨色	專用期限	
申請人/商標/標章權人	中文名稱	久光製藥股份有限公司	
	中文地址	日本	
	英文名稱	HISAMITSU PHARMACEUTICAL CO., INC.	
	日文名稱		
	外文地址		
代理人	中文名稱	陳長文	
	中文地址	臺北市松山區敦化北路201號7樓	
代理人	中文名稱	李文傑	
	中文地址	臺北市松山區敦化北路201號7樓	
圖樣中文	氣味商標		
圖樣英文			
圖樣日文			
圖樣記號			
聲明不專用			
商標圖樣描述	本商標為氣味商標。具薄荷味，此薄荷味乃藉由高濃縮甲基水楊酸（10重量百分比）和薄荷（3重量百分比）所混和而成		
說明文字內容			
商品類別	005	類似組群	0501、050101、0503、351907
		商品名稱	[illegible]

本商標為氣味商標。具薄荷味，此薄荷味乃藉由高濃縮甲基水楊酸（10重量百分比）和薄荷（3重量百分比）所混和而成。

圖10-5　久光製藥股份有限公司氣味商標申請案[141]

資料來源：作者自行繪製。

最後，談及審查基準規定，智慧局明定審查時可要求檢附商標樣本，讓氣味與商標圖樣間可以互相參照，清楚、完整地表現商標，

[141] 作者自行繪製。經濟部智慧財產局商標資料檢索服務，http://tmsearch.tipo.gov.tw/TIPO_DR/servlet/InitLogoPictureWordDetail?sKeyNO=101041753（最後瀏覽日：2014年3月19日）。

以便確認申請人所想請求保護的標的；但筆者認為如何在審查及公告作業等技術方面予以配合，訂定標準且制式化的審議流程，其商討空間才是關鍵所在。

二、新舊法適用性

商標法繼2003年11月28日修正施行，修正條文已於2011年5月31日經立法院三讀通過，並由總統於同年6月29日公布（以下稱新法），2012年7月1日施行。為使各界充分瞭解商標新舊法各項申請過渡適用情形及處理原則[142]，茲將相關事項表列如次，俾利申請人預為準備及因應。

1. 新法施行前申請者，適用現行法，無新法第108條[143]及第109條第1項[144]之適用，應不受理。
2. 新法施行後申請者，適用新法第19條第2項之適用，申請人應依新法及其相關子法與審查基準規定，依商標型態擇用非傳統商標註冊申請書，並以載明申請人、商標圖樣及指定使用之商品或服務之日為其申請日。

---

[142] 經濟部智慧財產局，商標法修法專區，http://www.tipo.gov.tw/ch/AllInOne_Show.aspx?path=2549&guid=7a08dc77-26b9-4ea1-9345-bf9c4abec9ba&lang=zh-tw（最後瀏覽日：2012年12月22日）。

[143] 針對本次修正開放任何具有識別性之標識均得申請商標註冊，其中為現行法規所無法受理之動態、全像圖商標或團體商標之申請，應自本法修正施行後始受理申請，爰增訂本法修正施行前提出申請之過渡規定，以期公允。參見商標法修正草案條文對照表，http://www.tipo.gov.tw/ch/AllInOne_Show.aspx?path=2549&guid=7a08dc77-26b9-4ea1-9345-bf9c4abec9ba&lang=zh-tw（最後瀏覽日：2012年12月22日）。

[144] 本次修正雖開放動態、全像圖等新型態標識得申請註冊，然關於該等案件優先權之主張，自不宜早於本法修正施行之日期，以期公允，並避免法律適用之疑義。爰於第一項明定，該等案件之國外申請日，早於本法修正施行之日者，以本法修正施行日為其優先權日。前揭註。

貳、實務現況

目前智慧財產局所公告的氣味商標審查基準仍無明確規定，即我國實務現況尚未有取得氣味商標註冊成功之案例；至2013年3月在智慧財產局的商標檢索系統中，使用特殊型態商標查詢有關氣味的註冊申請案共有8件（見表10-4）。從下表可見，在申請氣味商標註冊時，清楚的描述氣味是必須的，而登記註冊案的商品本身與氣味並無關聯性，即氣味必須是商品本身以外的東西，不是商品自然的特性亦不是商品可期待的特性，而是製造商或企業賦予特殊的氣味於商品上，用來作為在相同市場上，辨識申請人與他人商品差別性之用途[145]。

現行做法下，透過文字描述的方式來表達，該氣味發揮表彰商品或服務來源功能的具體識別性，且無功能性之門檻條件，並非真正困擾之處；筆者認為氣味較難以成功註冊的原因，是因為氣味的本質較為特殊，無法透過視覺感知也沒辦法觸摸到實體，囿於該限制條件，申請人即便已窮盡其力使商標圖樣符合本法規定之呈現方式[146]，文字描述氣味商標圖樣，仍與真實的商標之間不免有所差距。

[145] 氣味商標之識別性與功能性的審查，準用非傳統商標審查基準的規定。參見非傳統商標審查基準2.2、2.3之規定。

[146] 商標圖樣、商標描述及商標樣本均屬表現商標的方式，其中商標圖樣係將商標以圖文的方式呈現，作用在於賦予商標清楚、完整及客觀的印象，以作為決定申請商標權利範圍的主體，故本法明定商標圖樣應以清楚、明確、完整、客觀、持久及易於理解之方式呈現，請參見商標法第19條第3項。

表10-4　氣味商標申請案總表[147]

序號	申請案號	商標種類	商標名稱	商標圖樣描述
1	102001841	商標	爆米花氣味的麻油氣味商標。	不同於一般麻油，具有爆米花香之獨特氣味。
2	102001840	商標	蜂蜜芥茉醬氣味的花生油氣味商標。	不同於一般花生油，具有蜂蜜芥茉之獨特氣味。
3	101061108	商標	具地瓜味道之茶葉。	不同一般茶葉的清香，而略具土味及地瓜味。
6	101041753	商標	薄荷味。	具薄荷味，此薄荷味乃藉由高濃縮甲基水楊酸（10重量百分比）和薄荷（3重量百分比）所混和而成。
8	101037010	商標	含有丁香混合氣味之西藥藥油（花油精）。	該丁香氣味非為功能性配方，具有其獨特性及識別性。
9	101037009	商標	含有葉綠素混合氣味之西藥藥油（萬應百油精）。	該葉綠素氣味非為功能性配方，具有其獨特性及識別性。
10	101037008	商標	含有紅花與桂皮混合氣味之中藥藥油（萬應紅花油）。	該紅花與桂皮氣味非為功能性配方，具有其獨特性及識別性。
11	101037007	商標	具有薰衣草氣味之中藥藥油（萬應白花油）	該薰衣草氣味非為功能性配方，不同於一般藥油僅為商品本身之氣味，具有其獨特性及識別性。

資料來源：作者自行整理。

[147] 作者自行整理，資料來自智慧財產局查詢系統，商標樣態「其他商標」，http://tmsearch.tipo.gov.tw/RAVS/wfm20200.html（最後瀏覽日：2013年4月9日）。

參、爭議評析

經各國立法趨勢來看，非知覺性商標未來勢不可擋；氣味商標已在許多國家都被承認，且能夠透過申請註冊方式做為商標保護之客體，其中又以美國登記註冊案件為數最多[148]。國際商標協會（The International Trademark Association，簡稱INTA），是促進商標立法的非營利性組織，也一直積極鼓吹制定氣味商標的註冊準則[149]，INTA在其官方網頁上承認氣味商標是非傳統商標的一種，但迄今尚未制定正式的認定標準[150]。回思氣味商標認定要件中，最易遭受質疑與難解之處，不外乎是申請文件、功能性考量、氣味耗盡與氣味混淆四大項，接續，本文將嘗試結合外國經驗，提出因應之道。

一、書面的文字敘述

商標註冊不僅是在法律上對商標權人的保障，同樣具有告知其

[148] 2013年1月本文針對「沒有商標圖樣」的商標，再次進入USPTO查詢系統（Trademark Electronic Search System，簡稱TESS），出現氣味商標登記註冊案共16件：有椰子的氣味（85063625）、鳳梨雞尾酒的氣味（85553176）、蘋果汁的氣味（78649230）、薄荷的氣味（78649175）、香草的氣味（78641906）、桃子的氣味（78641895）、薰衣草的氣味（78641879）、柚子的氣味（78641524）、採用高濃度麝香、香草、玫瑰、薰衣草的氣味（77755814）、玫瑰精油的氣味（77871535）、該標誌是一個高濃度的甲基水楊酸（10%）和薄荷（3%）及薄荷的香味混合的氣味商標（77420841）、柑橘的氣味（76693238）、草莓的氣味（76621553）、草莓的氣味（75360102）、櫻桃的氣味（74720993）、葡萄的氣味（75360104）。USPTO查詢系統（Trademark Electronic Search System，簡稱TESS），http://tess2.uspto.gov/bin/gate.exe?f=tess&state=4004:ilm1x5.1.1（最後瀏覽日：2013年1月25日）。

[149] *See* Letter from Richard Heath, President, Int'l Trademark Assoc., to Legislative Affairs Office, Japan Patent Office (Mar. 24, 2009), INTA, http://www.inta.org/Advocacy/Documents/March242009.pdf（最後瀏覽日：2012年11月1日）。

[150] Topic Portal: Nontraditional Marks, International Trademark Association, INTA, http://www.inta.org/Advocacy/Pages/NontraditionalMarks.aspx（最後瀏覽日：2012年11月1日）。

他人該商標已被使用，因此，申請註冊的書面文字說明更顯得重要，定義商標所涵蓋的範圍且提醒競爭者侵權範圍的界線，本文以為無論從美國、歐盟、英國等的經驗觀察，要為氣味商標做出書面的文字敘述實有難度，這點將會是制定共通標準最困難的一點。

本文認為應回歸商標本質，即對消費者，是信譽與品質的保證，對企業主，同時象徵經濟利益的商機[151] 的觀點。實務上，借鏡美國現有已註冊成功案例，將商標描述歸類為兩類，一是單純以文字描述氣味，如薄荷的氣味、香草的氣味、桃子的氣味等；另一則是以化學式的描述方式來呈現，如該標誌是一個高濃縮的甲基水楊酸（10%）和薄荷（3%）以及薄荷的香味混合等；不論採取何種文字描述方式，本著為保障商標權益，行政單位都應以較肯定的態度來面對，必要時甚至要求以氣味之實體照片做為圖樣都行。

二、符合功能性

功能性理論是商標法保護的最重要限制，避免產品製造人藉此將產品功能占為己用，進而妨礙大眾的公平競爭。在非傳統商標審查基準中表示，主要氣味商標（如香水、香精等）以及次要氣味商標（如沐浴乳、洗衣精等）因具有功能性，而無法取得商標註冊，可見國內對於氣味商標的申請註冊與美國及歐盟的見解是相同的。

氣味商標最大的爭執乃在於如香水、香精或芳香劑，香味即為產品的主要功能，能申請氣味商標嗎？研發香水需要投入相當多的時間與經費，如果以香味具備功能性而不能作為香水類產品的氣味商標，無法以此作為品牌特色的保障，即法規對於氣味商標的保護著墨甚少，導致以氣味為賣點的香水或美容保養產業並不公允[152]。再者，運

[151] 陳文吟，前揭註134。

[152] Moon-Ki Chai, *Protection of Fragrances Under the Post-Sale Confusion Doctrine*, 80 Trademark Rep. 368, 372 (1990).

用現代科技方法，如利用氣體色層分析法（gas chromatography）、光譜學（spectroscopy）、核磁共振光譜學（nuclear magnetic resonance spectroscopy）、高壓液相色層分析法（high-pressure liquid chromatography）及其他各項技術與設備[153]，可輕易複製相同味道，進而否認香水業者以氣味申請商標。

本文認為，其一，檢視雙方的氣味製造配方並不可行，不同的製程和配方很有可能產生相似之氣味，這樣的矛盾是來自並非所有的香味成分都會產生氣味，就目前技術而言，自然原物料所產生的氣味已有很多的合成物可選擇替代；其二，氣味雖是消費者辨識商品來源的標識，消費者在產生購買行為時，也絕非單靠氣味上的察覺，香水的瓶身、包裝也都會增其辨識性，有利降低氣味識別性的門檻。鑑於現今商業活動發展多元化，不應針對香水特定或其相關產業，予以設限。

三、氣味耗盡原則

耗盡理論是否適用於氣味商標，有截然不同的兩種意見。反對者認為氣味的混合與變化無奇不有，不應以此認為有影響公平競爭之虞，進而核駁氣味商標的申請[154]，也就是氣味的層次與轉換千變萬化；同意適用的學者則持相反意見，氣味應適用耗盡原則，否則必然妨礙公平競爭，如家用清潔劑─新鮮清香味用於洗衣精及個人衛生用品─柔軟香味用於衛生紙[155]，因為消費者的喜愛與偏好絕對會決定廠商製造和提供的產品內容，也因而先取得氣味商標的申請人會限制其他人對同類產品的申請機會。

---

[153] Reimer, *supra* note 21, at 714.

[154] *Id.*

[155] Bettina Elias, *Do Scents Signify Source? An Argument Against Trademark Protection for Fragrances*, 82 Trademark Rep. 475, 489 (1992).

智財權法是為了鼓勵創新，因而設計的一種法律上的抵換（trade-off），即法律給予保護換取國家經濟實力的累積。本文認為氣味不應適用耗盡原則，以現今社會變換更迭迅速，若氣味商標的申請案日趨 多，則代表存在實際的需求，非傳統商標的應用已是不爭的事實；其次，若會有影響公平競爭之疑慮，擬提倡回歸市場機制，商標等於同商譽，其維護及持有成本，視個案的誘因而有所差異，因當事人怠於提出使用說明，導致此註冊被取消，若仍擔憂發生市場失靈現象，此時，建議可從「商品類別」進行管控，即事先以行政程序來加以防範。因此，應准予通過。

四、氣味混淆理論

氣味商標是否容易造成消費者混淆誤認，人類體察嗅覺乃經由對氣體分子的察覺，無論溫度、溼度或風力等皆會影響嗅覺對氣味的感知[156]，環境變化會成為消費者對氣味的主要因素，因此也會影響對所表彰商品的辨識度，個人敏感與認知度又是另一項因素，再如性別、年齡層等也會造成個人感受的差別，增加審判實務判斷氣味商標是否造成近似的難度。本文以為既 維護非傳統商標的特殊性，當然要考慮困難度外執行的可能性，因此建議有二：一是當愈來愈多的申請案及審查實務積累為一定數量，從中檢測原則與標準，二是原則與標準應該再加上消費者的問卷調查。

第五節　結論

消費者對氣味的忠誠度與支持遠超過我們的想像，如古巴雪茄

[56] Churovich, *supra* note 44, at 293, 301.

或剛出爐的麵包氣味[157]。當越來越多國家將商標種類擴及到非視覺可感官以外的類型時，記憶中的味道，也成為企業者註冊商標樣態的選項之一；非傳統商標雖然在審查基準與註冊要件上增加許多挑戰，但相對地也製造更多樣性的商標內容[158]，事實上以氣味商標為例，比較起傳統商標，更能留給消費者強烈印象。

商標法的修正過程中，積極配合與融合國際趨勢，開放商標形態與註冊內容是舉世必然的走向，惟氣味商標在台灣雖有申請案的提出，然而對註冊要件的明確性與合理性，一直未有定論，為符合商標的識別性，如同香水配方與成分要素，要被深刻的記憶鎖住，必須在最後的成品特色上突顯可被記憶的部分，舉例而言，如診所使用有特殊氣味的藥包和藥袋，病患能因為此特殊的氣味提醒自己的用藥時間，如小兒科已兒童喜愛的糖果味或棉花糖味、汽水味等。若是婦產科，則選擇女性熟悉的花香或精油味，神經科則是舒緩精神為主的海洋味或青草味，亦即還可因為氣味增加商品的特殊性。

如何使智慧局能根據說明書而判斷氣味種類與來源，因此，敘述氣味的內容與成分是重點，也直接影響主管機關審核案件的簡易度，因此，申請書的內容說明明確且符合要件，一則節省審查人員檢閱的時間與精力，二則方便區別識別性與第二意義。

本文以下列二點做出總結，其一：制定審查流程。商標法的立法目的一向希冀達到雙贏，一則促進企業需要，一則保障消費者免於混淆誤認的疑慮，然而在迎合現代化社會多元變化，包括廣告行銷手法日新月異，平面和媒體競相炒作，各式科技工具交互運用的情勢下，是否容易造成企業體擅用以上方式，反而獨占市場造成壟斷的局面[159]，發展非傳統商標必須經由市場策略和法規諮詢相互為用，再經

[157] Prezioso, *supra* note 66, at 195.

[158] Gilson & LaLonde, *supra* note 122, at 820.

[159] S. Rep. No. 1333, pt. 1, at 2 (1946), reprinted in 1946 U.S.C.C.A.N. 1274.

由全球化的註冊過程保障，藉此維護新興品牌[160]，能否將傳統商標與非傳統商標結合，顧全企業體的整體利益，在在考驗著企業體的經營策略，尤其是企業體的創造力與想像力，同時符合法規規範[161]，並能維持傳統商標的不能具備功能性、識別性等特性，還要兼具USPTO要求的各項要件[162]，本文建議最終還是必須經由法界專業人士，特別是嫻熟智財領域的專家予以協助，是為上策。

其二：提高查技術門檻。從物理學的觀點，第一種氣味的分子會完全蓋過第二種氣味的嗅覺接收器，並且影響第二種氣味的分子結構傳遞訊息給腦部，如此一來，如氣味產品往往是數種不同的成分與配方比例調製而成，傳遞給腦部的氣味訊號可能是另一種嶄新於原先成分的味道[163]，這也是氣味商標在氣味部分最難被區分的地方，以此在彰顯其識別性與非構成商品功能性，註冊審查基準上很難突破，而在是否產生消費者混淆誤認的基礎上，也有一定的疑義存在，然而因為非傳統商標的樣式漸趨被接受，傳統的商標僅限於文字與設計的使用，而非傳統商標在新穎性與創意的激發上，給予商標更多元化的展現，並以刺激消費者的五種感官突顯商標識別性[164]，增加氣味商標的審查，是否造成專職機關審查人員的業務負擔或考驗，觀察台灣現狀，仍是懸而未決的議題，因此申請人會處於不確定的狀態，本文建議增加在職訓練與訂定審查基準。提高審查技術及配合科學工具的判

[160] Martin S. Loui, *Traditional and Nontraditional Trademarks: Illustrated by Food Wars, Cheff Egos and the Malasada Truck*, 15-SEP Haw. B.J. 4, 4 (2011).

[161] LaLonde & Gilson, *supra* note 81, at 187.

[162] Global Trademark Research, Facts Sheets Types of Protection, Nontraditional Trademarks, http://www.inta.org/TrademarkBasics/FactSheets/Pages/NontraditionalTrademarksFactSheet.aspx（最後瀏覽日：2013年1月28日）。

[163] Churovich, *supra* note 44, at 302.

[164] Gilson & LaLonde, *supra* note 122, at 773. *See* also Marie-Jeanne Provost, *Canada's Current Position with Respect to Sound Marks*, 8 Can. J. L. & Tech. 31, 33 (2010).

斷，亦是我國未來必定採行的方向。氣味商標在台灣成文化是指日可待的事。

附件一

Generated on:	This page was generated by TSDR on 2013-02-02 16:11:52 EST.		
Mark:			
US Serial Number:	79035414	Application Filing Date:	Feb. 13, 2007
US Registration Number:	3440915	Registration Date:	Jun. 03, 2008
Register:	Principal		
Mark Type:	Service Mark		
Status:	Registered. The registration date is used to determine when post-registration maintenance documents are due.		
Status Date:	Jun. 03, 2008		
Publication Date:	Mar. 18, 2008		

資料來源：United States Patent and Trademark Office, Trademarks, Trademark Electronic Search System (TESS) (79035414)。

參考文獻

【中文文獻】

（一）書籍

1. 尹章華、 芳齡，電子商務與消費者權益，文笙書局，初版，2004年。
2. 邱聰智，新訂民法債編通則（上），輔仁大學法學叢書，2003年1月。
3. 徐振雄，網際網路法，華立圖書，初版，2005年。
4. 張靜，我國營業秘密法學的建構與開展第一冊—營業秘密的基礎理論，新學林，初版，2007年4月。
5. 張靜，營業秘密法及相關智慧財產問題，經濟部智慧財產局，三版，2009年1月。
6. 張靜，營業秘密法及相關智權問題，經濟部智慧財產局，三版，2009年1月。
7. 陳人傑、陸義琳、戴豪君、郭佳玫、許華偉、周慧蓮、楊婉艷、黃菁甯、邱皇錡，網際網路服務提供者法律責任與相關法制之研究，行政院經濟建設委員會，2003年12月。
8. 陳文吟，商標法論，三民書局，2005年2月。
9. 陳崇森，專利法理論與應用，三民書局，2007年。
10. 陳櫻琴等編著，資訊法律，華立圖書，增修版，2004年。
11. 曾陳明汝，商標法原理，自版，2007年4月。
12. 曾勝珍，論網路著作權之侵害，元照出版，初版，2008年。
13. 曾勝珍，營業秘密法，五南圖書，初版，2009年。
14. 曾勝珍，智慧財產權法專論：科技時代新思維，五南圖書，初版，2011年8月。
15. 曾勝珍，論網路著作權之侵害，元照出版，再版，2010年11月。
16. 曾勝珍，我國有關營業秘密立法之評析，智慧財產權論叢—第貳輯，五南圖書，初版，2009年6月。
17. 曾勝珍，美國經濟間諜法初探，論我國經濟間諜法立法之必要性—以美國法制為中心，元照出版，初版，2007年12月。
18. 曾勝珍，智慧財產權叢論—第貳輯，五南出版，初版1刷，2009年6月。
19. 曾勝珍，論我國經濟間諜法立法之必要性—以美國法制為中心，元照出版，初版，2007年12月。
20. 曾勝珍，競業禁止條款法制暨實務之探討，智慧財產權論叢—第貳輯，五南圖書，初版，2009年6月。
21. 黃三榮、林發立、郭雨嵐、張韶文，營業秘密—企業權益之保護，萬國法律基金會，初版，2002年3月。
22. 經濟部智慧財產局編，歷年著作權法規彙編專輯，經濟部智慧財產局出版，2005年9月。
23. 葉茂林、蘇宏文、李旦，營業秘密保護戰術—實務及契約範例運用，永然文化，初版，1995年5月。
24. 詹森林，競業禁止與保密條款實務，經濟部智慧財產局，三版，2009年。
25. 劉博文，智慧財產權之保護與管理，揚智文化，初版，2002年。
26. 劉詠萱，美國法上營業秘密案例與「不可避免揭露」理論之淺介，營業秘密管理高手，資訊工業策進會，初版，2000年3月。
27. 謝哲勝主編，謝哲勝、莊春發、黃健彰、邵慶平、張心悌、楊智傑，法律經濟學，五南圖書，2007年5月。
28. 謝銘洋，數位內容之著作權基本問題及侵權，經濟部智慧財產局，2008年。
29. 謝銘洋，智慧財產權法，元照出版，初版，2008年10月。
30. 謝銘洋，歐洲商標制度的新里程碑—共同體商標的實現，收錄於智慧財產權與國際私法—曾陳明汝教授六秩誕辰祝壽論文集，新學林，1997年。

31. 闕光威，論著作權法上之合理使用，元照出版，初版，2009年8月。
32. 羅明通，著作權法論（II），台英國際商務法律出版，七版，2009年9月。

（二）期刊論文

1. 王偉霖，營業秘密與離職後競業禁止約款—評台北地方法九十七年勞訴字第十四號判決，月旦法學雜誌，186期，2010年11月。
2. 吳啟賓，營業秘密之保護與審判實務，台灣本土法學雜誌，98期，2007年9月。
3. 洪基華，電子商務發展模式與經營績效關係之研究—以傳統產業為例，逢甲大學企業管理研究所碩士論文，2001年。
4. 馬豔、楊小勇、龔曉櫻，知識經濟，2003年3月。
5. 章忠信，新法增訂侵害刑責，營業秘密更有保障，科技法律透析，第25卷第3期，2013年3月。
6. 許忠信，TRIPS國際觀點論智慧財產權法與競爭法之交錯-以營業祕密之保護為核心，全國律師，第11卷第8期，2007年8月。
7. 陳起行，資訊法律的整合研究—以美國法律界因應軟體專利及著作權問題為中心，政大法學評論，56期，1996年。
8. 曾勝珍，商標侵害理論之探討（下），全國律師雜誌，2011年12月。
9. 曾勝珍、陳武鍵，間諜攻防—論美國新近營業秘密案例，全國律師，第16卷，2012年12月。
10. 馮震宇，論營業秘密法與競爭法之關係—兼論公平法第十九條第一項第五款之適用，公平交易季刊，第4卷第3期，1996年7月。
11. 黃三榮，營業秘密法逐條評釋，律師雜誌，第211期，1997年4月。
12. 黃倩怡，論美國法上商標權侵害之合理使用—以商業性言論為主，國立中正大學財經法律學研究所碩士論文，2007年。

13. 黃銘傑，解碼、破碼與公平交易秩序，台大法學論叢，第28卷第4期，1999年7月。
14. 楊佩真，電子商務交易相關法律之研究，嶺東科技大學財務金融研究所碩士論文，2007年。
15. 蔣克齊，網路服務提供者商標侵權責任研究，世新大學法學院智慧財產權研究所碩士論文，2011年。
16. 鄭中人，積體電路的智慧財產權，智慧財產權，經濟部智慧財產局，第26期，2001年2月。

（三）網路資料

1. 自由時報電子報，宏達電內賊案 兩高層收押，http://www.libertytimes.com.tw/2013/new/sep/1/today-e2.htm（最後瀏覽日：2013年10月6日）。
2. 行政院勞工委員會網站新聞訊息，立法院三讀通過勞動基準法部分條文修正案—提高罰則並得公布違法事業單位或事業主之名稱及負責人姓名，http://www.cla.gov.tw/cgi-bin/Message/MM_msg_control?mode=viewnews&ts=4df628a8:1883（最後瀏覽日：2013年11月18日）。
3. 張國仁，京華城專櫃侵權案智財法院平反，工商時報（2009/06/10）。
4. 章忠信，「營業秘密」之範圍與條件，http://www.copyrightnote.org/crnote/bbs.php?board=8&act=read&id=2（最後瀏覽日：2011年2月8日）。
5. 章忠信，營業秘密與其他智慧財產權之關係，http://www.copyrightnote.org/crnote/bbs.php?board=8&act=read&id=3（最後瀏覽日：2011年2月20日）。
6. 許智誠，台灣對營業秘密之保護，http://www.tipo.gov.tw/

ch/AllInOne_Show.aspx?guid=6023f5e0-6265-4de2-91d3-e79c2eddba9f&lang=zh-tw&path=780（最後瀏覽日：2011年12月5日）。

7. 賴文智，台灣工藝研究所專案成果─工藝創作什麼情形下會受到營業秘密法的保護，網路暨智慧財產權，http://www.is-law.com/post/4/344（最後瀏覽日：2011年11月10日）。
8. 聯合知識庫，洩密索賠4億3度調解無共識，http://udndata.com/ndapp/Story2007?no=2&page=1&udndbid=udndata&SearchString=wOe3fq%2B1sUsgvd8rpOm0wT49MjAwNzEwMTcrpOm0wTw9MjAxMzEwMTA%3D&sharepage=10&select=1&kind=2&article_date=2013-09-02&news_id=6982870&showUserSearch=+%3Cstrong%3E%3Cfont+color%3D%23333333+class%3Dtitle03%3E%B1%7A%A5%48%3C%2Ffont%3E+%3Cfont+color%3D%23FF6600+class%3Dtitle04%3E%C0%E7%B7%7E%AF%B5%B1%4B+%BD%DF%2B%A4%E9%B4%C1%3E%3D20071017%2B%A4%E9%B4%C1%3C%3D20131010%3C%2Ffont%3E+%3Cfont+color%3D%23333333+class%3Dtitle03%3E%A6%40%B7%6A%B4%4D%A8%EC%3C%2Ffont%3E+%3Cfont+color%3D%23FF6600+class%3Dtitle04%3E44%3C%2Ffont%3E+%3Cfont+color%3D%23333333+class%3Dtitle03%3E%B5%A7%B8%EA%AE%C6%3C%2Ffont%3E%3C%2Fstrong%3E&firstFatherCateID=&collectCateNewsPage=1（最後瀏覽日：2013年10月10日）。
9. 聯合理財網，大立光聲請假扣押先進光：將提抗告，http://www.udn.com/2013/9/25/NEWS/FINANCE/FIN3/8183830.shtml?ch=rss_endpopular（最後瀏覽日：2013年10月6日）。
10. 聯合影音網，涉破解杜邦專利華映遭檢調搜索，http://video.udn.com/video/Item/ItemPage.do?sno=344-233-2B4-2334333-2F3b30304-233-2B3-2F3-2F30（最後瀏覽日：2013年10月6

日）。
11. 鮮明，格子店賣仿品出租業者吃官司，中國時報（2008/12/10）。
12. 簡榮宗，營業秘密與競業禁止條款實務解析，http://tw.myblog.yahoo.com/mephisto-su/article?mid=693&next=690&l=a&fid=33（最後瀏覽日：2011年3月20日）。
13. T客邦，2011年網際網路有什麼驚人發展，58個簡單數字告訴你，http://www.techbang.com.tw/posts/8190-2011-development-from-the-internet-73-simple-number-tells-you（最後瀏覽日：2012年8月20日）。
14. 電子郵件行銷的秘訣，支持中心Microsoft Office，http://office.microsoft.com/zh-hk/help/HA001218944.aspx（最後瀏覽日：2011年4月4日）。
15. 著作權集體管理團體相關資料，http://www.tipo.gov.tw/ch/NodeTree.aspx？path=75（最後瀏覽日：2013年4月18日）。
16. 2007年～2011年環球金融危機，維基百科網站，http://zh.wikipedia.org/wiki/2007%E5%B9%B4%EF%BC%8D2010%E5%B9%B4%E7%92%B0%E7%90%83%E9%87%91%E8%9E%8D%E5%8D%B1%E6%A9%9F（最後瀏覽日：2011年3月15日）。
17. ALESSI，http://www.alessi-funclub.com.tw/designer_info.php?id=30（最後瀏覽日：2013年3月16日）。
18. 可口可樂，維基百科網站，http://zh.wikipedia.org/zh-tw/%E5%8F%AF%E5%8F%A3%E5%8F%AF%E4%B9%90（最後瀏覽日：2011年2月5日）。
19. 台灣加入WTO之現況，中華經貿科技網，http://www.icet.org.tw/discussion_3_1.htm（最後瀏覽日：2010年6月11日）。
20. 立法院公報，第101卷第81期 委員會紀錄，http://lis.ly.gov.tw/lgcgi/lypdftxt?10108102;0131;0177（最後瀏覽日：2013年8月6日）。

21. 立法院公報，第84卷第20期委員會記錄，http://lis.ly.gov.tw/ttscgi/lgimg?@842000;0167;0183（最後瀏覽日：2013年8月6日）。
22. 立法院法律系統，營業秘密法立法記錄，http://lis.ly.gov.tw/lgcgi/lgmeetimage?cfcdcfcacfcecfcec5cdcacfd2cdc8ca（最後瀏覽日：2013年8月6日）。
23. 行政院經濟建設委員會，http://search.cepd.gov.tw/cgi-bin/search/query.cgi（最後瀏覽日：2011年10年27日）
24. 雲南白藥，維基百科網站，http://zh.wikipedia.org/wiki/%E4%BA%91%E5%8D%97%E7%99%BD%E8%8D%AF（最後瀏覽日：2011年2月5日）。
25. 新華網，雲南白藥絕密配方在美曝光被指僅對國人保密，http://big5.xinhuanet.com/gate/big5/news.xinhuanet.com/fortune/2010-12/16/c_12884821.htm（最後瀏覽日：2010年12月20日）。
26. 預防醫學，設立宗旨，財團法人預防醫學基金會，http://www.pmf.org.tw/intro.htm（最後瀏覽日：2011年10月1日）。
27. 維基百科，https://zh.wikipedia.org/zh-hant/%E8%8C%83%E6%80%9D%E5%93%B2（最後瀏覽日：2013年4月4日）
28. 陶潔，飄的官司成了廣告，環球時報，http://www.people.com.cn/BIG5/guoji/25/96/20010430/456397.html（最後瀏覽日：2012年2月22日）。
29. 美國參議院通過反垃圾法，CNET新聞專區：Declan McCullagh，http://www.metamuse.net/2003_11_01_archive.html（最後瀏覽日：2011年4月4日）。
30. MPEG LA以違反MPEG-2和394許可協議為由起訴Opta和Opta，http://bbs.innoing.com/viewthread.php？tid=9668（最後瀏覽日：2012年1月4日）。

31. David，誰是Patent Troll眼中大肥羊？科技產業資訊室，財團法人國家實驗研究院科技政策與資訊中心，http://iknow.stpi.org.tw/Post/Read.aspx？PostID=3361（最後瀏覽日：2010年9月12日）。
32. 蘇文彬，行政院通過新版垃圾郵件管理條例，即時新聞iThome online，http://www.ithome.com.tw/itadm/article.php?c=53663（最後瀏覽日：2011年4月5日）。
33. 呂宗翰，企業的Anti-SPAM大作戰（上），網路資訊雜誌，http://news.networkmagazine.com.tw/forum/eray/2009/07/11/13929/（最後瀏覽日：2011年6月21日）。
34. 行政院勞委會勞資關係處研擬2010年1月11日版勞動基準法修正草案第18條之3第1項規定，http://www.cla.gov.tw/cgi-bin/download/AP_Data/Message/rela/rela02/.message/20101/11/4b4a9c76:568e/4b4aa0ca.pdf（最後瀏覽日：2013年11月18日）。
35. 「二次公播」、「廣告音樂」及著作權仲介團體授權制度之重大變革，經立法院三讀通過，智慧財產權電子報44期，http://www.tipo.gov.tw/ch/EPaper_HistoryEPaper.aspx？path=2860&Department=1&Class=1（最後瀏覽日：2010年2月6日）。
36. 2011年商標法修正草案總說明，http://www.tipo.gov.tw/（最後瀏覽日：2011年8月5日）。
37. 蔡佳敏，竊取商業機密－華裔科學家定罪，法新社，http://tw.news.yaho o.com/article/url/d/a/110208/19/2m1fi.html（最後瀏覽日：2011年10月17日）。

（四）行政函示

1. 行政院台84經字第02627號函。
2. 行政院勞工委員會（89）年勞資二字第0036255號函。

（五）法院判決

1. 板橋地方法院99年度重訴字第206號。
2. 板橋地方法院100年度勞訴字第21號。
3. 高等法院100年度勞上易字第51號民事判決。
4. 高等法院100年度勞上字第56號判決。
5. 最高法院94年度台上字第1688號民事判決。
6. 最高法院97年度台上字第968號判決意旨。
7. 最高法院99年度台上字第599號判決意旨。
8. 最高法院99年度台上字第1231號判決意旨。
9. 智慧財產法院99年度民專訴字第65號。
10. 智慧財產法院101年度民營訴字第2號。
11. 智財法院刑事附帶民事訴訟判決101年度重附民字第1號。
12. 臺中地方法院97年度訴字第2897號。
13. 臺北地方法院99年度勞訴字第370號。

【英文文獻】

Books

1. Stephen M.McJohn, Intellectual Property, 2nd Ed., Aspen Publishers (2006).
2. Steven, A.Heath, Contracts, Copyright, and Confusion Revisiting the Enforceability of "shrink wrap" licenses, 5 Chi.-Kent J. Int'l. Prop (2005).

Articles

1. Amani,Bita, Access Copyright and the Proposed Model Copyright Licence Agreement: A Shakespearean Tragedy, 24 I.P.J. 221-246 (2012).
2. Ann S. Jennings and Suzanne E. Tomkies, An Overlooked Site of Trade Secret and Other Intellectual Property Leaks: Academia, 8 Tex. Intell Prop. L. J. 241-264 (2000).
3. Beebe,Barton Beebe, *An Empirical Study of U.S. Copyright Fair Use Opinions, 1978-2005*, 156 U. Pa. L. Rev. 549-616 (2008).
4. Beebe, Barton, *The Semiotic Analysis of Trademark Law*, 51 UCLA L. REV. 621-704 (2004).
5. Canada-United States Law Journal 2011 Proceedings of the Canada-United States Law Institute Henry T. King, Jr. Annual Conference on the Canada-United States Regulatory Regime: Review, Reform, Recovery Cleveland, Ohio April 8-10, 2010, *Intellectual Property Rights in the Canada-United States Relationship*, 36 CUSLJ 169-198 (2011).
6. Chai, Moon-Ki, *Protection of Fragrances Under the Post-Sale*

Confusion Doctrine, 80 TRADEMARK REP. 368-381 (1990).

7. Churovich, Douglas D., Scents, Sense or Cents?; *Something Stinks in the Lanham Act Scientific Obstacles to Scent Marks*, 20 ST. LOUIS U. PUB. L. REV. 293-317 (2001).
8. Collins, Joanna E., User-Friendly Licensing for A User-Generated World: The Future of the Video-Content Market, 15 Vand. J. Ent. & Tech. L. 407-440 (2013).
9. Darren Wilsey & Daylle Deanna Schwartz, The Musician's Guide to Licensing Music 72 (2010).
10. Elias, Bettina, *Do Scents Signify Source? An Argument Against Trademark Protection for Fragrances*, 82 TRADEMARK REP. 475-530 (1992).
11. Faigman, David L., *Mapping the Labyrinth of Scientific Evidence*, 46 HASTINGS L.J. 555-567 (1995).
12. Gilson, Jerome & Anne Gilson LaLonde, *Cinnamon Buns, Marching Ducks and Cherry-Scented Racecar Exhaust: Protecting Nontraditional Trademarks*, 95 TRADEMARK REP. 773-821 (2005).
13. Helman, Lital, Fair Trade Copyright, 36 Colum. J.L. & Arts 157-201 (2013).
14. Hughes,Jennifer, Morgan Stanley Unveils $250 million Securitization, Financial Times, July 13 2009.
15. Hung, Nguyen & Adam Lis, *Canada Opens up to Registration of Nontraditional Trademarks*, 5 NO. 2 LANDSLIDE 42-45 (2012).
16. Jake True, Fleischer Studios, Inc. V. A.V.E.L.A., Inc. 654 F. 3D 958 (9th Cir. 2011),16 Intell. Prop. L. Bull. 179 -182 (2012).
17. Jasmina Zecevic, *Distinctly Delineated Fictional Characters that Constitute the Story Being Told: Who Are They and Do They*

Deserve Independent Copyright Protection?, 8 Vand. J. Ent. & Tech. L. 365- 397 (2006).

18. Jeffrey D. Sullivan & Michael B. de Leeuw, Spam After CAN-SPAM: How Inconsistent Thinking Has Made a Hash out of Unsolicited Commercial E-Mail Policy, 20 Santa Clara Computer & High Tech. L.J. 887-932 (2004).
19. Jeremiah Kelmen, E-Nuisance: Unsolicited Bulk E-mail at the Boundaries of Common Law Property Rights, 78 S. Cal. L. Rev. 363-400 (2004).
20. Jonathan I. Ezor, *Busting Blocks: Revisiting 47 U.S.C. § 230 to Adress the Lack of Effective Legal Recourse for Wrongful Inclusion in Spam Filters*, 17 Rich.J.L.& Tech. 1-83 (2010).
21. Joy, Peter A.& McMunigal, Kevin C., *The Problems of Plagiarism as an Ethics Offense*, 26-SUM Crim. Just. 56-59 (2011).
22. Kathryn M. Foley, *Protecting Fictional Characters: Defining the Elusive Trademark-Copyright Divide*, 41 Conn. L. Review 921-61 (2009).
23. Katz, Ariel, A Network Effects Perspective on Software Piracy, 55 U.Toronto L.J. 155-216 (2005).
24. Knopf, Howard P., Canadian Copyright Collectives and the Copyright Board: A Snapshot in 2008 I.P.J. 117-158 (2008).
25. LaLonde, Anne Gilson & Jerome Gilson, *Getting Real with Nontraditional Trademarks: What's Next after Red Oven Knobs, the Sound of Burning Methamphetamine, and Goats on a Grass Roof?* 101 TRADEMARK REP. 186-218 (2011).
26. Leslie A. Kurtz, The Independent Legal Lives of Fictional Characters, 1986 Wis. L. Rev. 429-525 (1986).
27. Lily Zhang, The CAN-SPAM Act: An Insufficient Response to the

Growing Spam Problem, 20 Berkeley Tech. L.J. 301-32 (2005).

28. Loui, Martin S., *Traditional and Nontraditional Trademarks: Illustrated by Food Wars, Cheff Egos and the Malasada Truck*, 15-SEP HAW. B.J. 4-12 (2011).
29. Marvel Sues Comic Book Creator over Character Rights Marvel Characters v. Wolfman, 10 No. 10 Andrews Sports & Ent. Litig. Rep. 6, (1999).
30. Mazziotti, Giuseppe, New Licensimg Models for Online Music Services the European Union : From Collective to Customized Management, 34 Colum. J.L.& Arts 757-808 (2011).
31. McTaggart, Craig, A Layered Approach to Internet Legal Analysis, 48 McGill L.J. 571-624 (2003).
32. Michael A. Fisher, The Right to Spam? Regulating Electronic Junk Mail, 23 Colum.-VLA J.L. & Arts 363-418 (2000).
33. Michael P. Jungman, You've Got Libel: How the CAN-SPAM Act Delivers Defamation Liability to Spam-Fighters and Why the First Amendment Should Delete the Problem, 58 Emory L.J. 1013-52 (2009).
34. Miles, Elizabeth, *Note, In re Aimster & MGM, Inc. v. Grokster, Ltd.: Peer-to-Peer and the Sony Doctrine*, 19 Berkeley Tech. L.J. 21, 25 (2004).
35. Netanel,Neil Weinstock, *Making Sense of Fair Use*, 15 Lewis & Clark L. Rev. ,715-771(2011).
36. Pamela Samuelson, *Unbundling Fair Uses*, 77 Fordham L. Rev. 2537-2621 (2009).
37. Port, Kenneth L., *On Nontraditional Trademarks*, 38 N. KY. L. REV. 1-58 (2011).
38. Prezioso, John, *Making Scents of Canadian Trade-Mark Law: The*

Case Against Trade-Mark Protection for Fragrances, 16 INTELL. PROP. J. 195-219 (2003).

39. Provost, Marie-Jeanne, *Canada's Current Position with Respect to Sound Marks*, 8 CAN. J. L. & TECH. 31-62 (2010).
40. Reimer, Erin M., *A Semiotic Analysis: Developing a New Standard for Scent Marks,* 14 VAND. J. ENT. & TECH. L. 693-728 (2012).
41. Samuel J. Co, The Story of A Character: Establishing the Limits of Independent Copyright Protection for Literary Characters, 86 Chi.-Kent L. Rev. 1305-1329 (2011).
42. Samuelson, Pamela, *Unbundling Fair Uses*, 77 Fordham L. Rev. 2537-2621 (2009).
43. Spurgeon, C. Paul, Digital Networks and Copyright: Licensing and Accounting for Use-The Role of Copyright Collectives Evolution or Revolution？ 12 I.P.J. 225-260 (1997).
44. Tonia Hap Murphy, *Mandating Use of Predictive Coding in Electronic Discovery: An Ill-Advised Judicial Intrusion*, 50 AMBLJ 610 (2013).
45. Wan, Ke Steven, Internet Service Providers' Vicarious Liability Versus Regulation of Copyright Infringement in China, 2011 U. Ill. J.L. Tech. & Pol'y 375-411 (2011).
46. Wendy J. Gordon, *Fair Use as Market Failure: A Structural and Economic Analysis of the Betamax Case and Its Predecessors*, 82 COLUM. L. REV. 1600-57 (1982).

Internet Resources

1. Frequently Asked Questions About Spam, http://spam-mirror.idefix.net/faq（最後瀏覽日：2011年11月16日）。
2. How It Works, CLOUDMARK DESKTOPONE, http://www.

cloudmarkdesktop.com/en/home/（最後瀏覽日：2011年4月17日）。

3. Open Mail Relay, http://en.wikipedia.org/wiki/Open_mail_relay（最後瀏覽日：2011年4月15日）。
4. SpamCop FAQ: What is SpamCop's History?, SPAMCOP.NET, http://www.spamcop.net/fom-serve/cache/109.html（最後瀏覽日：2011年4月8日）。
5. When I am working for Marvel, I am loyal to Marvel. – John Byrne Under Oath, 20th Century Boy, http://ohdannyboy.blogspot.ca/2012/09/when-i-am-working-for-marvel-i-am-loyal.html（最後瀏覽日：2013年4月5日）。
6. About Spamhaus: “SPAMHAUS”, http://www.spamhaus.org/（最後瀏覽日：2011年4月8日）。
7. About the economic espionage,see Economic Espionage Introduction , FBI.gov, http://www.fbi.gov/about-us/investigate/counterintelligence/economic-espionage（最後瀏覽日：2011年12月11日）。
8. AftermarketNews, Report Finds Threat of Trade Secret Theft by Foreign Countries Likely to Grow, http://www.aftermarketnews.com/Item/93651/report_finds_threat_of_trade_secret_theft_by_foreign_countries_likely_to_grow.aspx（最後瀏覽日：2011年11月12日）。
9. Appropriation Art, http://translate.google.com/translate?hl=zh-TW&sl=en&tl=zh-TW&u=http%3A%2F%2Fwww.appropriationart.ca%2F&anno=2（最後瀏覽日：2010年6月26日）。
10. Balanced Copyright, http://www.ic.gc.ca/eic/site/crp-prda.nsf/eng/h_rp01153.html#amend（最後瀏覽日：2013年4月18日）。
11. Berkowitz, Peggy, Majority of Canadian universities sign licence

with Access Copyright Significant minority decide to go it alone, University Affairs, http://www.universityaffairs.ca/majority-of-canadian-universities-sign-licence-with-access-copyright.aspx（最後瀏覽日：2013年4月16日）。

12. Bob Sullivan: “New Virus Spread Through Burst of Spam, MSNBC, http://www.msnbc.msn.com/id/5652313/（最後瀏覽日：2011年6月18日）。
13. Case 4404, Universal/BMG Music Publishing, Eur. Comm'n Competition, at 14-15, http://www.ebu.ch/CMSimages/en/BRUDOC_INFO_EN_383%20_tcm6-55244.pdf（最後瀏覽日：2012年12月20日）。
14. Chris Owens, List of 8 "Wizard of OZ" Movies, http://voices.yahoo.com/list-8-wizard-oz-movies-11911540.html（最後瀏覽日：2013年3月10日）。
15. CISPA: What You Need To Know, SOURCE FED.com, http://sourcefednews.com/cispa-what-you-need-to-know/（最後瀏覽日：2013年4月22日）。
16. CMRRA, http://www.cmrra.ca./What_is_CMRRA_3/what_is_cmrra_3.html（最後瀏覽日：2012年1月16日）。
17. Commission Study on a Community Initiative on the Cross-border Collective Management of Copyright (July 7, 2005), http://ec.europa.eu/internal_market/copyright/docs/management/study-collectivemgmt_en.pdf [hereinafter Commission Study of July 7, 2005]（最後瀏覽日：2012年4月11日）。
18. Competition Bureau, http://www.competitionbureau.gc.ca/eic/site/cb-bc.nsf/eng/h_00109.html（最後瀏覽日：2012年1月22日）。
19. Dera J. Nevin, What is predictive coding and can it help me? Canadian Lawyer, http://www.canadianlawyermag.com/3988/What-

is-predictive-coding-and-can-it-help-me.html（最後瀏覽日：2013年10月28日）。

20. Dictionary Attack Spam: “ONLYMYEMAIL ANTI-SPAM BLOG”, http://blog.onlymyemail.com/dictionary-attack-spam/（最後瀏覽日：2011年4月13日）。
21. Enforcement Coordinator Annual Report on Intellectual Property Enforcement 4,February 2011, available at http://www.whitehouse.gov/sites/default/files/omb/IPEC/ipec_annual_report_feb2011.pdf (hereinafter "Enforcement Coordinator Report")（最後瀏覽日：2011年12月1日）。
22. Fair Dealing Guidelines for York Faculty and Staff, York University, http://copyright.info.yorku.ca/fair-dealing-requirements-for-york-faculty-and-staff/（最後瀏覽日：2013年4月17日）。
23. Fair Dealing, June 8, 2008, Australia Copyright Council, http://www.copyright.org.au/find-an-answer/（最後瀏覽日：2011年10月30日）。
24. From SOPA to CISPA, A controversial cyber-bill sparks a heated debate about online privacy, Cyber-security, The Economist, http://www.economist.com/news/united-states/21576425-controversial-cyber-bill-sparks-heated-debate-about-online-privacy-sopa-cispa（最後瀏覽日：2013年4月22日）。
25. Geist, Michael, Access Copyright's Desperate Declaration of War Against Fair Dealing, http://www.michaelgeist.ca/content/view/6818/125/（最後瀏覽日：2013年4月16日）。
26. Geist, Michael, Why Universities Should Not Sign the Access Copyright - AUCC Model Licence, http://www.michaelgeist.ca/content/view/6507/125/（最後瀏覽日：2013年4月16日）。

27. IFPI, IFPI Digital Music Report 2011: Music at the Touch of a Button 14 (2011), available at http:// www.ifpi.org/content/library/DMR2011.pdf.（最後瀏覽日：2012年2月10日）。
28. Irving Berlin, Wikipedia, http://en.wikipedia.org/wiki/Irving_Berlin（最後瀏覽日：2012年9月11日）。
29. Jason Miks, The Press Freedom Index, http://the-diplomat.com/the-editor/2012/01/26/the-press-freedom-index/（最後瀏覽日：2012年1月27日）。
30. Joseph Neubauer: “Fortify Your Email Transport-Part 2, MICROSOFT (June 21, 2002)”, http://technet.microsoft.com/en-us/library/cc750375.aspx（最後瀏覽日：2011年4月13日）。
31. Larry Riggs: “Special Report: Costs: Telemarketing, Direct, Mar. 15, 2001”, http://www.directmag.com/mag/marketing_special_report_costs_3（最後瀏覽日：（2011年10月3日）。
32. Mark S. Lee, “Publication” and character rights,, ENT-IP § 14:7, 2012, http://web2.westlaw.com/result/default.wl?origin=Search&cfid=1&tf=507&eq=Welcome%2fLawSchool&rlti=1&nstartlistitem=11&tc=6&rp=%2fWelcome%2fLawSchool%2fdefault.wl&method=TNC&rltdb=CLID_DB329457481499&db=AMJUR%2cABAJ%2cALR%2cTP-ALL%2cJLR&utid=2&sri=46%2c53%2c45%2c52%2c51&fn=_top&fmqv=c&service=Search&query=%22CHARACTER+RIGHT%22&sskey=CLID_SSSA7731057481499&sv=Split&fcl=True&scxt=WL&rlt=CLID_QRYRLT1832458481499&cxt=RL&rs=WLW12.07&ss=CXT&vr=2.0&mt=LawSchool（最後瀏覽日：2013年4月7日）。
33. Mark S. Lee, Character protectability-Literary characters, ENT-IP § 14:5, 2012, http://web2.westlaw.com/result/default.wl?origin=Search&cfid=1&tf=507&eq=Welcome%2fLawSchool&rlti=1&n

startlistitem=9&tc=6&rp=%2fWelcome%2fLawSchool%2fdefault.wl&method=TNC&rltdb=CLID_DB329457481499&db=AMJUR%2cABAJ%2cALR%2cTP-ALL%2cJLR&utid=2&sri=46%2c53%2c45%2c52%2c51&fn=_top&fmqv=c&service=Search&query=%22CHARACTER+RIGHT%22&sskey=CLID_SSSA7731057481499&sv=Split&fcl=True&scxt=WL&rlt=CLID_QRYRLT1832458481499&cxt=RL&rs=WLW12.07&ss=CXT&vr=2.0&mt=LawSchool（最後瀏覽日：2013年4月7日）。

34. Mark S. Lee, Contract issues-Contracts and "new uses", ENT-IP § 12:41, 2012, http://web2.westlaw.com/result/default.wl?origin=Search&cfid=1&tf=507&eq=Welcome%2fLawSchool&rlti=1&vr=2.0&tc=6&method=TNC&rltdb=CLID_DB329457481499&db=AMJUR%2cABAJ%2cALR%2cTP-ALL%2cJLR&utid=2&sri=46%2c53%2c45%2c52%2c51&fn=_top&fmqv=s&service=Search&query=%22CHARACTER+RIGHT%22&sskey=CLID_SSSA7731057481499&sv=Split&fcl=True&nstartlistitem=1&scxt=WL&rlt=CLID_QRYRLT1832458481499&cxt=RL&rs=WLW12.07&ss=CXT&rp=%2fWelcome%2fLawSchool%2fdefault.wl&mt=LawSchool（最後瀏覽日：2012年9月9日）。

35. Mark S. Lee, Contract issues-Acquiring character rights, ENT-IP § 12:41, 2012, http://web2.westlaw.com/result/default.wl?origin=Search&cfid=1&tf=507&eq=Welcome%2fLawSchool&rlti=1&vr=2.0&tc=6&method=TNC&rltdb=CLID_DB795173541979&db=AMJUR%2cABAJ%2cALR%2cTP-ALL%2cJLR&utid=2&sri=46%2c53%2c45%2c52%2c51&fn=_top&fmqv=s&service=Search&query=%22CHARACTER+RIGHT%22&sskey=CLID_SSSA925483541979&sv=Split&fcl=True&nstartlistitem=1&scxt=WL&rlt=CLID_QRYRLT836254541979&cxt=RL&rs=WLW12.07&ss=CXT&rp=%2f

Welcome%2fLawSchool%2fdefault.wl&mt=LawSchool（最後瀏覽日：2012年9月7日）。

36. Mark S. Lee, Termination rights and characters,, ENT-IP § 14:8, 2012, http://web2.westlaw.com/result/default.wl?origin=Search&cfid=1&tf=507&eq=Welcome%2fLawSchool&rlti=1&nstartlistitem=12&tc=6&rp=%2fWelcome%2fLawSchool%2fdefault.wl&method=TNC&rltdb=CLID_DB329457481499&db=AMJUR%2cABAJ%2cALR%2cTP-ALL%2cJLR&utid=2&sri=46%2c53%2c45%2c52%2c51&fn=_top&fmqv=c&service=Search&query=%22CHARACTER+RIGHT%22&sskey=CLID_SSSA7731057481499&sv=Split&fcl=True&scxt=WL&rlt=CLID_QRYRLT1832458481499&cxt=RL&rs=WLW12.07&ss=CXT&vr=2.0&mt=LawSchool（最後瀏覽日：2012年9月9日）。
37. Matthew Sag, Predicting Fair Use (July 6), http://ssrn.com/abstract=1769130（最後瀏覽日：2011年10月31日）。
38. Matthew Sag, The Prehistory of Fair Use, http://ssrn.com/abstract=1663366（最後瀏覽日：2011年10月31日）。
39. Michael Geist, Appropriation Art on C-32: Needs Amendments, http://www.michaelgeist.ca/content/view/5147/196/（最後瀏覽日：2010年6月25日）。
40. Michael Noer and David M. Ewalt Fictional 15,the Forbes, http://www.forbes.com/special-report/2012/fictional-15-12/flintheart-glomgold.html（最後瀏覽日：2013年4月6日）。
41. Miks, Jason, The Press Freedom Index, http://the-diplomat.com/the-editor/2012/01/26/the-press-freedom-index/（最後瀏覽日：2012年4月21日）。
42. Mitchell, Dan, Meet SOPA's evil twin, ACTA, http://tech.fortune.cnn.com/2012/01/26/meet-sopas-evil-twin-acta/（最後瀏覽日：

2012年1月27日）。

43. News, CPCC, http://www.cpcc.ca./en/（最後瀏覽日：2012年1月16日）。
44. Parliament of Canada, http://www.parl.gc.ca/HousePublications/Publication.aspx？Language=E&Mode=1&DocId=5697419（最後瀏覽日：2013年4月15日）。
45. Parliament of Canada, http://www2.parl.gc.ca/Sites/LOP/LEGISINFO/index.asp?Language=E&Chamber=N&StartList=A&EndList=Z&Session=23&Type=0&Scope=I&query=7026&List=stat（最後瀏覽日： 2012年6月10日）。
46. Parliament of Canada, Second Reading in the House of Commons and Referred to Committee (November 5, 2010), http://www2.parl.gc.ca/Sites/LOP/LEGISINFO/index.asp?Language=E&List=list&Type=0&Chamber=C&StartList=2&EndList=200&Session=23（最後瀏覽日：2011年10月31日）。
47. Parliament of Canada, Second Reading in the House of Commons and Referred to Committee (November 5, 2010), http://www2.parl.gc.ca/Sites/LOP/LEGISINFO/index.asp？Language=E&List=list&Type=0&Chamber=C&StartList=2&EndList=200&Session=23（最後瀏覽日：2012年4月11日）。
48. Ray Everett-Church: “The Spam That Started It All, Wired, Apr. 13, 1999”, available at http://www.wired.com/politics/law/news/1999/04/19098（最後瀏覽日：2011年6月20日）。
49. Robert Lind, Mel Simensky, Tom Selz, Patricia Acton, Trading on established goodwill-Remakes, sequels, and prequels-Television branch, ENTERTAIN § 4:20, 2012, http://web2.westlaw.com/result/default.wl?origin=Search&cfid=1&tf=507&eq=Welcome%2fLawSchool&rlti=1&nstartlistitem=13&tc=6&rp=%2fWelcome%2fLawS

chool%2fdefault.wl&method=TNC&rltdb=CLID_DB329457481499&db=AMJUR%2cABAJ%2cALR%2cTP-ALL%2cJLR&utid=2&sri=46%2c53%2c45%2c52%2c51&fn=_top&fmqv=c&service=Search&query=%22CHARACTER+RIGHT%22&sskey=CLID_SSSA7731057481499&sv=Split&fcl=True&scxt=WL&rlt=CLID_QRYRLT1832458481499&cxt=RL&rs=WLW12.07&ss=CXT&vr=2.0&mt=LawSchool（最後瀏覽日：2012年9月9日）。

50. Robert McMillan: "What Will Stop Spam? Paul Vixie Hopes His Realtime Blackhole List Will at Least Be a Start, SUNWORLD (Dec. 1997)", http://sunsite.uakom.sk/sunworldonline/swol-12-1997/swol-12-vixie.html（最後瀏覽日：2011年4月7日）。
51. SOCAN, http://www.socan.ca/jsp/en/pub/index.jsp（最後瀏覽日：2013年4月18日）。
52. SORBS: "The Spam and Open Relay Blocking System", http://www.sorbs.net/（最後瀏覽日：2011年4月15日）。
53. Stop Online Piracy Act, Wikipedia, http://en.wikipedia.org/wiki/Stop_Online_Piracy_Act（最後瀏覽日：2012年1月22日）。
54. Symantec Brightmail AntiSpam: "Advanced Antispam and Email Security Solution for the Enterprise, SYMANTEC", http://eval.veritas.com/mktginfo/enterprise/fact_sheets/ent-factsheet_brightmail_antispam_6.0_08-2004.en-us.pdf（最後瀏覽日：2011年4月11日）。
55. Tories Propose Far- Reaching Changes to Copyright Act, CTV.ca News, http://www.ctv.ca/CTVNews/Canada/20100602/copyright-act-clement-100602/（最後瀏覽日：2010年6月16日）。
56. U.S. Department of Justice, Chesterfield Man Sentenced to 18 Months in Prison for Theft of DuPont Trade Secrets, http://www.bis.doc.gov/news/2010/doj03182010.htm（最後瀏覽日：2011年5

月31日）。

57. U.S. Department of Justice, Chinese National Charged with Economic Espionage Involving Theft of Trade Secrets from Leading Agricultural Company Based in Indianapolis, http://www.fbi.gov/indianapolis/press-releases/2010/ip083110a.htm（最後瀏覽日：2011年6月6日）。
58. Versace, http://www.versace.com/en/the-group（最後瀏覽日：2013年4月4日）。
59. XBL Advisory: "Exploits Block List, SPAMHAUS", http://www.spamhaus.org/XBL/（最後瀏覽日：2011年4月15日）。

法條

1. 18 U.S.C. §1832.
2. Ala.Code 1975, § 8–27–1.
3. Restatement (Third) of Unfair Competition § 39.
4. Restatement of Torts § 757 comment.
5. the California Uniform Trade Secrets Act, Cal. Civ.Code § 3426.1.

法院判決

1. Agency Solutions.Com, LLC v. The TriZetto Group, Inc., 819 F.Supp.2d 1001, 1015 (E.D.Cal.2011).
2. AirWatch LLC v. Mobile Iron, Inc., Slip Copy, 2013 WL 4757491, N.D.Ga., (NO. 1:12-CV-3571-JEC September 4, 2013).
3. American Radiographics, Inc. v. Eastern Diagnostic Imaging, Inc., Slip Copy, 2011 WL 2163545 (Mass.App.Ct. June 3, 2011).
4. Apple, Inc. v. Psystar Corp., 2012 WL 10852 (N.D.Cal. Jan. 3, 2012).
5. Art of Living Foundation v. Does, 2012 WL 1565281 (N.D.Cal.

May 1, 2012)

6. Chi. Title Ins. Corp. v. Magnuson, 487 F.3d 985, 990 (6th Cir.2007).
7. Complaint, E.I. DuPont de Nemours & Co. v. Kolon Indus., 688 F.Supp. 2d 443 (February 3, 2009) (No. 3:09 CV 58).
8. Computer Economics, Inc. v. Gartner Group, Inc., 1999 WL 33178020 (S.D.Cal. Dec. 14, 1999).
9. Cooper Tire & Rubber Co. v. Cabrera, 2013 WL 1891283, Fla.App. 3 Dist., (NO. 3D12-2922 May 8, 2013).
10. Drill Parts & Service Co. v. Joy Manufacturing Co., 439 So.2d 43 (Ala.1983).
11. FORMFACTOR, INC., v. MICRO–PROBE, INC., et al., No. C 10–3095 PJH. 2012 WL 2061520 (N.D.Cal. June 7, 2012).
12. Global Aerospace, Inc. v. Landow Aviation, L.P., Consolidated Case No. CL61040 (Loudoun Cnty., Va. Apr. 23, 2012).
13. Healthcare Appraisers, Inc. v. Healthcare FMV Advisors, LLC, 2011 WL 4591960 (S.D. Fla. Sept. 30, 2011).
14. IMED Corp. v. Systems Engineering Associates Corp. 602 So.2d 344 Ala. (1992).
15. In Da Silva Moore v. Publicis Groupe, 2012 U.S. Dist. LEXIS 23350 (S.D.N.Y. Feb. 24, 2012).
16. Kleen Products, LLC v. Packaging Corporation of America, Civil Case No. 1:10-cv-05711 (N.D. Ill. filed Sept. 9, 2010).
17. MAI Sys. Corp. v. Peak Computer, Inc., 991 F.2d 511, 522 (9th Cir.1993)
18. Nasco, Inc. v. Gimbert, 238 S.E.2d 368, 369-70 (Ga. 1977)
19. O2 Micro Int'l Ltd. v. Monolithic Power Sys., Inc., 399 F.Supp.2d 1064, 1072–75 (N.D.Cal.2005).
20. Penalty Kick Mgmt. Ltd. v. Coca Cola Co., 318 F.3d 1284 (11th

Cir. 2003).

21. Raimonde v. Van Vlerah, 325 N.E.2d 544, 547 (Ohio 1975).
22. Religious Tech. Center v. Netcom On–Line Commc'n Servs., Inc., 923 F.Supp. 1231, 1252–53 (N.D.Cal.1995).
23. Roboserve, Ltd. v. Tom's Foods, Inc., 940 F.2d 1441, 1454 (11th Cir.1991).
24. Ruckelshaus v. Monsanto Co., 467 U.S. 986, 1002, 104 S.Ct. 2862, 81 L.Ed.2d 815 (1984).
25. SkinMedica, Inc. v. Histogen Inc., 2012 WL 1409560 (S.D.Cal. Apr. 23, 2012).
26. Starwood Hotels & Resorts Worldwide, Inc. v. Hilton Hotels Corp., et al., 2010 U.S. Dist. LEXIS 71346, 09 Civ. 3862 (S.D.N.Y. June 16, 2010).
27. TECHNOLOGIES, INC., v. Michael BERGE, 2013 WL 5563757 (Cal. App. 2 Dist.).
28. Tradesmen International, Inc., v. Professional Labor Support, LLC, et al., 2011 WL 2214755 (C.D.Ill. June7, 2011).
29. Trandes Corp. v. Guy F. Atkinson Co., 996 F.2d 655, 663–64 (4th Cir.1993).
30. Transcript of Record at 66, EORHB, Inc. v. HOA Holdings, LLC, Civil Action No. 7409-VCL (Del. Ch. Oct. 15, 2012).
31. TXCO Resources, Inc.v. Peregrine Petroleum, L.L.C., 457 B.R. 781 (July 26, 2012).
32. United States v. Aleynikov, 10 Cr. 96 (DLC), 2011 WL 939754 (S.D.N.Y. Mar. 16, 2011).
33. United States v. Aleynikov, 2010 U.S. Dist. LEXIS 92101 (S.D.N.Y. Sept. 3, 2010).
34. Univ. Computing Co. v. Lykes–Youngstown Corp., 504 F.2d 518,

535 (5th Cir.1974)

35. Vestergaard Frandsen A/S v BestNet Europe Ltd [2009] EWHC 1456 (Ch), [2010] F.S.R. 2.
36. Vestergaard Frandsen A/S v Bestnet Europe Ltd [2009] EWHC 657 (Ch).
37. Vestergaard Frandsen S/A (now called MVF3 APS) v Bestnet Europe Ltd, Supreme Court, (22 May 2013).
38. Yield Dynamics, Inc. v. TEA Sys. Corp., 154 Cal.App.4th 547, 564, 66 Cal.Rptr.3d 1 (2007).

圖書館出版品預行編目資料

才產權法專論—智財法發展新趨勢／曾勝
--初版--.--臺北市：五南，2015.07
； 公分.
978-957-11-8173-8（平裝）

慧財產權 2.著作權法 3.論述分析

33 104011044

1T44

智慧財產權法專論—智財法發展新趨勢

作　　者— 曾勝珍（279.3）
發 行 人— 楊榮川
總 編 輯— 王翠華
主　　編— 蔡惠芝
責任編輯— 張婉婷　王政軒
封面設計— P.Design視覺企劃
出 版 者— 五南圖書出版股份有限公司
地　　址：106台北市大安區和平東路二段339號4樓
電　　話：(02)2705-5066　傳　　真：(02)2706-6100
網　　址：http://www.wunan.com.tw
電子郵件：wunan@wunan.com.tw
劃撥帳號：01068953
戶　　名：五南圖書出版股份有限公司

法律顧問　林勝安律師事務所　林勝安律師

出版日期　2015年7月初版一刷
定　　價　新臺幣450元